.

ROBERT KNAPP

PILGER, PRIESTER UND PROPHETEN

Alltag und Religionen im Römischen Reich

Aus dem Englischen von
Helmut Dierlamm und Karin Schuler

Klett-Cotta

Klett-Cotta

www.klett-cotta.de

Die Originalausgabe erschien unter dem Titel »The Dawn of
Christianity. People and Gods in a Time of Magic and Miracles«
im Verlag Profile Books Ltd, London
© 2017 by Robert Knapp
Für die deutsche Ausgabe
© 2018 by J. G. Cotta'sche Buchhandlung
Nachfolger GmbH, gegr. 1659, Stuttgart
Alle deutschsprachigen Rechte vorbehalten
Printed in Germany
Cover: Rothfos & Gabler, Hamburg
unter Verwendung eines Fotos von © akg-images / Erich Lessing
Gesetzt von Dörlemann Satz, Lemförde
Gedruckt und gebunden von GGP Media GmbH, Pößneck
ISBN 978-3-608-96339-7

Bibliografische Information der Deutschen Nationalbibliothek
Die Deutsche Nationalbibliothek verzeichnet diese Publikation in der
Deutschen Nationalbibliografie; detaillierte bibliografische Daten sind
im Internet über http://dnb.d-nb.de abrufbar.

INHALTSVERZEICHNIS

ANHANG

VORWORT

Historiker bemühen sich, die Vergangenheit zu ergründen und zu enthüllen, eine Vergangenheit, die schillert, die sich ein- und ausblendet und die unserer Gegenwart dank ihrem veränderlichen Wesen stets auszuweichen scheint. Wenn ich dieses gewaltige, vergangenheitsbezogene Projekt in Angriff nehme, erhebe ich nicht den Anspruch, mich von meinen eigenen Anschauungen über die Erforschung der Geschichte, soziale Gerechtigkeit, den Sinn des Lebens oder von einer langen Liste weiterer kognitiver und emotionaler Faktoren distanzieren zu können, die meine Sicht der Vergangenheit prägen, solange ich an die Gegenwart gebunden bin. Ohne dass Sicherheit möglich wäre, besteht die Herausforderung darin, sich der Vergangenheit als einer Serie mehr oder weniger wahrscheinlicher Möglichkeiten zu nähern. Um das »Wahrscheinliche« vom »Unwahrscheinlichen« zu trennen, müssen wir uns sowohl über unsere eigenen Beschränkungen als auch über die inhärenten Beschränkungen der Quellen, mit denen wir arbeiten, im Klaren sein.

Dieses Eingeständnis ist notwendig und aufrichtig, insbesondere wenn es sich um ein so schwieriges Thema handelt wie das religiöse Leben der einfachen Leute. Die Aufgabe besteht darin zu verfolgen, wie gerade die Normalität ihres Lebens (im Gegensatz zu dem der Elite) die Grundlage für den Aufstieg des Christentums bildet und dafür eine Erklärung ist. Dieses Leben, untrennbar verknüpft sowohl mit der übernatürlichen als auch mit der natürlichen Welt, orientierte sich an den Göttern und am Schicksal, strebte nach einer Ordnung, die für Gerechtigkeit gehalten wurde, und setzte aktiv Magie und Wunder ein, um seine Probleme zu lösen. Das schlichte Ziel, zu überleben und es wenn möglich zu Wohlstand zu bringen, zwang die Menschen zu extremer Vorsicht im Umgang mit den übernatürlichen Kräften. Dennoch entschieden sich letztlich viele von ihnen für etwas Neues.

Juden und Nichtjuden. Christen und Heiden. Im eher herkömmlichen Verständnis standen sich in der antiken griechisch-römischen Welt zwei Traditionen gegenüber, und das Christentum setzte sich durch, weil es Lösungen für die Probleme der Menschen bot, über die weder Juden noch Heiden verfügten. Im Alltag der einfachen Leute war die künstliche Klarheit der Unterscheidung zwischen den Anhängern der jüdischen Tradition und den Polytheisten und, später, den Christen, jedoch keineswegs so eindeutig. Die Reise zum Verständnis führt deshalb über eine Betonung der Gemeinsamkeiten zwischen diesen drei Traditionen. Die Erfahrungen übernatürlicher Macht, welche die einfachen Menschen jener Zeit teilten, sind der Schlüssel, um die Anfänge des Christentums zu verstehen.

1

DIE REISE

Um die Stunde der Mittagszeit, da sich der Tag schon neigte, habe er, so sagte der Kaiser, mit eigenen Augen oben am Himmel über der Sonne das Siegeszeichen des Kreuzes, aus Licht gebildet, und dabei die Worte gesehen: »Durch dieses siege!« Staunen aber habe bei diesem Anblick ihn und das ganze Heer ergriffen, das ihm eben auf seinem Marsche, ich weiß nicht wohin, folgte und dieses Wunder schaute.

Eusebius, Das Leben Konstantins

Am 28. Oktober 312 erblickte Kaiser Konstantin, als er sich an der Milvischen Brücke vor der Stadt Rom auf die Schlacht gegen seinen Rivalen Maxentius vorbereitete, ein Kreuz am Himmel. Etwa 1600 Jahre zuvor hatte Mose laut der rabbinischen Überlieferung auf dem Berg Sinai gestanden und von dem jüdischen Gott Jahwe die zehn Gebote empfangen, die zur Grundlage eines Bundes zwischen den Israeliten und ihrem Gott wurden. Die polytheistischen Kulturen im übrigen Mittelmeerraum stellten sich einen Kosmos mit vielen Gottheiten vor, die allesamt sowohl hilfreich als auch schädlich sein konnten. Der Monotheismus der Israeliten war anders. Viele Jahrhunderte später bildete ihr Bund mit Jahwe den fruchtbaren Boden für die Lehren des jüdischen Propheten Jesus von Nazareth. Dieser setzte durch das von seinen Jüngern verkündete Wunder der Auferstehung die Ereignisse in Gang, die wiederum drei Jahrhunderte danach in Konstantins Kreuz kulminierten.

Die Geschichte der Israeliten reicht weit vor die Geburt Jesu zurück. Im Gegensatz dazu umfasst die Geschichte der Polytheisten, insofern als

1. In dieser fantasievollen Darstellung aus dem 19. Jahrhundert sieht Konstantin ein Kreuz am Himmel.

sie für den Aufstieg des Christentums relevant ist, nur wenige Jahrhunderte. Nimmt man 1250 v. Chr. als ungefähres Datum für den Auszug der Israeliten aus Ägypten und den kurz darauf mit Jahwe geschlossenen Bund, so kann man die folgende Geschichte der Israeliten in relativ klare Perioden unterteilen. Etwa 250 Jahre lebten sie in Kanaan, dem heutigen Palästina, einem Land, in das sie einmarschiert waren und das sie mehr oder weniger erobert hatten. Ihre zwölf Stämme wurden jeweils von einem sogenannten Richter angeführt. Manchmal kooperierten sie militärisch, waren aber ansonsten nur lose miteinander verbunden, bis Saul, der erste König, um 1020 die Herrschaft über alle Stämme übernahm. Um das Jahr 1000 wurde David Sauls Nachfolger und herrschte für etwa 40 Jahre. In dieser Zeit machte er Jerusalem zu seiner Hauptstadt. Sein Sohn Salomo regierte von etwa 961 bis 922 und baute den ersten Tempel Jahwes in der Stadt. Nach Salomos Tod zerbrach das Königreich in zwei Teile: das nördliche Königreich Israel und das südlich Königreich Juda. Es folgte eine Zeit der Intrigen, Kriege und Bürgerkriege, die nur gelegentlich von Frieden unterbrochen wurden. Die große imperiale Macht

		1300 v. Chr.	
		1200	**Mose – Zehn Gebote – Bund**
	Zeit des Alten Testaments	1100	
		1000	König David
			König Salomo baut ersten Tempel
		900	Zwei Königreiche: Israel (Norden)
		800	und Juda (Süden)
		700	Assyrien erobert Israel
		600	Babylon erobert Juda und zerstört den Tempel
	Zeit des zweiten Tempels	500	Rückkehr aus dem Exil – persische Hegemonie – Bau des zweiten Tempels
		400	Persische Hegemonie
		300	Griechische Hegemonie
		200	Makkabäer-Aufstand – Qumran-Rollen
		100	Königreich der Hasmonäer
			Intervention der Römer – Eroberung Jerusalems
			König Herodes der Große
		1 n. Chr.	**Geburt Jesu von Nazareth**
			Herodes Antipas' Herrschaft über Galiläa
Das Neue Testament wird geschrieben			Kreuzigung Jesu
			Paulus von Tarsos schreibt erste Teile des Neuen Testaments
			Römer zerstören Jerusalem und den Tempel
			Evangelien geschrieben
		100	Letztes Mitglied der Familie Jesu stirbt
			Letzte Bücher des NT geschrieben
			Plinius und Tacitus schreiben über Christen
Zeit der apostolischen Väter	Rabbinische Zeit		Apostolische Väter leben und schreiben
		200	
		300	**Konstantin sieht das Kreuz am Himmel**

Chronik der wichtigsten Perioden und Ereignisse

DIE REISE

jener Zeit, die Assyrer, eroberten 722 das nördliche Königreich und führten zehn der zwölf Stämme in die Verbannung. Sie kehrten nie zurück und sind als die Verlorenen Stämme Israels bekannt. Die Bewohner des Nordreichs, die der Verbannung entgingen und sich später mit anderen Völkern vermischten, nannten sich selbst Samaritaner. Im Süden bestanden die beiden Stämme Benjamin und Juda in dem unabhängigen Königreich Juda fort. Unterdessen wetteiferten jedoch die aggressiven Reiche Ägypten, Assyrien und später Babylonien um die Kontrolle dieses wichtigen Verbindungsstücks zwischen Ägypten und dem Mittleren Osten. 587/586 v. Chr. unterlag Juda dem Babylonischen Reich, seine Elite wurde nach Babylonien verschleppt, und das Land blieb verwüstet zurück: »An den Wassern zu Babel saßen wir und weinten, wenn wir an Zion gedachten«, sang der Psalmist.[1] Damit begann eine Periode der Untertänigkeit unter wechselnden imperialen Mächten, die, von wenigen kurzen Intervallen abgesehen, die folgenden zweieinhalbtausend Jahre andauern sollte.

Im Gegensatz zur syrischen war die babylonische Gefangenschaft nicht dauerhaft, denn Kyros der Große von Persien (576–530 v. Chr.) ließ ab 537, nach seinem Sieg über das Babylonische Reich, alle Juden, die es wollten, aus Babylonien nach Judäa zurückkehren. Er setzte einen König ein, und das Königreich Judäa wurde zu einem Klientelstaat der Perser. Bis zum Ende des 6. Jahrhunderts hatten die Heimgekehrten einen neuen Tempel gebaut, wodurch die Zeit des zweiten Tempels begann. Sie dauerte an, bis die Römer ihn 70 n. Chr. zerstörten.

In der Periode der persischen Hegemonie erschienen erstmals die Griechen auf der Bildfläche. Nach bescheidenen Anfängen als Plünderer und Händler im östlichen Mittelmeerraum schlossen sich die Bewohner des griechischen Festlands und der griechischen Inseln zu zwei Fraktionen zusammen, die unter Führung der Spartaner bzw. der Athener im 5. und frühen 4. Jahrhundert eine Serie verheerender Bürgerkriege führten. Schließlich stieg eine neue, halbgriechische, Macht auf, die alle anderen griechischen Staaten eroberte: Makedonien, zunächst unter Führung Philipps II., später unter der seines Sohnes Alexander des Großen. 334 v. Chr. marschierten die Makedonen im persischen Reich ein, und 332 besetzte Alexander Palästina, wie vor ihm schon die Eroberer aus dem Mittleren Osten. Nach seinem Tod teilten seine wichtigsten Feld-

2. Pompeius der Große eroberte Jerusalem im Jahr 63 v. Chr., verzichtete aber darauf, die Stadt oder den Tempel zu plündern. In der Folgezeit war Judäa entweder ein Klientelstaat Roms, oder es wurde direkt von einem römischen Beamten regiert.

herrn seine Eroberungen in konkurrierende Reiche. Um Palästina kämpften die Seleukiden von Syrien im Norden und die Ptolemäer von Ägypten im Südwesten aus. Bis 303 hatten die Seleukiden die Kontrolle über ganz Palästina gewonnen und setzten Marionettenkönige ein. Der Seleukidenkönig Antiochos IV. Epiphanes jedoch schwächte seine Herrschaft über die Region, als er eine nativistische Gruppe gegen sich aufbrachte, deren Jahwe-Kult die Seleukiden ablehnten. Der Makkabäer-Aufstand begann. Durch diesen Aufstand wurde das seleukidische Joch für kurze Zeit abgeworfen. Doch schon nach wenigen Jahrzehnten musste sich das unabhängige Königreich Judäa erneut dem Druck der feindlichen Mächte in seiner Nachbarschaft beugen. Es folgten 100 Jahre, in denen die Führung Judäas versuchte, die unterschiedlichen Parteien und Reiche gegeneinander auszuspielen, um wenigstens den Anschein von Unabhängigkeit zu bewahren. Dann erschien Rom auf der Bildfläche.

Rom, laut der Gründungssage 753 v. Chr. auf den Hügeln Mittelitaliens gegründet, dehnte seine Macht zunächst nur langsam auf die umliegenden Gebiete aus. Nach dem Sieg über das rivalisierende Karthagische Reich im 3. Jahrhundert v. Chr. jedoch drangen die Römer schnell in den östlichen Mittelmeerraum vor. Zur Zeit der Makkabäer mischten sie sich bereits in die Angelegenheiten des Seleukidenreichs ein. Jüdische Könige versuchten, die Macht Roms als Gegengewicht gegen die Seleukiden einzusetzen. In der Folge marschierte im Jahr 64 v. Chr. der römische Feldherr Pompeius der Große in Palästina ein. Er besiegte den letzten seleukidischen König, machte Syrien zu einer römischen Provinz und drang nach Judäa vor, wo er einer der Fraktionen im dortigen Bürgerkrieg half. Er eroberte Jerusalem, ohne die Stadt oder den Tempel zu zerstören. Er und die damalige Führung Roms setzten Klientelkönige ein, um Palästina zu kontrollieren. Von diesem Zeitpunkt an wurde Palästina entweder durch von Rom abhängige Herrscher oder direkt als römische Provinz regiert, bis es 637 n. Chr. von den Armeen des islamischen Kalifats erobert wurde.

Das Christentum

Wenngleich einige Elemente dieser Untersuchung viel weiter zurückreichen, liegen die ersten ernsthaften Anfänge des Christentums um etwa 300 v. Chr., als die Griechen nach dem Tod Alexanders des Großen einen Großteil des Nahen Ostens beherrschten. Rom spielte damals noch keine Rolle. Das heutige Palästina wurde von seleukidischen Königen regiert, und das Volk der Israeliten lebte in ihrem Herrschaftsbereich. Diese Vorgeschichte reicht bis 33 n. Chr., als mit der Kreuzigung und Auferstehung Jesu das Christentum begann.

Das Umfeld des Urchristentums war der östliche Mittelmeerraum der Antike. Er erstreckte sich vom italienischen Stiefel bis zu den Grenzen Palästinas, von den Küsten Italiens und Griechenlands bis zu den Wüsten Libyens und Ägyptens. Dieses riesige Gebiet war die Heimat zahlreicher Völker, deren Sozialstrukturen sich jedoch in vielerlei Hinsicht ähnelten. Eine kleine Oberschicht, höchstens ein bis zwei Prozent der Bevölkerung, kontrollierte jeweils ein Übermaß der politischen, wirtschaftlichen und sozialen Ressourcen. Auf Gemeindeebene regelte diese kleine Elite alle politischen Angelegenheiten, entweder direkt oder durch informelle Delegation an untergeordnete Eliten. Ein bescheidenes Element der Gesamtbevölkerung, vielleicht 10 bis 20 Prozent, lebte in wirtschaftlich relativ sicheren Verhältnissen, verfügte jedoch über wenig soziale oder wirtschaftliche Macht. Der Rest lebte in mehr oder weniger unsicheren Verhältnissen. Die Sozialstruktur war rigoros geschichtet. Doch alle Elemente der Gesellschaft akzeptierten diese Situation als unabänderliche Tatsache. Die einfachen Leute hatten diese hierarchisch streng gegliederte Welt verinnerlicht. Der Kern des politischen und sozialen Lebens war für sie die Existenz innerhalb der etablierten Ordnung. Gelegentliche, manchmal recht heftige Gewaltausbrüche erschütterten diese Ordnung nicht, ja stellten sie nicht einmal infrage. Denn sie richteten sich fast immer gegen konkrete Missstände, und die Beteiligten strebten deren Korrektur durch die Verantwortlichen an, nicht jedoch eine grundsätzliche Veränderung der etablierten Ordnung (obwohl es von Zeit zu Zeit selbstverständlich auch zu außergewöhnlichen Unruhen kam). Die Familie war genauso hierarchisch strukturiert wie die Gesellschaft, mit dem Vater an der Spitze der Pyramide. Und kaum jemand hätte diese kulturellen Verhältnisse in Frage gestellt.

Fast alle Menschen gingen in ihrem religiösen Leben davon aus, dass die Welt voller Götter war. Ihre Welt war die Welt der Polytheisten, eine Welt belebt von Mächten, Göttern und Dämonen sowie einer Vielzahl übernatürlicher Einflüsse. Der Polytheismus prägte die Reaktionen der Menschen auf positive wie negative Ereignisse in ihrem Leben, hatte jedoch nur den einen politischen Aspekt, dass er als Bestätigung und Stütze des Status quo der Elitenherrschaft wirkte. Beim Judentum hingegen stand der einzige Gott Jahwe im Zentrum des Glaubens. Die Juden hatten während der vorangegangenen 200 Jahre ihren zerstörten Tempel in Jerusalem wieder aufgebaut und sich im Großen und Ganzen darauf geeinigt, was der auf dem Berg Sinai geschlossene Bund mit Jahwe bedeutete und welche Schriften über ihre Geschichte, ihre Propheten und ihre Lieder als Grundlage ihres religiösen Lebens zu gelten hatten. Während also die Polytheisten ihren Alltag lebten, ohne sich groß für politische Vorgänge zu interessieren, die weit außerhalb ihrer Kontrolle lagen, befassten sich die Menschen in Judäa (einschließlich Galiläas) nicht nur mit ihrem privaten Alltag, sondern auch mit dem Bund mit Jahwe. Obwohl sie politisch immer mehr unter die Herrschaft hegemonialer imperialer Mächte gerieten, hielten sie sich dank ihrem Vertrauen auf eine einzigartige Beziehung zu einem einzigartigen Gott für ein einzigartiges Volk. Und einige von ihnen waren fest entschlossen, diesen Bund aufrechtzuerhalten und wenn möglich nicht nur ihre religiöse, sondern auch ihre politische Freiheit wiederzugewinnen.

Die Religionsgeschichten der Polytheisten und des jüdischen Volkes verliefen zunächst parallel. Der Polytheismus, an den fast alle Bewohner der antiken griechisch-römischen Welt glaubten, bestand aus einer raffinierten, aber unorganisierten, inkohärenten, widersprüchlichen und eigenartigen Mischung aus großen und kleinen Göttern, animistischen Kräften, Halbgöttern und Menschen. Die Überzeugungen der Polytheisten waren in keiner detaillierten Glaubenslehre vereinheitlicht, wenngleich alle dem allgemeinen Grundprinzip anhingen, dass übernatürliche Kräfte in der natürlichen Welt aktiv seien. Für den Umgang mit dieser von übernatürlichen Kräften bevölkerten Welt war demnach keine Glaubenslehre, sondern aktives Handeln erforderlich. Dieses war durchaus organisiert und kohärent. Ein spezifisches Bündel von Handlungen konnte, als eine Teilmenge aller möglichen Ansätze, die Verehrung einer bestimmten Gottheit oder auf einer umfassenderen Ebene eine bestimmte Religion kennzeichnen. Es war ganz natürlich, dass die Anhänger eines bestimmten Sets von Bräuchen ein anderes Set bestenfalls für merkwürdig und schlimmstenfalls für gefährlich hielten. Aber obwohl man einen bestimmten Umgang mit dem Übernatürlichen durchaus verachten konnte, stellte niemand (oder höchstens eine verschwindend geringe Anzahl von Menschen) das übernatürliche Gewebe, das die Natur durchdrang und zusammenhielt, als solches infrage. Eine bestimmte polytheistische Kultur mochte ihre politischen Hoch- und Tiefpunkte haben, doch der grundlegende Glaube an eine Vielzahl von Göttern, die auf verschiedenste Art mit den Menschen interagierten, blieb im Wesentlichen immer der gleiche.

Die Juden, die sich als Nachkommen von Abraham, Isaak und Jakob (Israel) verstanden, waren anders. Sie verfügten über ein System von Verhaltensweisen und Geboten, für das sie sich auf ihren Gott Jahwe beriefen. Dieses System war ausschlaggebend für die Zugehörigkeit zu der Gruppe. Durch Bräuche wie die Beschneidung, die Heiligung des Sabbats und die Vermeidung bestimmter Nahrungsmittel unterschieden die »Israeliten« sich von den »Nicht-Israeliten« (Polytheisten). Wie Flavius Josephus feststellte, war es die Beachtung dieser Bräuche, die einen Juden zum Juden machte. Von Anfang an jedoch bestanden über diese Bräuche interne Meinungsverschiedenheiten. Insbesondere die Widersprüche zwischen den aus dem Bund abgeleiteten Erwartungen und den Ergebnissen der Interventionen Jahwes führten zur Hinterfragung religiöser Glaubenssätze und zu regen Debatten über die Rolle des Bundes im Alltag.

Jesus von Nazareth war ein Produkt dieser Auseinandersetzungen. Er war ein Jude unter Juden, und das blieb er auch, doch seine späteren Anhänger stellten Bezüge zur polytheistischen Kultur her und wurden von dieser akzeptiert, obwohl in beiden Traditionen unterschiedliche kulturelle Dynamiken wirkten. Der Bund zwischen den Juden und ihrem Gott bestimmte das Leben der Juden. Nichtjuden verfügten dagegen nicht über diese vereinende, grundlegende Beziehung und hatten stattdessen eine (für uns) schwindelerregende Vielfalt von Göttern, Überzeugungen und Praktiken. Dennoch gab es viele Gemeinsamkeiten. Einerseits führten die jüdischen Vorstellungen von einem Bund mit Jahwe zu internen Spannungen und letztlich zu Lösungen, auf welche die frühen Christen positiv reagierten. Andererseits waren die Nichtjuden mit ihren Einstellungen und Erwartungen in Bezug auf das Übernatürliche offen für das, was ihnen das Christentum zu bieten hatte. Das Urchristentum beantwortete grundlegende Fragen. Die Juden fanden sich darin bestätigt, dass Jesus der Messias war, und die Polytheisten erkannten in seinem Monotheismus so viel praktischen Wert, dass sie sich bekehren ließen. Eine Kreuzung aus Monotheismus und Polytheismus versprach eine neue Beziehung zum Übernatürlichen – Jesus prophezeite, dass er auf die Erde zurückkehren und eine neue Welt erschaffen würde, in der die Menschen nach dem Tod jenes angenehme Leben erwarten konnten, das ihnen zu Lebzeiten für gewöhnlich versagt blieb. Das Christentum war geboren.

Es folgten zwei Katastrophen, die das Schicksal des Christentums bestimmen sollten: Zum einen zerstörten die Römer im Jahr 70 n. Chr. den Tempel in Jerusalem, der seit Hunderten von Jahren das spirituelle und politische Zentrum des jüdischen Lebens gewesen war. Das traditionelle Judentum wurde bis in die Grundfesten erschüttert und gruppierte sich nur langsam neu, als in den folgenden zwei Jahrhunderten die rabbinische Tradition allmählich die Vorherrschaft errang. Etwa um die Zeit, da der Tempel zerstört wurde, starben die meisten Männer und Frauen, die Jesus noch persönlich gekannt hatten und seine Jünger, Apostel, Zeugen und Nachfolger geworden waren. Zum anderen hatte Jesus ein apokalyptisches Ereignis vorausgesagt, das noch zu Lebzeiten seiner Jünger eintreten würde, ein Ereignis, das die Welt vernichten und sie durch das Reich Gottes ersetzen sollte. Doch dieses Ereignis blieb aus, folglich musste die Botschaft Jesu umgeschrieben werden, damit sie mit der falschen Prophezeiung vereinbar war – oder das Christentum wäre dem Untergang geweiht gewesen. Unter dem Druck dieser zwei Katastrophen, der Zerstörung des Tempels und des Ausbleibens der Prophezeiung, entstand ein jüdisch-nichtjüdisches Produkt, das die jüdischen Wurzeln des Urchristentums mit philosophischen Ideen über den richtigen »Lebenswandel« verknüpfte, welche die nichtjüdischen Eliten in der Antike prägten. Als eine wegen ihres dem Judentum entstammenden festen Glaubens an den Monotheismus und den damit einhergehenden kulturfeindlichen Gewohnheiten noch eine geächtete Religionsgemeinschaft hatten es die frühen Christen im Römischen Reich zunächst schwer, Anhänger zu gewinnen und mussten manchmal sogar ums bloße Überleben kämpfen. Die von Jesus und seinen unmittelbaren Nachfolgern verkündete Botschaft war mit der falschen Prophezeiung der Apokalypse gestorben, und auch der Glaube, der auf das Urchristentum folgte, hätte untergehen können, wenn Konstantin nicht das Kreuz am Himmel gesehen hätte. Dieses zweite Wunder führte zu einer zweiten Auferstehung Jesu. Und dieses Mal breitete sich der von ihm verkündete Glaube auf den Schultern des Römischen Reiches endgültig im ganzen Mittelmeerraum aus.

Die Beschäftigung mit der Antike stellt stets eine große Herausforderung dar. Wir sind von den bruchstückhaften Quellen abhängig, die noch verfügbar sind. Sie enthalten nie so viele Informationen, wie wir uns wünschen, und sind selten konsistent. Jede hat ihre eigene Sichtweise, die für die Auswahl der Fakten und die Art, wie sie zu einem bestimmten Narrativ arrangiert werden, entscheidend ist. Daraus ein zusammenhängendes Bild zu rekonstruieren, kann frustrierend und manchmal sogar zum Verzweifeln sein. Die Quellen sind wie ein riesiges Büfett. Einer nimmt sich hier einen Appetithappen, da eine Hauptspeise, dort einen Nachtisch und spült alles mit seinem Lieblingsgetränk hinunter – was eine bestimmte Mahlzeit ergibt. Ein anderer dagegen trifft eine völlig andere Auswahl und stellt sich mithin eine ganz andere Mahlzeit zusammen. Aber beide vertreten die Ansicht, ihre Auswahl sei die vom Lieferanten des Büfetts intendierte. Genauso verhält es sich mit den Quellen. Eine große Vielfalt von »Mahlzeiten« kann daraus zusammengestellt werden. Jede einzelne kann logisch schlüssig sein, sich aber von allen anderen unterscheiden. Die Folge sind heftige Debatten um die beste Version – meistens ohne Ergebnis.

Dieses Buch stützt sich, wie ich hoffe, auf die größtmögliche sachgemäße Bandbreite von Quellenmaterial. Das Judentum steuert das Alte Testament (Tanach) bei, oft zusammen mit den Apokryphen, jüdischen Dokumenten, die laut eigener Aussage aus der Zeit vom 10. bis zum 2. Jahrhundert v. Chr. stammen. Sie enthalten Geschichtserzählungen, Lieder, Prophezeiungen, religiöse Unterweisungen und vieles mehr. Auch nach dieser Zeit wurde noch vieles geschrieben, was erhalten geblieben ist. Die Qumran-Rollen, die erst in den späten vierziger Jahren des 20. Jahrhunderts entdeckt wurden, umfassen eine große Menge sogenannter zwischentestamentlicher Literatur, Material, das zwischen der »Schließung« des Alten und der Entstehung des Neuen Testament geschrieben wurde. Zwei wichtige jüdische Quellen aus dieser Zeit sind Philon von Alexandria und Flavius Josephus. Beide decken ein großes Spektrum ab, doch Philon schreibt vor allem über die jüdischen Traditionen, wohingegen Josephus über die Geschichte des jüdischen Volkes berichtet und sie interpretiert. Nach der Zerstörung des Tempels im Jahr 70 n. Chr. setzte sich die rabbinische Autorität im Judentum allmählich durch, ihre Lehren wurden in der Zeit von 200 bis 400 n. Chr. in der Mischna und im Talmud aufgezeichnet. Gelegentlich werfen diese Dokumente auch ein Licht auf frühere Zeiten, meistens beziehen sie sich jedoch auf eine andere, spätere jüdische Welt.

Das Material des Neuen Testaments wurde ab etwa 50 n. Chr. aufgezeichnet – in Form von Briefen (insbesondere den Paulusbriefen), Geschichtserzählungen (Apostelgeschichte) und Biografien (Evangelien), in denen Anhänger Jesu über dessen Leben und die Anfänge des Christentums berichten. Die Autoren der nächsten Generation früher Christen –

die apostolischen Väter – ergänzten dieses Material durch Kommentare, Interpretationen und Erklärungen. Seit dem frühen 2. Jahrhundert interessierten sich dann auch die Römer für das Christentum. Der Senator Plinius der Jüngere berichtete von seinen Kontakten mit Christen in Kleinasien. Der Historiker Tacitus und der Biograf Sueton hielten Ereignisse aus dem 1. Jahrhundert fest. Eine ausführlichere Diskussion dieser Quellen und einige Anmerkungen dazu, wie man bestimmte Themen vertiefen kann, finden sich in den Literaturhinweisen am Ende des Buches. Die Belege für die antiken Quellen finden sich in den kapitelweise durchnummerierten Anmerkungen.

Die Menschen lebten damals in einer Welt der Götter. Sowohl Juden als auch Polytheisten arbeiteten gewissenhaft mit den Göttern zusammen, damit ihr Leben einen erfolgreichen Verlauf nahm. Jede Veränderung in der Beziehung zu Gott oder den Göttern stellte ein, oft beängstigendes, Wagnis dar. Und dennoch entstand eine neue Beziehung, die sich im 1. Jahrhundert n. Chr. ausbreitete und schließlich die westliche Welt dominieren sollte. Wie und warum nahmen die Menschen eine solche Veränderung vor? Die Erklärung liegt in ihrem Verständnis des Übernatürlichen und in Erfahrungen, die Monotheisten und Polytheisten miteinander verbanden.

2

POLYTHEISTEN, JUDEN UND
DAS ÜBERNATÜRLICHE

Im 1. Jahrhundert n. Chr. übernahmen einige Polytheisten und Juden ein Verständnis des Übernatürlichen, wie es in der Bewegung Jesu zu finden war. Eine neue, einfache Botschaft kam sowohl bei polytheistischen Traditionen als auch bei der monotheistischen des Judentums gut an. Wie war das möglich? Wie konnte dieselbe Botschaft von zwei Traditionen akzeptiert werden, die im Westen gewöhnlich als gegensätzlich erachtet werden: viele Götter versus ein Gott. Es trifft zu, dass die Bewegung für Polytheisten und Juden nicht gänzlich auf dieselbe Art attraktiv war. Doch die Gemeinsamkeiten überwogen die Unterschiede. Das Christentum stellte eine Vision bereit, wie das Übernatürliche auf das menschliche Leben einwirkt. Polytheisten und Juden teilten zahlreiche Grundeinstellungen gegenüber dem Übernatürlichen. Diese gemeinsamen Überzeugungen bildeten das Fundament, das die Bewegung für beide Traditionen attraktiv machte.

Polytheisten wie Juden lebten in einer phasenweise durchaus geordneten und vorhersehbaren Welt. Viele Aspekte ihrer Existenz erschienen natürlich und planbar und entsprachen bekannten Erfahrungen. Auch die soziale Interaktion zwischen den Menschen gehorchte vorhersagbaren Grundregeln. Niemand legte ein Gelübde ab, damit die Schwerkraft weiterhin funktionierte oder die Familie als soziale Grundeinheit erhalten blieb, denn es bestand nicht die Möglichkeit, dass sich so grundlegende Dinge je ändern würden. Hierfür waren weder Theoriebildung noch tiefschürfende Fragen notwendig. Manches war einfach so und würde immer so bleiben – beherrschbar und vorhersehbar.

Doch diese alltägliche Welt war von einer weiteren reichhaltigen, aktiven Welt unterbaut, überlagert und mit ihr verflochten. Immer und überall waren unvorhersehbare mächtige Kräfte am Werk. Alles besaß eine Art elektrische Ladung, die nur darauf wartete, auf die natürliche Welt einwirken zu können. Die konstante Interaktion zwischen dem Natürlichen oder Menschlichen und dem Übernatürlichen oder Übermenschlichen war vollkommen normal, ein Phänomen, mit dem man umgehen musste, genau wie mit der Vielfalt menschlicher Interaktionen.

Sowohl für die Polytheisten als auch für die Juden konnte das Übernatürliche die vorhersehbare Welt auf eine günstige, gesunde oder aber auf eine bedrohliche, gefährliche Weise beeinflussen. Obwohl sich die übernatürlichen Kräfte in verwirrender Vielfalt manifestierten, verwenden wir oft den Überbegriff »Götter«, um sie alle zu erfassen. Die Polytheisten verfügten definitionsgemäß über viele Götter. Aber auch in der jüdischen Tradition gab es eine Vielzahl von Göttern, die auf unterschiedliche Art mit den Menschen in Berührung kamen, mit dem Unterschied, dass Jahwe der besondere Beschützer der Menschen war. Selbst als diese frühe Tradition allmählich einer neueren Weltsicht mit einem stärker universalisierten Jahwe Platz machte, wurde die Existenz einer Vielfalt übernatürlicher Mächte immer akzeptiert.

Für beide Traditionen war es selbstverständlich, dass ein Mensch diese Kräfte kennen und mit ihnen kommunizieren konnte, denn sie operierten nach denselben Grundsätzen wie der Mensch. Sie dachten wie Menschen, hatten Gefühle wie Menschen und hatten im Allgemeinen auch eine menschliche Gestalt oder wenigstens eine, die aus tierischen und menschlichen Körperteilen zusammengesetzt war. Selbst wenn eine Gottheit erklärte, sie sei nicht wie die Menschen, wurde sie Menschen nachempfunden. So heißt es etwa im Rahmen der jüdischen Tradition bei Jesaja: »Denn meine Gedanken sind nicht eure Gedanken, und eure Wege sind nicht meine Wege, spricht der Herr.«[1] Doch der Gott, der da spricht, hat dennoch »Gedanken« und »Wege«, genau wie die Menschen. Mächte, die wie Menschen waren, konnten auch wie Menschen durch Beschwörungen, Bitten, Drohungen, Bestechungen oder Verträge beeinflusst werden. Der Unterschied bestand in der ungleichen Machtverteilung, denn die übernatürlichen Kräfte waren gewöhnlich sehr viel mächtiger als die Menschen.

Wir sind es gewohnt, uns die natürliche und die übernatürliche Welt getrennt vorzustellen, wenngleich sie einander manchmal auch durchdringen. In der Antike jedoch hatten die Menschen eine andere Vorstellung: Für sie waren die jeweiligen operativen Bereiche nicht voneinander abgeschottet, mit einem gewissen Austausch zwar, aber ohne wirkliche Verflechtung. Vielmehr umfassten sie ein und denselben Bereich. Es gab keine »natürliche« Sphäre, die sich von einer »übernatürlichen« unterschieden hätte. Dennoch herrschte das Gefühl vor, dass die nicht-natürliche trotz ihrer Menschenähnlichkeit »etwas Andersartiges« war. Die Mächte aus diesem Bereich übertrafen die menschlichen Fähigkeiten, entzogen sich oft dem menschlichen Verständnis und hausten nicht nur in der menschlichen Sphäre, sondern auch in ihren eigenen, für Menschen unzugänglichen Reichen.

Freilich glichen auch diese der menschlichen Erfahrung. Offenbar lebten die übernatürlichen Kräfte in ähnlichen Behausungen wie die Menschen, die lediglich geografisch von der menschlichen Welt getrennt waren. Orte auf der Erde, die den Welten über und unter dieser am nächsten lagen, waren für die übernatürlichen Kräfte besonders interessant. So waren Brunnen gute Orte, um eine Bitte an die Götter der Unterwelt zu richten, und Orte wie der Olymp oder der Berg Sinai waren mögliche Wohnstätten von Zeus bzw. Jahwe.

Die abenteuerliche Interaktion zwischen menschlichen und übernatürlichen Wesen wurde in Form von Mythen erzählt. Das Übernatürliche bedingte das Natürliche: Jahwe schuf das Universum aus dem Nichts, und die polytheistische Göttin Gaia schuf Himmel und Meere. Sogar die Menschen wurden von den Übernatürlichen geschaffen: Jahwe formte Adam aus Erde, und im griechischen Denken war Prometheus für die Existenz der Menschen verantwortlich. Darüber hinaus ergänzten die Übernatürlichen das menschliche Leben durch wichtige Elemente: So gab Prometheus den Menschen das Feuer und Jahwe verhalf ihnen dazu, Gut und Böse zu unterscheiden.

Der Mythos lieferte eine Darstellung der Beziehungen und Berichte über die Vorteile, die Menschen daraus zogen. Dies macht jedoch nur ein Teil des Gesamtbilds aus. Übernatürliche Kräfte waren nicht nur menschenähnliche Wesen, die eine der menschlichen ähnliche Welt bewohnten. Auch die menschliche Welt selbst beherbergte übernatürliche Bewohner, Kräfte, die ständig präsent und nicht nur gelegentliche Besucher waren: Wesen wie die Nymphen, Mächte wie Morpheus, den Gott des Schlafs und der Träume, oder wie Lilith, eine Dämonin der jüdischen Tradition. Selbst Objekten der natürlichen Welt waren übernatürliche Kräfte immanent. Das animistische Element, das die greifbare materielle Essenz mit einer nicht greifbaren unsichtbaren Macht kombiniert, brachte sprechende Pflanzen hervor, etwa als Mose auf dem Berg Sinai die Herde seines Schwiegervaters hütet und Jahwe, die auf dem Berg wohnende Gottheit, aus einem brennenden Busch zu ihm spricht.[2] Flüsse hatten Persönlichkeiten, die sogar an Kriegen teilnehmen konnten: Als Achilleus in einem Fluss nahe Troja seine Feinde abschlachtet, ergrimmt Skamandros, der Gott dieses Flusses, und ruft: »Jetzt ist es genug, Achilleus!«[3] Was wie ein Stein aussah, war nicht nur eine Ansammlung von Mineralen, sondern barg eine Kraft in sich, die von Menschen genutzt werden, aber auch eigenständig interagieren konnte. Der Stein, den der hebräische Erzvater Jakob beim Schlafen als Kopfkissen benutzt, ruft den Traum von der Himmelsleiter hervor, woraufhin Jakob am nächsten Morgen eine Säule baut, den Stein darauflegt und ihn mit Öl begießt.[4] Er macht den Stein zu einem Objekt der Verehrung, weil er erkannt hat, dass er von Jahwes Wesen erfüllt ist. Auch Plinius der Ältere berichtet von einem großen Stein, der in Baktrien gefunden wurde: eine Art »Kieselstein«, der, als Kopfkissen eingesetzt, »wie ein Orakel nächtliche Visionen« hervorruft.[5]

Der Umgang mit dem Übernatürlichen

Der Umgang der Polytheisten und Juden mit den übernatürlichen Ressourcen war sehr vielfältig und hing von der sozialen und hierarchischen Struktur der jeweiligen Gruppe ab. Im Mittelmeerraum der Antike gab es keine wirklich egalitäre Gesellschaft. Auf der individuellen und der Familienebene besaßen die führenden Erwachsenen die Macht und das Wissen zu handeln, sowohl was die für den Ackerbau oder des Tätigen von Geschäften notwendigen Technologien betraf, als auch in Bezug auf das soziale Wissen zur Stabilisierung der Lebensverhältnisse oder das metaphysische Wissen, um die Unterstützung übernatürlicher Kräfte zu mobilisieren oder die Bedrohung durch selbige abzuwehren. In gewisser Hinsicht hatten die Führer auf allen Ebenen der sozialen Hierarchie eine besondere Beziehung zu diesen Kräften. So war es im Rahmen der Familie die Aufgabe des Vaters, zu beten und zu opfern, und nicht die des Sohnes oder der Tochter. In der Gemeinschaft waren die Führer dafür verantwortlich, für die ganze Gruppe eine gute Beziehung zum Übernatürlichen aufrechtzuerhalten. Auf der Makroebene bildete sich eine Führung heraus, die ihre soziale und politische Dominanz mit dem Anspruch auf privilegierten Zugang zum Übernatürlichen kombinierte. Durch die Institutionalisierung von Gottesdiensten und Feiern monopolisierte die Priesterschaft mit der Zeit nahezu alle wichtigen Zugänge der Gemeinschaft zum Übernatürlichen. Alle anderen Mitglieder bekamen durch die Teilnahme an den Feiern und Opferritualen ein Gefühl der Zugehörigkeit und des Schutzes. Das soziale Muster, das die natürliche mit der übernatürlichen Welt verband, war erblich und stabil.

Doch die Menschen kannten neben den anerkannten gesellschaftlichen Führern noch andere, die durch die Arbeit mit dem Übernatürlichen Positives bewirken konnten. Jeder wusste von besonders befähigten Propheten, Zauberern, Sehern oder »weisen Frauen«, die für ihre Fähigkeit, körperliche und geistige Krankheiten zu heilen, berühmt waren. All diese Zugänge zum Übernatürlichen ergänzten einander. Die Maßnahmen der religiösen Führer der Gruppe, der Führer der Familien und einzelner Akteure trugen gemeinsam dazu bei, dass die Menschen sich so verhielten, dass sie die Unwägbarkeiten des Lebens möglichst gut bewältigen konnten. Das Übernatürliche war auf vielerlei Arten mit dem Leben der Juden und der Polytheisten verknüpft. Menschen konnten zum Beispiel um ein direktes Eingreifen bitten. So forderte Elia, um die Überlegenheit Jahwes zu beweisen, die Propheten des Gottes Baal mit Erfolg zu einem Wettstreit im Feueranzünden heraus. Er erbat die direkte Intervention seines Gottes, und so kam es auch: Jahwe ließ Feuer vom Himmel fallen, das nicht nur das heidnische Opfer selbst, sondern auch die Steine, die Erde und das Wasser in der Umgebung des Altars verzehrte.[6] Chryses, der Priester Apollons, bat seinen Gott zu Beginn des Trojanischen Kriegs, die Achäer mit einer Pest zu infizieren, und der Gott erfüllte seinen Wunsch.[7] König Krösus betete ebenfalls zu Apollon, und zwar um Regen zur Löschung eines Feuers, das ihn zu verbrennen drohte, und Apollon reagierte mit Regen »bei klarem Himmel und Windstille«.[8]

In anderen Fällen intervenierten die Götter unaufgefordert zugunsten ihrer Lieblinge. Die israelitische Richterin Debora bat Jahwe nicht darum, dem israelitischen Heer in der Schlacht gegen Jabin, den König der Kanaaniter, zu helfen. Sie übermittelte lediglich seine Anweisungen, und das brachte ihr den Sieg.[9] Der athenische Feldherr Thrasybulos ermutigte 404 v. Chr. seine Truppen mit den Worten: »Die Götter kämpfen jetzt sichtbar an unserer Seite. Denn mitten im schönsten Wetter schicken sie einen Schneesturm gerade in dem Augenblick, da uns dies von Nutzen ist, und wenn wir handgemein werden, da vergönnen sie unserem kleinen Häuflein, trotz der Überzahl der Gegner das Siegeszeichen aufzuziehen.«[10]

Menschen wurden aktiv, damit die Götter ihnen kein Leid zufügten, oder um ihren Feinden zu schaden. Diomedes, König von Argos und ein wichtiger griechischer Held im Trojanischen Krieg, bat Athene, seinen Feind Pandaros zu töten, und Athene erfüllte ihm den Wunsch.[11] König Hiskia von Juda bat Jahwe um Unterstützung, als Sanherib, der furchterregende König der Assyrer, die kurz zuvor das Nordreich Israel zerstört hatten, Jerusalem angriff. Um etwa 701 v. Chr. betete Hiskia: »Nun aber, Herr, unser Gott, errette uns aus seiner Hand, damit alle Königreiche auf Erden erkennen, dass du, Herr, allein Gott bist.«[12] Jahwe erhörte ihn: Die Assyrer belagerten Jerusalem zwar, zerstörten es aber nicht, sondern gaben sich mit einer riesigen Geldsumme zufrieden.

Wie diese Berichte zeigen, ergriffen sowohl Juden als auch Polytheisten Maßnahmen, um Interventionen des Übernatürlichen herbeizuführen: Gebete wurden gesprochen, Opfer gebracht. Es war ebenso möglich, mit übernatürlichen Mächten Tauschgeschäfte abzuschließen: ein Gelübde oder das Versprechen, längere Zeit etwas Bestimmtes zu tun, als Gegenleistung für die Unterstützung eines Gottes. Magische Beschwörungen und Objekte kamen ebenfalls zum Einsatz, wenn eine übernatürliche Macht sich eines Problems annehmen sollte. Doch die Versuche, die Götter zu bestimmten Handlungen zu bewegen, waren oft nicht erfolgreich. Tatsächlich war es völlig unvorhersehbar, ob sie wirkten oder nicht. Trotz aller Anstrengungen waren die Menschen letztlich nicht in der Lage, die übernatürlichen Kräfte zu kontrollieren, sondern wurden in ihrer unsicheren und daher aufreibenden Umwelt häufig scheinbar willkürlich von ihnen geplagt.

Man könnte annehmen, dass eine Lage, in der unkontrollierbare Kräfte das Leben beherrschen, zur Verzweiflung führen musste, doch das war nicht der Fall. Stattdessen akzeptierten die Menschen, dass ihre Beziehung zum Übernatürlichen instabil war, und glaubten weiterhin an ihren Gott oder ihre Götter, erwiesen ihnen die entsprechenden Ehren und versuchten, sie zum Eingreifen zu bewegen. Sie passten sich an und machten weiter – tatsächlich war ihnen das Weitermachen sogar am wichtigsten. Allenfalls schoben sie, polytheistisch gesprochen, dem Schicksal oder, jüdisch gesprochen, der Vorsehung als einer Art Universalinstanz die Verantwortung zu, wenn etwas schiefging (oder erfolgreich war). In einer Fabel beschwert sich das (personifizierte) Schicksal, dass die Menschen »mich für alles auf einmal verantwortlich machen, einschließlich all des Unglücks und all der Fehlschläge, die sie selbst verschuldet haben«.[13] Im Alten Testament führt das Buch Prediger genau wie die Polytheisten alles Geschehen auf »Zeit und Glück«[14] zurück. Im größten Teil der jüdischen Überlieferung jedoch wird eindeutig Jahwe für alles Geschehen auf der Welt verantwortlich gemacht, gleichgültig ob der Mensch es erklären kann oder nicht.[15]

Zusammenfassend kann man daher sagen, dass Polytheisten und Juden an die Existenz übernatürlicher Kräfte (»Götter«) glaubten. Diese waren zahlreich und konnten positiv oder negativ in das Leben der Menschen eingreifen. Es war von Vorteil, ihre Gunst zu gewinnen, und ihr Zorn musste durch Opfer und Rituale besänftigt werden, die je nach Kontext, Wünschen und Bedürfnissen unterschiedlich ausfallen konnten.

Zahlreiche Sorgen belasteten das tägliche Leben. Ein ägyptisches Dokument, das für magische Zwecke erstellt wurde, enthält eine eindrucksvolle Liste möglicher Übel. Um das Böse in Schach zu halten, wurden die Dinge, die abgewehrt werden sollten, auf einen Fetzen Papyrus geschrieben und zusammengerollt als Amulett um den Hals getragen. Darunter fielen Tod, Dunkelheit, Geisteskrankheit, Kummer, Furcht, Krankheit, Armut, Belästigungen, Grobheiten, das Böse, der böse Blick, Ausschweifung, Sklaverei, Unschicklichkeit, Jammer, Lästigkeit, Leere, Böswilligkeit, Bitterkeit und Arroganz.[16] An polytheistischem und jüdischem Material wie Traumdeutungen, Fabeln, Sprichwörtern, griechischen und lateinischen Inschriften, Zaubersprüchen auf Papyri und Andeutungen in der Bibel lassen sich diese und viele andere Sorgen ablesen. Aus unseren Quellen geht eindeutig hervor, dass sich die Menschen ständig über Familienangelegenheiten, Gesundheitsprobleme, Sexualität und Liebe Sorgen machten. Der Tod war ein stets unwillkommener, aber alltäglicher Gast. Mächtigere Personen warteten nur darauf, schwächere auszunutzen. Überall lauerten Feinde und verursachten Schwierigkeiten. Verbale Beleidigungen, juristische Anklagen und sogar Gewalt drohten zu jeder Zeit. Im 3. Buch Mose ist von Menschen die Rede, die das Recht beugen, sich zugunsten der Mächtigen parteilich verhalten, ungerecht urteilen, ihre Mitmenschen hassen und nach Rache dürsten oder einen Groll hegen. Wirtschaftliche Katastrophen konnten jederzeit eintreten: eine Missernte, ein Unglück auf einer Geschäftsreise, ein Raubüberfall, ein Betrug von Konkurrenten. Materieller Wohlstand war höchst relativ. Schon ein Mindestmaß an Erfolg löste Angst vor drohendem Unheil aus. Und über alledem schwebte der Zwang, unter allen Umständen seine Ehre oder die Ehre seiner Familie verteidigen zu müssen.

In dieser unvorhersehbaren, irrationalen, aufreibenden, potenziell gefährlichen und zerstörerischen Welt lebten Polytheisten wie Juden. Sie bewältigten all diese Herausforderungen, Risiken und Ungewissheiten so gut sie eben konnten und nutzten dafür neben ihren eigenen Fähigkeiten auch das Übernatürliche.

Wie wir gesehen haben, verursachte dieses Umfeld große Probleme und stellte oft eine schwere psychische Belastung dar. Damals wie heute geschah zwar manchmal auch Gutes, doch die schlimmen Dinge wirkten sich stärker aus. Den Sorgen begegnete man mit einem System persönlicher und religiöser Maßnahmen zur Stressbekämpfung. Dies ist fundamental, da die Eindämmung von Stress lebenswichtig war. Denn obgleich Stress eine natürliche Reaktion auf bestimmte körperliche und emotionale Situationen war und auch positive Reaktionen zur Lösung von Problemen zur Folge haben konnte, war er ebenso Ursache dysfunktionaler Reaktionen, die das Wohlergehen des Betroffenen, seiner Familie und seiner Gemeinschaft gefährdeten und im Extremfall sogar sein Leben bedrohten. Die Fähigkeit, mit einer problematischen Welt zurechtzukommen und nicht in Verzweiflung zu geraten oder wild um sich zu schlagen, war sehr nützlich. Sowohl die Polytheisten als auch die Juden entwickelten deshalb Gegenmaßnahmen, die sie als schlüssig erachteten und dank denen sie trotz Sinnlosigkeit und Chaos in ihrer Umwelt nicht zusammenbrachen. Da es keine Grenze zwischen dem Natürlichen und dem Übernatürlichen gab, entwickelten sich diese Gegenmaßnahmen in einem bruchlosen Kontinuum der Möglichkeiten beider Welten.

Die Beziehung einer Gemeinschaft zum Übernatürlichen war eng mit ihrer Selbstwahrnehmung und ihrer Gruppenidentität verknüpft. Durch die Wahl der Gottheit oder der Gottheiten, der Gottesdienste und der Festtage entstand ein Netz gemeinsamer Ideen und Handlungen. Die Teilnahme an diesem Amalgam war kennzeichnend für die Mitgliedschaft in der Gruppe. Durch Übergangsriten wie Geburt, Eintritt ins Erwachsenenleben, Heirat und Tod bewegte sich der Einzelne innerhalb der Gemeinschaft von einem Status zum nächsten. Riten und Zeremonien fokussierten ebenfalls die ganze Gruppe, förderten Solidarität und ermunterten die Mitglieder, sich Problemen gemeinsam zu stellen. Kultische Handlungen sorgten dafür, dass die Einheit der Gemeinschaft gestärkt oder zumindest als gestärkt wahrgenommen wurde. Da die sozioökonomische Gruppe, die bei den kultischen Handlungen die Führung innehatte, die Gesellschaft auch in anderer Hinsicht dominierte, wurde durch ihre Rolle bei der Aufrechterhaltung der wichtigen Beziehungen mit dem Übernatürlichen die soziale Hierarchie und damit die Stellung der Elite unterstützt und bestätigt.

Auch abseits kultischer Handlungen machten Menschen Erfahrungen mit dem Übernatürlichen. Sie konnten selbst aktiv werden, etwa zu einem Orakel reisen und es konsultieren. Oder sie sammelten derartige Erfahrungen außerhalb ihrer Gemeinschaft, beispielsweise in einem Mysterienkult, der einen direkten, persönlichen Kontakt mit dem Göttlichen anbot. Dennoch blieb ihre Identität mit ihrer Gemeinschaft verknüpft.

Da beide Beziehungen mit dem Übernatürlichen, gemeinschaftliche wie individuelle, in hohem Maße Teil sowohl der persönlichen als auch der Gruppenidentität waren, verbreitete es auf beiden Ebenen Ängste, wenn diese Beziehungen infrage gestellt wurden. Polytheisten wie Juden reagierten tendenziell mit Feindseligkeit auf solche Herausforderungen.

Auf der individuellen Ebene lautete das zentrale Problem der Beziehung zwischen Menschheit und Übernatürlichem: »Warum geschehen böse (und gute) Dinge?« Die meisten Menschen teilten die Überzeugung, dass dafür übernatürliche Kräfte verantwortlich waren. Deshalb mussten Polytheisten und Juden Kontakt mit diesen Kräften aufnehmen, wenn sie ihre Hilfe brauchten oder verhindern wollten, dass sie Böses taten. Die Menschen stellten sich die Götter in menschlichen Kategorien vor, also behandelten sie die übernatürlichen Wesen auch so, wie sie menschliche behandelten. Wenn etwas Schlimmes passierte, dann vielleicht weil ein Geist oder eine andere Macht aus reiner Böswilligkeit zornig war. Doch der Zorn konnte auch einen Grund haben, wenn etwa eine Vereinbarung zwischen Mensch und Übermensch gebrochen worden war. Oder eine Gruppe hatte es versäumt, ihre Pflichten gegenüber einem Gott zu erfüllen. Der beste Weg, im Umgang mit dem Übernatürlichen auf der sicheren Seite zu bleiben, bestand genau wie im Umgang mit mächtigen Menschen darin, die Position des Überlegenen offen anzuerkennen. Bei Göttern geschah dies, indem sie durch Rituale oder andere Handlungen geehrt wurden, indem man die eigenen vertraglichen Zusagen erfüllte, indem man Opfer brachte oder andere vereinbarte Handlungen vollzog, und indem man dafür sorgte, dass die ganze Gruppe der Gottheit durch Gebete und Riten die angemessene Aufmerksamkeit zukommen ließ. Ein Priester konnte dabei im Namen der Gruppe handeln. Aber auch eine Einzelperson konnte herausfinden, welche Worte oder Taten das Übernatürliche beeinflussen konnten. Außerdem konnte ein Mensch versuchen, die Macht eines Gottes zu bannen, indem er mittels eines Hellsehers in die Zukunft blickte, um schlimme Ereignisse vermeiden zu können oder wenigstens besser auf ihre Bewältigung vorbereitet zu sein. Bei alledem blieb es stets eine Art Ratespiel, welche Gegenleistung die Götter einforderten, wenn sie einen Menschen segnen sollten. Aufgrund dieser Unsicherheit stand sowohl in der polytheistischen als auch in der jüdischen Tradition ein ganzes Heer von Experten bereit, um Ratschläge zu erteilen und manchmal auch selbst aktiv zu werden.

Die Beziehung zu übernatürlichen Kräften basierte auf zwei grundlegenden Ansichten: Erstens der Überzeugung, dass Gott (oder die Götter) handeln konnte(n). Auch wenn die Übernatürlichen zeitweise unerreichbar oder nur schwer zu erreichen oder nicht günstig gestimmt sein mochten, stand ihre Fähigkeit zu handeln außer Frage. Die Aktionen der

Menschen riefen Reaktionen hervor; indem sie etwas Bestimmtes taten, konnten sie die Übermenschen als Helfer mobilisieren oder ihren Zorn besänftigen.

Das Machtgefälle zwischen Menschen und Übermenschen war immens. Die Handlungen und Motive der Übermenschen blieben für die Menschen oft undurchschaubar. Ein Mensch konnte einen Gott (mit Gebeten und Hymnen) preisen und ihm Güter opfern in der Hoffnung, dass er seine Wünsche erfüllte. Ein übernatürliches Wesen einschüchtern zu wollen, war dagegen eher keine gute Idee. Man konnte ihm vielleicht mit dem Entzug der Opfergaben drohen, wenn er nicht tat, was man von ihm wollte. Angesichts des Machtgefälles war dies jedoch eine riskante Strategie. Sehr häufig wurden in dieser ungleichen Beziehung deshalb Tauschgeschäfte vereinbart: »Wenn ich mich bereit erkläre, dies zu tun, erklärst du dich bereit, jenes zu tun.« Auf Lateinisch nannte man dies *do ut des* – »ich gebe, damit du mir auch etwas gibst.«

Gelübde und Votivgaben waren die häufigsten Methoden, mit denen dies bewerkstelligt werden sollte. Die abgelegten Gelübde verschaffen uns heute einen außerordentlich guten Einblick in die damaligen Sorgen der Menschen, denn wir verfügen über Tausende von geweihten Objekten. Eine bronzene Hand ist etwa mit folgender griechischer Inschrift versehen: »Zenon und Nikusa, die einen Eid geleistet hatten, ist Befriedigung widerfahren.« Vermutlich hatten die Spender die Hand einem Gott versprochen, wenn dieser eine bestimmte Hand heilte. Andere Beispiele sind:

Araca Marcella erfüllte großzügig ihren Eid an die große Gottheit Peremusta als Gegenleistung für ihre Sicherheit und die Sicherheit ihrer Lieben.[17]

Gaius Iulius Frontonianus, ein Veteran der Legio V Macedonica, erstattete seinen Dank, weil nach einer Vision sein Augenlicht wiederhergestellt wurde. Er erfüllte sein Gelübde an Aesculapius und Hygia und die anderen Gesundheit spendenden Götter des Ortes großzügig und korrekt, und das nicht nur in seinem Namen, sondern auch im Namen seiner Frau Carteia Maxima und seiner Tochter Iulia Frontina.[18]

Esuvius Modestus erfüllte sein Gelübde an Vacuna, weil die Gesundheit seines Vaters wiederhergestellt wurde.[19]

Erwartungsgemäß gibt es kaum Inschriften, in denen ein Gott dafür kritisiert wird, dass er seinen Teil der Vereinbarung nicht erfüllt hat. So berichtet Diogenes Laertios von der Reaktion des Kynikers Diogenes auf einen Zeitgenossen, der von den vielen Votivgaben für die Rettung auf dem Meer, die in Samothrake aufgestellt waren, beeindruckt war. »Es würde noch viel mehr davon geben, wenn auch die nicht Geretteten solche Weihungen machten.«[20] Und auch ein herzzerreißender Nachruf aus Capua (Italien) erinnert uns daran, dass Gelübde vergeblich sein konnten:

In tiefer Trauer verließen die Eltern dieses Grab für Sylvinia Velleia, unser allerliebstes kleines Mädchen. Unsere Gelübde haben nichts geholfen. Die Zeit hat uns verraten. Der Tod hat sich über unsere Sorgen lustig gemacht. Ein Leben in Angst hat seinen Wert verloren.[21]

Der große Religionshistoriker Walter Burkert erfasste den Kern der Erfahrung vieler damaliger Menschen: »Und doch zeugt jedes dieser [Votiv-]Objekte von einer individuellen Geschichte, von persönlicher Angst, Hoffnung, Gebet und Gebetserhörung, kurzum von ›persönlicher Religion‹ … Man darf die Intensität religiösen Erlebens in dieser Alltagspraxis nicht unterschätzen. Da ist die quälende Erfahrung der Not, die oft lange und verzweifelte Suche nach einer Hilfe, schließlich die Entscheidung des Glaubens, ein Gelübde in dieser bestimmten Form auf sich zu nehmen.«[22]

Private Gelübde waren gewöhnlich von ausgesprochen praktischer und bodenständiger Natur. Doch es war auch möglich, sehr viel weiter reichende und komplexere Abkommen mit den Göttern zu schließen. Sie konnten dabei recht vage sein. So sagt zum Beispiel Achilleus lediglich: »Es gehört sich wohl, auf einen Gott zu horchen, will man von ihm auch irgendwann erhört werden.«[23] Versprechen konnte man der Gottheit Taten, Rituale oder Opfer. Das Gelübde konnte aber auch sehr spezifische, detaillierte Verpflichtungen enthalten, wie sie etwa die Listen von Ge- und Verboten im 3. und im 5. Buch Mose umfassen. Das Prinzip war jedoch immer das gleiche: Erfüllte der Mensch seinen Teil des Abkommens, bekam er Hilfe von der übermenschlichen Seite, versuchte er dagegen, sich vor der Vereinbarung zu drücken, konnte es gefährlich werden, wie eine gewisse Prepusa erfahren musste:

> Da Prepusa, die Freigelassene der Priesterin, gelobt hatte, wenn ihr Sohn Philemon ohne zusätzliche Ausgaben für die Ärzte gesund würde, dies [für den Gott Men Axiottenos] auf einer Stele niederzuschreiben, und da sie trotz Gewährung der Bitte ihr Versprechen nicht einlöste, forderte es der Gott jetzt ein und bestrafte den Vater Philemon. Sie erfüllt nun das Gelübde für ihren Sohn und lobpreist von nun an den Gott.[24]

Der springende Punkt bei der Interaktion mit dem Übernatürlichen bestand darin, Stress abzubauen, indem man ein bestehendes Problem löste oder wenigstens scheinbar löste. Die Erfahrung zeigte jedoch, dass man damit das gesetzte Ziel oft nicht erreichte, und zwar ohne erkennbaren Grund. Dein Kind stirbt oder dein Ehemann kehrt nicht von der Reise zurück. Deine Propheten werden vom Propheten des Feindes besiegt, wie die Priester des Baal durch Elia. Deine Stadt wird von einem feindlichen Heer erobert, du wirst erschlagen, dein Hab und Gut fällt den Eroberern in die Hände, deine Frau und deine Kinder werden verschleppt. Objektiv betrachtet gab es keine Methode, um in der übernatürlichen Welt zuverlässig die erwünschte Wirkung zu erzielen. Wer sich das eingestand, fand sich wieder am Ausgangspunkt: unter extremem Stress aufgrund der Unwägbarkeiten und Gefahren der natürlichen Welt. Aber weder die Polytheisten noch die Juden beschritten diesen Weg. Stattdessen zogen sie zahlreiche andere Gründe für ihr Scheitern heran: das falsche Gebet, die falsche Beschwörung, die falsche Opfergabe, oder die richtige war falsch zelebriert worden; eine Bitte war erst gar nicht bei der erwünschten Kraft oder Macht angekommen; eine andere Person hatte größeren Einfluss auf den Gott und hatte bewirkt, dass der Wunsch nicht erfüllt wurde. Solche Erklärungen gingen davon aus, dass irgendwo ein technischer Fehler begangen worden war. Dieser Fehler musste nur korrigiert werden, und der Appell würde wirksam sein.

Eine andere Lösung bestand darin, von einem großen Vertrag mit dem Übernatürlichen auszugehen und als Grund für einen Fehlschlag anzunehmen, dass die menschliche Seite ihren Teil des Vertrags nicht erfüllt hatte. Diese Internalisierung der Schuld stellte eine wirksame Entlastung der übernatürlichen Kraft oder Macht dar und übertrug dem Sterblichen die Verantwortung für das Scheitern. Denn das Verhalten einer Gottheit konnte der Mensch nicht verlässlich beeinflussen, das eigene Verhalten jedoch konnte er ändern und auf diesem Wege versuchen, den Anforderungen des Vertrags zu genügen, um die Gunst des Gottes zu erringen. Auch in diesem Fall, genau wie bei den technischen Erklärungen für einen Fehlschlag, gab es allerdings keine Sicherheit, den Vertrag mit einer Gottheit zu erfüllen, keine Handlung, die garantiert zum gewünschten Ergebnis geführt hätte.

Von außen betrachtet ist klar, dass diese religiös-magischen Handlungen keine voraussehbaren und wünschenswerten Ergebnisse zeitigten. Deshalb mag es seltsam, ja sogar irrational oder absurd erscheinen, dass sie dennoch immer wieder vollzogen wurden. Eine Reihe von Faktoren macht dieses Verhalten jedoch nachvollziehbar: Zunächst einmal wurden anekdotische Zeugnisse aus der eigenen Familie oder von Bekannten als Beweise für die Effektivität der Handlungen gewertet. Außerdem führten die Handlungen vielleicht nicht jedes Mal zum angestrebten Ergebnis, aber doch so oft, dass sie, bei korrekter Durchführung, ein gewisses Vertrauen rechtfertigten. Dieser Umstand und die Bereitschaft, Berichten über positive Ergebnisse Glauben zu schenken, auch wenn diese zeitlich und räumlich weit entfernt lagen, ergaben zusammen eine überzeugende Menge vertrauenerweckenden Beweismaterials. Demgegenüber konnten Fehlschläge durch ungenau durchgeführte Verfahren erklärt werden oder indem man Entschuldigungen für den angerufenen Gott erfand. Die meisten Menschen zögerten wegen ihrer prekären Lebensumstände, auf Handlungen zu verzichten, die zu ihrem aktuellen Repertoire gehörten, gleichgültig ob sie etwas mit dem Übernatürlichen zu tun hatten oder nicht. Die bloße Tatsache, dass diese Handlungen verfügbar waren, verwies auf eine lange Geschichte der Validierung, die nur auf eigene Gefahr ignoriert werden konnte. Wenn ein Gott einen bestimmten Wunsch nicht erfüllte, führte dies deshalb nicht dazu, dass er nicht mehr ernst genommen wurde.

Warum sollte ein Polytheist oder Jude seine traditionelle Beziehung zum Übernatürlichen auch ändern? Eine Änderung konnte ja nur drei mögliche Ergebnisse nach sich ziehen: Es änderte sich nichts, es wurde besser oder es wurde schlimmer. Zwei dieser drei Konsequenzen waren negativ. Wenn sich nichts änderte, hatte man mit der Veränderung nur Zeit und Energie verschwendet, und wenn alles schlechter wurde, hatte man offensichtlich die falsche Wahl getroffen. Natürlich konnte auch eine Besserung eintreten, aber das Risiko war hoch. War eine Strategie gänzlich gescheitert, etwa Gebete an einen bestimmten Gott, damit eine Dürre aufhörte, versuchte man es vielleicht bei einem anderen Gott. Doch in der Regel beließ man es dabei, immer wieder den gleichen Gott zu ersuchen. Abgesehen von diesen mehr oder weniger praktischen Erwägungen bedeutete jede Veränderung Stress, also genau das, was man durch die Beziehungen zum Übernatürlichen minimieren wollte. Änderungen in der Art und Weise, wie man als Einzelperson, als Familie oder als Gemeinschaft etwas tat, waren furchteinflößend und verursachten deshalb ebenfalls Stress. Die Risiken einer Veränderung waren einfach zu groß.

Wenn dem so war, was konnte dann dazu führen, dass sich die Beziehungen zum Übernatürlichen modifizierten? Eine Möglichkeit war sozialer Wandel. Wenn sich verschiedene Ansätze im Umgang mit dem Übernatürlichen durch kulturellen und sozialen Austausch vermischten, entstanden neue Herangehensweisen. Viele Israeliten heirateten Menschen aus benachbarten Völkern und übernahmen ihre Götter, sehr zur Empörung verschiedener Propheten. Zum Beispiel schimpfte Jeremia: »Denn so viel Städte, so viel Götter hast du, Juda; und so viele Gassen es in Jerusalem gibt, so viele Schandaltäre habt ihr aufgerichtet, um dem Baal zu opfern.«[25] Und Elia empörte sich über den Einfluss von Isebel, der Frau König Ahabs, die den Gott Baal verehrte.[26]

Auch durch einen Ortswechsel konnte es erforderlich werden, dass man neue Mächte verehrte. So kehrte die Moabiterin Rut mit der Jüdin Noomi nach Bethlehem zurück und unterwarf sich Noomis hebräischem Gott.[27] Ähnlich wie die Israeliten, die sich in Kanaan niederließen, übernahmen auch die Israeliten, die in Ägypten angesiedelt wurden, verschiedene Verhaltensweisen der dortigen Bevölkerung, so zum Beispiel, als sie sich während Moses Abwesenheit auf dem Berg Sinai einer Statue der Göttin Hathor (dem »goldenen Kalb«) zuwandten. Durch die zunehmende Dominanz des Hellenismus im östlichen Mittelmeerraum nach den Eroberungen Alexanders des Großen wurden sowohl die griechische Kultur als auch ihr Umgang mit dem Übernatürlichen für die dort ansässigen Menschen attraktiv, auch für jene, die der jüdischen Tradition angehörten.

Eine Versklavung war oft mit einer Verschleppung und der damit einhergehenden Konfrontation mit neuen übernatürlichen Kräften verbunden. Sklaven hielten zwar oft an einigen Aspekten ihrer ursprünglichen Beziehung zum Übernatürlichen fest, aber alle geografisch begründeten Verbindungen rissen ab. Auch eine politische Niederlage, die zur Unterwerfung des eigenen Volkes führte, war ein starkes Motiv für einen Wechsel, weil sich die feindlichen Götter als überlegen erwiesen hatten. Schon die bloße Tatsache der Versklavung war ein starkes Indiz, dass die Götter des Eroberers mächtiger waren als die eigenen und sich ihre Übernahme, wenn nicht sofort, so doch langfristig auszahlen konnte. Viele Israeliten fingen an, Baal zu verehren, den höchsten Gott der Kanaaniter, ihrer erbitterten und oft erfolgreichen Feinde.

Für die Polytheisten war es dank ihrer offeneren Beziehung zum Übernatürlichen leichter als für die Juden, einen Wechsel in Betracht zu ziehen. Sie konnten durch einen religiösen Vortrag oder ein Gespräch mit Freunden zum Ausprobieren einer neuen Beziehung animiert werden. Bei der gebildeten Elite konnte, insbesondere in Verbindung mit den philosophischen Spekulationen in Platons Denken, auch intellektuelle Neugier dazu führen, dass sie verschiedene Aspekte der religiösen Praxis und des Glaubens miteinander verband. Die meisten Menschen hielten also an den bestehenden Beziehungen fest, aber manche experimentierten auch. Einige Polytheisten spielten sogar mit dem Konzept des Monotheismus. Die Inhalte der Tradition Jahwes und die damit verbundene Lebensweise waren für eine bestimmte Gruppe attraktiv, von der wir freilich nicht wissen, wie groß sie war. Ihre Anhänger wurden (weil sie Jahwe fürchteten) Gottesfürchtige genannt. Andere Männer und Frauen begannen mit einer monotheistischen Verehrung des höchsten Gottes (Zeus Hypsistos), einer ziemlich geheimnisvollen Gottheit, die vor allem in Kleinasien populär war.

Das stärkste Motiv für eine Veränderung jedoch war der Beweis, dass eine andere übernatürliche Kraft oder Macht stärker war als die aktuell

3. und 4. Alexander von Abonuteichos erregte großes Aufsehen mit seiner Weissagungen verkündenden und Krankheiten heilenden heiligen Schlange, Glykon. Der Glykonkult überdauerte Alexanders Tod.

bevorzugte. Der Faktor »zeig's mir« spielte bei solchen persönlichen Entscheidungen eine sehr wichtige Rolle: Wenn eine übernatürliche Kraft wirksam zu sein schien, wurde sie, langfristig oder auch nur kurzfristig, attraktiv. Selbst solche praktischen Beweise fruchteten jedoch nicht immer, wie eine Erfahrung des israelitischen Propheten Elia beweist. Er arrangierte einen Wettbewerb mit den Priestern und Propheten des kanaanitischen Gottes Baal, um zu sehen, ob Baal oder Jahwe mächtiger sei. Bei dem Wettbewerb ging es, wie schon einmal kurz erwähnt, darum, welcher Gott einen Holzstoß besser anzünden konnte. Die Priester des Baal scheiterten, Jahwe dagegen erhörte Elia und ließ Feuer vom Himmel regnen. Trotz dieses eindeutigen durch ein Wunder erbrachten Beweises für die überlegene Macht Jahwes gibt es keinen Hinweis darauf, dass die Anhänger Baals massenhaft zu Jahwe übergelaufen wären.

Dennoch, Wunder erregten definitiv Aufsehen. Im 2. Jahrhundert n. Chr. präsentierte ein gewisser Alexander von Abonuteichos eine große Schlange mit menschlichem Kopf, von der er behauptete, sie sei eine Inkarnation des Gottes Asklepios. Die Menschen strömten in Massen herbei, wurden (angeblich) von Alexander geheilt und änderten daraufhin ihr Leben gemäß seinen Lehren. Zwar war die Konversion von einer polytheistischen Religion zur anderen wenigstens potenziell sehr viel weniger schmerzlich als die zu einem monotheistischen Glauben, dennoch sind Alexander und seine Schlange ein hervorragendes Beispiel dafür, welche Rolle Wunder dabei spielten, wenn Menschen ihre Ansichten in Bezug auf übernatürliche Kräfte änderten.

Polytheisten und Juden hatten grundlegende Einstellungen gemeinsam, was das Übernatürliche betraf. Beide Traditionen hatten ihr eigenes Leben und innerhalb jeder Tradition gab es vielfältige Variationen, aber beide teilten den Glauben an die Macht, die Immanenz, den Einfluss und die Gefährlichkeit übernatürlicher Mächte, der Götter. Auch verfolgten beide ähnliche Ansätze, um die Gunst dieser Götter zu gewinnen oder ihren Zorn zu besänftigen. Die Menschen hingen an ihrem traditionellen Umgang mit dem Übernatürlichen, er schien durch die Erfahrung gerechtfertigt, selbst wenn er sich in einer bestimmten Situation nicht als besonders wirksam erwies. Veränderungen waren generell unwillkommen, ja galten sogar als gefährlich. Dennoch kam es trotz der konservativen Haltung vieler Menschen immer wieder zu Modifikationen im persönlichen Verhältnis zur übernatürlichen Macht. Die Motivation für eine solche Veränderung dürfte von Mensch zu Mensch recht unterschiedlich gewesen sein. Neben diversen anderen Faktoren spielte jedoch die Beweiskraft von Wundern eine wichtige Rolle. In der westlichen Welt tendiert man dazu, die Unterschiede zwischen den jüdischen und den polytheistischen Traditionen zu betonen. Dass das Christentum letztlich für beide attraktiv wurde, liegt jedoch an ihren großen Gemeinsamkeiten.

3

DIE JÜDISCHE
BEVÖLKERUNG

Die Anhänger der jüdischen Tradition hatten eine ähnliche Sozialstruktur wie andere Völker im Mittelmeerraum der Antike. Ganz
oben stand die Elite, auf der nächsten Ebene folgten Handwerker, Kaufleute und Landbesitzer. Arme Bauern, oft Pächter, Tagelöhner in den
Städten und auf den Feldern sowie mittellose Bettler machten den Rest
der freien Bevölkerung aus. Da in den Quellen zur Gelegenheitsarbeit nur
selten Sklaven erwähnt werden und die archäologische Forschung bestätigt, dass in der Region kaum große Landgüter existierten, kann man mit
Recht vermuten, dass im eigentlichen Judäa und auch im weiter nördlich
gelegenen Galiläa die Sklaverei zwar ein Element der Sozialstruktur, aber
keine wichtige Institution war. Wie damals die Regel, machte die Elite
vielleicht ein Prozent der Bevölkerung aus, das (einfache) Volk stellte
(wenn man von einer relativ geringen Zahl Sklaven ausgeht) den Rest.

Die Menschen, die nach der jüdischen Tradition lebten, bildeten in
Judäa und Galiläa (einem Gebiet, das ich im Folgenden vereinfacht als
Judäa zusammenfasse) die dominante Bevölkerungsschicht. Zwar hatten
die hellenistischen Griechen das Gebiet erobert und später einige Städte
kolonisiert, doch in großer Zahl angesiedelt hatten sie sich nie. Die einheimische Bevölkerung hatte einst aus Kanaanitern, Philistern und anderen Völkern bestanden. Im 9. und 8. Jahrhundert v. Chr. stiegen jedoch
die hebräischen Israeliten zur dominanten Volksgruppe auf. Allerdings
wurden 722 v. Chr. zahlreiche Juden von den Assyrern verschleppt, und
etwas mehr als 100 Jahre danach, im frühen 6. Jahrhundert, deportierten
die Babylonier eine noch größere Zahl von Israeliten, einschließlich der
Elite. Danach war die Bevölkerung der Region sehr gemischt. Allmählich
jedoch, nach der Rückkehr der Juden aus dem babylonischen Exil und

der erneuten Gründung eines Königreichs, dominierte in der Region erneut die jüdische Bevölkerung. In der hier vornehmlich behandelten Zeit, dem 1. Jahrhundert n. Chr., war durch Eroberungen und Assimilierungen eine relativ homogene Bevölkerung entstanden, die der jüdischen Tradition folgte.

In jenem Jahrhundert lebten in Judäa vielleicht eine halbe Million Menschen, von denen etwa 200 000 das eigentliche Judäa und der Rest Galiläa im Norden und Idumäa im Süden bewohnten. Mit wenigen Ausnahmen verteilten sie sich auf zahlreiche kleine Dörfer. Laut Flavius Josephus gab es allein in Galiläa 204 Dörfer und Städte.[1] Wenn man von etwa 150 000 Bewohnern ausgeht, waren das im Durchschnitt etwa 700 Menschen pro Dorf, eine so kleine Zahl, dass im Prinzip jeder jeden kennen konnte. Archäologische Funde lassen vermuten, dass die Dörfer insgesamt recht homogen zusammengesetzt waren. Die Umgangssprache war Aramäisch. All dies dürfte zu einer engen Gemeinschaft beigetragen haben.

Die tatsächliche ethnische und religiöse Zusammensetzung der einzelnen Ortschaften konnte jedoch unterschiedlich ausfallen, je nachdem, wo man lebte. In den Städten an der Mittelmeerküste war der polytheistische Einfluss in der Regel stärker, wohingegen die archäologischen Funde im Binnenland Judäas klar für eine Bevölkerung sprechen, die der jüdischen Tradition angehörte. So finden sich dort zum Beispiel sowohl in Privaträumen als auch an gemeinschaftlich genutzten Orten zahlreiche Reinigungsbäder. In den Wohnhäusern stießen die Archäologen zudem auf unzählige Steingefäße, die gebraucht wurden, um koscheres Essen zuzubereiten. Auch wurde kaum importiertes Geschirr gefunden; einfache, lokale, nicht dekorierte Stücke dominierten. Darüber hinaus ließen sich in den Überresten der lokalen Fauna kaum Spuren verbotener Nahrungsmittel, wie etwa von Schweinen, nachweisen. Das Essen in einem typischen Dorf bestand aus Brot, das man in sauren Wein oder Essig tauchte, aus Suppen, Bohnen, Linsen und Eintopf (manchmal mit dunklem Fleisch oder Huhn oder, in der Nähe des See Genezareth, mit Fisch). All dies entspricht der grundlegenden jüdischen Tradition. Nur in Jerusalem sind zahlreiche Beweise für einen starken hellenistischen und römischen kulturellen Einfluss nachweisbar, und auch das nur in den Häusern der Reichen. Im hier behandelten Zeitraum war Judäa also definitiv eine jüdische Gegend.

Wie überall im Mittelmeerraum führten die meisten Menschen ein recht hartes Leben. Natürlich war es einfacher, wenn man über die nötigen Mittel verfügte. Die Mehrheit jedoch lebte am Rande der Armut, immer in der Angst, in den Abgrund zu stürzen.

Galiläa lag im Norden von Judäa und war von diesem durch das Land der Samaritaner getrennt. Das ganz in der Nähe von Phönizien liegende und stark von der ägyptischen Kultur im Südwesten beeinflusste Land hatte bis ins 2. Jahrhundert v. Chr. eine große nichtjüdische Bevölkerung, die jedoch in der Zeit von 125 bis 75 v. Chr. unter den Hasmonäern zum jüdischen Glauben zwangsbekehrt wurde. In der Folge verschmolzen die polytheistischen Bevölkerungsanteile mit dem jüdischen zu einer einzigen kulturellen Einheit.

Nach 63 v. Chr. übernahmen die Römer die Herrschaft über die ganze Region. Sie machten Herodes Antipas zum Klientelherrscher, der die 150 000 Einwohner Galiläas mehr als 30 Jahre regierte, von 6 bis 39 n. Chr. In den letzten Jahrzehnten ist mehrfach behauptet worden, das Gebiet sei ab Mitte des 2. Jahrhunderts v. Chr. unter den wachsenden Einfluss der griechischen Kultur geraten, woraufhin der Versuch unternommen wurde, Jesu Leben und Erbe durch dieses angeblich hellenistische Umfeld zu erklären. Tatsächlich jedoch lag Galiläa außerhalb der wichtigsten polytheistischen Siedlungsgebiete. Es gibt keine Beweise für einen Kaiserkult oder die Stationierung römischer Legionen vor dem Jüdischen Krieg. Außerdem sprechen die archäologischen Funde, vor allem die damals in Umlauf befindlichen Münzen, für eine geringe Hellenisierung der Bevölkerung. Genau wie im südlich gelegenen Judäa deutet die materielle Kultur darauf hin, dass die Bevölkerung konsequent den Bräuchen der jüdischen Tradition folgte. Es ist an der Zeit, den sogenannten »Mythos von einem nichtjüdischen Galiläa« zu beerdigen, um den zutiefst jüdischen Hintergrund von Jesu Leben verstehen zu können.

Von den Unruhen, die Palästina während des 1. Jahrhunderts n. Chr. häufig heimsuchten, blieb Galiläa weitgehend verschont. Der lokale Herrscher Herodes Antipas führte nur einen einzigen kurzen Krieg, und es gab keine Aufstände, obwohl die Hinrichtung Johannes des Täufers im Jahr 30 n. Chr. auf eine gewisse Furcht vor solchen schließen lässt. Auch unter Antipas' Nachfolgern war es in der Region noch zwei Jahrzehnte lang relativ ruhig, bis in den sechziger Jahren der Jüdische Krieg begann. Freilich herrschte im gesamten Zeitraum ständig ein gewisses Ausmaß an Gewalt, da in der Region Räuberbanden ihr Unwesen trieben.

Wie sich aus der Bibel und den Werken von Flavius Josephus schließen lässt, waren die Schwierigkeiten in Galiläa geringer als in Judäa, wo die Behörden einen Aufstand der Bevölkerung fürchteten. Josephus weist zwar auch in Bezug auf Judäa immer wieder auf die Räuberplage hin, eine sorgfältige Auswertung der Quellen ergibt jedoch, dass das 1. Jahrhundert n. Chr. auch dort relativ ruhig verlief, und zwar mindestens bis zum Tod von König Herodes Agrippa I. im Jahr 44 n. Chr. Vermutlich gilt dies aber auch noch für die Zeit bis in die Jahre unmittelbar vor dem Jüdischen Krieg. Das von Josephus gezeichnete Bild der Unruhen lässt darauf schließen, dass die Räuber organisch mit dem Widerstand gegen die Römer verbunden waren. Allerdings war Räuberei in der antiken Welt endemisch; Plünderung, Diebstahl und Zerstörung waren Risiken des täglichen Lebens. In der Regel gehörten Räuber keiner revolutionären Klasse an, von einer religiösen Bewegung oder einer organisierten Opposition gegen die bestehende Ordnung ganz zu schweigen. Es lag im narrativen Interesse des Josephus, Judäa so renitent wie möglich aussehen zu lassen, um die spätere römische Intervention zu erklären. Bis zum Jüdischen Krieg jedoch gab es nur wenig gewaltsame Unruhen, die das für die Antike »normale« Maß überschritten hätten. Dass bis zum Ausbruch des Kriegs keine einzige römische Legion in Judäa stationiert war, ist ein klarer Beweis dafür, dass zumindest die Römer das Gebiet nicht als potenziell oder offen aufständisch einstuften, trotz der von Josephus erwähnten sporadischen Unruhen.

Die Frauen leisteten ihren Beitrag zum Leben der Familie durch Hausarbeit. Oder wie es in der Mischna zusammengefasst wird:

> Dieses sind die Arbeiten, welche die Frau für ihren Mann tut: Sie mahlt, sie backt, sie wäscht, sie kocht, stillt ihren Sohn, macht das Bett und arbeitet mit Wolle … Wenn sie sogar hundert Mägde mitbringt, zwingt er sie, mit Wolle zu arbeiten, denn Nichtstun führt zu Unzucht.[2]

DIE JÜDISCHE BEVÖLKERUNG

Diese rabbinische Sicht der Dinge ist eher ein patriarchaler Wunsch als die Wirklichkeit. Das Leben der Frauen wurde in der Praxis dadurch modifiziert, dass alle Hände gebraucht wurden, um so viel wie möglich und auf jede erdenkliche Art zum Erfolg des Haushalts beizutragen.

In der jüdischen Tradition kam es sogar nicht selten vor, dass Frauen die Führung übernahmen. Ihr Leben war viel aktiver, als es dem patriarchalen Stereotyp entsprach. Debora, die Richterin, und Hulda, die Prophetin, sind bekannte Gestalten. Im 2. Buch Samuel greift eine Frau ein, um ihre Stadt zu retten: Der Rebell Scheba ist in die Stadt Abel-Bet-Maacha geflohen. Joab, König Davids Feldherr, greift die Stadt an, um den Rebellen zu ergreifen. Da ruft eine Frau von der Stadtmauer herab: »Hört her! Hört her! Sprecht zu Joab: Komm hierher, ich will mit dir reden. Und als er zu ihr kam, sprach die Frau: Bist du Joab? Er sprach: Ja. Sie sprach zu ihm: Höre die Rede deiner Magd. Er sprach: Ich höre.« Sie fragt ihn, warum er die Stadt zerstören wolle. Joab antwortet, er werde die Stadt und ihre Menschen verschonen, wenn der Verräter ausgeliefert werde. Die Frau verspricht, den Kopf des Verräters von der Mauer aus zu ihm hinabzuwerfen. »Und die Frau beredete das ganze Volk mit ihrer Klugheit. Und sie hieben Scheba, dem Sohn Bichris, den Kopf ab und warfen ihn zu Joab hinaus. Da blies er die Posaune, und sie zogen ab von der Stadt und zerstreuten sich, ein jeder zu seinen Zelten.«[3]

In einem normalen jüdischen Haushalt hatten die Frauen mehr zu leisten als nur zu kochen, zu backen und zu spinnen. Sie brachten Waren auf den Markt oder verkauften sie an der Haustür; sie betrieben Läden; sie halfen bei der Getreide- und Olivenernte oder bei der Aufzucht von Geflügel und anderen Haustieren. Auch Tobits Frau Hanna machte sowohl »Frauenarbeit« als auch andere Geschäfte:

> Zu jener Zeit ernährte mich meine Frau Hanna durch Arbeiten, wie Frauen sie tun; und sie schickte ihre Arbeiten ihren Herren, und die gaben ihr den Lohn. Und am siebenten Tag des Monats Dystros schnitt sie das Webtuch ab und sandte es den Herren. Die gaben ihr den ganzen Lohn und dazu ein Ziegenböcklein für den Herd. Als sie dann zu mir kam, fing das Böcklein zu blöken an. Und ich rief sie und sprach: Woher ist das Böcklein? Wenn das nur nicht gestohlen ist! Gib es dem Besitzer zurück! Denn es ist uns nicht erlaubt, von gestohlenem Gut zu

essen! Sie aber sprach zu mir: Ich bekam es als Geschenk zu meinem Lohn hinzu.[4]

Hanna war keineswegs auf das Haus beschränkt. Sie ging jeden Tag zur Straße nach Ekbatana und wartete dort auf die Rückkehr ihres Sohnes.[5] Frauen besuchten zusammen mit ihren Kindern Volksversammlungen.[6] Im 1. Jahrhundert v. Chr. begegnete Paulus im kleinasiatischen Thyatira der Purpurhändlerin Lydia, und an einem Fluss außerhalb der Stadt Philippi in Makedonien trafen sich Frauen zum Gebet, und zwar ohne Männer.[7]

Frauen nahmen gern an religiösen Handlungen teil und waren in der Synagoge nicht von den Männern getrennt, soweit sich das aus den archäologischen Zeugnissen schließen lässt. Wir hören, dass sie Anhängerinnen von Charismatikern wie Simon bar Giora[8] und Simon dem Magier waren. Hippolytos berichtet, dass Frauen sich vom Leben der Essener angezogen fühlten, aber nicht aufgenommen wurden. Demgegenüber hatte die Sekte der Therapeuten in Ägypten ein aktives weibliches Kontingent. Viele polytheistische Frauen im syrischen Antiochia waren Gottesfürchtige und besuchten die dortigen Synagogen. Frauen waren Anhängerinnen von Jesus und unterstützten seine Bewegung, genau wie auf einer höheren sozialen Ebene die hasmonäische Königin Alexandra im 1. Jahrhundert v. Chr. und später die ungenannte Frau des Pheroas, eines jüngeren Bruders von Herodes dem Großen, die Pharisäer unterstützt hatten.[9] Auch in den ersten Tagen der paulinischen Kirchen spielten Frauen eine tragende Rolle. Und wie Justin der Märtyrer schrieb, waren sie auch in den christlichen Gemeinden seiner Zeit, dem 2. Jahrhunder n. Chr., noch sehr aktiv.[10] Im selben Jahrhundert erwähnt Irenaeus eine gewisse Marcellina als Anhängerin des Ketzers Karpokrates[11] und Tertullian beschwert sich darüber, dass Frauen eine aktive Rolle in häretischen Sekten spielten: »Und selbst die häretischen Weiber, wie frech und anmaßend sind sie! Sie unterstehen sich, zu lehren, zu disputieren, Exorzismen vorzunehmen, Heilungen zu versprechen, vielleicht auch noch zu taufen.«[12]

Angesichts der Quellen ist die Behauptung schlichtweg unhaltbar, dass Frauen auf Heim und Herd beschränkt gewesen seien. Wenigstens einige von ihnen waren mobil und aktiv und konnten auf eigene Initiative handeln. Selbstverständlich bedeutet dies nicht, dass sie die gleiche Freiheit

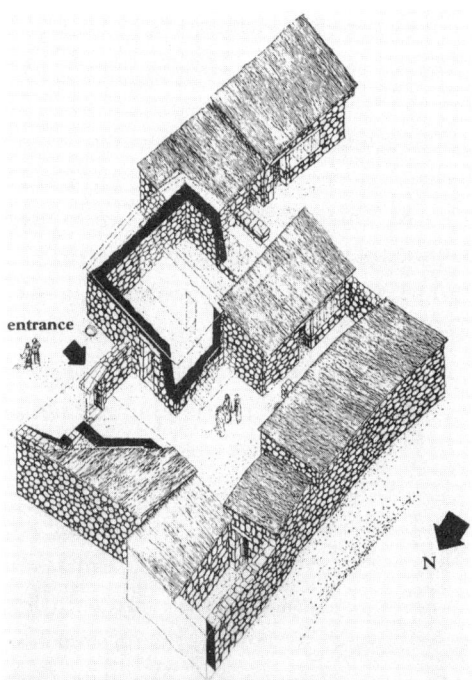

5. Haus eines gewöhnlichen Einwohners von Kapernaum, 1. Jahrhundert n. Chr.

wie Männer gehabt hätten. Man beachte, dass Jesus, der nach der jüdischen Tradition lebte, mit keiner Frau allein ein langes Gespräch führte außer mit der Frau am Brunnen, und dass sich seine Jünger wunderten, dass er das in diesem Fall tat.[13] Wie aber erging es den Männern?

Jesus Sirach zieht ein positives Fazit, was die tägliche Arbeit der Männer betrifft. Er verweist auf die harte Arbeit der Bauern, die pflügen und ihre Tiere versorgen, auf den Fleiß der Künstler und Handwerker, »die Tag und Nacht arbeiten oder ... die Siegel stechen und fleißig Bilder malen und früh und spät darauf bedacht [sind], dass sie es vollenden«, auf den Schmied, der hart arbeitet, um sein Werk zu vollenden, auf den Töpfer, der »mit seinen Armen aus dem Ton sein Gefäß formen und mit den Füßen kräftig die Töpferscheibe drehen« muss. »Er muss daran denken, wie er es fein glasiert, und früh und spät den Ofen fegen.« Und weiter heißt es dort:

Diese alle vertrauen auf ihre Hände, und jeder versteht sich auf sein Handwerk. Ohne sie wird keine Stadt erbaut, und sie gelten weder als Fremde noch müssen sie umherziehen – doch in den Rat des Volks werden sie nicht gebeten, und in der Gemeinde treten sie nicht hervor; auf dem Stuhl des Richters sitzen sie nicht, auf Gesetz und Recht verstehen sie sich nicht; Bildung und rechtes Urteil zeigen sie nicht, und Weisheitssprüche kennen sie nicht; doch sie stützen den Bestand der Welt, und ihrer Hände Arbeit ist ihr Gebet.[14]

Jesus Sirach misst dem Leben und der Arbeit der einfachen Leute einen durchaus hohen Wert bei, unterschätzt aber ihr Potenzial für originelles Denken. Schließlich war auch Jesus ein *tekton*, ein Zimmermann, und besaß dennoch die Fähigkeit, in der Synagoge zu sprechen und zu debattieren.

Im Zentrum des jüdischen Lebens stand die Familie. Die wichtigen Ereignisse im Leben fanden dort statt: Geburt, Beschneidung, Heirat, Bestattungsrituale. Auch die Speise- und Reinheitsregeln kamen zur Anwendung. Zum Sonnenaufgang und zum Sonnenuntergang wurde im Privaten gebetet. Der Religionsunterricht beruhte größtenteils auf einer mündlichen Tradition, die von den Vätern weitergegeben wurde. Entsprechend erfahren wir aus dem 2. Buch Mose, dass der Vater für die Überlieferung des mit dem Auszug aus Ägypten verbundenen Wissens verantwortlich war. Der Historiker Flavius Josephus, ein gebildeter Mensch, berichtet, dass sein Vater bei der Wissensvermittlung in seiner Jugend eine wichtige Rolle spielte.[15] Der Vater leitete auch das Sabbatmahl am Vorabend des Sabbats. Es war eine wichtige Institution für die religiöse Erziehung und die Aufrechterhaltung kultureller Kontinuität.

Die Bevölkerung von Galiläa und Judäa litt unter dem im Mittelmeerraum normalen Machtmissbrauch der Eliten. Durch das System der Landpächter und Tagelöhner blieb die arbeitende Landbevölkerung am Rand der Gesellschaft.[16] Archäologische Funde zeigen, dass die Häuser sowohl in Kapernaum als auch anderswo gewöhnlich sehr bescheiden waren. Die Handwerker und Fischer, die darin wohnten, lebten mit ihren Familien, ein paar Tieren, wenigen Möbeln und vor Ort produziertem

Koch- und Essgeschirr in überfüllten Unterkünften und erwirtschafteten vermutlich nur einen sehr geringen Lebensunterhalt.

Auch wenn es keinen Hinweis darauf gibt, dass sich die Lage im hier behandelten Zeitraum verschlechtert hätte, waren die Lebensbedingungen hart. Die Elite nötigte der breiten Bevölkerung stets so viel wie möglich ab, sei es, indem sie die Märkte manipulierte oder indem sie den Arbeitslohn möglichst niedrig hielt. Steuern, die an den Tempel, an die Klientelkönige oder direkt an die Römer gezahlt wurden, hatten ebenfalls schon immer zum Leben gehört.[17] Der Versuch, sie zu erhöhen, glich dem Versuch, Blut aus einem Stein zu pressen, und war letztlich kontraproduktiv. Es gibt zwar Grund zu der Annahme, dass die Steuern in Judäa wegen der zusätzlichen Abgabe für den Tempel Jahwes in Jerusalem höher war als anderswo im Römischen Reich. Da jedoch die Menschen entweder in Armut oder sehr nahe an der Armutsgrenze lebten, waren alle Steuern schädlich und stießen auf Ablehnung. Eine zunehmende Ausbeutung in der hier behandelten Periode ist folglich nicht sehr wahrscheinlich (und es gibt auch keine Beweise dafür). Die existierende Ausbeutung war schon schlimm genug.

In Galiläa war die jährliche Tempelsteuer von einem halben Schekel besonders unbeliebt, weil man sie zuvor nur einmal im Leben beim Eintritt ins Erwachsenenalter hatte entrichten müssen. Generell waren die Steuereintreiber wie überall in der Antike wenig beliebt. Es gibt jedoch keinen Hinweis darauf, dass sie in der hier behandelten Periode noch verhasster als sonst gewesen wären. Jesus speiste mit Steuereintreibern, und einer seiner Jünger war sogar selbst einer. Als Gruppe tadelte er sie nur indirekt, sagte aber mit keinem Wort, dass sie das Volk unterdrückten. Johannes der Täufer spielte auf ihre Habsucht an, forderte jedoch gleichzeitig zum Steuerzahlen auf und verlangte nur, dass die Steuereintreiber ihre Gier im Zaum hielten. Diese ließen sich von Johannes taufen und fragten ihn: »Meister, was sollen wir denn tun?« Und er antwortete: »Fordert nicht mehr, als euch vorgeschrieben ist!«[18] Auch Jesus kritisierte die Steuer für das Kaiserreich nie, vielmehr trat er dafür ein, sie zu zahlen. Als er gefragt wurde, ob man als Jude die Steuer für den Kaiser zahlen solle, antwortete er: »Ihr Heuchler, was versucht ihr mich? Zeigt mir die Steuermünze! Und sie reichten ihm einen Silbergroschen. Und er sprach zu ihnen: Wessen Bild und Aufschrift ist das? Sie sprachen zu ihm:

6. Für den Tempel musste die Steuer in Silberschekel entrichtet werden. Dieser Behälter enthielt neun Schekel, die im 1. Jahrhundert n. Chr. vermutlich in Tyros geprägt wurden, und drei hebräische Schekel.

Des Kaisers. Da sprach er zu ihnen: So gebt dem Kaiser, was des Kaisers ist, und Gott, was Gottes ist!«[19]

Auch die jüdische Tempelsteuer entrichtete er bereitwillig.[20] Die Einnahmen aus anderen Quellen wie der Besteuerung des Handels und die Einnahmen aus privaten Gütern brachten möglicherweise genauso viel oder mehr ein als die Besteuerung des Volkes. Für die meisten war dies jedoch nur ein schwacher Trost, denn die Steuerlast verschärfte die allgemeine Unsicherheit ihres täglichen Lebens.

In diesem Leben ging es fast ausschließlich darum, sich über Wasser zu halten, und so erfolgreich zu sein, wie es die Umstände erlaubten. Natürlich gehörte dazu auch der Umgang mit übernatürlichen Mächten, die

DIE JÜDISCHE BEVÖLKERUNG

eine Verschlechterung dieser Umstände verhindern sollten. Jenseits der zu Hause mit der Familie vollzogenen Riten versammelten sich Männer und Frauen, um die Beziehung zu ihrem Gott Jahwe zu ergründen und zu verbessern. Als Versammlungsort diente entweder ein Privathaus oder ein eigens dafür errichtetes Gebäude, das man als Bethaus oder Synagoge bezeichnete. Wichtig war jedoch in erster Linie, dass man sich überhaupt versammelte. Obwohl nur wenige archäologische Überreste mit dieser speziellen Verwendung identifiziert werden konnten, waren die Lesung der Heiligen Schrift, das Gespräch über sie und das gemeinsame Gebet am Sabbat und an anderen Tagen ein fester Bestandteil der jüdischen Kultur. Solche Treffen konnten im Prinzip überall stattfinden. Wie Philon schreibt,

versammeln sich die Leute immer und sitzen zusammen, die meisten schweigend, außer wenn es Sitte ist, dem Gelesenen als gutes Vorzeichen ein Wort hinzuzufügen. Doch ein Priester, wenn einer anwesend ist, oder einer der Ältesten liest ihnen die heiligen Gesetze vor und erklärt jedes Einzelne bis fast zur Abendzeit. Und danach dürfen sie alle gehen mit einem Wissen ihrer heiligen Gesetze und stark verbesserter Frömmigkeit.[21]

Vor und nach einer solchen Zusammenkunft fand eine allgemeine Unterhaltung statt. Durch die Kombination von Unterhaltung, Lesung und Diskussion wurde ein grundlegendes Verständnis der Heiligen Schriften vermittelt, selbst wenn im Alltag wenig Zeit für Introspektion oder eine breitere Bildung blieb.

Die Tora bzw. der Pentateuch, die fünf Bücher Mose (Genesis, Exodus, Levitikus, Numeri und Deuteronomium), war ein Dokument, das kopiert und weit verbreitet werden konnte. Sie hatte sich zum zentralen Symbol der jüdischen Tradition und zur Richtschnur für ihre Anhänger entwickelt und vermittelte sowohl den mythischen und kulturellen Hintergrund als auch die Grundregeln des Bundes mit Jahwe, den Mose während der Flucht der Israeliten aus Ägypten geschmiedet hatte.

Die wenigen, die nicht täglich arbeiten mussten, hatten Zeit für das Studium der Heiligen Schriften. Oder wie es bei Jesus Sirach heißt: »Die Weisheit des Gelehrten braucht Zeit und Muße, und nur wer nicht geschäftig ist, wird Weisheit gewinnen. Wie kann einer Weisheit erlernen, der den Pflug führt …?«²² In der folgenden Passage beschreibt er das Leben eines solchen Gelehrten:

> Er erforscht die Weisheit aller Alten und studiert die Schriften der Propheten. Er kennt die Geschichten berühmter Leute und sinnt über die Bedeutung der Sprüche nach. Er erforscht den verborgenen Sinn der Gleichnisse und vertieft sich in die Rätsel der Sprüche … Und wenn der Herr, der Große, es will, wird er mit dem Geist der Erkenntnis erfüllt. Er selbst lässt Worte seiner Weisheit sprudeln und dankt dem Herrn im Gebet. Er lenkt sein Wollen und Wissen in rechte Bahnen und denkt über die Geheimnisse des Herrn nach.²³

Rechtsexperten bildeten sich eine Vielfalt von Meinungen über den Bund und darüber, was Jahwe in bestimmten Situationen verlangte, doch das Leben der Massen wurde nur von einigen wenigen zentralen theologischen Ideen dominiert. Großer Wert wurde der Reinheit beigemessen, was grob gesprochen bedeutete, sich an die Gebote und Regeln des Bundes zu halten. Die Speisegesetze und weitere Vorschriften, was man zu tun und zu lassen hatte, machten einen großen Teil des Pentateuchs aus. Es ist zweifelhaft, dass alle Menschen alle Gebote halten konnten oder wollten, doch die Grundidee, wonach Reinheit notwendig war, um an Jahwe heranzutreten und seine Gunst und Hilfe zu gewinnen (oder seinen Zorn zu besänftigen und seine Strafen zu vermeiden), war tief verwurzelt. Die Buße durch Geständnis, (wenn nötig) Entschädigung und Sühneopfer war ebenfalls sehr wichtig. Nur so konnte man eine gottlose Tat sühnen und Jahwes Gunst zurückgewinnen, um weiterhin von seiner übernatürlichen Macht zu profitieren. Ziel war die Wiedervereinigung mit Jahwe nach einer durch eine menschliche Handlung verursachten Trennung. Von Anfang an wurden Blutopfer gebracht, um dies zu bewerkstelligen, aber selbstverständlich musste es dem Betroffenen auch ernst sein, damit die Versöhnung stattfand. Oder wie Philon es formulierte: »Nicht ohne die Ernsthaftigkeit seiner Reue, nicht nur durch Worte, sondern durch Werke, durch die Überzeugung seiner Seele, welche ihn von der Krankheit geheilt und seine Gesundheit wiederhergestellt hat.«²⁴

Das zentrale, und einzige, religiöse Zentrum für die jüdische Bevölkerung war der Tempel in Jerusalem. Diesen hin und wieder zu besuchen und an einem wichtigen Fest teilzunehmen, erfüllte bestimmte religiöse Anforderungen. Im Tempel opferten und beteten die Priester nach den strengen Geboten der Thora. Die Prozeduren, die dort stattfanden, und ihre Rolle im Leben der Bevölkerung waren höchst umstritten, aber für die meisten Juden war die Opfergabe ein wichtiger Aspekt der Verehrung Jahwes. Der Tempel war ein mächtiges Symbol des Bundes, obwohl er nach diesem entstanden war und erst seit Salomo bei der religiösen Praxis der Israeliten eine Rolle spielte. Seine Entweihung wurde als Demütigung des jüdischen Volkes aufgefasst, und er blieb bis zu seiner Zerstörung 70 n. Chr. das religiöse Zentrum des Judentums.

Vermutlich waren die Juden, genau wie die anderen Völker im Mittelmeerraum der Antike in Bezug auf ihre eigenen Götter, der Ansicht, dass die Opfer auf dem Altar des Tempels Jahwe buchstäblich fütterten. So heißt es in 3. Mose 3,11: »Und der Priester soll [das Opfertier] in Rauch aufgehen lassen auf dem Altar als Feueropferspeise für den Herrn.« Gebildete hatten zwar eine komplexere Auffassung, aber auch sie glaubten, dass die Opfer Jahwe irgendwie »nährten« und ihm Ehre erwiesen. Die Opfer fanden täglich statt und fielen bei den wichtigsten Festen besonders reichhaltig aus. Wobei die meisten Menschen nur Zuschauer waren und sich kaum Gedanken darüber gemacht haben dürften, warum die Priester taten, was sie taten. Was zählte, war der Akt des Opferns an sich.

Feste waren ein wichtiger Bestandteil der jüdischen Tradition. Darunter gab es drei Hauptereignisse, an denen theoretisch alle Männer teilnehmen sollten: das Pessach-Fest, das Wochenfest und das Laubhüttenfest.[25] Wer alle drei besucht hätte, hätte jedes Jahr insgesamt etwa zehn Wochen für die Hin- und Rückreisen und die Feiern gebraucht. Ein Galiläer war zwei Wochen unterwegs, wenn er nur eines der einwöchigen Feste besuchte, musste also insgesamt drei Wochen investieren. So lange nicht zu arbeiten, konnten sich die Bauern, Tagelöhner, Handwerker oder kleinen Kaufleute, welche die Mehrheit der Juden ausmachten, nicht leisten. Also nahmen sie gewöhnlich nicht an allen Festen teil oder besuchten sie nur alle paar Jahre.

Der Tempelbezirk in Jerusalem fasste viele tausend Pilger, nachdem ihn Herodes der Große am Ende des 1. Jahrhunderts v. Chr. beträchtlich erweitert hatte. Das mag unglaublich erscheinen, aber ein Vergleich ist hilfreich. Vor dem Zweiten Weltkrieg pilgerten im Rahmen des Hadsch jährlich etwa 100 000 Pilger zur Heiligen Moschee in Mekka; die Grundfläche der Mosche beträgt 180 000 Quadratmeter, gar nicht so viel mehr als die von Herodes' Tempel mit 140 000 Quadratmeter. Problemlos konnten sich dort also riesige Menschenmengen versammeln, und während der großen Opfer beim Pessach-Fest wurden nacheinander zwei oder drei Gruppen in den Tempelbezirk gelassen, sodass eine Zahl von 200 000 oder sogar noch mehr Pilgern möglich scheint. Durch diese vielen Menschen war Jerusalem natürlich extrem überfüllt. Sämtliche Zimmer wurden vermietet; Familien nahmen Verwandte und auch Fremde auf; und rund um die Stadt schossen Zeltstädte und Schlimmeres aus dem Boden.

Angesichts dieser Menschenmassen waren die Behörden, jüdische wie römische, sehr nervös, weil sie Unruhen fürchteten. Eine große feindselige Menschenmenge ließ sich in der Antike nur mit brutaler Gewalt unter Kontrolle halten. Waren die Unruhen erst einmal ausgebrochen, war es umso schwieriger, sie ohne massive Gewalt und Blutvergießen einzudämmen oder niederzuschlagen. Da sich die Identität von Einzeltätern dabei kaum feststellen ließ, war ein implizit oder explizit drohender Volksauflauf oft ein sehr überzeugendes Mittel, um die Behörden in eine bestimmte Richtung zu lenken. Zum Beispiel wurde der römische Statthalter Pontius Pilatus durch den Druck der Öffentlichkeit daran gehindert, Bildnisse des Kaisers in Jerusalem aufzustellen.[26] Cumanus, einen anderen römischen Statthalter, zwang eine aufgebrachte Menge, einen Soldaten hinzurichten, der eine Tora zerstört hatte.[27] Und ein aufgebrachter Mob, der nach Samaria eilte, um den Mord an einem Galiläer zu rächen, konnte nur mit Mühe durch den Statthalter aufgehalten werden.[28] Deshalb hatten die Behörden immerzu Angst vor dem Mob. Sie konnten zwar nicht verhindern, dass sich bei den Festen Menschenmengen versammelten, aber in anderen Situationen versuchten sowohl jüdische als auch römische Führer, die Gelegenheiten für große Menschenaufläufe auf ein Minimum zu beschränken. Bei den wichtigsten Festen, und insbesondere beim Pessach-Fest mit seinen Bezügen zur Befreiung vom Joch einer imperialen Macht (Ägypten), waren die Behörden besonders nervös und bestrebt, jegliche Unruhen zu verhindern oder im Keim zu ersticken.

Über das persönliche Gebet, die Versammlungen der Gemeinde und den Gottesdienst im Tempel hinaus konnten die Menschen noch auf weitere Mittel zurückgreifen, um die Unterstützung übernatürlicher Mächte zu gewinnen oder ihre Angriffe abzuwehren. Gideon Bohak schreibt in seinem meisterhaften Werk über die jüdische Magie, dass die »meisten Juden nichts Falsches darin sahen, sich magischer Rituale und Praktiken zu bedienen«.[29] Obwohl die schriftlichen Quellen für diese Praxis während der Zeit des zweiten Tempels erstaunlich dürftig sind, lässt das reichlich vorhandene Material der späteren Antike auf die Existenz magischer Praktiken schließen. So galten etwa Amulette als Mittel, um das Böse abzuwehren. Eine Geschichte aus der Zeit der Makkabäer zeigt, wie weit sie im Volk verbreitet waren: Nach einer Schlacht ließ Judas Makkabäus seine Männer ausruhen und ihre toten Kameraden begraben. »Da fanden sie bei jedem der Erschlagenen unter dem Hemd Abbilder der Götzen von Jamnia, die den Juden im Gesetz verboten sind.«[30] Die Soldaten trugen also Amulette, obwohl diese verboten waren. Die bei archäologischen Ausgrabungen gefundenen Amulette sind ein weiterer Beweis dafür, wie populär diese damals und in den Zeiten davor und danach waren.

Außerdem wurden in der Grauzone zwischen Gebet und Beschwörung oft mündliche Zaubersprüche eingesetzt. Die Frauen hatten damals, wie zu allen Zeiten, den Ruf, in diesen Dingen besonders kompetent zu sein. In einem misogynen rabbinischen Text heißt es, dass es in einem Haus so viel Zauberei wie Weiber gebe.[31] Dieser Ruf stützte sich vermutlich auf die wichtige Rolle, die Frauen als Trägerinnen volksmedizinischen Wissens, als Heilerinnen, die auch besondere Gebete (Beschwörungen) sprachen, und bei der Herstellung von Amuletten spielten.

Die Diaspora

Nicht alle Juden lebten in Judäa. Mitglieder der jüdischen Mittel- und Unterschicht lebten auch in Städten in Babylonien und rund um das Mittelmeer. Ihre extreme Streuung begann vermutlich mit der Vertreibung nach der Eroberung Jerusalems durch die Babylonier im frühen 6. Jahrhundert v. Chr. Vor allem Angehörige der Eliten wurden damals nach

Babylonien verschleppt, aber es ist anzunehmen, dass auch einige andere Menschen zum Auszug gezwungen wurden. Wieder andere flohen, um der babylonischen Gefangenschaft zu entgehen, und siedelten sich in Ägypten und anderen Ländern an. Im 2. Jahrhundert v. Chr. gab es Juden in Alexandria und an anderen ägyptischen Orten sowie in Syrien und Kleinasien nördlich von Judäa. Einige Juden kamen in dieser Zeit sogar bis nach Rom. Sie lebten in stabilen Gemeinden in einer polytheistischen Kultur und unter polytheistischen Mitmenschen. Flavius Josephus hinterließ in seinen *Jüdischen Altertümern* eine Chronik ihres Kampfes um Autonomie hinsichtlich ihrer Traditionen. Philon von Alexandria schrieb, ebenfalls im 1. Jahrhundert n. Chr., ausführlich über die Beziehungen zwischen Juden und Polytheisten in jener großen Stadt. Obwohl die jüdischen Gemeinden mit ihrer Heimat Judäa in Kontakt blieben, entwickelten sie in gewisser Weise eigene jüdische Traditionen. Das ist nachvollziehbar, denn eine allgemeine Norm, wie diese verstanden oder praktiziert werden mussten, wurde niemals durchgesetzt. Einzelpersonen, Gruppen und Gemeinschaften durften die Tora studieren und sich ihre eigenen Gedanken über sie machen. Dennoch war allein schon mit der Existenz eines Dokuments, auf das sich alle Juden bezogen, sowohl in Judäa als auch in der Diaspora, ein gemeinsamer Kern und die Treue zu relativ konsistenten religiösen Bräuchen verbunden. Auch der Tempel bildete einen solchen zentralen Bezugspunkt für alle. Wer in der Diaspora lebte, unternahm Pilgerfahrten nach Jerusalem und entrichtete die Tempelsteuer, um die Priester und Opfergaben zu finanzieren. Trotz dieser Gemeinsamkeiten waren die Juden in der Diaspora einigen negativen Aspekten des Lebens in Judäa nicht unterworfen: Sie wurden nicht in die Streitigkeiten zwischen verschiedenen Gruppen hineingezogen, die sich um die Bedeutung der rigorosen Reinheitsgebote, um die politische Ausrichtung der Regierung oder um die Ausbeutung der Mehrheit durch die Elite drehten.

Die Juden in der Diaspora lebten vermutlich anders als die Bauern in Judäa, aber sie führten ein ähnliches Leben wie die dortigen Kaufleute oder Handwerker. Die Familienstrukturen in der Heimat und im Ausland waren die gleichen. Doch wurden die Juden in der Diaspora unter dem Einfluss der polytheistischen Kultur ihres Umfelds empfänglicher für die Übernahme von Bräuchen dieser Kultur. Und natürlich wurde das Griechische statt des in ihrer Heimat gesprochenen Hebräischen oder Aramäischen zu ihrer dominierenden Sprache. Schon zu einem relativ frühen Zeitpunkt wurden die Heiligen Schriften ins Griechische übersetzt und im Gottesdienst zusammen mit oder sogar anstatt der ursprünglichen hebräischen Dokumente verwendet. Es dürfte nicht überraschen, dass die polytheistische Bildung die Haltung der Zeitgenossen zu den jüdischen Traditionen beeinflusste; das Werk Philons von Alexandria ist dafür das beste Beispiel. Dennoch bleibt der wichtigste Befund, dass die an den Küsten des Mittelmeers verstreuten Juden im Wesentlichen an ihren Traditionen festhielten und bei den Ereignissen, die dort stattfanden, eine wichtige Rolle spielten.

Das Leben der Juden war also in vieler Hinsicht nicht besonders ungewöhnlich. Beziehungen zum Übernatürlichen waren ein normaler und wichtiger Teil ihres Lebens. Sie verfügten über eine klar definierte Tradition, der sie folgen konnten, und die sich auf die durch einen Bund begründete Beziehung zu ihrem Gott Jahwe stützte. Darüber hinaus besaßen sie einen Kanon von Schriften, in denen beschrieben wurde, wie sie diese Beziehung inhaltlich gestalten sollten. Ihr Umgang mit dem Übernatürlichen war dabei durchaus mit der Haltung ihrer polytheistischen Nachbarn vereinbar. In einem wichtigen Aspekt jedoch nahmen sie eine andere Haltung ein: in ihrem Verständnis Jahwes und seines Einflusses auf ihr Leben.

4

DIE GERECHTIGKEIT
JAHWES

Dem Bund zwischen Jahwe und seinem Volk lag die Annahme zugrunde, dass es für einen Menschen von Vorteil war, wenn Jahwe zufriedengestellt wurde, denn als gerechter Gott belohnte er die Guten und bestrafte die Bösen. Man darf aber getrost annehmen, dass diese Erwartung sich im täglichen Auf und Ab des Lebens allzu oft nicht erfüllte. Auf der politischen Ebene wurde nach der Rückkehr aus dem babylonischen Exil sehr deutlich, dass auch der Gemeinschaft der Gläubigen nicht nur Gutes widerfuhr. Vom 3. Jahrhundert v. Chr. bis zum 1. Jahrhundert n. Chr. arbeitete die jüdische Tradition an einer Erklärung, warum Jahwe gerecht war, obwohl die Erfahrung eindeutig dafür sprach, dass er sein Volk nicht bevorzugte. Diese Erklärung entwickelte sich nur langsam und basierte darauf, dass der Gott der Juden seinem Volk, wenn es fromm und gerecht war, zwar keinen unmittelbaren Vorteil verschaffte, ihm aber in einer nicht genau definierten Zukunft eine wunderbare Entschädigung zuteilwerden ließe. Die Überzeugung, dass sich durch rechtschaffenes Verhalten in der Gegenwart eine spektakuläre Belohnung in der Zukunft verdienen ließe, war attraktiv, weil sie eine gute Erklärung für den Widerspruch zwischen Jahwes Versprechen, sein Volk zu begünstigen, und dessen unglücklichem Schicksal darstellte. Dass sich dieser Gedanke auf verschiedene Arten in der jüdischen Tradition verbreitete, eröffnete die Möglichkeit, Veränderungen im Verhältnis zu Jahwe zu akzeptieren, denn dass eine Gottheit erst mit Verzögerung reagierte, war etwas grundsätzlich Neues. Dadurch, dass es möglich geworden war, eine derartige Veränderung anzunehmen, konnte eine überzeugend vorgebrachte Argumentation für eine weitere Veränderung Erfolg haben – erst jetzt war die Bühne für eine Beziehung zu Jahwe bereitet, wie sie das Christentum anbieten sollte.

Die Juden des 1. Jahrhunderts n. Chr. lebten in einer Zeit konkurrierender und konfligierender Vorstellungen von der übernatürlichen Welt. Die »Gerechtigkeit Jahwes«, die Art, wie er seine aus dem Bund erwachsenen Verpflichtungen erfüllte, war das grundlegende theologische Problem, das unter den Eliten diskutiert wurde. Als das Volk des Bundes schuldete Israel Jahwe Gehorsam und Verehrung im Austausch für Schutz und Führung. Doch die Erfahrung zeigte, dass es regelmäßig von Katastrophen heimgesucht wurde. Warum ließ der zum Schutz verpflichtete Gott so etwas zu? Wo war da seine Gerechtigkeit? Und wie sah diese überhaupt aus? Die Beantwortung dieser Fragen betraf die Mehrheit der Menschen unmittelbar.

Ein »Prophet« war jemand, der mit der Stimme eines anderen sprach. Seit den Anfängen der Geschichte Israels bezeichnete das Wort eine Person, die Jahwe als Sprachrohr diente und dem auserwählten Volk dessen Pläne, Versprechen, Wünsche und Strafen verkündete. Es gab eine Vielzahl von Propheten: Abraham, Mose, Aaron, Miriam, Debora, Samuel und noch viele andere. Sie hatten von Gott die Aufgabe bekommen, ihre Stimme zu erheben und sowohl religiöse Abweichungen als auch die soziale und politische Ungerechtigkeit der priesterlichen und säkularen Eliten zu kritisieren. Dadurch sollte die richtige Beziehung zwischen Jahwe und seinem Volk wiederhergestellt und sein Zorn vermieden werden. Mose selbst sah einen solchen Propheten voraus, als er zu seinem Volk sprach:

Einen Propheten wie mich wird dir der Herr, dein Gott, erwecken aus dir und aus deinen Brüdern … Und der Herr sprach zu mir … Ich will ihnen einen Propheten, wie du bist, erwecken aus ihren Brüdern und meine Worte in seinen Mund geben; der soll zu ihnen reden alles, was ich ihm gebieten werde. Doch wer meine Worte nicht hören wird, die er in meinem Namen redet, von dem will ich's fordern.[1]

Für das 8. Jahrhundert v. Chr. ist Hosea ein gutes Beispiel für einen Propheten.[2] Er wettert gegen Götzendienste und synkretistische Kultpraktiken. Dabei betont er seine persönliche Beziehung zu Jahwe: »Denn ich habe Lust an der Liebe und nicht am Opfer, an der Erkenntnis Gottes und nicht am Brandopfer.«[3] Er kritisiert die Priester und den König.[4] Laut ihm ist die Rückkehr zu Jahwe die einzige Rettung: »Bekehre dich,

Israel, zu dem Herrn, deinem Gott; denn du bist gestrauchelt durch deine Schuld. Nehmt diese Worte mit euch und bekehrt euch zum Herrn.«[5] Ganz ähnlich tadelt der Prophet Amos die säkulare Elite: »Weh! Die ihr sorglos seid zu Zion und die ihr voll Zuversicht seid auf dem Berge Samarias, ihr Vornehmen des Erstlings unter den Völkern, zu denen das Haus Israel kommt … ihr meint, vom bösen Tag weit ab zu sein, und trachtet immer nach Frevelregiment.«[6]

Micha kritisiert später ebenfalls die habgierige Elite: »Weh denen, die nachts wach liegen und Böses ausbrüten, um es früh am Morgen auszuführen, weil sie die Macht haben! Wollen sie ein Stück Land, so rauben sie es; gefällt ihnen ein Haus, so nehmen sie es. Rücksichtslos unterdrücken sie die Leute und nehmen ihnen ihr Eigentum weg.«[7] Auch die Kaufleute schließt er in seine Kritik mit ein: »Oder sollte ich unrechte Waage und falsche Gewichte im Beutel billigen?«[8] Auch Amos empört sich über Kaufleute, die »das Maß verringern und den Preis steigern und die Waage fälschen, damit [sie] die Armen um Geld und die Geringen für ein Paar Schuhe in [ihre] Gewalt bringen und Spreu für Korn verkaufen«.[9] Die allgemeine Botschaft, die alle Propheten im Laufe der Jahrhunderte verbreiten, lautet: Ganz Israel ist im Rahmen des Bundes gleich und jeder muss fair behandelt werden. Sie traten für gerechtes Handeln ein, sei es in der Religion, der Wirtschaft, der Rechtsprechung oder der Verwaltung, weil Jahwe dies als Gegenleistung für seine Gunst verlangte.

Den Israeliten fiel es sehr schwer, ihren Teil des Abkommens zu erfüllen, denn zu oft griffen soziale Ungerechtigkeiten und mangelnde Gottesfurcht um sich. Solche Verstöße gegen den Bund erzürnten Jahwe jedoch, und er bestrafte sowohl Einzelne als auch das ganze Volk. Die Propheten hatten also die Aufgabe, die Israeliten wieder zum Bund zurückzuführen, bevor Jahwe sie (noch stärker) bestrafte. Denn im Grunde wollte er, dass der Bund in Takt blieb, weshalb er auch stets bereit war, Menschen eine »zweite Chance« (ja sogar mehrere zweite Chancen) zu geben, sollten sie ihn wieder auf die angewiesene Art verehren.

Die prophetische Tradition hatte einen starken Einfluss darauf, wie die Menschen den Bund mit Jahwe wahrnahmen. Dabei waren zwei Elemente besonders wichtig: Erstens bewies sie, dass eine direkte Kommunikation mit Jahwe, ohne die Vermittlung der Priester oder der Elite, möglich war. Tatsächlich wurden die Menschen oft erst auf diese Weise auf

Dinge aufmerksam gemacht, die den Wünschen der irdischen Mächte widersprachen. Zweitens legte diese unmittelbare Beziehung der klassischen Propheten zu Jahwe nahe, dass noch mehr Menschen dieselbe Beziehung zu Jahwe haben könnten. Die Erkenntnis, dass dazu potenziell jeder imstande war, war von größter Bedeutung. Denn dadurch unterminierten die Propheten den kultischen Aspekt, der die Beziehung zwischen Mensch und Jahwe von Priestern und Eliten abhängig machte. Oder wie es bei Amos heißt:

> Ich hasse und verachte eure Feste und mag eure Versammlungen nicht riechen – es sei denn, ihr bringt mir rechte Brandopfer dar –, und an euren Speisopfern habe ich keinen Gefallen, und euer fettes Schlachtopfer sehe ich nicht an. Tu weg von mir das Geplärr deiner Lieder; denn ich mag dein Harfenspiel nicht hören! Es ströme aber das Recht wie Wasser und die Gerechtigkeit wie ein nie versiegender Bach.[10]

Diese Erkenntnis und die späteren fundamentalistischen und charismatischen Aktivitäten mit hoher Breitenwirkung sind eng miteinander verbunden.

Der auf dem Berg Sinai zwischen Jahwe und den Israeliten geschlossene Bund war das Gründungsereignis des hebräischen Volkes. Das Abkommen mit Jahwe versprach den Israeliten, als Einzelnen wie als Gemeinschaft, Schutz und Erfolg in einer höchst unsicheren Welt. Die Beziehung hatte viele Höhen und Tiefen, doch die Zerstörung des nördlichen Königreichs Israel durch die Assyrer im Jahr 722 v. Chr. war ein besonders schwerer Schlag für die Vorstellung, von Jahwe geschützt zu werden. Das galt auch für die Wiederholung der Katastrophe im frühen 6. Jahrhundert, als die Babylonier Jerusalem eroberten, den Tempel zerstörten und einen Teil der Bewohner des südlichen Königreichs deportierten. Erneut hatte der israelitische Gott sein Volk nicht geschützt. Nachdem es Jahwe zweimal versäumt hat, das ihm verbundene Volk vor irdischer Zerstörung zu bewahren, wird das Thema seiner Gerechtigkeit ins Zentrum der theologischen Auseinandersetzungen gerückt. Dabei gerät die prophetische Tradition der sozialen Gerechtigkeit mit den Ansichten der Priesterschaft und der weltlichen Elite über die Frage in Konflikt, was notwendig ist, um die richtige Beziehung zu Jahwe aufrechtzuerhalten und so seinen Schutz zu garantieren.

Kernfrage dieser Auseinandersetzungen war das Problem der Theodizee: Wie kann ein allmächtiger, allwissender, gütiger Gott so viel Böses in der Welt zulassen? Oder wie der Prophet Jeremia klagte: »Herr, wenn ich auch mit dir rechten wollte, so behältst du doch recht; dennoch muss ich vom Recht mit dir reden. Warum geht's doch den Gottlosen so gut, und die Abtrünnigen haben alles in Fülle?«[11] Der Prophet Hesekiel fand eine radikale Lösung für das Problem, wie man sich der Gunst Gottes versichern konnte: Ungerecht sei nicht Jahwes Verletzung des Bundes, sagte Hesekiel, sondern die Sünden der Menschen. Sie seien es, die den Bund brachen und dadurch Unheil in ihr Leben brachten. Jahwe beurteile jeden Menschen als Individuum, nicht als Mitglied einer Familie, eines Clans oder eines Volkes. Jeder Mensch habe die Wahl: Er könne gerecht sein und belohnt werden, oder böse sein und bestraft werden:

Und doch sagt ihr: »Der Herr handelt nicht recht.« So höret nun, ihr vom Hause Israel: Handle denn ich unrecht? Ist's nicht vielmehr so, dass ihr unrecht handelt? Denn wenn der Rechtschaffene sich abkehrt von seiner Rechtschaffenheit und tut Unrecht, so muss er deswegen sterben; um seines Unrechts willen, das er getan hat, stirbt er. Wenn sich dagegen der Ungerechte abkehrt von seiner Ungerechtigkeit, die er getan hat, und übt nun Recht und Gerechtigkeit, der wird sein Leben erhalten. Denn weil er es gesehen und sich bekehrt hat von allen seinen Übertretungen, die er begangen hat, so soll er leben und nicht sterben. Und doch sprechen die vom Hause Israel: »Der Herr handelt nicht recht.« Sollte ich unrecht handeln, Haus Israel? Ist es nicht vielmehr so, dass ihr unrecht handelt? Darum will ich euch richten, ihr vom Hause Israel, einen jeden nach seinem Weg, spricht Gott der Herr. Kehrt um und kehrt euch ab von allen euren Übertretungen, damit ihr nicht durch sie in Schuld fallt. Werft von euch alle eure Übertretungen, die ihr begangen habt, und macht euch ein neues Herz und einen neuen Geist. Denn warum wollt ihr sterben, ihr vom Haus Israel? Denn ich habe kein Gefallen am Tod dessen, der sterben müsste, spricht Gott der Herr. Darum bekehrt euch, so werdet ihr leben.[12]

DIE GERECHTIGKEIT JAHWES

Die Auffassung, dass persönliche Rechtschaffenheit eine glückliche Beziehung zu Jahwe garantieren könne, wird nach der Zerstörung des Tempels im Jahr 587 v. Chr. sehr wichtig. »Ich, der Herr, kann das Herz ergründen und die Nieren prüfen und gebe einem jeden nach seinem Tun, nach den Früchten seiner Werke«[13], verkündet Jeremia.

Das darauffolgende babylonische Exil war eine entscheidende Phase, denn die israelitische Tradition wurde während dieser Zeit einem großen Wandel unterzogen. So ist etwa nicht sicher, ob das Pessach-Fest und das Laubhüttenfest vor dem Exil überhaupt gefeiert wurden. Vor 587 v. Chr. wurde in Israel die Monolatrie betont: die Verehrung eines Gottes, ohne die Existenz und Macht anderer Götter zu leugnen. Der Monotheismus, also der Gedanke, dass es nur einen Gott gibt, existierte damals noch nicht. Andere Traditionen aus der Zeit vor dem Exil bestanden dagegen weiter, als viele Israeliten ab 537 v. Chr. nach Judäa zurückgekehrten, darunter der Tempel, die Beschneidung und einige Speisevorschriften wie der Verzicht auf Schweinefleisch.

Die wichtigste Errungenschaft des Exils und der Zeit unmittelbar danach war die Etablierung eines maßgebenden Pentateuchs, der Tora als verbindlicher Glaubensgrundlage. Elemente einer schriftlichen Überlieferung hatten selbstverständlich schon vor dem Exil existiert, doch die Tora, wie wir sie kennen, kristallisierte sich erst im 6. Jahrhundert v. Chr. heraus. In Ermangelung von Tempel und König wurden die Schriften der Tora zum Anker der Beziehung zwischen dem jüdischen Volk und Jahwe, was zwei wichtige Auswirkungen nach sich zog: Erstens waren Tempel und König, obwohl sie von Bedeutung blieben, von da an nicht mehr die *Conditio sine qua non* des jüdischen Glaubens. Zweitens bewirkte die Tatsache, dass die Tora und die mit ihr verbundenen Heiligen Schriften, insbesondere Jesaja und die Psalmen, nun im Mittelpunkt standen, dass die Gläubigen selbst entscheiden konnten und sogar dazu ermutigt wurden, selbst zu entscheiden, was Jahwe von ihnen wollte.

Die zentrale Stellung der Tora bedeutete, dass der Bund (wie schon im Exil) nicht nur ohne Tempel, sondern auch ohne politische Unabhängigkeit weiter Gültigkeit besitzen konnte. Gehorsam gegenüber Jahwe erforderte keine Unabhängigkeit. Dies war wichtig, denn abgesehen von kurzen Perioden im 2. und im 1. Jahrhundert v. Chr. stand das jüdische Volk in der ganzen Antike unter Fremdherrschaft. In der hier behandelten Zeit wurde Judäa bis zum Ende des 4. Jahrhunderts v. Chr. von den Persern beherrscht und danach, als Folge der Eroberungen Alexanders des Großen, vom Diadochenstaat der Seleukiden. Im 1. Jahrhundert n. Chr. übernahmen dann die Römer die Kontrolle und regierten die Region für die nächsten 600 Jahre.

Die fortgesetzte Fremdherrschaft durch verschiedene imperiale Mächte in der hier behandelten Zeit führte zu verschiedenen Interpretationen von Jahwes Gerechtigkeit. Eine Möglichkeit bestand darin, dass Jahwe nur in religiösen Dingen, nicht jedoch in der politischen Sphäre Loyalität verlangte. Die rein kultischen Aktivitäten der Tempelpriester konnten also unter der politischen Fremdherrschaft weitergeführt werden, und das wurden sie auch. Die religiöse Führung dominierte und lenkte eine irdische Theokratie in der Region, die unter der direkten oder indirekten Oberhoheit anderer stand. Bei diesem Modell hing die richtige Beziehung zu Jahwe von zwei Faktoren ab: dem strengen gemeinschaftlichen Vollzug der gottesdienstlichen Praxis unter Leitung der Priesterschaft sowie der individuellen Beziehung zu Jahwe durch eine ethisch und sozial ordnungsgemäße Lebensweise. Rechtschaffen zu sein bedeutete in diesem Fall also vor allem, die kultischen Handlungen der Gemeinschaft zu unterstützen, erst in zweiter Linie kam die individuelle Gottgefälligkeit. Wenn die Voraussetzungen erfüllt wurden, belohnte Jahwe das Volk mit seiner Unterstützung im Hier und Jetzt. Dieses Modell wurde von der Tempelpriesterschaft befürwortet und repräsentiert.

Ein zweites Modell hatte die Restauration des Zustands vor der babylonischen Gefangenschaft zum Ziel. Damals war das Land unter Jahwes Führung von einem geistlichen Element (der Priesterschaft) und einem weltlichen (dem König) gemeinsam regiert worden. Nach diesem Modell würde Jahwe das politische Judäa, samt König und Tempel, vollständig wiederherstellen und beschützen, wenn er durch das Volk rein genug verehrt wurde. Diese Erwartung führte zu den Aufständen gegen die imperialen Mächte unter der Führung der Makkabäer, zum verlorenen Jüdischen Krieg in den sechziger Jahren des 1. Jahrhunderts und zum Bar-Kochba-Aufstand in den dreißiger Jahren des 2. Jahrhunderts n. Chr. Dieses Modell stützte sich auf eine wütende Bevölkerung und auf den Ehrgeiz der geistlichen und weltlichen Elite, die darauf hoffte, die Priester- bzw. die Königsherrschaft zu erlangen oder zu bewahren.

Schließlich entstand noch das dritte, außerhalb des Tempels angesiedelte Modell der prophetischen Verbindung mit Jahwe. In seinem Zentrum stand der individuelle Gehorsam durch Reinheit, um die Gunst und Hilfe Jahwes zu gewinnen. Diese Art, sich auf Jahwe zu beziehen, war direkt von dem prophetischen Element abgeleitet, das in der jüdischen Tradition schon sehr lange eine wichtige Rolle gespielt hatte. Reinheit bedeutete in diesem Fall nicht den korrekten Vollzug religiöser Handlungen im Tempel, sondern wurde durch korrektes Verhalten erreicht, das sich vor allem an der Tora und, wenn überhaupt, erst in zweiter Linie am Tempelkult orientierte. Bei diesem Modell erfolgte Jahwes Belohnung bzw. Bestrafung nicht im Hier und Jetzt, sondern im Rahmen eines Jüngsten Gerichts. In dieser Eschatologie der aufgeschobenen Befriedigung wurde die Botschaft der Propheten weiterentwickelt, die den Sieg der Rechtschaffenen und die Bestrafung der Gottlosen vorausgesagt hatten. Sie verhieß, dass Jahwe die Gläubigen so belohnen werde, dass die politische Unterwerfung in der Gegenwart keine Rolle mehr spielte. In der ersten Zeit nach der Rückkehr aus dem babylonischen Exil wurden die Anhänger dieser Auffassung unter der Bezeichnung »die Frommen« (Chassidim) bekannt. Ihr Modell der Frömmigkeit umfasste eine große Bandbreite von Ansätzen und hatte starken Einfluss darauf, wie die Juden mit dem Problem der Gerechtigkeit Jahwes umgingen.

Alle drei Möglichkeiten – das Modell der Priester- und Königsherrschaft, das rein priesterliche Modell sowie das Modell der individuellen Frömmigkeit – vermischten sich auf unterschiedliche Weise, was zu einer komplizierten Gemengelage führte. Ihre Anhänger trugen oft Konflikte aus, die Einfluss auf das Leben der einfachen Leute hatten.

Alle Juden waren sich darin einig, dass Jahwe die vernichtete, die nicht seinem Willen folgten, und die belohnte, die ihm gehorchten. Die Überlieferung über die Frühzeit der Welt unterstützte diese Sichtweise: Adams Vertreibung aus dem Paradies, das Schicksal Sodoms und Gomorras, die Vernichtung der Menschheit und Noahs Überleben, und natürlich auch die verschiedensten militärischen Erfolge und Katastrophen. Die Frage war nur, wie diese Dinge in der Gegenwart funktionierten.

Nach dem rein priesterlichen und dem Priester-König-Modell handelte Jahwe in der unmittelbaren Gegenwart und belohnte oder bestrafte je nachdem, wie die Gebote des Bundes befolgt wurden. Die Bestrafung der gesamten Gemeinschaft durch Jahwe hatte in der jüdischen Überlieferung eine lange Geschichte. Der Verrat am Bund führte nach diesem Verständnis sowohl für den Einzelnen als auch für die Gemeinschaft zur Katastrophe. Hosea zog Israel zur Verantwortung,[14] und Jeremia kündete Jerusalem vor der Eroberung durch das Babylonische Reich wegen seines Ungehorsams wiederholt schreckliches Unheil an: »Weil ihr … meine Worte nicht gehört habt, siehe, so will ich ausschicken und kommen lassen alle Völker des Nordens … auch meinen Knecht Nebukadnezar, den König von Babel«, und dieses »ganze Land soll wüst und zerstört liegen, und diese Völker sollen dem König von Babel dienen siebzig Jahre.«[15]

Umgekehrt würde Jahwe den Rechtschaffenen zum Erfolg verhelfen, so wie er Josua und später Debora im Kampf gegen die Kanaaniter und König David im Kampf gegen die Philister zum Erfolg verholfen hatte. Rechtschaffenes Verhalten war dabei der Schlüssel: die richtigen persönlichen und gemeinschaftlichen Rituale; Monolatrie; ein moralisches Leben als Individuum (oder Reue und Buße, wenn dies nicht der Fall gewesen war); und soziale Gerechtigkeit.

Die Vorstellung von der Gerechtigkeit Jahwes, nach der er das Volk, je nach Einhaltung des Bundes, zeitnah belohnte oder bestrafte, wurde nach der Rückkehr aus dem babylonischen Exil im 6. Jahrhundert v. Chr. immer unpopulärer. Als Pompeius 63 v. Chr. Jerusalem eroberte, war sie schließlich gänzlich verschwunden. Später jedoch, in der Zeit des Jüdischen Kriegs, wurde die Argumentation Hoseas und Jeremias von manchen wiederbelebt. Wie Flavius Josephus berichtet, verkündete ein gewisser Jesus ben Ananias vor dem Beginn der Belagerung Jerusalems sieben Jahre und fünf Monate lang, dass die Stadt untergehen werde. Allerdings teilt uns Josephus nicht mit, ob die Prophezeiung von einer Aufforderung zur Reue begleitet war, durch die man die Katastrophe hätte abwenden können.[16] Tatsächlich enthält die lange Liste von Vorzeichen, über die Josephus berichtet, keinen Hinweis darauf, dass jemand das traurige Schicksal Judäas auf den Ungehorsam gegenüber Jahwe zurückgeführt hätte. Während des Jüdischen Kriegs rechneten die Menschen of-

DIE GERECHTIGKEIT JAHWES

fenbar fest damit, dass Jahwe ihnen beistehen würde. Als die Römer zum zweiten Mal Jerusalem und den Tempel bedrohten, wurde das Modell der direkten Intervention Jahwes im Namen der Gerechtigkeit auf eine harte Probe gestellt. Nicht zum ersten Mal bestand es diese Probe nicht.

Die alternative Erklärung für Jahwes Ansichten und Handlungen, wonach er mit Verzögerung reagieren würde, falls einige in der Gemeinschaft trotz der grausamen Lehren durch die Zerstörung des Tempels und das babylonische Exil seinen Maßstäben immer noch nicht gerecht würden, war schon lange zuvor entstanden. Die Gegenwart würde in ihrem schrecklichen Zustand bleiben, doch in der Zukunft würde es eine Wiedergutmachung geben: Die Frommen würden belohnt und ihre Feinde vernichtet werden.

Nach der vor der babylonischen Gefangenschaft vorherrschenden Meinung strafte Jahwe die Gottlosen in der Gegenwart und nicht in einer unbekannten Zukunft. Im Leben des Einzelnen stand dies zu der Tatsache im Widerspruch, dass die Gottlosen offensichtlich nicht bestraft wurden, wie das Jeremia-Zitat am Anfang dieses Kapitels nahelegt. Darüber hinaus unterstrichen die Zerstörung des ersten Tempels und das babylonische Exil die Unzulänglichkeit dieses Modells auch in Bezug auf die Gemeinschaftsebene. In der Zeit nach der Verbannung war die Annahme befriedigender, dass Jahwe zwar bestrafte und belohnte, dies jedoch mittels einer von ihm herbeigeführten großen Umwälzung oder erst im Jenseits tun würde, wobei auch beides eintreten konnte. Jahwe würde sowohl über das Individuum als auch über die Gemeinschaft richten, und das jüdische Volk würde daraus siegreich hervorgehen, aber eben erst später, im Zuge eines Jüngsten Gerichts.

Hierauf aufbauend etablierte Jeremia ein Prinzip, das im jüdischen Leben letztlich eine wichtige Rolle spielen sollte. Als die Babylonier auf Jerusalem vorrückten, verlangte er im Namen Jahwes vom jüdischen Volk, sich dieser weltlichen Macht zu unterwerfen.[17] Und er verkündete, dass im Gegenzug Jahwe das jüdische Volk zu gegebener Zeit eigenhändig verteidigen werde:

Nun aber, so spricht der Herr, der Gott Israels ... Siehe, ich will sie sammeln aus allen Ländern, wohin ich sie verstoße in meinem Zorn,

Grimm und großem Unmut, und will sie wieder an diesen Ort bringen, dass sie sicher wohnen sollen. Sie sollen mein Volk sein, und ich will ihr Gott sein. Und ich will ihnen einen einheitlichen Sinn und einen einheitlichen Lebenswandel geben, dass sie mich fürchten ihr Leben lang, auf dass es ihnen wohlgehe und ihren Kindern nach ihnen.[18]

Diese Haltung blieb eine starke Strömung im jüdischen Denken und Handeln. In 300 Jahren wird nur über vier Aufstände in Judäa oder in der Diaspora berichtet: den Makkabäer-Aufstand, den Jüdischen Krieg, den Diaspora-Aufstand von 115–117 n. Chr. und den Bar-Kochba-Aufstand. Ansonsten folgte auf Jeremias Ermahnungen die Anpassung an die imperialen Mächte und nicht die Konfrontation mit ihnen. Andererseits verloren viele das Vertrauen in die Wiederherstellung einer gläubigen politischen Gemeinschaft, obwohl Jeremia und Jesaja dieses Ereignis vorhergesagt hatten.

Vor der Verbannung waren die Hebräer eine Stammesgesellschaft, die von einem König geführt, aber stark von einer Priesterklasse beeinflusst wurde. Als die Hebräer nach der Zerstörung des Königreichs Israel durch die Assyrer und nach der Deportation der Elite des Königreichs Juda durch die Babylonier aus der Gefangenschaft zurückkehrten, gab es diese Stämme nicht mehr, und das Volk wurde zu einer Gruppe von Clans. Seine Identität beruhte nun eher auf einer gemeinsamen Kultur als auf einer gemeinsamen Abstammung. Dadurch wurde Konversion, also der Beitritt zur »Bürgerschaft« der Judäer, möglich. Das religiöse Leben vor der Verbannung hatte sich auf den Tempel und die Priesterschaft konzentriert sowie auf die jeweilige Gemeinde und/oder Familie bezogen. Nach dem Exil entwickelten sich individuellere Aktivitäten wie das Lesen und Kommentieren der Tora und eine Betonung der privaten Frömmigkeit, Rechtschaffenheit und Anbetung Jahwes.

Nach der Rückkehr aus dem babylonischen Exil befürworteten manche die Wiederherstellung einer theokratischen, von Priesterschaft und König beherrschten Gemeinschaft. Andere betonten, dass die von Jahwe verlangte Rechtschaffenheit auf persönlicher Frömmigkeit beruhe, wodurch Könige und Priester sehr viel weniger Einfluss hatten. Diese Reaktionen waren freilich von verschiedenen Interessen geprägt. Eliten, denen es um politische Macht ging, traten für eine Wiederherstellung des Königtums ein. Das Verlangen nach einer direkten Herrschaft Jahwes durch einen König schwelte bei ihnen immer unter der Oberfläche. Natürlich war dieses Bestreben beflügelt von der Erinnerung an König David und die anderen Könige, die im Laufe der Jahrhunderte bis zur Eroberung durch die Babylonier das Land regiert hatten. In der Zeit des Exils und unmittelbar danach vertraten auch Jeremia und Jesaja die Vorstellung, dass das Volk nach der Rückkehr aus der Verbannung wieder von einem König geführt werden würde:

> Siehe, es kommt die Zeit, spricht der Herr, dass ich dem David einen gerechten Spross erwecken will. Der soll ein König sein, der wohl regieren und Recht und Gerechtigkeit im Lande üben wird. Zu seiner Zeit soll Juda geholfen werden und Israel sicher wohnen.[19]

In der Folge konnte dieser Wunsch nach einem unabhängigen, gerechten, theokratischen Königtum jederzeit wieder aufflammen. Dies ist sowohl am Makkabäer-Aufstand erkennbar als auch daran, dass im 1. Jahrhundert bis unmittelbar vor der Eroberung Jerusalems im Jahr 70 n. Chr. zahlreiche Judäer die Königswürde für sich beanspruchten.

Im kultisch-theokratischen Modell beanspruchte die Priesterschaft die Führung, denn laut diesem waren sie dafür verantwortlich, die richtige Beziehung zu Jahwe aufrechtzuerhalten. Sie übten durch den Hohen Priester und seine Untergebenen im Jerusalemer Tempel lokalen Einfluss aus. Sie verfügten über große und manchmal sogar über die ganze (weltliche und geistliche) Macht in Judäa. Da ihr Anspruch letztlich religiös begründet war, konnten sie ihre Macht auf lokaler Ebene selbst dann ausüben, wenn Judäa unter ausländischer Oberherrschaft stand. In diesem Szenario blieb Judäa in religiösen wie lokalen Angelegenheiten sich selbst überlassen und leistete unter der Führung seiner Priesterschaft der jeweiligen säkularen Vormacht politischen Gehorsam.

Dieses Arrangement ermöglichte die persönliche und kultische Frömmigkeit, die Jahwe nach allgemeiner Ansicht wohlgefiel. Selbst wenn der König bestenfalls eine Repräsentationsfigur war, lag das gute Verhältnis zur jeweiligen imperialen Macht im Interesse der Elite. Und die Priester spielten sowohl Probleme der sozialen Gerechtigkeit als auch die Bedeutung der persönlichen religiösen Erfahrung herunter, weil beides tendenziell ihre herausragende und unverzichtbare Position als offizielle Vermittler zwischen dem Volk und Jahwe untergrub.

Die Betonung der kultischen Reinheit als ausreichende Bedingung für die Erfüllung des Bundes mit Jahwe wirkte sich auf mögliche Tendenzen zu politischer Unruhe mäßigend aus. Deshalb waren die imperialen Mächte gewöhnlich bereit, ihre Herrschaft über das Land und seine jüdische Bevölkerung mittels des geschmeidigen Netzwerks der Priesterschaft und des Tempels zu organisieren. So waren es die Perser, die das Amt des Hohen Priesters schufen, der zusammen mit einem (ebenfalls von ihnen ernannten) König regierte. Später verschwand die Königsfamilie, und der Hohe Priester wurde auch zur herrschenden politischen Figur. Spätestens ab dem 4. Jahrhundert v. Chr. war er nicht nur als das Oberhaupt des Tempels, sondern auch des jüdischen Volkes anerkannt und füllte somit neben der höchsten religiösen, auch die höchste weltliche Autorität aus. Zu seinen vielen Aufgaben gehörte die Eintreibung der Steuern für die imperialen Mächte – einer der Gründe, warum diese willens waren, das Tempel-Priester-Modell zu akzeptieren. Diese Form der Priesterherrschaft blieb während der gesamten Zeit des zweiten Tempels (etwa 537 v. Chr. bis 70 n. Chr.) in Judäa das zentrale Mittel der Politik. Unter den Römern jedoch wurde die Macht der Priesterschaft stark eingeschränkt, weil diese ihre weltliche Autorität entweder an einen römischen Statthalter oder einen Klientelkönig abgeben musste.

Unter der Priesterherrschaft ließ sich die kultische Reinheit trotz erheblicher kultureller Veränderungen im Umfeld aufrechterhalten. Nach den Eroberungen Alexanders und der Durchsetzung der seleukidischen Herrschaft in der Region, erschien es vielen Judäern vorteilhaft, Elemente der griechischen Kultur zu übernehmen. Anfangs waren es vor allem die Mitglieder der Elite, bald aber auch Teile der breiten Bevölkerung, die etwa im alltäglichen (nicht jedoch im religiösen) Leben die griechische Sprache verwendeten. Das Denken der jüdischen Elite wurde daraufhin zunehmend durch die griechische Philosophie beeinflusst, wodurch wichtige Ideen geprägt, wenn nicht sogar verursacht wurden. Das Einzige jedoch, was die Führungsrolle der Priester in Frage stellen konnte, war eine Bedrohung der kultischen Reinheit von außen.

Ein anderer Teil der Bevölkerung kam zu der Ansicht, dass er den Bund mit Jahwe am besten erfüllen konnte, wenn er ein frommes, recht-

7. Silberne Tetradrachme mit dem Profil von König Antiochos IV. Epiphanes, der von 175 bis 164 v. Chr. über das Reich der Seleukiden herrschte. Seine Maßnahmen lösten 167 v. Chr. den Makkabäer-Aufstand aus.

schaffenes Leben führte. Dabei war der Gehorsam gegenüber den Geboten Jahwes, wie sie von Mose überliefert waren, am wichtigsten. Anfangs sah sich diese Gruppe als integraler Bestandteil der gesamten jüdischen Gemeinschaft und erwartete von Jahwe, dass er das Volk für seine Bundestreue belohnen werde. Sie hoffte, er werde sie als Gegenleistung für ihre Rechtschaffenheit beschützen. Oder wie Jesaja verkündete: »Der Herr zieht aus wie ein Held, wie ein Kriegsmann kommt er in Eifer; laut erhebt er das Kampfgeschrei, zieht wie ein Held wider seine Feinde.«[20]

Zwei Aspekte des Lebens konnten politischen Widerstand auslösen. Erstens konnten sich die Elite und die Frommen erheben, weil sie im Vertrauen auf Jahwes Hilfe ein politisch unabhängiges und frommes Leben anstrebten. Zweitens konnten Versuche, die kultische Unabhängigkeit der Priesterschaft zu verringern oder ganz abzuschaffen, diese so empören, dass sie einen Aufstand anführte. Beide Auslöser, der des volkstümlichen sowie der des priesterlichen politischen Widerstands gegen die imperiale Macht, wurden im frühen 2. Jahrhundert v. Chr. wirksam.

Der griechische Feldherr Seleukos I. hatte nach dem Tod Alexanders des Großen im Jahr 323 v. Chr. das Seleukidenreich gegründet, in dessen Herrschaftsbereich auch Judäa lag. Aus bis heute unerfindlichen Gründen brach der Seleukide Antiochos IV. Epiphanes mit der Praxis seiner persischen und griechischen Vorfahren und betrachtete die Hohen Priester lediglich als eine lokale Elite, die er nach Belieben manipulieren und nutzen konnte. Er ignorierte die lokale Tradition, wonach sie mit göttlicher Zustimmung ernannt wurden und setzte sie ein und ab, wie es ihm politisch passte, wobei er die Fraktionen der Eliten und der Priesterschaft gegeneinander ausspielte. Dieses Verhalten und die schleichende Hellenisierung, die er durch Belohnung loyaler Vasallen förderte, brachten all jene Juden gegen ihn auf, für die der Bund mit Jahwe nur wenig Raum für eine unverhohlene Übernahme griechischer Sitten ließ. Als in Judäa Chaos ausbrach, weil verschiedene Kandidaten für das Amt des Hohen Priesters gegeneinander kämpften, marschierte Antiochos im Jahr 167 v. Chr. in Jerusalem ein, plünderte den Tempel, weihte ihn dem olympischen Gott Zeus und startete eine Kampagne gegen die Verehrung Jahwes. Dabei stellte er unter anderem den Besitz der Tora unter Strafe – ein Beweis für die wichtige Rolle, welche die Schrift inzwischen bei der Aufrechterhaltung der jüdischen Religion spielte.

Ein relativ unbedeutendes Priestergeschlecht aus dem Dorf Modein in Judäa organisierte im Namen der religiösen Reinheit und der politischen Unabhängigkeit einen Aufstand gegen die Griechen – ganz in der Tradition des Widerstands gegen den Götzendienst, der schon vorher in der israelitischen Geschichte zu radikalen Aktionen geführt hatte. Mattatias aus dem Geschlecht der Hasmonäer war der erste Anführer dieses Aufstands. Nach seinem Tod übernahm sein Sohn Judas mit dem Beinamen Makkabäus (»der Hammer«) die Führung. Er besiegte die Seleukiden und stellte den traditionellen Gottesdienst im Jerusalemer Tempel wieder her. Sein Bruder Jonatan wurde Hoher Priester. Jonatan ließ sich auch nach dem Tod seines Bruders nicht zum König krönen. Doch als er starb, wurde mit Simon ein weiterer Bruder von Judas und Jonatan nicht nur zum Hohen Priester, sondern gleichzeitig auch zum König ernannt. Er konnte seine Herrschaft allerdings nur sichern, indem er die Oberhoheit der Seleukiden wieder anerkannte. Dennoch spielte das Ideal eines theokratischen Königreichs unter Führung eines Königs und eines Hohen Priesters (oft in Personalunion) noch lange nach dem Makkabäer-Aufstand eine große Rolle in der Vorstellungswelt des Volkes.

Eine gottgefällige Herrschaft, also die Wiederherstellung eines unabhängigen, gerechten, theokratischen Königtums in der Gegenwart, war auch der Traum von Propheten wie Jeremia und Jesaja gewesen. Im wirklichen Leben jedoch war dieses Modell mit erheblichen Problemen verbunden, die vielen Menschen zum Nachteil gereichten. Unglücklicherweise, und ganz im Gegensatz zum Traum der Propheten, wiederholte sich mit der Verwirklichung der Königs- und Priesterherrschaft auch eine negative Entwicklung aus der israelitischen Vergangenheit: Abermals herrschte eine theologisch und politisch korrupte Priesterschaft, also genau das, was die alten Propheten so heftig kritisiert hatten. Die Elite des Königreichs erwartete, dass Gott noch in der Gegenwart über die Menschen richten und sie entweder belohnen oder bestrafen würde. Aber viele Gläubige stellten bei näherer Betrachtung fest, dass das Leiden im privaten wie im politischen Bereich weiterging. Sie waren mit einer von Unordnung und sozialer Ungerechtigkeit geprägten Welt konfrontiert. Viele waren voller Pessimismus und lebten in der Furcht, bei Jahwe in Ungnade gefallen zu sein. Die Symptome, an denen sie dies festmachten, waren sowohl physisch – Erdbeben und andere Katastrophen – als auch auf sozialer Ebene spürbar – Ungerechtigkeit, Unmoral, Abfall vom Glauben und Verfolgung der Rechtschaffenen. Die Welt wurde ganz offenbar von den falschen Mächten beherrscht.

Diese verfahrene Situation konnte die Menschheit nicht aus eigener Kraft in Ordnung bringen. Es bedurfte also der Intervention einer übernatürlichen Macht: Jahwe würde die Herrschaft übernehmen. Er würde die für das Chaos Verantwortlichen zur Rechenschaft ziehen. Er würde das durch den Bund explizit und implizit gegebene Versprechen der sozialen Gerechtigkeit erfüllen, die Rechtschaffenen erheben und sie für ihre Frömmigkeit belohnen. Letztendlich bedeutete dies die Zerstörung der alten Welt durch eine Feuersbrunst oder eine andere Katastrophe, die Rechtfertigung der lebenden und die Belohnung der toten Rechtschaffenen und eine neue Schöpfung für die Ewigkeit. Jahwes Regentschaft mochte auf sich warten lassen, aber wenn sie kam, würde sie mächtig sein.

Doch stattdessen wurde die Stimmung immer explosiver. Eliten und Priester rangen in verschiedenen Fraktionen miteinander; ausländische imperiale Mächte mischten sich ein. Diese nervenaufreibende, angespannte strukturelle Lage schien nur eine Erklärung zuzulassen: Die prosaische Realität der inneren Kämpfe, der ausländischen Dominanz und der kulturellen Herausforderung war nicht mit dem Versprechen des Bundes vereinbar. Einige reagierten darauf radikal und vertraten fortan das Modell der verzögerten Gottesherrschaft, das von einem Weltende ausging, an das sich das Gericht Jahwes anschloss. Dies brachte eine apokalyptische Vision ins Spiel, die für die Leiden der Gegenwart sowohl Trost als auch eine Erklärung bot und eine bessere Zukunft versprach, in der sogar Vergeltung geübt werden würde. Der apokalyptische Glaube an eine verzögerte Herrschaft Jahwes spendete also Sinn in der Gegenwart und Hoffnung auf die Zukunft. Außerdem eröffnete er unterschiedliche Handlungsperspektiven: Einige wandten sich dem bewaffneten Widerstand zu, um Jahwes Zeit schneller herbeizuführen; andere zogen sich in Erwartung des neuen Zeitalters zurück und warteten geduldig und rechtschaffen auf ein Urteil und eine Belohnung, die noch zu ihren Lebzeiten oder auch erst nach ihrem Tod erfolgen konnte.

Im 2. Jahrhundert v. Chr. hatte der Gedanke der verzögerten Herrschaft bereits eine lange Geschichte hinter sich. Schon früher hatten Propheten den Tag des Herrn verkündet. Bei Jesaja hieß es: »Zu der Zeit wird der Herr das Heer der Höhe heimsuchen in der Höhe und die Könige der Erde auf der Erde.«[21] Und Joel verkündete:

Tosende Mengen im Tal der Entscheidung, denn Jahwes Gerichtstag ist dort nah. Sonne und Mond werden finster, der Glanz der Sterne erlischt. Jahwe brüllt vom Zion her, aus Jerusalem dröhnt seine Stimme. Doch für sein Volk ist Jahwe eine Burg, eine Zuflucht für die Israeliten … Am Himmel und auf der Erde werde ich Wunderzeichen erscheinen lassen: Blut, Feuer und Rauchwolken. Die Sonne wird sich in Finsternis verwandeln und der Mond in Blut, bevor der große und furchtbare Tag Jahwes kommt. Aber jeder, der den Namen Jahwes anruft, wird gerettet.[22]

Der Prophet Obadja warnte die Unterdrücker: »Denn der Tag des Herrn ist nahe über alle Völker. Wie du getan hast, soll dir geschehen, deine Tat fällt auf deinen Kopf zurück.«[23] Und Zefanja mahnte, dass nur Gerechtigkeit helfen werde: »Suchet den Herrn, all ihr Elenden im Lande, die ihr seine Rechte haltet! Suchet Gerechtigkeit, suchet Demut! Vielleicht könnt ihr euch bergen am Tage des Zorns des Herrn!«[24]

Der schon bei diesen Propheten präsente Gedanke, dass Jahwe mit Gewalt intervenieren werde, tauchte im 3. Jahrhundert v. Chr. mit Macht wieder auf: Die Welt ist ein Ort der gegen Jahwe gerichteten Handlungen und der Ungerechtigkeit; das gegenwärtige Zeitalter ist böse, doch es wird durch ein himmlisches Zeitalter abgelöst werden; der Übergang zwischen beiden Zeitaltern ist dem göttlichen Gericht vorbehalten, während dem das Böse und Unrechte bestraft und ausgerottet und den gottgefälligen Anhängern Jahwes Gutes widerfahren wird. Bei Henoch (vielleicht schon 300 v. Chr.) findet sich eine klare und einflussreiche Aussage über diese Erwartung, laut der Jahwe mit großer Macht eingreifen und die Rechtschaffenen belohnen werde:

Den Gerechten aber wird er Frieden schaffen und die Auserwählten behüten, und Gnade wird über ihnen walten … Und siehe! Er ist gekommen mit zehntausend Heiligen, Gericht zu halten über sie, und er wird die Gottlosen verderben und wird alles Fleisch zurechtweisen um alles das, was die Sünder und Gottlosen gegen Ihn getan und begangen haben.[25]

Diese Voraussagen göttlicher Rache und Rettung gehören zu einer historischen Form des Widerstands, die in den auf König und Tempel zentrierten Reichen des Nahen Ostens häufig war. Sie passte auch zu den finsteren Voraussagen des späten Hellenismus. Das Orakel des Hystaspes (2. bis 1. Jahrhundert v. Chr.) etwa ist eine polytheistische Version dieses Themas. Hystaspes beschreibt das Unrecht seiner Zeit und sagt voraus, dass die Rechtschaffenen, Frommen und Gläubigen Jupiter darum bitten werden, wieder für Ordnung zu sorgen. »Und Jupiter werde sich

um die Erde kümmern, die Rufe der Menschen hören und die Bösen aus-
merzen.«[26] In Ägypten berührt das Töpferorakel (3. Jahrhundert v. Chr.)
ein ähnliches Thema: Ein gerechter König werde kommen, den Übeln der
Gegenwart ein Ende setzen und ein neues Zeitalter begründen. Das neue
Zeitalter werde so großartig sein, dass »die Überlebenden darum beten,
dass die früher Verstorbenen auferstehen werden, um an den guten Dingen teilzuhaben«.[27]

Auch in der jüdischen Tradition werden die Toten auferweckt, um
dann belohnt oder bestraft zu werden. So wird bereits im 3. Jahrhundert
v. Chr. die Stelle mit den verdorrten Gebeinen, die bei Hesekiel zu finden
ist, zur Wiederauferstehung der Toten am Tag des Jüngsten Gerichts um-
interpretiert.[28] Das Buch Daniel (frühes 2. Jahrhundert v. Chr.) spricht sogar eindeutig von Wiederauferweckung und Gericht: »Und viele, die im
Staub der Erde schlafen, werden aufwachen, die einen zum ewigen Leben, die andern zu ewiger Schmach und Schande. Und die Verständigen
werden leuchten wie des Himmels Glanz, und die vielen zur Gerechtigkeit weisen, wie die Sterne immer und ewiglich.«[29] Und diese Wiedererweckung war, wie Henoch prophezeite, mit der Bestrafung derer verbunden, die andere unterdrückt hatten:

Wehe euch, ihr Sünder, nach dem Tode, wenn ihr in dem Reichtum
eurer Sünde sterbt, und euresgleichen von euch sagen: »Selig sind die
Sünder, alle ihre Tage haben sie gesehen und jetzt sind sie gestorben in
Glück und Reichtum, Trübsal und Todesnot haben sie nicht gesehen in
ihrem Leben. In Herrlichkeit sind sie gestorben, und ein Gericht wurde
an ihnen zu ihren Lebzeiten nicht vollzogen.« Ihr sollt wissen, dass
man ihre Seelen in das Totenreich wird hinabfahren lassen, und dass
es ihnen schlecht gehen und ihre Trübsal groß sein wird. In Finsternis,
Fesselung und lodernde Flammen, da, wo das große Gericht stattfin-
det, wird euer Geist geraten, und das Gericht wird dauern für alle Geschlechter der Welt: Wehe euch, ihr werdet keinen Frieden haben![30]

Das Modell der verzögerten Intervention Jahwes betont die Gerechtigkeit
als Weg, um die menschliche Seite des Bundes zu erfüllen. Dies steht zwar
nicht im Widerspruch zu den kultischen Aktivitäten der Priesterschaft
und des Tempels, verlagert aber den Schwerpunkt auf das Privatleben der

Menschen. Zwar war die Wahrung der Reinheit durch die Befolgung von Jahwes Geboten, wie die Propheten nicht zu betonen versäumten, schon immer ein Bestandteil des Bundes, doch in der Zeit nach dem babylonischen Exil wurde das Streben nach Reinheit extrem persönlich, eben als Weg zur Rechtschaffenheit und damit zur Belohnung beim Jüngsten Gericht. Alle wichtigen Ansätze, um den Bündnisvertrag zu erfüllen, sollten von da an aus diesem Bemühen um Reinheit und Rechtschaffenheit folgen.

Das Denken und Handeln der, oft eng miteinander verknüpften, weltlichen und priesterlichen Eliten war hingegen von unterschiedlichen Vorstellungen von der Rechtschaffenheit Jahwes geprägt. Würde Jahwe seinen Teil des Vertrags in der Gegenwart oder in der Zukunft erfüllen? Welche Art von Gerechtigkeit verlangte er, damit die Gemeinschaft und/oder der Einzelne belohnt wurde? Wer hatte das Recht, den Bündnisvertrag zu interpretieren? In den Kämpfen um Macht und Ansehen hatten die Antworten auf diese Fragen wichtige Folgen für die gesamte jüdische Bevölkerung. Auf der politischen Ebene bewirkten sie oftmals, dass sie zu bloßen Spielfiguren in den Machtkämpfen der Eliten wurde: rekrutiert als Soldaten in Kriegen und Bürgerkriegen; besteuert durch Tempel und König; die Opfer, wenn sich siegreiche Eliten an der Zivilbevölkerung des geschlagenen Gegners rächten; Obstgärten und Felder zerstört von verfeindeten Heeren. Das Leben konnte jederzeit unerträglich werden. In diesem täglichen Überlebenskampf verlor die traditionelle Botschaft, dass Jahwe in der unmittelbaren Gegenwart die Rechtschaffenheit einer Person oder ihrer Vorfahren belohnte und die Gottlosen bestrafte, stark an Glaubwürdigkeit. Jahwe hatte seine Feinde früher nicht bestraft und bestrafte sie auch heute nicht; seine Gerechtigkeit war nicht offenkundig. Die Projektion dieser Gerechtigkeit in die Zukunft beseitigte diesen offensichtlichen Widerspruch zwischen realem und versprochenem Verhalten. Doch auf das Ende der Welt zu warten und in der Zwischenzeit zu leiden, war auch nicht gerade angenehm. Angesichts seiner unverdienten Leiden hatte Hiob zu Jahwe gesagt: »Ich erkenne, dass du alles vermagst, und nichts, das du dir vorgenommen, ist dir zu schwer. ›Wer ist der, der den Ratschluss verhüllt mit Worten ohne Verstand?‹ Darum hab ich ohne Einsicht geredet, was mir zu hoch ist und ich nicht verstehe.«[31] Ein solches Vertrauen in eine undurchschaubare und unvorhersehbare Gerechtigkeit blieb von den täglichen Krisen unberührt. Der Gedanke einer persönlichen Verantwortung in Kombination mit den Lehren der Charismatiker, die soziale Gerechtigkeit und Buße predigten, kam gut an. Insbesondere konnten die charismatischen Prediger und die Art von Lehre, die sich in der Bewegung der Essener zeigt, Antworten auf die Fragen der Zeit geben und den Einzelnen in dem Gefühl bestärken, dass er Einfluss auf sein eigenes Schicksal nehmen und so die Gunst Jahwes gewinnen könne.

Dennoch suchten die Menschen, wie sie es immer getan hatten, anlässlich einer Krankheit, einer gefährlichen Reise (und gefährlich waren so gut wie alle Reisen), einer Geburt oder einer Missernte nach wie vor unmittelbare Hilfe und unmittelbaren Schutz beim Übernatürlichen. Die Magie hatte den Vorteil, sofort zur Verfügung zu stehen, und ihre ›Fachleute‹ versprachen sofortige Ergebnisse. Sie blickte auf eine lange Erfolgsgeschichte zurück, und die Leute ignorierten einfach, dass sie zu den von der offiziellen Theologie vorgeschriebenen Krisenreaktionen im Widerspruch stand. Magische Handlungen gehörten in einen eigenen Bereich und waren mehr oder weniger effektiv von den allgemeineren Erklärungen und Lösungen der Überlieferung getrennt. Und zugleich wurden die Handlungen, die diesen Erklärungen und Lösungen entsprachen, auch von Menschen fortgesetzt, die in bestimmten Situationen auf magische Lösungen bauten.

Die Juden hatten in einer ungerechten Welt damit zu kämpfen, dass Jahwe ein Gott der Gerechtigkeit war. Dieser Kampf eröffnete neue Wege, um sowohl Jahwes Handlungen in der menschlichen Welt als auch die Beziehungen der Menschen zu ihm zu konzeptualisieren. Zwar bedienten sich die Leute noch immer der Magie, um spontan auf unvorhergesehene Ereignisse zu reagieren, aber dennoch fanden sie den Gedanken attraktiv, dass Jahwe sie irgendwann in der Zukunft für ihr rechtschaffenes Leben belohnen würde. Die Macht der Magie und die Hartnäckigkeit, mit der das Unrecht in ihrem Leben fortbestand, ließ sie einem neuen Verständnis von Jahwe und seiner Gerechtigkeit aufgeschlossen gegenüberstehen, was letztlich zur Folge hatte, dass einige von ihnen für das Angebot des Christentums empfänglich waren. Bevor wir aber untersuchen, wie diese Empfänglichkeit beschaffen war, müssen wir uns zunächst mit der polytheistischen Erfahrung befassen.

5

DIE POLYTHEISTEN
IN IHRER WELT

Wie die Juden lebten auch die Polytheisten im Allgemeinen als Mitglieder einer Familie und einer Gemeinschaft, arbeiteten hart, um am Leben zu bleiben und ihr Los zu verbessern, und freuten sich zum Beispiel an ihren Kindern oder an religiösen Festen. Sie verfügten über eine breite Palette von Einstellungen und Umgangsweisen mit dem Übernatürlichen, die der Begriff »Polytheismus« allesamt umfasst. Ihre religiösen Gewohnheiten waren konservativ und eng verknüpft mit ihrer Identität in Familie und Gemeinschaft. Bisweilen jedoch fanden auch bei ihnen interessante Veränderungen statt.

Die Erfahrungen der einfachen Leute unterschieden sich in vielerlei Hinsicht von denen der Elite. Nur die Elite hatte Zugang zu einer soliden Bildung. Insbesondere das Studium der Philosophie war nur einem Bruchteil der Bevölkerung vorbehalten. Elementares Wissen war hingegen weiter verbreitet; zumindest in den Städten konnten etwa 20 Prozent der Bevölkerung einigermaßen lesen und schreiben. Übungen für die Schule, Fabeln und Leitsprüche spielten beim grundlegenden Unterricht im Lesen und Schreiben eine große Rolle. Im Unterricht wurden einfache und wichtige soziale Werte wie die Akzeptanz von Hierarchien und Autoritäten betont, und man lernte, dass die Götter und das Schicksal die Lernenden und ihre Welt beherrschten. Die Kluft zwischen dem hochgebildeten einen Prozent und allen anderen war daher gewaltig. Während sich die oberen Schichten der breiten Bevölkerung darum bemühten, wenigstens einen Teil der Bildung zu erwerben, die für die oberste Elite normal war, konnten andere, wie etwa kleine Handwerker und Kaufleute, Bauern, Frauen, Kinder und Sklaven, nicht einmal richtig schreiben und lesen. Aufgrund dieses gewaltigen Bildungsunterschieds beurteilten Mitglieder der Elite und die kleinen Leute dieselben übernatürlichen Mächte mitunter aus unterschiedlichen Blickwinkeln. Die breite Bevölkerung hatte gewöhnlich ein direkteres Verhältnis zum Übernatürlichen und war vor allem an praktischen Ergebnissen interessiert, wohingegen die Eliten ein eher intellektuelles Verhältnis zum Übernatürlichen hatten, weshalb das innere Wohlbefinden bei ihnen stärker im Fokus stand.

Diese kulturelle Kluft sollte man im Gedächtnis behalten, wenn man sich das Quellenmaterial zur Religion und religiösen Erfahrung ansieht, auch wenn es nicht immer leicht fällt zu sagen, wo genau die Grenzlinie verlief. Natürlich glaubten manche Mitglieder der Eliten (wie etwa die Epikureer) nicht an die traditionellen Götter, andere (wie etwa Lukian) machten sich sogar lustig über die volkstümlichen Vorstellungen vom Übernatürlichen und ihren Einfluss auf das tägliche Leben.[1] In seinen *Selbstbetrachtungen* erinnert sich Kaiser Marcus Aurelius dankbar an seinen Hauslehrer Diognetus, der ihn lehrte, Magiern und Scharlatanen zu misstrauen, die mit ihren Beschwörungen Dämonen und Ähnliches zu vertreiben vorgaben, gleichzeitig dankt er seiner Mutter, dass sie ihn Frömmigkeit gelehrt hatte.[2] Wie diese Mutter glaubten die meisten Angehörigen der Elite (Seneca etwa, oder auch Cicero) an die Existenz von Göttern.[3] Doch der Teufel steckte im Detail. Der Spielraum für Gedanken und Handlungen war groß, auch wenn das nicht ganz bedeutete: *quot homines, tot sententiae* (»Es gibt so viele Meinungen, wie es Menschen gibt.«). Wissenschaftlich orientierte Denker wie Plinius der Ältere suchten möglichst oft abseits des Übernatürlichen nach Erklärungen. Äthergläubige wie die Stoiker und die Platoniker gingen von der Existenz einer übernatürlichen Welt aus, meinten aber, dass sie sich nicht mit der Art vertrug, wie die einfachen Leute die traditionellen Götter wahrnahmen. Ein gemäßigter Platoniker wie Plutarch respektierte die Götter, ohne deshalb völlig auf Skeptizismus und Kritik zu verzichten. Doch ein Elitenangehöriger wie Aelius Aristides konnte auch strenggläubiger Anhänger einer traditionellen Gottheit wie Asklepios sein. Die Einstellungen der Elite waren zwar differenzierter als die der einfachen Leute, aber Aberglauben und Verehrung für die traditionellen Götter existierte dennoch Seite an Seite mit Skeptizismus und Unglauben.

Bei aller Verschiedenheit des sozioökonomischen und politischen Status lebte die Normalbevölkerung mit den Denkern der Elite dennoch in derselben Kulturgemeinschaft. Die Oxforder Althistorikerin Teresa Morgan hat nachgewiesen, dass die Moralvorstellungen des gemeinen Volkes und das philosophische sowie moralische Denken der Elite viele Prinzipien und Ideale gemeinsam hatten. Obwohl in den Fabeln und Sprichwörtern nicht genau dieselben Begriffe vorkommen wie in der Philosophie, anerkennen sie dennoch Konzepte wie Ehrlichkeit, Torheit, Weisheit, Gerechtigkeit und Rationalität. Wo sich die Philosophie für Werte wie Mäßigung, Mut, Gerechtigkeit und Weisheit interessiert, gilt das, wie die Quellen vermuten lassen, auch für die breite Bevölkerung. Beide Gruppen haben die Abneigung gegen Zorn, Gier und Wollust gemeinsam, und beide loben Ehre, Freundschaft und Frömmigkeit. Sie stimmen darin überein, dass Gesundheit, Wohlstand und Ansehen wichtig sind. Dies bedeutet keineswegs, dass der philosophische Diskurs vom Alltag gewöhnlicher Leute handeln würde, aber dennoch ist erkennbar, dass bestimmte Werte in der ganzen Gemeinschaft galten. Denn auch wenn die einfachen Leute über eigene Begrifflichkeiten verfügten, konnten philosophische Lehren auf die Überzeugungen der gesamten Gemeinschaft Einfluss haben.

Der Polytheismus in Griechenland und Rom hatte keinen Kanon zugelassener Schriften, keine hierarchisch gegliederte Priesterschaft, keine zentrale Organisation. Dennoch hatte die religiöse Erfahrung seiner Anhänger trotz einer (für uns) verwirrenden Vielfalt von Göttern bestimmte Elemente gemeinsam: Es gibt übermenschliche Kräfte; sie sind zahlreich; sie leben in der natürlichen Welt und betreten und verlassen diese nach Belieben; sie können positiv oder negativ auf das Leben von Menschen einwirken; ihre Gunst kann und soll durch bewährte Handlungen, Gebete, Opfer und Rituale gewonnen werden; letztlich aber sind Glück und Schicksal entscheidend.

Die Götter waren, wenigstens anfangs, tendenziell an eine bestimmte Umgebung gebunden: an Völker, geografische Standorte, Siedlungen und Städte. Wer die gleiche Kultur und Sprache hatte, glaubte an dieselbe Gruppe »lokaler« Götter und verehrte sie auf die gleiche Art. Wenn eine Gemeinschaft eine Gruppe von Göttern akzeptiert hatte, war es möglich und oft nützlich, wenn sie sich die Götter einer anderen Gemeinschaft wie ihre eigenen vorstellte und die Namen, die eine andere Gemeinschaft für ihre Götter verwendete, auch für die eigenen benutzte. Weil sich alle über den generellen Zugang zum Übernatürlichen einig waren, konnte der Polytheismus die konkreten Vorstellungen verschiedener Gemeinschaften reibungslos assimilieren.

Das Grundproblem der Polytheisten bestand darin, dass mit der Welt, in der sie lebten, etwas nicht stimmte: Es gab Leiden, Unberechenbarkeit und Unrecht, und das Glück war ungleich und willkürlich verteilt. Die Menschen lebten also in einer Welt, die gefährlich und zerstörerisch sein konnte. Doch ihr Geist hatte sich so entwickelt, dass er von Ursache und Wirkung ausging und für Ereignisse nach Gründen suchte. Dementsprechend warf ihre chaotische, irrationale Welt einige Probleme auf und sorgte damit für psychischen Stress. Freilich widerfuhr den Menschen manchmal auch Gutes – und sie wandten sich nur zu gern an das Übernatürliche, um dies herbeizuführen –, dennoch waren es die Unglücklichen, welche die nachdrücklichsten Spuren hinterließen.

Die Erklärung für die schlimmen Ereignisse war (abgesehen von Glück und Schicksal), dass ein Geist oder eine Macht wütend war, weil sie irgendjemand (absichtlich oder unabsichtlich) ignoriert hatte. Die Religion der Polytheisten zielte darauf ab, diese Erschütterungen unter Kontrolle zu bringen, durch persönliches oder gemeinschaftliches Engagement, indem die Gunst der übernatürlichen Mächte wiedergewonnen oder von vornherein vermieden wurde, dass sie zornig wurden. Dies geschah, indem man die Götter sowohl zu Hause als auch an heiligen Orten verehrte (Rituale), Abkommen mit ihnen schloss (Gelübde, Opfer), sie anflehte (Gebete) und weissagte (um künftige Ereignisse besser zu bewältigen). Die Vielfalt der polytheistischen Ansätze ergab sich daraus, wie diese Elemente im Leben kombiniert wurden. Wenn zum Beispiel »die Verehrung der Götter« ein bestimmtes moralisches Verhalten erforderlich machte, wurde dieser Faktor in das Konzept vom Übernatürlichen mit eingebaut. Wenn dagegen nur bestimmte Opfer erforderlich waren, gab es kaum offene moralische Inhalte. Gleichgültig welche Gestalt die Beziehungen der Polytheisten zum Übernatürlichen im Einzelnen annahmen, sie behielten immer ihre fundamentale Bedeutung im Leben der Menschen, denn diese erachteten es als wertvoll, ihre Beziehungen zu den Göttern zu pflegen.

Aus polytheistischer Sicht konnten bei jedem Ereignis übernatürliche Mächte präsent sein. Manchmal wurde diese Gegenwart eher metaphorisch, manchmal eher animistisch ausgelegt. Plinius der Ältere erfasste die von Mächten durchdrungene Natur beispielsweise folgendermaßen, als er schrieb: »Wälder waren wie die Tempel der höheren Mächte, und auch jetzt noch weiht man auf dem einfachen Land nach alter Sitte einen besonders schönen Baum der Gottheit. Den von Gold und Elfenbein glänzenden Götterbildern erweisen wir nicht größere Verehrung.«[4]

Die Philosophen arbeiteten hart, um das Wirken der übernatürlichen (und der natürlichen) Welt einzuordnen und zu erklären. Dagegen gab sich die Mehrheit der Polytheisten damit zufrieden, wenn nötig, die Mythologie als Weg zum Verständnis zu nutzen. In Übereinstimmung mit der Grundüberzeugung des Polytheismus, dass die Götter existierten, war die Zahl und Vielfalt religiöser Handlungen fast unendlich, und für die Mythen galt dasselbe. Doch die Mythologie lieferte nicht nur unterhaltsame Geschichten, sondern diese bildeten gleichzeitig eine Grundlage für ein mögliches Verständnis der religiösen Handlungen und standen in aktiver Verbindung mit den anerkannten Gewohnheiten von Verehrung, Opfer und so weiter. Trotzdem müssen die meisten Handlungen spontan und ohne große Reflexion über ihren Ursprung oder die mit ihnen verbundenen Geschichten vollzogen worden sein. Das ändert aber nichts daran, dass die Mythen präsent waren und zu Rate gezogen wurden, wenn man ein bestimmtes Ritual oder Opfer besser verstehen oder wirksamer gestalten wollte.

Von der verblüffenden Vielzahl der übernatürlichen Mächte kennen wir aus den Sagen vor allem die großen Götter wie Jupiter/Zeus oder Mars/Ares. Und diese spielten in ihren vielen lokalen Verkleidungen in der Religion der breiten Bevölkerung gewiss eine aktive Rolle. Doch dasselbe galt auch für Halbgötter wie Asklepios und Herkules, welche die Götter wegen ihrer besonderen Taten in ihre Reihen aufgenommen hatten. Von diesen beiden war Herkules/Herakles der bekanntere, ein Held, der für seine Sorge um die Menschheit gerühmt wurde, doch auch Asklepios war als heilender Gott sehr um das Wohl der Menschen bemüht.

Ebenfalls übernatürliche Kräfte, die einer höheren Welt als die Menschen, nicht jedoch dem Reich der hohen Götter angehörten, waren die Daimonen (nicht zu verwechseln mit den »Dämonen« der christlichen Vorstellungswelt). Es gab sie in zwei Formen: Wesen zwischen Gott und Mensch mit spezifischen Fähigkeiten und Kompetenzen sowie in der Regel schützende Mächte, die oft mit dem Schicksal eines bestimmten Menschen verknüpft waren. Menschen bezogen sich auf sie, indem sie zu ihnen beteten, sie fürchteten oder verehrten.

Die Polytheisten hatten ein unmittelbares Verhältnis zu den übernatürlichen Wesen und Mächten, die ihrer Ansicht nach nicht nur existierten, sondern auch konkret mit Menschen interagierten. Es waren nicht nur homerische Götter, die sich darauf beschränkten, diesem oder jenem Helden zu helfen, sondern jeder Mensch konnte ihnen leibhaftig begegnen. Ein bemerkenswertes Beispiel dafür ist, dass die frühchristlichen Missionare Paulus und Barnabas bei Lystra in Kleinasien für olympische Götter gehalten wurden. Paulus predigte in der Stadt und sah, dass ihm ein von Geburt an verkrüppelter Mann intensiv zuhörte. Er spürte den starken Glauben des Mannes und sagte: »Stell dich aufrecht auf deine Füße!« Da stand der Lahme, wie die Apostelgeschichte berichtet, auf und ging umher. Die erstaunten Bewohner von Lystra fassten das von Paulus gewirkte Wunder als Zeichen für seine Göttlichkeit auf: »Die Götter sind den Menschen gleich geworden und zu uns herabgestiegen« riefen sie, weil sie Barnabas für Zeus und Paulus für Hermes hielten. Der lokale Priester des Zeus wollte für die auf die Erde herabgestiegenen Götter ein öffentliches Opfer darbringen, und Barnabas und Paulus hatten einige Mühe, die allgemeine Begeisterung für ein auf der Stelle durchgeführtes Zeusopfer zu bremsen.[5]

Die Polytheisten lernten aus der Überlieferung, welche Beziehungen sie zu den übernatürlichen Kräften hatten und wie sie mit ihnen umgehen sollten. Der elitäre Intellektuelle Seneca schrieb verächtlich: »Der größere Teil des Volkes macht nur mit, ohne zu wissen, warum«.[6] Den Polytheisten jedoch ging es um praktische Ziele, nicht um ein tiefergehendes theologisches oder philosophisches Verständnis ihrer Handlungen. Überlieferung und Tradition wurden durch Familie und Gemeinschaft vermittelt. Die religiöse Praxis in der Familie wurde nicht von außen kontrolliert oder angeleitet; der Familienvater war der Experte. Er wusste, wie man die Dinge tat und zu verstehen hatte. Durch Feiern an Festtagen und religiös angehauchte Veranstaltungen wurden in der Gemeinschaft Einstellungen, Handlungen und Beziehungen zum Übernatürlichen weitergegeben. Da es nur wenige spezifische schriftliche Dokumente gab, die dabei als Richtschnur fungieren konnten, war fast alles durch mündliche Über-

8. Familien-Lar (Schutzgott) auf einem Wandgemälde, das zu einem Hausaltar (*lararium*) in Pompeji gehörte.

lieferung und die aktive Kultur der Gemeinschaft oder Familie bestimmt. Bräuche und Regeln konnten sich dabei durchaus verändern, doch die Kernelemente blieben über Generationen hinweg dieselben.

Wir verfügen über Gebete, Lieder und Beschwörungsformeln von Polytheisten und natürlich auch über anderes Material wie Mythen, Fabeln, Aphorismen und Sprichworte.[7] Diese wurden jedoch nicht zu einer Theologie zusammengefasst, von einem Glaubensbekenntnis ganz zu schweigen. Es ist eine wichtige Erkenntnis, dass nichts, oder wenigstens keine uns erhalten gebliebene Überlieferung existiert, die an Komplexität und Kraft den Schriften der Tora entspräche. Auch gab es keine einheitlich geregelten, weitverbreiteten Orte für die systematische Verkündigung und Diskussion des Glaubens, wie sie in den Gebetshäusern und Synagogen des Judentums existierten. Dennoch haben die moralischen Richtlinien in der volkstümlichen Literatur der Zeit große Ähnlichkeit mit denen der jüdischen Tradition. In den Schriften des Publilius Syrus finden sich Beispiele für die Goldene Regel (»Behandle andere so, wie du von ihnen behandelt werden willst«), die Verurteilung des Kindsmords (»Grausamkeit, nicht Tapferkeit, ist es, ein Kind zu töten«) und die Maximen zur Fürsorge für die Armen (»Doppelt gibt dem Bedürftigen, wer schnell gibt«).[8] Was fehlte, war eine kohärente, allgemeingültige Moraltheologie.

Die religiöse Praxis der Polytheisten

Die Polytheisten gehen »jeden Tag, wenn sie vom Schlaf aufgestanden sind, des Morgens, ihre Idole anbeten und ihnen dienen; und zwar vor aller Arbeit und all ihren Geschäften«.[9] Zum täglichen Ritual gehörte ein Trankopfer bei den Mahlzeiten und, wenn man unterwegs war, ein Besuch von Altären oder Tempeln, um kleine Gaben darzubringen, zu beten oder sich wegen eines bestimmten Problems an einen Gott zu wenden. Dazu benutzten die Menschen immer etwas Bildhaftes als Fokus ihrer Andacht, sei es den Lar (die Schutzgottheit) der Familie, einen Altar an einer Kreuzung, eine Statue in einem Tempel oder die Heimat eines Geistes, etwa einen Hain oder einen Bach. Diese Konzentration auf physische Artefakte, häufig Bildwerke, als Mittelpunkt der Andacht unterschied sie von ihren jüdischen Zeitgenossen. Doch die grundlegende Theologie der Interaktion mit dem Übernatürlichen war dieselbe. Das Prinzip *do ut des,* Leistung und (potenzielle) Gegenleistung, war sowohl bei den Polytheisten als auch bei den Juden ein Motiv für Beziehungen zum Übernatürlichen. Manchmal war die Beziehung aktiv: Ein Gläubiger suchte in einer konkreten Sache Rat oder Tat und bot im Gegenzug eine Belohnung an, und der Gott reagierte (oder auch nicht). Manchmal war die Beziehung nicht mit einem konkreten Anliegen verbunden: Der Gläubige brachte seine Verehrung für die Gottheit zum Ausdruck in der Hoffnung, dafür im Allgemeinen gut behandelt zu werden. Auch konnten Götter von sich aus in das Leben der Menschen eingreifen. Sie forderten sie zum Gottesdienst auf oder schickten ihnen Träume, Offenbarungen oder Orakel, um ihre Handlungen zu leiten. Auch in dieser Hinsicht glichen die Polytheisten den Juden.

Alle Übergangsstadien im Leben – Geburt, Hochzeit und Tod – waren mit Ritualen und Bräuchen verbunden. Dabei wurden Gebet und Opfer kombiniert. Oder wie Plinius der Ältere den Volksglauben zitiert: »ohne Gebet Opfertiere zu schlachten ... habe keine Wirkung«.[10] Dies spiegelt sich in der griechischen Bezeichnung für die Götter wider: *epekooi,* »die Erhörenden«.

Ein Gebet konnte auch von allgemeinem Nutzen sein:

Ewiger Herr [*dominus*]! Cascelia Elegans bittet dich, bei deiner Gnade, für sich und für alle ihre Angehörigen, weil du mit all diesen Geschöpfen Mitleid gehabt hast. Ich bitte dich, Ewiger, im Namen des Landes und der göttlichen See, im Namen all dessen, was du Gutes geschaffen hast, im Namen des Salzes und des heiligen Samens, für mich und die Meinen bitte ich dich, sei ihnen gnädig, im Namen deiner Pflichttreue, im Namen des lebendigen Gesetzes, im Namen der Geschöpfe, Ewiger, sei gut zu meinem Mitsklaven und meiner Tochter und zu meinem Herrn Primus und Celia, der Frau meines Patrons, Herr.[11]

Ein Gebet konnte ebenso eine materielle Handlung sein, wie in folgendem feierlichen Gelübde:

Des Körpers und der Seele grausige Schmerzen ertragen konnt' ich fast nicht mehr, so nah am Tode war ich oft gewesen. Doch weil ich, Tychikos, Rettung fand durch des Mars göttliche Liebe gab ich dies kleine Geschenk für seine große Fürsorge.[12]

Auch als Beschwörung konnte ein Gebet dienen. »Sogar auf die Wände schreibt man Gebete gegen Brände«, berichtet Plinius in seiner Enzyklopädie.[13]

Wie die jüdische Tradition kannte auch der Polytheismus Reinheitsgebote: Nahrungsmittel, die man nicht essen durfte, Formen des Geschlechtsverkehrs, die man nicht haben durfte, und bestimmte Kleidungsvorschriften. Diese Reinheit konnte wichtig sein, damit ein Ritual wirkte. Für Asklepios, den Gott der Heilkunst, war Reinheit besonders wichtig, wie die folgende Inschrift zeigt:

Auf Befehl des Herrn Aesculapius errichtet Lucius Numisius Vitalis, Sohn des Lucius, auf eigene Kosten dieses Podium. Jeder, der es betreten will, sollte sich drei Tage von Frauen, Schweinefleisch, Bohnen, Friseuren und öffentlichen Bädern fernhalten und die Balustrade nur ohne Schuhe betreten.[14]

Inkubationen (Übernachtungen an einem heiligen Ort, um einen Traum mit Anweisungen zu empfangen), Orakel und sogar Graffiti waren Formen der Anbetung. Plinius der Jüngere berichtet über das Heiligtum des Clitumnus bei Hispellum in Italien: »Denn Du wirst dort auch Studien machen können; an allen Pfeilern, allen Wänden wirst Du viele Weihinschriften lesen von mancherlei Volk, in denen die Quelle und der Gott gepriesen werden. Vieles wirst Du hübsch finden, manches belächeln, aber nein, Du bist ein gebildeter Mann und belächeln wirst Du nichts.«[15] Viele Inschriften berichten von einer Vision oder dem ausdrücklichen Gebot eines Gottes. So konnte etwa eine Person eine Gabe an Mars Augustus opfern, weil »der Gott selbst« es geboten hatte.[16] Gaius Clodius leistete einen Eid, nachdem ihm die Schicksalsgöttinnen erschienen waren.[17] Rogatianus hatte eine Vision des Merkur, befolgte die Instruktionen des Gottes und erlangte Gesundheit für sich und seine Familie.[18] Und in einem Fall bekam ein gewisser Januarius in einer Vision den Auftrag, einen Brunnen zu reparieren, was er brav erledigte.[19]

Menschen hatten ihre täglich angewandten Lieblingsmethoden, um Schaden abzuwenden. Dabei hatten die Massen durchaus viele Gewohnheiten mit der Elite gemeinsam, etwa mit Julius Caesar, der, nachdem er mit einem Wagen einen beinahe tödlichen Unfall erlitten hatte, immer eine Gebetsformel für eine sichere Reise dreimal wiederholte, bevor er sich in einen Wagen setzte – etwas, das, »wie wir wissen, heute noch die meisten tun«, wie Plinius der Ältere kommentiert.[20]

Opfer, Rituale und Feiertage waren folglich ein wichtiger Bestandteil des religiösen Lebens einer Gemeinschaft. Plutarch schließt einfache Leute mit ein, wenn er die Beteiligung einer Gemeinde an solchen Kulthandlungen beschreibt. Hierbei schildert er anschaulich, welche Befreiung von sozialem Druck eine große Feier ihnen ermöglichte. Feste gefielen allen.

Gewiss zeigt die Stimmung der großen und unwissenden, aber doch nicht völlig verdorbenen Masse in ihrem Verhältnis zu Gott neben aller Ehrfurcht auch eine gewisse aufregende Furcht … aber tausend Mal größer und stärker ist dabei die frohe Hoffnung und Zuversicht, die in jedem Erfolg einer guten Handlung eine Gabe sieht, die man von Gott gewünscht und empfangen hat. Dafür liegen die sprechendsten Zeugnisse vor. Denn nirgends verweilen wir lieber als in den Tempeln, keine Unterbrechungen des gewöhnlichen Lebens sind uns erfreulicher als die Festtage, keine Verrichtungen und Schaustellungen erwünschter als das, was wir selbst schauen und tun zur Ehre der Götter, sei es, dass wir Orgien feiern oder Chöre aufführen oder Opfer und Mysterien beiwohnen … Wo [die Seele] sich die Gottheit am meisten gegenwärtig denkt und vorstellt, da wirft sie am entschiedensten alles Leid, alle Furcht, alle Kümmernis von sich und überlässt sich der Freude bis zur Trunkenheit … Bei Festzügen und Opfern aber fühlen sich nicht nur »Greis und Greisin«, nicht nur der Arme und Geringe, sondern auch »die Magd mit dicken Waden, welche die Mühle treibt«, die Haussklaven und Tagelöhner von Lust und Freude erhoben.[21]

Die gemeinschaftliche religiöse Erfahrung half, die Ängste und Sorgen des Alltags zu mildern. Tempelbezirke wurden geputzt, Statuen gesäubert und gesalbt und mit den zu der Gottheit passenden Blumen oder Zweigen bekränzt. Der gesamte Tempelbezirk wurde mit Weihwasser besprizt.[22] Zu den heiligen Zeremonien gehörte oft eine Mahlzeit: »Küchen« und ähnliche Orte waren in Tempeln extrem häufig. Im Mithras-Kult gab es ein Kultmahl, das dem frühchristlichen Liebesmahl glich.[23] Tanz konnte ebenfalls zum Gottesdienst gehören. Lukian schreibt über die Tänze, »die sich bei der Feier von jedem der alten Mysterien finden, und die ein Orpheus, Musaios und andere große Tänzer des Altertums eingeführt haben, weil sie die Weihen durch die Verordnung zu verherrlichen glaubten, dass die neu zu Weihenden unter Rhythmus und Tanz in Mysterien aufgenommen wurden«.[24]

Feste waren besonders wichtig für die Bevölkerung und wurden mit Begeisterung und Frömmigkeit gefeiert. Das Fest der Artemis in Ephesos wurde beispielsweise mit einer großen Prozession von der Stadt zum Tempel begangen, der etwa eineinhalb Kilometer außerhalb der Stadt lag:

Alle jungen Frauen aus dem Ort mussten festlich gekleidet in dem Festzug marschieren und auch alle jungen Männer ... Eine große Menge
von Ephesern und Besuchern waren zu dem Fest gekommen ... Und so
zog der Festzug vorüber: zuerst die heiligen Gegenstände, die Fackeln,
die Körbe und der Weihrauch, dann Pferde, Hunde, Jagdausrüstung,
ein Teil für den Krieg, das meiste für den Frieden ... Und als der Festzug vorüber war, ging die ganze Menge zum Opfer in den Tempel ...[25]

In Ägypten waren die Feste zu Ehren des Gottes Sarapis sowohl durch
Anbetung als auch durch ausgelassenere Formen des Feierns gekennzeich-
net. Strabon berichtet, dass die Besucher des Tempels Heilung und Orakel suchten und fanden, fügt allerdings einigermaßen missbilligend hinzu:
»Alles wird jedoch in den Schatten gestellt von der Menge der Feiernden,
die aus Alexandria über den Kanal herabkommen: Ist doch jede Nacht
von ihr erfüllt, wobei die einen bei den Booten bei Flötenspiel ausgelassen
mit äußerster Zügellosigkeit tanzen (Männer wie Frauen) ...«[26] Tertullian
kritisiert solche Festlichkeiten aus seiner christlichen Perspektive, aber
vielleicht nicht völlig ungerechtfertigt, und liefert uns dadurch ein leb-
haftes Bild, wie Menschen sich daran machen, Räucherpfannen, Polster
und Kissen auf die Straßen herauszutragen, gassenweise zu schmausen,
»die ganze Stadt in eine Garküche zu verwandeln, den Straßendreck nach
Wein duften zu lassen, in hellen Haufen herumzulaufen zu Schabernack,
Schamlosigkeit und schändlicher Unzucht!«.[27] Auch die sehr ausführliche
Beschreibung des Festzugs zu Ehren der Isis in den *Metamorphosen* (auch
bekannt als *Der goldene Esel*) des Apuleius vermittelt ein deutliches Bild
davon, mit wie viel Begeisterung und massenhafter Teilnahme eine solche
Feierlichkeit verbunden war.[28]

Auf die Prozession und das öffentliche Opfer folgte in der Regel ein
festliches Mahl, bei dem das Fleisch der Opfertiere gegessen wurde. Viele
antike Autoren berichten von den Exzessen, die bei einigen dieser Feste
vorkamen. Diese Festmähler konnten manchmal mehrere Tage andauern.
Teilnehmer waren mal alle Bürger, mal auch die in der Stadt ansässigen Fremden oder eine hierarchisch getroffene Auswahl von Personen.
Frauen und Kinder waren in der Regel nicht mit von der Partie; wenn
doch, speisten sie gewöhnlich an anderen Tischen als die Männer. Neben
Spektakeln wie Theateraufführungen gehörten die Feste zu den wenigen

Anlässen, bei denen sich große Menschenmengen versammeln und sich als Gemeinschaft fühlen konnten. Als soziales Ereignis waren die Bankette für die Bevölkerung deshalb sowohl Ausdruck der sozialen Ordnung als auch Legitimation und Stütze dieser Ordnung. Die Kombination von religiösem Eifer, Gemeinschaftserlebnis und Gelegenheit zum Exzess bewirkte, dass die Feste während der gesamten Antike zentrale und populäre Ereignisse im Leben der Polytheisten waren.

Veranstaltet wurden diese extrem populären öffentlichen Festivitäten von der Oberschicht – es ist mir keines bekannt, das aus Steuermitteln finanziert worden wäre. In der Hand der Eliten lag die gesamte Organisation, Finanzierung und Durchführung. Ihr Einfluss war allgegenwärtig und beruhte auf ihrer herausragenden gesellschaftlichen Position. Dass sie Feste und andere gemeinschaftliche Aktivitäten finanzierten, war eine Bestätigung dieser führenden Stellung und entsprach den Erwartungen der breiten Bevölkerung. Fleisch, Brot und Wein bildeten auf den Festen die typische Verpflegung. Die meisten Teilnehmer konnten es sich im Alltag nicht leisten, viel Fleisch zu essen und exzessiv zu trinken; auf den Festen bekamen sie Gelegenheit dazu, und sie waren der Elite dankbar dafür. Doch die Feierlichkeiten beeinflussten auch das persönliche religiöse Leben der Teilnehmer, da sie jeweils mit einer bestimmten Gottheit verbunden waren und deren Wichtigkeit für private Gebete und Opfergaben bestätigten. Und all das wurde durch die Fürsorge der Eliten ermöglicht.

Dabei schickten die Mitglieder der Eliten weder aus eigenem Antrieb noch als Vertreter der Obrigkeit Priester oder Missionare aus. Zusammen mit der lokalen Priesterschaft (die in der Regel mit der Elite identisch war), versuchten sie vielmehr, die Bevölkerung durch diese Umzüge, Bankette und Almosen für sich zu gewinnen, übten jedoch niemals offenen Druck auf Einzelne aus, an den Festivitäten teilzunehmen. Dass sie die Verehrung der Götter organisierten, war also ein sichtbarer und überzeugender Beweis ihrer Wichtigkeit. Jeder grundsätzliche Wandel im Verhältnis der Menschen zum Polytheismus, der die Rolle der Eliten einschränkte, musste daher auf ihre Ablehnung stoßen; viel zu bedeutsam war die Legitimation ihres Führungsanspruches, die sie durch die religiösen Bräuche erfuhren.

Ich habe zwar erwähnt, dem Polytheismus habe es an einem übergeordneten moralischen Imperativ gemangelt, will diesem Punkt aber keine übertriebene Bedeutung beimessen. Die Menschen hatten aufgrund ihrer Traditionen und Gewohnheiten durchaus eine Richtschnur, an der sie ihre moralischen Einstellungen und Reaktionen ausrichten konnten. Zwar gab es keinen allumfassenden, etablierten Standard, auf den man sich beziehen konnte, dennoch löste man moralische Probleme im Alltag auf eine vergleichsweise einheitliche Art und Weise.

Fragt man, welche Art von Gerechtigkeit Jupiter/Zeus verlangte, und betrachtet man die obersten Götter als repräsentativ für den gesamten Götterhimmel des Polytheismus, so waren die Anforderungen im Großen und Ganzen dieselben wie die von Jahwe gestellten. Das bedeutet, moralisches Verhalten tauchte ständig als Anliegen der Götter auf. Es bestand kein Bund zwischen Menschen und Göttern, wie ihn Mose für die Israeliten vom Sinai mitbrachte, doch die Grunderwartungen waren auf einer rein moralischen Ebene recht ähnlich. Sie prägten die alltägliche Gedankenwelt, kamen in Fabeln und Sprichworten zum Ausdruck, in Weihegebeten, Opfergaben und in Inschriften. Diese Erwartungen waren also ein organischer Teil des Lebens. Soweit bekannt, verkündeten die Priester jedoch keine moralischen Lehren. Dies wurde zur Aufgabe der Philosophen, welche sich immer intensiver mit den moralischen Problemen im Leben der Menschen befassten.

Die einfachen Leute zweifelten nicht daran, dass übernatürliche Mächte sich rächten, wenn man sie respektlos behandelte. Als beleidigendes Verhalten galten moralische Verderbtheit oder das Versäumnis eines erforderlichen Rituals oder dessen fehlerhafte Durchführung. Die Götter reagierten besonders empfindlich auf Meineidige, im Allgemeinen wurde allerdings vor allem von ihnen erwartet, dass sie die Bösen bestraften. Diese Erwartung kommt in einer Inschrift auf einer Scherbe aus Ägypten klar zum Ausdruck:

> Claudius Silvanus und seine Brüder der Herrin Athene gegen Longinus Marcus. Da Longinus – gegen den wir dich oft um Hilfe gebeten haben, weil er uns nach dem Leben trachtete, obwohl wir, arm, wie wir sind, nichts Unrechtes taten – obwohl er nichts dadurch gewinnt, immer noch böse zu uns ist, bitten wir dich, Ge-

rechtigkeit zu üben. Auch Ammon haben wir bereits um Hilfe gebeten.[29]

Ebenso deutlich wird sie auf einem Bleitäfelchen aus Großbritannien:

Cenacus beschwert sich bei dem Gott Merkur über Vitalinus und seinen Sohn Natalinus wegen des gestohlenen Zugtiers. Er bittet den Gott Merkur, dass keiner von beiden gesund bleibe, wenn sie nicht sofort das gestohlene Tier bezahlen und dem Gott die Ergebenheit zeigen, die er selbst von ihnen fordert.[30]

Übernatürliche Mächte straften im irdischen Leben. Zwar spielt die Vorstellung von Belohnung und Strafe nach dem Tod in der Literatur der Elite eine gewisse Rolle, doch die Mehrheit der Menschen hatte wenig Sinn dafür, dass Verbrechen, die in diesem Leben begangen wurden, erst in einem anderen bestraft werden sollten. Dies bedeutet nicht, dass die Menschen keine Vorstellung von einem Leben nach dem Tod gehabt hätten. Tatsächlich glaubten zwar manche, dass mit dem Tod alles zu Ende sei, wie es ein Graffito aus Pompeji auf den Punkt bringt: »Wenn du tot bist, bist du nichts.«[31] Der Spruch »Ich war nicht, ich war, ich bin nicht mehr, das macht mir nichts aus« erscheint in vielen Inschriften.[32] Archäologische Funde und zahlreiche andere Inschriften beweisen jedoch eindeutig, dass sehr viele Menschen glaubten, dass ihre verstorbenen Angehörigen nicht nur im Gedächtnis, sondern auf eine nebulöse Weise auch an einem anderen Ort fortexistierten. Sie brachten regelmäßig Opfer, die auf eine Art von Weiterleben schließen lassen. Justin der Märtyrer weist darauf hin, dass die Polytheisten viele Methoden hatten, mit den Toten in Verbindung zu treten. Er erwähnt die Traumdeutung, die Beschwörung von Geistern, den Kontakt mit Besessenen, berühmte Orakel wie Delphi und die Erfahrungen und Ansichten verschiedener angesehener Autoren wie Empedokles, Pythagoras, Platon, Sokrates, Homer und anderen.[33] Wie auch immer die Existenz nach dem Tod jedoch aussah, sie war gewöhnlich nicht damit verbunden, dass man für Taten im irdischen Leben bestraft wurde.

Ging es um Erklärungen für unerwartete Ereignisse, wandte man sich in letzter Instanz an Fatum und Fortuna. Fatum stellte eine kosmische

9. Oft wurde ein Trankopfer für die Toten auf oder in das Grab gegossen. Hier wird dieses Opfer durch eine Öffnung und einen Deckel erleichtert.

Ordnung dar, eine Prädestination, welche die Ereignisse im Leben festlegte: Schicksal. Fortuna war für unvorhergesehene Ereignisse oder Wirkungen zuständig: Glück oder Pech. Sowohl Fatum als auch Fortuna mussten stets mitberücksichtigt werden, weil manchmal jenseits menschlicher Horizonte und Einflussmöglichkeiten unvorhergesehene Dinge geschahen. In solchen Fällen war jede sorgfältige Planung und Vorbereitung vergeblich, die Anrufung der üblichen übernatürlichen Mächte blieb fruchtlos, und magische Formeln zeigten keine Wirkung. Fatum und Fortuna vollzogen ihre Tätigkeit in der ultimativen Blackbox: Handlungen wurden durchgeführt und zeitigten Ergebnisse, aber wie die Handlungen zu diesen Ergebnissen führten, blieb völlig rätselhaft.

Die Philosophen hatten unterschiedliche Meinungen zum Konzept des Schicksals: Die Stoiker akzeptierten, dass es den Kosmos regierte, die Epikureer bestritten seine Macht und die Kyniker, die dem Schicksal möglichst wenig Angriffsfläche bieten wollten, reagierten auf alles, was Fortuna oder Fatum ihnen bescheren mochten, mit Gelassenheit. Die übrigen Menschen versuchten die Kontrolle über ihr Leben zu sichern, indem sie

Entscheidungen trafen und mit dem Übernatürlichen umgingen, aber sie beteten auch zu Fortuna, opferten ihr, versuchten vorherzusagen, womit sie oder Fatum sie konfrontieren würden. Absolute Sicherheit gab es jedoch nie, die zufälligen Ereignisse, die das menschliche Leben bestimmten, bedurften einer Erklärung, und die Menschen fanden sie in Gestalt von Fortuna und Fatum. Zu wissen, dass »das Schicksal es nun mal so verfügt hatte«, war vielleicht nur ein schwacher Trost, aber immerhin ein Trost, denn diese Erklärung basierte darauf, dass der Kosmos eine Ordnung hatte, selbst wenn die Menschen sie nicht erkennen konnten.

Zu Hause und in der Gemeinschaft konnten Erleuchtete eine wichtige Rolle im Leben der Menschen spielen. In den Städten kamen und gingen wandernde heilige Männer (oder Betrüger), wirkten Wunder (oder täuschten sie vor) und predigten. Exorzismen waren besonders beliebt. Xenophon von Ephesos erzählt eine Geschichte von einem Wahrsager und einem Priester, die gebeten werden, einem Mädchen einen bösen Geist auszutreiben. Apuleius lässt in seinem Roman *Der goldene Esel*, einem Buch voller Magie und Wunder, den ägyptischen Wundertäter Zachlas einen Toten wieder zum Leben erwecken. In einem anderen Fall reisen die Priester einer syrischen Gottheit durch das Land, geben vor, sie wären erleuchtet und lassen sich von Leichtgläubigen beschenken. Der Pythagoreer Apollonios von Tyana arbeitete in den letzten Jahren des 1. Jahrhunderts n. Chr. in Kleinasien als Prediger und Wundertäter. Sein Schüler Alexander von Abonuteichos trat, wie schon einmal erwähnt, mit Hilfe der angeblich Wunder wirkenden Schlange Glykon in seine Fußstapfen und gründete einen Glykon-Kult.

Auch die Philosophen spielten im Polytheismus eine besondere Rolle. Dies mag zunächst nicht einleuchten, da die frühesten Philosophen zu ergründen versuchten, wie die Welt ohne einen lenkenden »Geist«, ohne übernatürliches Eingreifen funktionierte. Im 6. Jahrhundert v. Chr. fand Anaximander mechanische, nicht übernatürliche Erklärungen für Phänomene wie Sonnenfinsternis und Blitz. Anaximenes suchte die dem Kosmos zugrunde liegende Ordnung darin, dass die vier Elemente Luft, Erde, Feuer und Wasser auf verschiedene Arten interagierten, und Empedokles entwickelte diese Theorie der vier Elemente bis in kanonische Höhen fort. Demokrit setzte noch eins drauf, indem er die Atome als Grundstoff des Universums postulierte: Aus zufälligen Zusammenstößen der

10. Die Schicksalsgöttinnen waren äußerst involviert im Leben der Polytheisten. Eine spann den Lebensfaden, eine maß ihn und eine schnitt ihn ab.

Atome in dem sie umgebenden leeren Raum entstand laut ihm die sichtbare Welt. Dann jedoch begann diese erklärende Wissenschaft eine erweiterte Untersuchung in den Blick zu nehmen, die nicht mehr nur die Mechanik des Kosmos, sondern auch die der Menschen, der menschlichen Handlungen, des Lebens und des Todes verstehen wollte.

Im frühen 5. Jahrhundert v. Chr. wandte Parmenides das neue wissenschaftliche Denken als Erster auf menschliches Handeln an. Später im selben Jahrhundert befasste sich Platons Lehrer Sokrates ausschließlich mit dem Wesen der menschlichen Existenz. Er versuchte zu ergründen, was ein gutes, durch Vortrefflichkeit oder »Tugend« gekennzeichnetes Leben ausmachen könnte. Sokrates räumte ein, dass er nicht über einen magischen Schlüssel zum menschlichen Kosmos verfügte, wie ihn die Physik der Vorsokratiker für den materiellen Kosmos angeboten hatte. Er konzentrierte sich deshalb auf Untersuchungen mittels der dialektischen Methode, mit denen er zu wahrscheinlichen, nicht jedoch zu sicheren Ergebnissen gelangte. Bei Platon wurde die sokratische Dialektik zur Grundlage für die Untersuchung der menschlichen Welt der Moral und Vortrefflichkeit. Die Natur hatte laut Platon die Bestimmung, das Gute zu verkörpern. Er postulierte in *Timaios* einen Schöpfergott, der auf der idealen Ebene einen geordneten und guten Kosmos erschaffen hatte. Verstand und Vernunft waren die Mittel zum Verständnis und deshalb wenigstens potenziell in der Lage, die Menschen zum guten Handeln und Sein zu führen.

Für die gesamte antike Philosophie blieb die Vernunft der finale Prüfstein. Bei den vorsokratischen Philosophen hatte dies dazu geführt, dass sie sich von den traditionellen Vorstellungen des Übernatürlichen abwandten – Xenokrates zum Beispiel hatte die anthropomorphen homerischen Götter angegriffen. Danach jedoch führte das Bestreben, die menschlichen Handlungen zu verstehen, zu der Annahme, dass es eine Art wissender übernatürlicher Macht geben müsse, die die Menschen anleitete oder wenigstens dazu inspirierte, nach dem, wie auch immer definierten, Guten zu streben. Die philosophischen Denker des 4. Jahrhunderts v. Chr. versuchten, sowohl die materielle als auch die menschliche Welt zu verstehen. Ab dem 3. Jahrhundert jedoch übernahmen die Philosophen häufig schlicht und einfach die Physik ihrer Vorgänger und konzentrierten sich auf die Moralphilosophie oder darauf, was es bedeutete, ein gutes Leben zu führen. Die Antworten darauf fielen sehr unterschiedlich aus, aber alle Denker der Hauptströmungen – Platonismus, Stoizismus, Epikureismus – versuchten auf die ein oder andere Weise zu entschlüsseln, was Wahrheit war, und auf diesem Wege, wie das menschliche Verstehen funktionierte, denn darin sahen sie den Schlüssel zum guten Leben.

Genau dieses übergreifende moralische Denken war es, das dem Polytheismus in all seinen vielfältigen Erscheinungsformen fehlte. Einige Philosophen, insbesondere die Epikureer, hatten in ihrem Denken wenig Verwendung für die traditionellen Gottheiten. Andere jedoch machten mit der religiösen Tradition ihren Frieden. Auf der anderen Seite konnten die Polytheisten, da sie wie eine Art Schwamm alles aufsaugten, von der Philosophie moralische Grundsätze übernehmen, ohne auf ihre Opfer und Feste und Ähnliches zu verzichten.

Dabei hatten die Philosophen im Grunde kaum Berührungspunkte mit der breiten Öffentlichkeit. Alle Schulen der antiken Philosophie ab Platon sind von der Verachtung der Elite für den einfachen Mann durchdrungen. Nur Epikur und dem Epikureismus wird manchmal eine gewisse Anziehungskraft für einfache Leute nachgesagt. Bei näherer Betrachtung des antiken Quellenmaterials erweist sich jedoch sogar diese Annahme als falsch. Epikur selbst sagte: »Ich habe mich niemals bemüht, den Leuten zu gefallen. Denn was jenen gefiel, habe ich nicht gelernt, und was ich mir angeeignet habe, das lag weit ab vom Begreifen der Leute.«[34] Die große Anhängerschaft Epikurs ist ein Mythos, der fast ausschließlich auf einem einzigen Cicero-Zitat beruht.[35] Lukrez, der große Vermittler des Epikureismus, wies denn auch darauf hin, dass »die kleinen Leute [vor seinen Lehren] zurückschrecken«.[36]

Dennoch sickerte das philosophische Gedankentum auf verschiedenen Wegen in das Leben der breiten Bevölkerung ein. Straßenhändler, Redner und Unterhalter verkündeten im öffentlichen Raum auf – dem Forum, an Straßenecken und im Bereich der Stadttore – die unterschiedlichsten Botschaften. Paulus verkündete die seine auf dem Marktplatz.[37] Kyniker beschimpften Passanten. Astrologen, magische Heiler und Wahrsager verkauften ihre Dienste. In den überdachten Säulengängen der zentralen Plätze konnte man vor den Elementen geschützt miteinander reden. Tatsächlich hatten die Stoiker ihren Namen von dem Ort, wo ihr Gründer Zenon zuerst gelehrt hatte: der Stoa Poikile (bemalte Säulenhalle) auf dem Marktplatz von Athen. Andere, die eine Botschaft verkünden wollten, suchten sich einen Saal und hielten Vorträge: Paulus mietete den Hörsaal des Tyrannos, nachdem seine Botschaft die Besucher der Synagoge in Korinth empört hatte.[38] Privathäuser dienten ebenfalls als Versammlungsorte. Spätestens seit Platon hatten auch Philosophen dort gelehrt, und bei einer anderen Gelegenheit in Korinth verlegte Paulus seine Predigten in das Haus des Titius Justus, weil man ein weiteres Mal in der Synagoge feindselig auf seine Botschaft reagiert hatte.[39] Reisende Prediger überredeten Bürger, sie in ihre Häuser einzuladen, und verkündeten dort ihre Weisheiten – in der männlich dominierten Literatur heißt es regelmäßig, Frauen seien für solche Vorträge besonders anfällig gewesen.

In Ostia bietet die Taverne der Sieben Weisen erstaunliche, und erstaunlich humorvolle, Einblicke in die Vermischung des Prosaischen und des Philosophischen. Von Wandgemälden aus blicken die Weisen, durch parodistische Anspielungen auf ihre Weisheit identifizierbar, auf die Toilettenlöcher hinab. Das Bild Chilons von Sparta ist beispielsweise mit dem Kommentar versehen: »Der schlaue Chilon lehrte, wie man geräuschlos furzt.« Darunter sind Männer, die ihren Darm entleeren, gemalt. Der Witz wäre ohne das Zusammenspiel populärer und elitärer Traditionen über die Sieben Weisen unverständlich gewesen.

Die Philosophen nutzten extensiv Material aus der Volkskultur – Fabeln, Sinnsprüche, Geschichten von Ereignissen –, um ihre Argumentation zu belegen und zu untermauern. Sowohl die frühen als auch spätere Philosophen wie Seneca, Plutarch und Maximus von Tyros verwendeten Beispiele und Sprichwörter, die oft sehr bekannt waren. Dies lässt vermuten, dass sie mit der Volkskultur ihres Umfelds vertraut waren und dass ein Teil des Wissens und der Bräuche dieser Kultur für alle Ebenen der Gesellschaft relevant war. Es kann kaum anders gewesen sein. Die Behandlung rein imaginärer oder kulturell nicht vorstellbarer Probleme wäre lächerlich gewesen. Tatsächlich sagt Aristoteles in der *Nikomachischen Ethik* ausdrücklich, dass er seine Diskussion grundlegender ethischer Ideen wie Unbeherrschtheit im Gegensatz zu Selbstbeherrschung und Wehleidigkeit im Gegensatz zu Standhaftigkeit mit einer Bewertung der öffentlichen Meinung über diese Ideen beginne.[40]

Bis zum 1. Jahrhundert v. Chr. war zwischen dem moralischen Denken der Philosophen und den traditionellen polytheistischen Gewohnheiten ein symbiotisches Bündnis entstanden – vielleicht ausgeprägter bei der gebildeten Elite, doch die Philosophie als Lebensart hatte auch immer mehr Einfluss auf den Rest der Bevölkerung. Ein Aspekt muss besonders hervorgehoben werden. Seit dem 1. Jahrhundert v. Chr. betonte die Philosophie zunehmend die Wichtigkeit der Äußerungen und Lehren ihrer Gründer und verfolgte seltener weitere unabhängige Untersuchungen der traditionellen philosophischen Art. Zahlreiche Biografien berühmter Philosophen wurden verfasst; ein heute noch erhaltenes Beispiel aus dem 3. Jahrhundert n. Chr. ist *Über Leben und Lehren berühmter Philosophen* von Diogenes Laertios. Als es an der Zeit war, eine »Biografie« über Jesus von Nazareth zu schreiben, war das Genre »Das Leben eines Philosophen« das naheliegende Vorbild. Wie bei einem Philosophen wurde die Lehre Jesu in Geschichten und plakativen Sprüchen wiedergegeben, die in einem nicht-chronologischen Rahmen moralische Vorstellungen und Tugenden illustrierten und Bezüge auf Herkunft, Jugend, Bildung, Tod und Begräbnis enthielten. Ein Polytheist, der ein Evangelium hörte oder vorgelesen bekam, hätte sofort an die Philosophen und ihre Art zu lehren gedacht.

Die Spekulation über das richtige Leben brachte die berühmtesten öffentlichen Philosophen der Antike hervor: die Kyniker. Die typischen Methoden der Kyniker, die man so nannte, weil sie wie Hunde *(kynes)* Passanten ankläfften, waren konfrontative Äußerungen und scharfe Wortgefechte mit ihren Gesprächspartnern. Sie hielten keine langen logischen Reden oder Vorträge vor Versammlungen, wie es viele Philosophen taten, sondern lehrten an jedem verfügbaren Ort und befürworteten rückhaltlos ein gegenkulturelles einfaches Leben. Ihre Spezialität bestand darin, die grundlegenden Annahmen und Gewohnheiten sowohl der Elite als auch der kleinen Leute ad absurdum zu führen. Oft waren sie an ihrem Erscheinungsbild zu erkennen. Mit ungepflegtem Bart, in einen schlichten Umhang oder in Lumpen gehüllt, nur mit einem Stab und einem Beutel ausgerüstet, saßen sie auf den Stufen eines Tempels oder standen an einer Straßenecke und verkündeten schreiend ihre Botschaft. Allein schon das Theatralische an ihrem Auftreten weckte die Aufmerksamkeit arrivierter Autoren wie Lukian oder Martial. Martial zum Beispiel schreibt über einen Kyniker:

> Den Alten da, den du, Cosmus, oft im Heiligtum unserer Pallas und im Inneren des neuen Tempels siehst mit Stock und Beutel, dem grau und wirr die Haare zu Berge stehen, dem auf die Brust ein schmutziger Bart fällt, den ein vergilbter Mantel, die ›Braut‹ seiner nackten Pritsche, bedeckt und dem die vorbeiströmende Menge Brot reicht, um das er sie anbellt – den hältst du, hereingefallen auf die Erscheinung, die er vortäuscht, für einen Kyniker. Doch Kyniker ist er nicht, Cosmus. Was dann? Ein Hund.[41]

Der vermutlich berühmteste Kyniker war Diogenes von Sinope aus dem 4. Jahrhundert v. Chr. Er und diejenigen, die ihm im Laufe der Jahrhunderte nachfolgten, sahen sich nicht als Personen, die ein geistiges Ziel

verfolgten, sondern als Befürworter einer auch von ihnen selbst praktizierten Lebensweise. Sie wollten »in Übereinstimmung mit der Natur«
leben und lehnten alle »unnatürlichen« Beschränkungen ab, denen sie
seitens Kultur und Gesellschaft unterworfen wurden. Traditionell akzeptable Werte in Bezug auf Ruhm, Reichtum, Macht und Sexualität waren
ihrer Ansicht nach irrelevant und versperrten den Zugang zum wahren
Leben. Diogenes bediente sich unorthodoxer Methoden, um die Leute so
zu schockieren, dass sie ihre falschen Werte aufgaben. Er wollte sie auf
die Unstimmigkeiten des zivilisierten Lebens im Vergleich zum idealen,
dem »natürlichen Leben« aufmerksam machen. Die Kyniker predigten,
wanderten umher und bettelten, um ihren Lebensunterhalt zu bestreiten.

Es ist möglich (wenn auch nicht eindeutig beweisbar), dass die Kyniker im Trubel der städischen Foren und Plätze des Reiches eine häufige
Erscheinung waren. Wie viele es gab, hängt davon ab, wie wir die Quellen interpretieren. Lukian, ein geradezu hysterischer Gegner der Kyniker,
vermittelt den Eindruck, sie seien, wenigstens im östlichen Mittelmeerraum, in sämtlichen Dörfern und Städten vertreten gewesen. Dion Chrysostomos erweckt in Bezug auf das ägyptische Alexandria den gleichen
Eindruck und gibt eine unvorteilhafte Beschreibung der dortigen Kyniker, »die im Grunde nichts wissen und nur auf Broterwerb aus sind«. Sie

> sammeln an den Straßenecken in den Winkelgässchen und in den Tem-
> pelvorhallen allerlei unreife Knaben und Seeleute und dergleichen Ge-
> sindel um sich und haben sie zum besten, indem sie ihnen schlechte
> Witze, Possen aller Art und die bekannten trivialen Repliken aufti-
> schen. So stiften sie in keiner Weise Gutes, wohl aber möglichst viel
> Böses; denn sie gewöhnen urteilslose Menschen daran, die Philosophen
> zu verlachen, als ob einer Knaben anhielte, ihre Lehrer zu missachten,
> und statt ihren Mutwillen auszurotten, ziehen sie ihn noch groß.[42]

Dennoch ist heute schwer zu sagen, wie viele Menschen wirklich den Tiraden der Kyniker ausgesetzt waren. Auch ist nicht klar, wie viele Anhänger der Kynismus tatsächlich hatte. Einige Wissenschaftler sprechen von
einer Massenbewegung und gehen davon aus, dass fast jeder die Sprüche von Diogenes kannte. Es gibt jedoch wenig Hinweise auf eine positive Reaktion der unteren Schichten. Schließlich erklärten die Kyniker

Armut, Ablehnung von Besitz und ein möglichst einfaches Leben dank der Großzügigkeit anderer zu einem hohen Gut. Bekannte Kyniker waren reiche Männer, die, freiwillig oder unfreiwillig, arm wurden. Die meisten Menschen, die von Haus aus mehr oder weniger arm waren, dürften über eine solche geradezu romantische Sicht der Armut sicher verblüfft gewesen sein. Ihre wichtigsten Ziele im Leben waren erstens, überhaupt erst einmal am Leben zu bleiben, und zweitens, es zu Wohlstand zu bringen. Außerdem hätten die meisten von ihnen das Netzwerk und die Unterstützung verloren, die sie zum Überleben brauchten, wenn sie sich von Familie und Gemeinschaft abgewandt hätten. Indem die Kyniker gegen Aspekte des religiösen Lebens wie Gebete, Traumdeutungen, Reinigungsrituale und Mysterienkulte wetterten, machten sie sich also nicht gerade beliebt. Ihre Betonung der Selbstgenügsamkeit und ihre Aufforderung, die Fesseln der Gesellschaft zu sprengen und mögliche Schicksalsschläge durch Distanz zur Welt zu vermeiden, waren vermutlich auch nicht sehr attraktiv, weil dies alles in einem traditionellen Sinn recht antireligiös war. Die Leute hielten sie wohl eher für Betrüger (wie es auch viele Vertreter der Elite wie Seneca, Petronius und Martial taten)[43] oder für Narren, und nicht für nachahmenswerte Vorbilder. Möglich, dass sie bei manchen Menschen gut ankamen, doch ihre extreme Gesellschaftskritik und ihr karges Leben können für die Mehrheit bestimmt nicht anziehend gewesen sein. Zumindest gibt es keinen Hinweis darauf, dass dem so war, wenn man einmal davon absieht, dass ein schreiender Philosoph an der Straßenecke durchaus Neugier auslösen konnte.

Die Kyniker standen für das Extrem eines generellen Wandels in der Philosophie, der darin bestand, dass Nachdenken über die Verbesserung des Lebens in den Vordergrund zu rücken. Diese Entwicklung profitierte davon, dass der Polytheismus in seiner Beziehung zum Übernatürlichen nicht über eine Theologie des moralischen Handelns verfügte. Zwar hatten die einzelnen Kulte und Traditionen ein moralisches Element: Ideen von richtig und falsch hinsichtlich der Interaktion zwischen Menschen und deren Interaktion mit dem Übernatürlichen, doch insgesamt fehlte es dem Polytheismus an einer moralischen Vision. Was die Menschen von den Göttern verlangten, und was die Götter an moralischem Handeln von den Menschen erwarteten, besaß einige allgemeine, gemeinsame Qualitäten, war aber veränderlich und oft nebulös. Der moralische Ansatz der Kyniker und die Tatsache, dass ihr Gründer Antisthenes glaubte, dass es nicht viele Götter, sondern nur einen Gott gebe, warf auf spektakuläre und sehr öffentliche Weise die Möglichkeit auf, innerhalb des Polytheismus über eine moralische Vision nachzudenken. Obwohl die Kyniker scharfe Kritik an den traditionellen Gottheiten übten, boten gerade ihre Methoden einen Hinweis darauf, wie man klare und allgemeine moralische Prinzipien in die Vielfalt der polytheistischen Erfahrungen integrieren konnte.

Man hat die Kyniker mit den charismatischen Predigern der jüdischen Tradition verglichen und viel Arbeit in die Suche nach Parallelen zwischen ihren Sprüchen und Gewohnheiten einerseits und dem Material der Qumran-Rollen und der Jesus-Tradition andererseits investiert. Es trifft zu, dass die Kyniker, wenn sie die Menschen lautstark und öffentlich dafür tadelten, wie sie ihr Leben führten, eine gewisse Ähnlichkeit mit den Propheten hatten. Einige Propheten waren zweifellos ebenfalls auf der Wanderschaft und lebten in Armut (ohne aber ein solches Leben prinzipiell zu empfehlen), auch sie kritisierten soziale Normen (allerdings, um die Menschen zu einem früheren guten Zustand zurückzuführen, und nicht, um sie zu einer radikalen Veränderung anzuspornen) und propagierten einen einzigen Gott. Ihre öffentlichen Moralpredigten erreichten ein ähnliches oratorisches Niveau wie die Darbietungen der Kyniker. Aber ihre prophetischen Äußerungen gingen in eine ganz andere Richtung. Ähnlichkeiten in Ausdruck und Thema sind vielleicht gegeben, doch die Ziele waren verschieden. Die Annahme, dass die jüdischen Traditionen, wie sie in der prophetischen Literatur, in den Qumran-Rollen und im Leben Jesu zum Ausdruck kommen, kynisch seien, beruht auf einer Fehlinterpretation der Botschaften und der Botschafter beider Traditionen.

Bei den Polytheisten bestand die Tendenz, die Teilnahme an den kollektiven Riten einer Gemeinschaft von den privaten Riten zu trennen, bei denen Einzelne auch anderen Göttern huldigten, obwohl die Trennlinie hier vermutlich nicht allzu scharf war. Das am weitesten verbreitete Phänomen dieser privaten religiösen Praxis waren die Mysterienkulte und die neuen Religionen, die im Nahen Osten entstanden, etwa die des Jupiter Dolichenus, der Isis, des Mithras und des Christentums. Dieser Umgang mit dem Übernatürlichen war auf Erfahrungen des Einzelnen in einem

Setting konzentriert, das nicht an seine traditionelle lokale Gemeinschaft gebunden war. In diesem Rahmen waren die Erfahrungen oft sehr emotional. Aelius Aristides, ein Verehrer des Asklepios, verglich seine persönliche Erfahrung mit der eines Mitglieds eines Mysterienkults:

> Denn da war das Gefühl, als ob man ihn [den Gott Asklepios] berühre, und die eindeutige Wahrnehmung, dass er selbst gekommen war, das Gefühl zwischen Wachen und Schlafen zu schweben, sehen zu wollen und dagegen anzukämpfen, dass er zu schnell wieder ging, das Gefühl, dass man seine Ohren gebrauchte und etwas hörte, manches wie in einem Traum und manches wie im Wachzustand; die Haare standen zu Berge, Freudentränen flossen; die Last des Verstehens erschien leicht. Welcher Mann wäre fähig, diese Dinge in Worte zu fassen? Doch wenn er zu denen gehört, die eine Initiation durchgemacht haben, kennt er sie und ist mit ihnen vertraut.[44]

Viele Mitglieder der Eliten schlossen sich derartigen Kulten an, deren bekanntester die Mysterien von Eleusis in Attika waren, aber nur wenige waren vor dem Höhepunkt der Kaiserzeit Anhänger persönlicher Religionen. Der erste römische Senator, von dem man weiß, dass er Christ war, lebte erst Mitte des 3. Jahrhunderts. Die Eliten waren an die Gemeinschaftskulte gebunden, die sie selbst führten und die ihre Stellung in der Gesellschaft stabilisierten. Die einfachen Leute waren dagegen freier, was die neuen Vorstellungen vom Übernatürlichen und den Umgang mit ihm betraf. Sie konnten, wenigstens theoretisch, weiterhin an den Kulten ihrer Gemeinschaft teilnehmen und dennoch die Befriedigung suchen, die ihnen der Kult der Isis oder eine andere neue Religion bieten mochte.

Dass die einfachen Leute für neue Kontakte mit dem Übernatürlichen offen waren, muss jedoch nicht unbedingt heißen, dass sie sich nach religiösen Veränderungen sehnten. Die Idee, dass eine allgemeine Angst dazu geführt hätte, neue Religionen, und insbesondere das Christentum, anzunehmen, beruht auf einem apologetischen Geschichtsverständnis, das begründen will, warum das Christentum »gewann«. Die Quellen, wie etwa Inschriften, liefern allerdings keinen Hinweis darauf, dass es bei den religiösen Gefühlen der Leute irgendeine massive Verlagerung gegeben hätte oder dass eine abstrakte Sehnsucht nach einem besseren spirituellen Le-

11. Viele einfache Leute verehrten Zeus Hypsistos (Zeus den Allerhöchsten). Sein Kult war besonders in Kleinasien populär. Diese Stele aus Panormos im Nordwesten Kleinasiens zeigt eine Versammlung der Götter beim Feiern.

ben aufgetaucht wäre, von einer Unzufriedenheit mit den aktuellen Göttern ganz zu schweigen. Die neuen Religionen hatten zwar alternative Modelle im Angebot – andere Arten von Gemeinschaft und andere Interpretationen, welche übernatürlichen Mächte wirksam waren –, doch sie befriedigten die gleichen Bedürfnisse, die seit jeher befriedigt worden waren. Manchen Menschen jedoch scheinen die neuen Möglichkeiten mehr entsprochen zu haben.

Das Gemeinschaftserlebnis außerhalb der gewohnten Umgebung und außerhalb der traditionellen Gottesdienste war bei vielen neuen Ansätzen ein wichtiges Element. Von der griechischen Tragödie über die römische Erfahrung mit neuen Kulten im 2. Jahrhundert v. Chr. bis zu den zahlreichen Mysterienkulten war die Verbindung durch eine gemeinsame religiöse Erfahrung außerhalb der bürgerlichen und familiären Kulte für viele Menschen attraktiv. In Ägypten traf sich im 1. Jahrhundert v. Chr. eine Gruppe, die Zeus Hypsistos (Zeus den Allerhöchsten) verehrte. Auf einem Papyrus hat man die Statuten dieses Kultvereins gefunden. Sie sind ein interessantes Beispiel dafür, wie sich eine neue Gemeinschaft zusammenfand. Für ein Jahr wurde ein Vorsitzender bestimmt; er war für die Organisation der monatlichen Zusammenkünfte samt den großzügig konsumierten Getränken zuständig. »In Angelegenheiten, welche die Mitglieder betreffen, müssen alle dem Vorsitzenden und seinem Assistenten gehorchen, und sie müssen an all den Anlässen und Versammlungen und Ausflügen teilnehmen, zu denen sie verpflichtet werden.« Bei jeder Zusammenkunft brachte der Verein ein Trankopfer dar und betete für den König von Ägypten. Anschließend wurde aus dem Treffen ein geselliges Beisammensein. In den Statuten wurde mit flegelhaftem Benehmen gerechnet und ihm vorzubeugen versucht: »Niemand darf bei dem Trinkfest [sic!] Fragen nach der Herkunft eines anderen Mitglieds stellen oder ihm seine Verachtung zeigen oder über es Klatsch verbreiten oder Beschuldigungen gegen es erheben oder ihm Vorwürfe machen oder ihm die Teilnahme für das [laufende] Jahr verweigern oder irgendetwas tun, was die gewohnten Trinkfeste stört …«[45] Bestimmt gab es auch Statuten über die Werbung von Mitgliedern und die Zahlung des Mitgliedsbeitrags. Das hier angedeutete Problem, dass sich Fraktionen bilden könnten, die Spannungen verursachen, erinnert an Probleme, die Paulus mit der christlichen Gemeinde in Korinth hatte.[46]

Der Kult und die Vereine, die sich im Zusammenhang mit Zeus Hypsistos bildeten, beweisen, dass man dem religiösen Leben außerhalb von Familie und traditioneller Gemeinschaft große Aufmerksamkeit schenken sollte. Die Quellen über Hypsistos sind größtenteils epigrafisch. Der Kult trat im letzten Jahrhundert v. Chr. erstmals in Erscheinung und war in den ersten nachchristlichen Jahrhunderten im Ostteil des Römischen Reichs weit verbreitet. Seine Anhänger, die nicht aus der obersten Gesellschaftsschicht stammten, verehrten mit dem »Allerhöchsten« (Hypsistos) einen einzigen Gott; andere grundlegende Überzeugungen sind jedoch unbekannt. Nur wenige Einzelheiten sind überliefert, etwa bestimmte Opferpraktiken und dass sie bei Sonnenaufgang beteten. Die Vermutung liegt nahe, diese Verehrer eines Gottes mit einer Art polytheistischen Anpassung an den Umgang des jüdischen Volkes mit dem Übernatürlichen in Verbindung zu bringen, doch das wäre vorschnell. Inschriften aus dem Nahen Osten deuten darauf hin, dass sich die Volksreligionen vieler Kulturen, einschließlich der jüdischen, seit dem 4. Jahrhundert v. Chr. in eine monotheistische Richtung bewegten. Dennoch scheint es oft eine enge Verbindung zwischen den Verehrern des Hypsistos und den jüdischen Gemeinden in ihrem Gebiet gegeben zu haben, womöglich, weil sie ein nahöstliches religiöses Erbe miteinander teilten.

Jenseits des Nahen Ostens war der Henotheismus (die Verehrung eines höchsten Gottes, ohne die Existenz anderer Götter zu leugnen) ein Gegenstand, über den in der Philosophie ausführlich spekuliert wurde. Philosophen lehrten in Sälen und Theatern, und zwar bestimmt nicht nur vor Mitgliedern der Elite. Apuleius fragte in einer Rede: »›Welche Art der Unterhaltung wird das Theater bieten?‹ Ist es eine Farce, wirst du lachen; bei einem Seiltänzer wirst du zittern, weil er fallen könnte; einem Komödianten wirst du applaudieren, doch von einem Philosophen wirst du lernen.«[47]

Auch die Kyniker predigten in der Öffentlichkeit. Unter anderem auf diese Weise sickerten die philosophischen Ideen über den Henotheismus zu den einfachen Leuten durch und taten ihre Wirkung. Der Kult oder die Kulte des Hypsistos (es gibt keinen Hinweis darauf, dass die Vereine, die sich diesem Gott widmeten, miteinander in Verbindung standen oder eine feste gemeinsame Theologie hatten) bleiben trotz allem rätselhaft. Allein die Existenz des Kults in der breiten Bevölkerung ist jedoch ein bemerkenswerter Beweis für die Wichtigkeit einer religiösen Erfahrung, die in den von der Elite geprägten Quellen nur randständig erwähnt wird – hierin ähnelt er dem Christentum.

Einige polytheistische Kultvereine waren, wie der des Hypsistos, offenkundig auf einen Gott fokussiert. Ein weiteres gutes Beispiel dafür ist der Kultverein des Dionysos in Philadelphia (Kleinasien). Man versammelte sich, um den Gott zu verehren. Die Mitglieder mussten ein hohes Maß an moralischer und ritueller Reinheit ausweisen. Wer dagegen verstieß, zog den Zorn des Gottes auf sich: »Die Götter werden denen gnädig sein, die gehorchen, und sie werden ihnen stets all die guten Dinge geben, die Götter denen geben, die sie lieben. Wer jedoch nicht gehorchen sollte, ist ihnen verhasst, und sie werden ihn schwer bestrafen.«[48] Der Verein nahm Männer und Frauen, Sklaven und Freie auf und versammelte sich im Haus seines Förderers.

Die christlichen Vereinigungen – ihre Gemeinden (*ekklesiai,* »Kirchen«) – verbanden die gleichen Funktionen und Aktivitäten wie die polytheistischen. Jakobus tadelt in einem seiner Briefe einige Gemeindemitglieder, die sich zu sehr wie die Mitglieder eines polytheistischen Vereins verhielten. Sie verreisten, um ihren Geschäften nachzugehen, und verdienten lieber Geld, als sich um ihre unsterblichen Seelen zu kümmern.[49] Plinius der Jüngere setzte die christlichen Gemeinden offenbar sogar mit den polytheistischen Vereinen gleich. Ihr Liebesmahl erschien ihm typisch für die Versammlungen, die bei den römischen Autoritäten nicht gern gesehen waren. Als den von ihm kritisierten Christen dies bewusst wurde, hörten sie sofort auf, sich für das Mahl zu treffen.[50] Auch Tertullian ging in der zweiten Hälfte des 2. Jahrhunderts n. Chr. davon aus, dass die christlichen Versammlungen den Zusammenkünften der Polytheisten entsprachen. Er schrieb: »Demgemäß hätte man auch nicht diese Genossenschaft etwas milder beurteilen und nicht zu den unerlaubten Vereinigungen rechnen sollen, da sie nichts von dem begeht, wogegen man durch das Verbot von Verbindungen Vorsorge trifft.«[51] Ein Polytheist hätte eine christliche Versammlung also sofort für einen der Vereine gehalten, die er schon kannte.

Neben religiösen Zweck führten auch weltlichere Beweggründen dazu, dass sich Menschen in Gruppen zusammenschlossen, so gab es etwa Handelsgilden oder Bestattungsvereine. Auch diese Gruppen verfügten über eine religiöse Komponente, doch stand sie bei ihnen nicht im Fokus. Vielmehr boten sie den Menschen eine Gelegenheit, sich außerhalb der Familie in einem geselligen Rahmen (Mahlzeiten waren immer ein wichtiges Element) zu vernetzen, um so den gemeinsamen Interessen zu dienen.

Alle diese Vereine wurden, gleichgültig ob sie religiös oder säkular waren, von den römischen Behörden als potenzielle Bedrohung angesehen, weil sie jederzeit politisch werden und den politischen Status quo infrage stellen konnten. Die Behörden hatten weder die Mittel noch die Neigung, alle Gruppen zu untersuchen und danach zu entscheiden, ob sie gefährlich waren oder nicht. Sie gingen einfach davon aus, dass Leute, die sich versammelten, Probleme verursachen konnten. Aus dem Quellenmaterial geht hervor, dass es trotz dieser, von den höchsten kaiserlichen Organen bis hinunter zu den lokalen Behörden reichenden, negativen Einstellung im gesamten Reich und zu jeder Zeit sowohl säkulare als auch religiöse Vereine gab. Die Behörden verhielten sich dabei durchaus widersprüchlich. So wurden etwa die Bestattungsvereine der Polytheisten oder die Synagogen der Juden offiziell genehmigt, während eine allem Anschein nach harmlose Feuerwehr in einer Stadt in Kleinasien verboten wurde. Angesichts solcher Inkonsequenzen kann man davon ausgehen, dass die meisten der bestehenden Gruppen zwar missbilligt, aber toleriert wurden. Da jedoch offiziell keine Versammlungsfreiheit bestand, konnte die Staatsgewalt jederzeit gegen christliche und andere Gruppen vorgehen, wenn es ihr zweckmäßig erschien.

Die Fokussierung der Elite auf die Sozialstruktur, die für ihren Status in der Gesellschaft so wichtig war, verstellt tendenziell den Blick darauf, wie wichtig die Mysterienkulte und andere Zusammenschlüsse im Leben der breiten Bevölkerung waren. Plutarch mochte als Angehöriger der Elite verächtlich von ihren »Festen und Opfern« berichten, »bei denen es wie an traurigen und unglücklichen Tagen normal ist, rohes Fleisch zu essen, Tiere zu zerreißen, zu fasten, zu wehklagen« und die »keinem Gotte zu Ehren ... gefeiert werden«.[52] Doch die große Popularität dieser Gruppierungen und Religionen beweist, wie wichtig es war, sich zugehörig zu fühlen, Gleichgesinnte zu finden, sei es in einem streng religiösen oder einem semi-religiösen Kontext.

Die Öffentlichkeit beteiligte sich an religiösen Handlungen, die für das gesamte Reich entwickelt wurden. Kaiser führten dabei manchmal seltsame Neuerungen ein, wie etwa Hadrian, der seinen Günstling Antinoos zum Gott erklären ließ, oder Elagabal, der die Verehrung des gleichnamigen syrischen Gottes zur Staatsreligion machte. Doch es gibt kein Beispiel für eine länger bestehende offizielle Religion, die auf einem traditionellen Gott basiert hätte. Freilich kann die Institution des Kaiserkults als offizielle Religion angesehen werden. Die Bevölkerung nahm an diesem Kult und seinen Festen teil, genau wie sie an anderen offiziellen Versammlungen teilnahm. Nach dem Vorbild der identitätsstiftenden zivilen Kulte auf lokaler Ebene war der Kaiserkult dafür gedacht, die römische Welt genauso zu konsolidieren. So wichtig der Kaiserkult jedoch für die Elite war, weil er ihr als Bühne diente, auf der sie ihre Loyalität zum Reich demonstrieren konnte, so selten war er im täglichen religiösen Leben der breiten Bevölkerung ein wichtiges Element. Es gibt kaum Weihgeschenke für lebende oder vergöttlichte Kaiser, die einen von ihnen als eine im Alltag aktive Gottheit behandeln.

Gelegentlich wurde die Religion eines Volkes von den lokalen Eliten auch als Mittel benutzt, um die Bevölkerung gegen eine äußere Macht zu mobilisieren. Die Instrumentalisierung der ägyptischen Religion in Ägypten, der druidischen Religion in Gallien und der jüdischen Religion in Palästina sind hervorragende Beispiele dafür. Im Allgemeinen jedoch hatte die Religion keine politische Komponente. Die Toleranz des Polytheismus gegenüber anderen Religionen hatte zur Folge, dass sich die Staatsmacht in die lokale religiöse Praxis kaum einmischte. Die Menschen konnten ihre Religion ungestört ausüben, solange dies nicht den Frieden störte.

Versuchten die Polytheisten einander zu ihren jeweiligen Göttern zu bekehren? Es gibt kaum Hinweise auf ein solches Verhalten. Vielmehr war der Umgang mit den religiösen Unterschieden gewöhnlich von dem Prinzip »leben und leben lassen« geprägt. Wurden Neuerungen in die eigene Beziehung mit dem Übernatürlichen integriert, so war dies meist die Folge von Reisen, auf denen Menschen andere Ideen und Praktiken kennengelernt hatten. Auf diese Weise verbreitete sich etwa die Verehrung der Isis von Ägypten nach Rom und in andere Teile des Reiches. Polytheistische Religionen propagierten sich selten durch offene missionarische Anstrengungen und niemals durch Zwang.

Die wirklichen Bekehrer waren damals die Philosophen. Wie schon erwähnt, hielten sie Vorträge, schrieben Abhandlungen und predigten an Straßenecken, um andere von ihren Ideen zu überzeugen. Vermutlich änderten manche Zuhörer daraufhin tatsächlich ihr Leben und wurden in mancher Hinsicht Jünger eines Philosophen. Auch hier gab es natürlich keinen Zwang und keine Strafe, wenn man sich nicht änderte. Die Bekehrung verlief sehr ruhig, von den Tiraden der Kyniker einmal abgesehen.

Es war nicht leicht, seinen Umgang mit dem Übernatürlichen zu ändern, denn wie Eusebius richtig beobachtet, spielte die Kontinuität zur Vergangenheit bei der Aufrechterhaltung der Identität eine fundamentale Rolle. Die Polytheisten, schreibt er, »sind fest davon überzeugt, dass sie richtig handeln, wenn sie ihre Götter ehren ... und den Gesetzen [gehorchen], die jedermann Ehrfurcht vor den Sitten der Väter (*ta patria*) gebieten, und wenn sie nicht an das rühren, was unantastbar sein sollte, sondern auf dem rechten Weg bleiben, indem sie der Religion unserer Vorväter folgen und nicht Unruhe stiften durch die Liebe zur Neuerung«.[53] Und Porphyrios fügt hinzu: »Die wichtigste Frucht der Frömmigkeit ist die Verehrung Gottes nach der Sitte der Vorfahren.«[54] Dennoch müssen sich offensichtlich vielerorts in aller Stille Veränderungen vollzogen haben, anders ist nicht zu erklären, dass unter anderem der Isis- oder der Mithras-Kult in den ersten Jahrhunderten n. Chr. Anhänger gewannen.

Die jüdischen Propheten riefen ihre Leute permanent dazu auf, die Götter ihrer Nachbarn aufzugeben und zu Jahwe zurückzukehren, wobei es keinen Hinweis darauf gibt, dass die Nachbarn die Juden aktiv missioniert hätten. Vielmehr erwuchs das Bedürfnis zur Konversion aus dem normalen Austausch mit Andersgläubigen, Mischehen mit eingeschlossen. Die Beziehung der Polytheisten zum Übernatürlichen fügte sich harmonisch in die Verhältnisse ein: Sie passten sich Veränderungen der Kultur, der Bräuche und sogar politischem Wandel an. Die breite Bevölkerung war dafür anfälliger als die Elite, weil diese ein starkes Interesse hatte, die bestehenden Verhältnisse zu bewahren. Manchmal jedoch fanden auch unter den Eliten abrupte Wechsel statt. So konvertiert Lucius in Apuleius' Roman *Der goldene Esel* ziemlich plötzlich zum Isis-Kult (wobei wir über seine vorherige Verehrung im Unklaren gelassen werden). Sein Fall kann als exemplarisch dafür gelten, warum Menschen ihre Religion wechselten – aufgrund der Aussicht auf schnellen Erfolg: Isis verspricht, ihn durch ein Wunder von seiner Eselsgestalt zu befreien und ihn wieder in einen Mann zu verwandeln. Es wird nicht erzählt, ob Lucius danach seinen Freunden und Nachbarn geraten hat, sich Isis und ihrer Heilkraft zuzuwenden, doch das ist gut vorstellbar, da die Menschen Lösungen für ihre unmittelbaren Probleme suchten. Litt man beispielsweise an einer Erkrankung, konnte der Zeuge einer erfolgreichen Heilung ein mächtiger Anreiz dafür sein, sich einer anderen Religion anzuvertrauen.

Angesichts dieser Praxisorientierung der kleinen Leute sind komplizierte Erklärungen für religiöse Veränderungen mit Vorsicht zu genießen. Das

Leben des einfachen Volkes war stets von relativ großer Unsicherheit geprägt. Die Beziehungen zum Übernatürlichen hatten deshalb den Zweck, diese Unsicherheit so stark wie möglich zu reduzieren. Die Welt der Antike nach Alexander und insbesondere unter den Römern ermöglichte einen vergleichsweise freien Austausch von Ideen, zumindest in und zwischen urbanisierten Regionen. Neue religiöse Ansätze waren deshalb, abgesehen von Militärreligionen wie der des Jupiter Dolichenus, die sich mit den Soldaten verbreiteten, auf die Städte konzentriert. Dagegen blieben die Leute in den ländlichen Regionen bei ihrer traditionellen Religionsausübung. Dieses Bild eines durch erfolgreiche neue Ansätze motivierten Wechsels gilt es im Gedächtnis zu behalten, will man verstehen, wie die Polytheisten ihre Beziehungen zum Übernatürlichen im Alltag veränderten.

6
WEGE ZUR
VERÄNDERUNG

In dem Jahrhundert, das nach israelitischer Zeitrechnung im Jahr 3761 nach der Schöpfung, im Jahr 754 nach der Gründung Roms und im Jahr 324 nach dem Tod Alexanders des Großen und mit dem ersten Jahr einer damals noch unbekannten Zeitrechnung begann, wuchs und gedieh das in den beiden letzten Kapiteln geschilderte Potenzial religiöser Veränderung. Einige Möglichkeiten fußten auf den in der jüdischen Tradition angelegten grundlegenden Prinzipien von Reinheit und Rechtschaffenheit und auf der erhofften Erlösung durch ein Jüngstes Gericht. Unter dem Einfluss populärer philosophischer Strömungen näherten sich manche Polytheisten moralischen und religiösen Vorstellungen an, die mit diesen Grundprinzipien einiges gemeinsam hatten. Sowohl für die jüdische als auch für die polytheistische Bevölkerung war die offene Demonstration durch magische oder wunderbare Ereignisse nach wie vor ein Prüfstein für das Wirken übernatürlicher Mächte, deren sie sich angesichts der Unwägbarkeiten des Lebens gern bedienen wollten.

In den 600 Jahren zuvor war Judäa nur für sehr kurze Perioden ein unabhängiges Königreich gewesen. Die zwei Jahrhunderte vor dem Jahr 1 waren durch viele Umbrüche geprägt gewesen: auf die Vorherrschaft der Seleukiden folgte eine kurze Phase echter Unabhängigkeit, dann eine längere Quasi-Unabhängigkeit und schließlich die Herrschaft der Römer – lange Jahre voller politischer Intrigen und Gewalt, ohne dass Jahwe sein auserwähltes Volk gerettet hätte. Unter diesen Bedingungen war es naheliegend, Fragen nach der Gerechtigkeit Jahwes zu stellen, und so fiel die Saat für radikale Veränderungen in den religiösen Anschauungen des Volkes auf fruchtbaren Boden. Die Tradition eines Bundes mit Jahwe stand zwar nach wie vor im Zentrum, doch es herrschten Meinungsverschiedenheiten darüber, was dies für das persönliche Leben bedeutete. Dank der Existenz einer schriftlichen Überlieferung war eine dauerhafte, strukturierte Diskussion darüber möglich, was genau diese Beziehung beinhaltete. Anders als bei ihren polytheistischen Nachbarn hatte der Besitz detaillierter schriftlicher Anweisungen in Kombination mit illustrativem und devotionalem Material bei den Juden zur Folge, dass kohärente Auseinandersetzungen über allgemein akzeptierte Standpunkte stattfinden konnten, Auseinandersetzungen, die dazu führten, dass der Bund mit Jahwe auf verschiedene Arten erfüllt wurde.

Wie bereits erwähnt, hatten die intellektuellen, kulturellen, religiösen und politischen Aspekte des Überlebens unter, direkter oder indirekter, Herrschaft von Großmächten einen starken Einfluss auf die Beantwortung der zentralen Frage, wie ein Volk von Gewalt und Unterdrückung heimgesucht werden konnte, das von dem allwissenden, allmächtigen und wohlwollenden Gott Jahwe geliebt wurde. Wenngleich die prominentesten Punkte vor allem die säkulare und religiöse Aristokratie der Region betrafen, hatte die Auseinandersetzung zweifellos auch Einfluss auf die breite Bevölkerung, da sie von den Kämpfen ihrer Führer in Mitleidenschaft gezogen und für ihre Ziele instrumentalisiert wurde.

Die säkulare Aristokratie bestand zu dieser Zeit aus einer kleinen Gruppe von Grundbesitzern. Ihr Reichtum und ihre Unterwerfung unter die imperialen Mächte waren die Grundlage ihrer hervorgehobenen Stellung. Sie neigten dazu, sich unter dem Einfluss ihrer Herrn zu hellenisieren. Die religiöse Aristokratie bestand aus den Familien der Priester. Ein führendes Geschlecht waren die Zadokiden. Sie führten ihre Abstammung auf Eleasar, den dritten Sohn von Moses Bruder Aaron, zurück. Zadok war der Hohe Priester König Davids gewesen. Nach Hesekiel waren die Söhne Zadoks als Einzige dazu geeignet, die Riten im Tempel zu leiten: »Aber die levitischen Priester, die Söhne Zadoks, die den Dienst an meinem Heiligtum getan haben, als die Israeliten von mir abfielen, die sollen vor mich treten, um mir zu dienen, und vor mir stehen, um mir Fett und Blut zu opfern, spricht Gott der Herr.«[1]

Die Männer dieses Priestergeschlechts, für die später die Bezeichnung Sadduzäer gebräuchlich wurde, besetzten bis zur Zeit der Makkabäer das Amt des Hohen Priesters. Die von ihnen geführte Priesterkaste kooperierte bereitwillig mit den imperialen Mächten, wenn diese die religiöse

Arbeit der Priesterschaft und deren Machtposition im jüdischen Staat nicht gefährdeten. Ökonomisch waren sie recht gut aufgestellt. Aber eine vorteilhafte wirtschaftliche und soziale Position war nicht alles. Die Traditionen des Bundes mit Jahwe waren nach wie vor stark. Die potenziellen und realen Konflikte zwischen ihrer Führungsposition unter der Fremdherrschaft und den Anforderungen des Bundes mit Jahwe hatten direkten Einfluss auf die Einstellungen und Handlungen der Priesterschaft. Wenn sie nicht vermitteln konnte, dass sie mit ihren Handlungen dem Willen Jahwes gehorchte, hatte sie ernste Reaktionen rivalisierender Führungsgruppen und der breiten Bevölkerung zu befürchten.

Diese wiederum profitierte weder von der Herrschaft der imperialen Mächte noch von der ihrer eigenen Eliten. Während die Eliten sich ihr irdisches Dasein bequem gestalten konnten, indem sie entweder direkt regierten oder den Anforderungen größerer Mächte genügten, leistete die breite Bevölkerung die dafür nötige Arbeit. So verbesserte sich zwar die Lage der Eliten, die wirtschaftliche Situation der breiten Bevölkerung hingegen wurde schlechter. Dennoch war der Bund mit seiner Kombination von religiösem Konservatismus und prophetischer sozialer Gerechtigkeit im Alltag stark genug, um die Gesellschaft zusammenzuhalten.

Die jüdische Identität konnte allerdings nur auf Wegen, welche die Politik nicht berührten, aufrechterhalten werden. Die politische Autorität wurde von den Oberherrn verliehen. Diese politische Bevormundung drängte viele dazu, sich auf eine nichtjüdische Lebensweise einzulassen. Man musste sich also entscheiden, ob man seine Identität in der kulturellen Anpassung an ein größeres Milieu suchte oder ob man diesem Anpassungsdruck widerstand. Die Religion, nicht die politische Unabhängigkeit, stand nun im Fokus der jüdischen Identitätsstiftung. Synagoge und Tora waren wichtige Instrumente, um diese auf dem Bund beruhende Identität aufrechtzuerhalten. Die Tora bildete das Zentrum des Gottesdiensts und das Zentrum der Debatte. Die Synagoge war der Ort, an dem beides stattfand.

Natürlich überschnitten sich die hellenisierten und die jüdischen Lebensbereiche. Es war keine Entweder-Oder-Entscheidung und die breite Bevölkerung musste in der Regel auch nicht klar Stellung beziehen. Doch sowohl bei der jüdischen Gemeinschaft in Judäa als auch in der Diaspora rief diese Dynamik zwischen politischer Unterwürfigkeit und religiöser

Identität verschiedene kulturelle Reaktionen hervor, die oft im Gegensatz zueinander standen.

Eine Reaktion bestand in Rebellion. Die Makkabäer sind das beste Beispiel für diesen Weg. Ihr Geschlecht, die Hasmonäer, war allem Anschein nach eine der mächtigeren Familien in Modein, einer Stadt im Nordwesten Judäas. Mattatias war ihr Patriarch; seine Söhne Judas, Simon und Jonatan spielten alle drei wichtige Rollen. Wir erfahren zuerst von ihnen, als sie sich eine Zeit der Unordnung zunutze machten, die der Seleukidenkönig Antiochos IV. Epiphanes mit dem Versuch verursachte, das unter seiner Oberherrschaft stehende Judäa besser in den Griff zu bekommen. Was die Religion betrifft, waren die Hasmonäer tora- und tempeltreu, und Chassidim (»die Frommen«) zählten zu ihren ersten Anhänger. Nach Mattatias' Tod ignorierten die Makkabäer-Brüder einige Aspekte der jüdischen Tradition, etwa indem sie ohne Zadokiden in der Blutlinie den Hohen Priester und ohne von David abzustammen den König stellten. Die Makkabäer versuchten nicht, den hellenistischen Einfluss gänzlich auszurotten, sondern ein Gleichgewicht zwischen lokalem religiösem Exklusivismus und politischer Integration in das übergeordnete hellenistische Umfeld herzustellen. Sie konzentrierten sich auf den Tempel und die kultischen Rituale als primäre Kennzeichen ihrer religiösen Identität, duldeten aber kulturelle Anpassung in anderen Lebensbereichen. Die späteren Hasmonäer erhoben zwar noch Anspruch auf den Königsthron, gerieten jedoch wieder unter die Herrschaft griechischer und später römischer Oberherrn.

Unter den Makkabäern und den verschiedenen Oberherrn lautete die Grundfrage für die Bevölkerung Judäas, warum Jahwe die politische und die versuchte religiöse Unterdrückung seines Volkes zuließ. Wie schon angedeutet, änderte sich die Antwort auf diese Frage. Hatte man im babylonischen Exil an eine Strafe für kollektives Fehlverhalten geglaubt, glaubte man danach, dass man in der Endzeit für alle Katastrophen entschädigt werden würde. Mit dieser Antwort rückte die Tora als wichtigstes Symbol der jüdischen Religion ins Zentrum des Glaubens. Das Interpretationsspektrum für die Bedeutung dieser Entwicklung umfasste tendenziell immer radikalere Meinungen. Durch das eschatologische Denken wurden rigorose Anforderungen an die Reinheit, an die Vorbereitung auf das Jüngste Gericht und an die Vergeltung gefördert.

Nicht nur die Interpretation der Tora, sondern auch die Verwaltung des Tempels wurde infrage gestellt. Rivalisierende Sekten nahmen für sich das Recht in Anspruch, ihn zu säubern und zu verwalten, einige lehnten ihn sogar ab. Obwohl der Tempel von der Priesterschaft kontrolliert wurde, konnte er zum Zentrum einer Rebellion werden, und wurde deshalb von der jeweils herrschenden imperialen Macht immer sorgfältig überwacht. Dennoch nahm der Jüdische Krieg von 66 n. Chr. tatsächlich im Tempel seinen Ausgang.

Zuvor hatten sowohl die priesterliche als auch die weltliche Elite nach angemessenen Reaktionen auf die politische Abhängigkeit gesucht. Der pragmatische Weg war die Anpassung. Widerstand war gefährlich und konnte selbstmörderisch sein. Für die Elite standen zwei Dinge auf dem Spiel: ihre Autorität innerhalb der Gemeinschaft und die Identität dieser Gemeinschaft. Dieser hohe Einsatz war der Grund für heftige Auseinandersetzungen und Machtkämpfe. König Alexander Jannäus, der von 104 bis 76 v. Chr. regierte, ist ein besonders negatives Beispiel für das Verhalten während dieser Machtkämpfe, denn zur Sicherung seiner Herrschaft ließ er Tausende seiner jüdischen Glaubensgenossen töten. Auch Herodes der Große (König von 37 bis 4 v. Chr.) vergoss mit demselben Ziel sehr viel Blut.

An der religiösen Front entstanden diverse Gruppen, die bestimmte Vorstellungen von der richtigen Erfüllung des Bundes hatten. Die Meinungsverschiedenheiten zwischen diesen Gruppen waren sehr wichtig, denn es ging darum, wie man sich am besten gerecht verhielt, damit das Volk die Gunst Jahwes gewinnen und behalten würde. Die Zeit von 164 v. Chr. bis 70 n. Chr. wird als das Zeitalter der Sekten bezeichnet. Judäer waren an vielen dieser Gruppierungen beteiligt: den in den Qumran-Rollen dokumentierten Gruppen, Christen, Essenern, Pharisäern, Sadduzäern, Sikariern, Zeloten und womöglich noch an weiteren. Im Talmud, einer Sammlung von Schriften der späteren rabbinischen Tradition, ist für das 1. Jahrhundert n. Chr. von 24 Sekten die Rede. Die enorme Vermehrung der Sekten war sehr wahrscheinlich die Folge einer Vielfalt unterschiedlicher Vorstellungen, was es für den Alltag bedeutete, jüdisch zu sein. Dabei tobte der Streit weniger zwischen den Assimilationisten, welche die jüdischen Traditionen aufgeben oder sie durch eine hellenistische Deutung radikal verändern wollten, und den Traditionalisten, die alles beim Alten belassen wollten. Vielmehr betrafen die wichtigsten Streitpunkte die Interpretation des mosaischen Gesetzes in Bezug auf das tägliche Leben, die Relevanz anderer Schriften und die Rolle des Tempels. Besonders heftig waren die Auseinandersetzungen über die korrekte Befolgung der Sabbatgebote und die traditionellen Feste, über die Aufgaben des Tempels und über die Ehegesetze. Die radikalste Kritik kam dabei von den Essenern und den Anhängern von charismatischen Führern wie Johannes dem Täufer und Jesus von Nazareth, die sich aus der politischen Szene zurückzogen, sich auf Reinheit und Rechtschaffenheit konzentrierten und den Machtmissbrauch der Priester, den Tempel und die säkulare Elite heftig kritisierten.

In der gesamten Geschichte des jüdischen Volkes gibt es ein Spannungsfeld zwischen der peinlich genauen Erfüllung des Bundes mit Jahwe und der Tendenz, sich den Bräuchen benachbarter Völker anzupassen und Israels besondere Beziehung zu Jahwe zu vernachlässigen. Priester wurden aktiv, um die Tendenz zur Anpassung zu bekämpfen. Pinhas, der Sohn von Aarons Sohn Eleasar, tötete Anhänger des Baal-Peor und brachte auf diese Weise eine gottgesandte Plage zum Stillstand.[2] In der Folge wurde er als Vorbild für aktiven Protest herausgestellt.[3] Später empörten sich immer wieder Propheten über Tendenzen, den Bund zu missachten. Elia könnte man geradezu als den Schutzheiligen des Bundes bezeichnen. Im 9. Jahrhundert v. Chr. predigte er gegen Isebel und den Baal-Kult, dem sich viele Israeliten anzuschließen drohten. Dabei wirkte er Wunder und wandte Gewalt an, um seinen Anliegen den nötigen Nachdruck zu verleihen. Doch er wurde verfolgt und war schließlich fast allein mit seiner Frömmigkeit. Also beklagte er sich bei Jahwe, dass es nur noch so wenig fromme Menschen im Land gebe: »Ich habe geeifert für den Herrn, den Gott Zebaoth; denn die Israeliten haben deinen Bund verlassen und deine Altäre zerstört und deine Propheten mit dem Schwert getötet, und ich bin allein übrig geblieben, und sie trachten danach, mir mein Leben zu nehmen.«[4] Dennoch fühlte er sich weiterhin von Jahwe geführt und bestrafte bis zum Tag seiner Himmelfahrt in einem feurigen Wagen auch weiterhin die Gottlosen durch Worte und Gewalttaten.

Für die Menschen jüdischen Glaubens, die versuchten, den Bund trotz aller hellenistischen Versuchungen in ihrer Umgebung einzuhalten, sind die Begriffe »Fromme« oder »Eiferer« (Zeloten) sicher die richtigen, um ihre Verehrung Jahwes in Worte zu fassen. In verschiedenen Psalmen ist auch von den »Gläubigen« die Rede.[5] Besonders ausführlich wird dort der Lohn für die Frommen und die Strafe für die Gottlosen beschrieben: »Denn der Herr hat das Recht lieb und verlässt seine Heiligen nicht. Ewiglich werden sie bewahrt, aber das Geschlecht der Frevler wird ausgerottet. Die Gerechten werden das Land ererben und darin wohnen allezeit.«[6]

Gehorsam gegenüber dem mosaischen Gesetz war der Kern jeder Vorstellung von Frömmigkeit. So war auch der Makkabäer-Aufstand inspiriert von dem leidenschaftlichen Bestreben, die Gebote des Bundes zu erfüllen. Mattatias begann den Aufstand, als er sich der Forderung des Seleukidenkönigs widersetzte, dass die Juden einem polytheistischen Gott opfern sollten:

> Da sagte Mattatias frei heraus: Wenn auch alle Völker dem König gehorsam wären und davon abfielen, Gott so zu dienen wie ihre Väter, und in das Gebot des Königs einwilligten, so wollen doch ich und meine Söhne und Brüder nicht vom Bund unserer Väter abfallen. Der Gnädige bewahre uns davor, Gesetz und Gebote preiszugeben! Den Befehlen des Königs werden wir nicht gehorchen und Gott auf keine andere Weise dienen.

Nun trat ein Jude vor und wollte opfern, wie es der König befohlen hatte. »Als das Mattatias sah, gab es ihm einen Stich ins Herz, er ließ seinem gerechten Zorn freien Lauf, lief hinzu und stach ihn am Altar nieder. Auch tötete er den Mann, den der König Antiochos gesandt hatte, um sie zum Opfern zu zwingen, und riss den Altar nieder. So eiferte er für das Gesetz.« Dann schrie Mattatias laut in der Stadt: »Wer für das Gesetz eifern und den Bund halten will, der ziehe mit mir.« Danach ließen Mattatias und seine Söhne alles zurück, flohen in die Berge und organisierten den Aufstand.[7]

Mattatias wird in seinem Eifer, den Bund mit Jahwe zu verteidigen, mit Elia verglichen. Die Chassidim, die ihm folgten, machten allerdings keine sonderlich gute Figur. Zunächst waren sie von der Reinheit so besessen, dass sie sich weigerten, am Sabbat zu kämpfen, wodurch sie von griechischen Truppen abgeschlachtet werden konnten.[8] Andere Chassidim glaubten den Lügen des mit den Griechen verbündeten Hohen Priesters Alkimos und wurden ebenfalls abgeschlachtet.[9] Dennoch versichert der Autor des Zweiten Makkabäerbuchs, Chassidim hätten den Kern von Judas Makkabäus' Heer gebildet. Es ist nachvollziehbar, dass Menschen, die sich als fromme und leidenschaftliche Kämpfer für Jahwe betrachteten, zum militärischen Kampf bereit waren, um, wenn auch ohne Erfolg, den Bund des Volkes mit Jahwe zu schützen.

In derselben Zeit wurde eine weitere Gruppe in Übereinstimmung mit ihrem Verständnis von leidenschaftlicher Frömmigkeit aktiv. Das Gebiet, wo Mitte des 20. Jahrhunderts die Qumran-Rollen gefunden wurden, liegt in der Nähe des Toten Meers, weshalb die Dokumente auch als »Schriftrollen vom Toten Meer« bezeichnet werden. Die Siedlung, in der die Rollen entstanden, war von etwa 140 v. Chr., dem Beginn der Makkabäer-Periode, bis zum Jahr 68 n. Chr. bewohnt, bis sie während des Jüdischen Kriegs durch die Römer zerstört wurde.

Irgendwann zu Beginn dieser Periode trat ein Mann in der Tradition der Propheten auf. Er predigte Frömmigkeit und eine Gerechtigkeit Jahwes, die die Bestrafung der Gottlosen im Jüngsten Gericht nach sich ziehen würde. Er verkündete Jahwes Wort, empfing besonderes Wissen von ihm, bot den wahren Gläubigen einen neuen Bund an und verglich sich mit Mose. Außerdem verkündete er, dass er während des Jüngsten Gerichts Jahwes Instrument zur Säuberung des jüdischen Volkes sein werde. Der als »Lehrer der Gerechtigkeit« bezeichnete Mann, eine mit Elia vergleichbare Gestalt, warb für die Wiederherstellung der richtigen Beziehung zu Jahwe. Er positionierte sich als Gegner eines Mannes, der in den Quellen lediglich als der »Böse Hohe Priester« bezeichnet wird. Dieser wird in der Regel als Judas Makkabäus' Bruder Jonatan identifiziert, der im Jahr 152 v. Chr. Hoher Priester wurde.[10] Jonatan stammte zwar aus einer Priesterfamilie, war aber kein Zadokide, also keiner der Nachkommen des Sohnes von Aaron, die traditionell das Amt des Hohen Priesters bekleideten. Der Lehrer der Gerechtigkeit protestierte empört gegen diesen Bruch der Reinheit und wurde ins Exil getrieben, wo er schließlich starb. Seine Anhänger glaubten, er werde, wie Elia, zurückkehren, wenn es für Jahwe an der Zeit sei, in die Geschichte einzugreifen, um die Guten zu belohnen und die Gottlosen zu bestrafen. Deshalb zogen sie sich zurück, gründeten ihre eigene Glaubensgemeinschaft und lebten als wahrer, frommer Überrest des Volkes Israel, nur darauf bedacht, Jahwes Willen gemäß dem Bund zu erfüllen. Und so warteten sie in maximaler Reinheit auf ihren Lehrer und auf das Jüngste Gericht, das mit seiner Rückkehr einhergehen sollte.

Nicht alle Qumran-Rollen stimmen ideologisch mit der Botschaft des Lehrers der Gerechtigkeit überein, aber bestimmte Gedanken und Verhaltensregeln werden in den wichtigsten Dokumenten (Gemeinderegeln, Damaskus- oder Zadokidenschrift, Tempelrolle, Hymnenrolle und Kriegsrolle) immer wieder erwähnt. Dazu gehören: ein physisch von den anderen Juden getrenntes Gemeinschaftsleben; ein rigides Aufnahmeverfahren; die strenge Verpflichtung, den alten Bund mit Jahwe durch die Befolgung eines neuen Bundes zu würdigen; und die Strafen für die Nichtbeachtung der Regeln dieses neuen Bundes. Grundlegendes Ziel war ein Leben in Reinheit vor Jahwe nach den Regeln der Tora. Die Glaubensgemeinschaft sah sich in einem Kosmos, in dem die »Kinder des Lichts«, die den Geboten Jahwes folgten, den »Kindern der Finsternis« gegenüberstanden. Diese wurden von übernatürlichen Kräften unterstützt, die sich gegen Jahwe verbündet hatten. Als »Kinder der Finsternis« galten sowohl die Polytheisten als auch Juden, die auf Abwege geraten waren. Laut der apokalyptischen Vision der Glaubensgemeinschaft sollte Jahwe in den Letzten Tagen in die Geschichte eingreifen, um den Sieg der Gerechten und ihre Belohnung herbeizuführen und für die Niederlage und die Bestrafung der Gottlosen zu sorgen.

Essener, Therapeuten, Pharisäer, Sadduzäer

Die vom Lehrer der Gerechtigkeit gegründete Glaubensgemeinschaft wird gewöhnlich, und vermutlich zu Recht, mit den Essenern identifiziert. Der Name »Essener« ist eine Hellenisierung des hebräischen Chassidim. Er steht für diejenigen Juden, die die Treue zu den Regeln des Bundes besonders ernst nahmen. Nach dem wahrscheinlichsten Szenario entschieden sich einige Chassidim, womöglich in Reaktion auf die diversen Katastrophen der politischen Bewegung der Makkabäer, Jahwe unter Führung des Lehrers der Gerechtigkeit auf andere Weise zu gehorchen. Wie wir sehen werden, wählten andere Fromme oder Eiferer andere Wege zur Reinheit.

Aus den Berichten antiker Autoren wie Philon, Flavius Josephus, Plinius dem Älteren und Hippolytos (einem christlichen Autoren des späten 2. Jahrhunderts n. Chr.) wissen wir einiges über die Essener. Weder sie noch irgendeine andere Sekte waren je sehr zahlreich. Josephus nennt gern Zahlen, von denen einige vielleicht sogar mehr als bloße Schätzungen sind. Seiner Aussage nach gab es 4000 Essener, und das bei einer judäisch-galiläischen Bevölkerung von vielleicht 500 000, bestimmt aber nicht mehr als einer Millionen Menschen. Einige Essener lebten in Gemeinschaften, doch mit Bestimmtheit wissen wir es nur von der am Ufer des Toten Meers bei Qumran. Aber sie lebten auch in kleineren Zellen, die von einem Vorsteher geführt wurden, in den Städten und Dörfern der Region. Vermutlich folgten sie überall derselben Gemeinderegel, wonach die Mitgliedschaft in der Sekte auf ehelos lebende Männer beschränkt war. Die Mitglieder wurden dabei streng überwacht: Probezeit und Initiation dauerten zwei bis drei Jahre, und der Ausschluss drohte jedem, der die Regeln missachtete. Bei Hippolytos findet sich die interessante Bemerkung, auch Frauen hätten sich vom Leben der Gemeinschaft angezogen gefühlt, seien aber nicht aufgenommen worden. Die Mitglieder lebten von der Landwirtschaft und etwas Handwerk. Der gesamte Privatbesitz und alles, was ein Mitglied verdienen mochte, musste an die Gemeinschaft abgetreten werden. Es gab zwei Mahlzeiten pro Tag in einer Atmosphäre rigoroser Reinheit. Soziale Gerechtigkeit stand hoch im Kurs. Sklaverei war verboten, und es bestand die Verpflichtung, mit den Mitteln der Gemeinschaft die Armen zu unterstützen. Die Essener waren weder politisch engagiert, noch nahmen sie am Tempelkult mit seinen Tieropfern teil. Möglicherweise pflegten sie eine andere Form des Opfers, aber als das eigentliche Opfer betrachteten sie die Reinheit, die den Segen Jahwes garantierte. Wie es in Psalm 51 heißt: »Denn Schlachtopfer willst du nicht, ich wollte sie dir sonst geben, und Brandopfer gefallen dir nicht. Die Opfer, die Gott gefallen, sind ein geängstigter Geist, ein geängstigtes, zerschlagenes Herz wirst du, Gott, nicht verachten.«[11]

Reinheit beruhte auf der exakten Beachtung der Tora und ihrer Regeln. An jedem Sabbat folgten die Essener strengen Geboten. Sie badeten häufig als Reinigungsritual und versammelten sich zum Studium und zur

Würdigung der Schriften (insbesondere des Pentateuchs, Jesajas und der Psalmen) in der Synagoge. Beim Gottesdienst las ein Mitglied vor, und anschließend legte einer der Führer den Text aus. Selbst in diesem sehr strikt geordneten Leben gab es jedoch Unterschiede. Wie Josephus berichtet, ließen manche Essener, wenn auch nur zum Zweck der Fortpflanzung, Eheschließungen zu. Theologisch lebten sie, so genau sie konnten, nach der Tora. Außerdem waren sie der Ansicht, dass alles dem Schicksal (mit dem sie vermutlich die Vorsehung Jahwes meinten) unterworfen sei. Da Jahwe gerecht war, würde er die Welt der Menschen durch einen großen Feuersturm beenden und ein Gericht halten, das die Gerechten belohnen und die Gottlosen bestrafen würde. Allerdings glaubten die Essener wohl nicht an die körperliche Auferstehung am Ende aller Tage. Nur vier Essener sind heute noch namentlich bekannt: zwei werden als Propheten bezeichnet, einer war Traumdeuter und einer Militärführer im Jüdischen Krieg.

Die Therapeuten (»Gottesverehrer«) waren, ähnlich wie die Essener, eine Gruppe von Frommen, folgten jedoch einem etwas anderen Weg zur Rechtschaffenheit. Sie sind die einzige bekannte jüdische Sekte der Diaspora. Philon berichtet, dass ihre Gemeinschaften weit verbreitet, insbesondere jedoch bei Alexandria und in anderen Orten Ägyptens angesiedelt waren. Im Gegensatz zu den Essenern hatten sie auch weibliche Mitglieder, waren Vegetarier, hatten keinen Gemeinschaftsbesitz und glaubten nicht an die Letzten Tage. Sie führten jedoch ebenfalls ein zölibatäres Leben in Reinheit und Frömmigkeit und extremem Gehorsam gegenüber den Geboten der Tora. Philon ist der einzige antike Autor, der sie erwähnt, was dazu geführt hat, dass einige Wissenschaftler die Ansicht vertreten haben, sein Bericht sei eine von späteren Christen geschriebene Fiktion, die ein frühes Beispiel klösterlichen Lebens präsentieren sollte. Wenn es die Therapeuten aber wirklich gab, stehen sie für eine weitere Spielart der Frommen und Gerechten im Leben der jüdischen Bevölkerung. Ihr Alleinstellungsmerkmal bestand darin, dass die Frauen in ihrer Glaubensgemeinschaft eine aktive Rolle spielten.

Auch die Pharisäer betrachteten Frömmigkeit und Reinheit als ihre wichtigsten Anliegen. Ihr Name bedeutet »Abgesonderte«, aber sie sonderten sich nicht wie die Essener und die Therapeuten ab, indem sie fromme Gemeinschaften bildeten. Vielmehr bemühten sie sich um größtmögliche Reinheit, ohne die Teilnahme am normalen Leben aufzugeben. Laut Josephus belief sich ihre Zahl unter Herodes dem Großen auf 6000.[12] Quelle ihrer Frömmigkeit und Rechtschaffenheit war der strikte Gehorsam gegenüber der Tora. Ihre Methode bestand darin, möglichst viele Details dieses Gehorsams zu diskutieren und genau festzulegen. Sie glaubten, Mose habe nicht nur eine schriftliche Überlieferung hinterlassen, sondern er und die späteren Propheten hätten auch mündlich überliefert, welche Beziehung die Menschen zu Jahwe pflegen sollten. Diese mündliche Überlieferung betrachteten sie als wichtige Ergänzung zu den schriftlichen Geboten der Tora. Ihr Interesse für die Details der Gebote hatten die Pharisäer mit einer anderen Gruppe von Laien gemeinsam, den Schriftgelehrten. Wer die Schriftgelehrten genau waren, und was sie taten, ist unklar, aber sie und die Pharisäer hielten das Studium der Tora, ein volles Verständnis all ihrer Aspekte und deren Auslegung in Bezug auf das tägliche Leben für entscheidend. Wer sich sowohl an die schriftlich als auch an die mündlich überlieferten Gebote der Tora hielt, erlangte die ersehnte Reinheit, eine Reinheit, mit der er beim Jüngsten Gericht Jahwes Gunst erlangen würde.

Die Pharisäer werden erstmals bei Josephus erwähnt. Sie entstanden als Sekte in der Zeit der Makkabäer, Mitte des 2. Jahrhunderts v. Chr. Ihre hingebungsvolle Einhaltung der Reinheitsgebote machte sie zu Vorbildern der einfachen Leute. Laut Josephus waren sie wegen ihrer beispielhaften Frömmigkeit und ihrer theologischen Positionen beim Volk beliebt, insbesondere weil sie fest an die Vorsehung Jahwes und seine (aufgeschobene) Gerechtigkeit glaubten, der zufolge »die Seelen unsterblich sind und sie, je nachdem ob ein Mensch tugendhaft oder lasterhaft gewesen ist, in der Unterwelt Lohn oder Strafe erhalten«.[13] Sie glaubten an die Auferstehung der Toten, das Jüngste Gericht und daran, dass Jahwe danach über die Rechtschaffenen herrschen würde. Weil ihnen die allgemeine Frömmigkeit der Bevölkerung ein so wichtiges Anliegen war, waren sie politisch stark involviert. Dies war notwendig, weil der zentrale Akt des Gehorsams, die Gottesdienste im Tempel, im Kampf um die politische Macht mit auf dem Spiel stand. Hier konnten die Pharisäer ihre Expertise einbringen, da sie bis ins Detail wussten, wie die kultischen Handlungen durchgeführt werden mussten.

Heute sind nur noch zwölf Pharisäer namentlich bekannt, mehr als Essener, aber dennoch sehr wenige. Nach der Zerstörung des Tempels

WEGE ZUR VERÄNDERUNG

entwickelte sich die pharisäische Tradition allmählich zum rabbinischen Glauben. Leider werden die Pharisäer in der rabbinischen Überlieferung jedoch nur sehr selten ausdrücklich erwähnt, und es gibt auch keinen Text dieser Überlieferung, der mit Sicherheit aus der Zeit vor der Zerstörung des Tempels stammt.

Frömmigkeit, Rechtschaffenheit und die korrekte Einhaltung des Bundes waren der Antrieb für das Denken und Verhalten der Frommen und Eiferer, ein Weg, der wenigstens theoretisch jedem, der an Jahwe glaubte, offenstand. Die Betonung lag auf dem einzelnen Menschen und seiner Beziehung zu Jahwe. Für die meisten spielte dabei der Tempelkult eine enorm wichtige Rolle. Anders als bei der persönlichen Frömmigkeit und Rechtschaffenheit konnte die Verehrung Jahwes in seinem Haus auf Erden, dem Tempel, allerdings nur mit Hilfe von Experten stattfinden. In der mosaischen Zeit war Moses Bruder Aaron vom Stamme Levi für die rituellen Aspekte der jüdischen Religion zuständig gewesen. Danach übernahmen seine direkten Nachkommen sowie andere Mitglieder seines Stammes die Zuständigkeit für den Tempel in Jerusalem. Zadok, der von Aarons Sohn Eleasar abstammte, war der erste Hohe Priester in dem von König Salomo erbauten Tempel. In der Folge bekleideten die Nachkommen Zadoks die wichtigsten Priesterämter, andere Leviten hatten weniger bedeutende kultische Pflichten. Die Mitglieder der Priesterelite, die unter anderem für die korrekte Durchführung der Gottesdienste im Tempel zuständig war und großes Ansehen genoss, nannten sich nach Zadok, dem ursprünglichen Stammvater, Sadduzäer. Für die Sadduzäer war der Tempelkult für die korrekte Erfüllung des israelitischen Bundes mit Jahwe entscheidend, wohingegen die Pharisäer die individuelle Frömmigkeit betonten. Laut Josephus gab es nur wenige Sadduzäer, aber ihr Einfluss war enorm. In den Jahren zwischen dem Makkabäer-Aufstand und dem Jüdischen Krieg kam es oft zu Konflikten zwischen Sadduzäern und Pharisäern, was die kultische Praxis und den Einfluss im weltlichen politischen Raum betraf. Aber obwohl sie in einigen Bereichen verschiedener Meinung waren, arbeiteten sie manchmal auch zusammen. Dies galt besonders, wenn es um die Details der Tempelpraxis ging, für welche die Pharisäer anerkannte Experten waren, während den Sadduzäern die praktische Durchführung oblag.

Politisch waren die Sadduzäer der Ansicht, dass der Hohe Priester, der das ganze Volk repräsentierte, de facto der Herrscher eines theokratischen, zentralisierten Staates sein sollte. Dagegen meinten die Pharisäer, dass das Volk selbst im Mittelpunkt stehen sollte. Für die Juden bedeutete dies, dass sie die Wahl zwischen einem auf dem Tempel und einem auf individueller Frömmigkeit im Alltag beruhenden religiösen Leben hatten. Natürlich schlossen diese Möglichkeiten einander nicht aus. Doch der Ansatz der Pharisäer trug dank seiner Flexibilität und Betonung des Individuums stark dazu bei, dass die charismatischen Führer, von denen noch die Rede sein wird, Gehör fanden.

Für die meisten Juden war jedoch auch die Haltung der Sadduzäer zur Gerechtigkeit Jahwes wichtig. Ihrer Ansicht nach brachte Jahwe seine Gerechtigkeit in der bestehenden Welt und nicht erst in der Zukunft zum Tragen. Dieser Ansatz hatte, wie schon erwähnt, eine lange, ruhmreiche Geschichte in den Traditionen des jüdischen Volkes. Die sofortige Strafe erfolgte, gleichgültig ob sie wie im Fall der Assyrer oder Babylonier ganze Völker oder aber Einzelpersonen traf, wenn der Bund mit Jahwe missachtet wurde. Wurden die Gottlosen nicht sofort bestraft, vollzog Jahwe die Strafe an einer künftigen Generation: Die Sünden der Väter wurden an den Kindern gerächt. In Übereinstimmung mit ihrem Glauben an sofortige Gerechtigkeit glaubten die Sadduzäer auch nicht an ein Leben nach dem Tod und an eine Auferstehung der Seele oder gar des Leibes. Sie waren außerdem der Ansicht, dass die Menschen einen freien Willen besaßen und für die Wahl zwischen Gut und Böse selbst verantwortlich waren; das Schicksal spielte bei ihnen keine Rolle.[14] Die große Popularität eschatologischer Vorstellungen von Gerechtigkeit beweist, wie unattraktiv diese traditionelle Erklärung, warum guten Menschen Schlimmes und bösen Menschen Gutes widerfuhr, in der Bevölkerung war. Als der Tempel dann im Jahr 70 n. Chr. zerstört wurde, verloren die Sadduzäer ihre Existenzgrundlage und verschwanden. Davor jedoch hatten sie eine wichtige Rolle gespielt.

Die oben beschriebenen Gruppen stehen für die wichtigsten Denkweisen und Handlungsstrategien der Führer des jüdischen Volkes. Doch es gab noch weitere Einstellungen und Reaktionen in Bezug auf die aus dem Bund erwachsende Verantwortung, auf die säkularen Belastungen der Zeit und auf die politisch prekäre Lage der jüdischen Gemeinschaft. Fast jede herausragende Persönlichkeit konnte, wenigstens für eine gewisse Zeit, eine Anhängerschaft gewinnen. So hinterließ etwa Simon ben Boethos, Hoher Priester unter Herodes dem Großen, von dem er auch abgesetzt wurde,[15] offenbar die Sekte der Boethusäer, die ähnliche Vorstellungen wie die Sadduzäer vertrat. Hegesippos nennt im 2. Jahrhundert n. Chr. neben den Essenern, Pharisäern und Sadduzäern noch Galiläer, Hemerobaptisten, Masbotheaner und Samaritaner. Laut Talmud gab es sogar noch mehr Sekten. Ihre große Vielfalt ist wichtig, denn sie beweist eindeutig, wie viele verschiedene Ideen und Handlungsvorschläge damals in der Bevölkerung Anklang fanden. Dabei waren die Menschen nicht in Essener, Pharisäer oder Sadduzäer aufgeteilt, sondern lebten ihr Leben und nahmen lediglich wahr, dass es eine Vielzahl verschiedener Umgangsweisen mit dem Bund gab. Dabei ging es allen Gruppen, von denen wir wissen, um die Bewahrung der Identität ihrer Glaubensgenossen als auserwähltes Volk Jahwes. Alles andere jedoch konnte zur Disposition gestellt werden.

Zwei Aspekte des religiösen Lebens der Juden erleichterten das Vordringen unterschiedlicher Ideen in die breitere Bevölkerung in besonderem Maße. Der eine waren die Feste, insbesondere die drei wichtigsten: Sukkot (Laubhüttenfest), Pessach (das Fest des ungesäuerten Brotes) und Schawuot (Wochenfest). Schon bevor Herodes der Große den Tempelkomplex prunkvoll wiederaufbauen ließ, versammelten sich Tausende von Juden (Männer, Frauen und Kinder) für diese religiösen Feste in Jerusalem. Dabei wurden familiäre Verbindungen erneuert, Probleme in Landwirtschaft und Handel besprochen sowie über Steuern und Politik geklagt. Außerdem erfreute man sich an einigen besonderen Nahrungsmitteln und an dem Gemeinschaftserlebnis als solchem. Der Austausch mit anderen bot auch Gelegenheit, über Themen wie die angemessene Frömmigkeit, über Jahwes Gebote für ein gutes Leben und über die Aussicht auf Gerechtigkeit angesichts alltäglichen großen und kleinen Unrechts zu sprechen. Manche verfügten bereits über eine festgezurrte Sicht auf das Leben, die sie unbedingt anderen mitteilen wollten. Andere waren eigens gekommen, um die Lehrer und Prediger verschiedener Ideen zu hören. Wieder anderen war all das völlig gleichgültig, weil sie nur ihre religiösen Pflichten erfüllen wollten. Insgesamt jedoch begünstigte dieses Milieu die Ausbreitung von säkularen wie religiösen Ideen, und zwar in einem Kontext, den die Elite nicht komplett kontrollieren konnte.

Zum anderen versammelten die Menschen sich regelmäßig, um Schriftlesungen zu hören (damals vor allem aus dem Pentateuch, den Psalmen und Jesaja). Auch das war eine Gelegenheit für das Kennenlernen und die Diskussion einer Vielfalt von Gedanken und Ansätzen. Der Sabbat als heiliger Tag nahm im Leben der Juden weiterhin eine zentrale Stellung ein. Er begann am Freitagabend im Rahmen der Familie. Am folgenden Tag versammelten sich die Gläubigen für die Lesung und, wichtiger noch, die Auslegung der Heiligen Schrift. Die Geschichte der Synagoge oder des Bethauses in dieser Zeit ist bis heute nicht ganz klar. Sicher ist, dass regelmäßig Versammlungen stattfanden und dass bei diesen Versammlungen die Texte des Bundes gelesen und, wichtiger noch, ausgelegt wurden. In diesem Umfeld konnte man seine Nachbarn mit der eigenen Meinung konfrontieren und durfte eine Antwort erwarten. Wenngleich die meisten Anwesenden nur den Lehrenden zuhörten, ging es im Gespräch vor und nach den Lesungen auch um Aspekte des täglichen Lebens einschließlich der Interpretation wichtiger Beispiele und Gebote aus der Schrift. Diese Gespräche boten Gelegenheit, sowohl neue Sichtweisen kennenzulernen als auch traditionelle zu vertiefen.

In diesem Umfeld von Darlegung, Interpretation und Diskussion konnte man sich auf alternative Handlungsmodelle einlassen, ohne einer bestimmten Sekte anzugehören. Oder genauer gesagt: Da alle Sekten der Chassidim auf Reinheit, Frömmigkeit und Rechtschaffenheit großen Wert legten, weil diese im Rahmen des Bundes von Jahwe belohnt wurden, waren die Menschen dafür empfänglich, wie eine inspirierte Person dies im Einzelnen sah und welche Handlungsvorschläge sie daraus ableitete.

Die Überzeugung, dass es neben Jahwe keinen anderen Herrn geben dürfe, war die Grundlage des Bundes. So sagt Jahwe selbst durch den Mund des Propheten Jesaja:

> Hört mir zu, ihr vom Hause Jakob und alle, die ihr noch übrig seid vom Hause Israel, die ihr von mir getragen werdet von Mutterleib an und vom Mutterschoß an mir aufgeladen seid: Auch bis in euer Alter bin ich derselbe, und ich will euch tragen, bis ihr grau werdet. Ich habe es getan; ich will heben und tragen und erretten.[16]

Und der Prophet betont in Jahwes Namen die Wichtigkeit des Monotheismus: »So spricht der Herr, der König Israels, und sein Erlöser, der Herr Zebaoth: Ich bin der Erste und ich bin der Letzte, und außer mir ist kein Gott.«[17] Angefangen bei den Makkabäern sind uns viele Menschen bekannt, die bereit sind, für ihre Sicht dieses Prinzips zu kämpfen und zu sterben, weil Jahwe durch Jeremia fordert: »Lass die zuschanden werden, die mich verfolgen, und nicht mich; lass sie erschrecken, und nicht mich. Lass den Tag des Unheils über sie kommen und zerschlage sie zwiefach!«[18]

Die Belohnung in einem künftigen Leben nach dem Tod war gut und schön, aber sicherlich musste doch auch Jahwe es gutheißen, sofort aktiv zu werden, um das Volk zu schützen, das ihn verehrte. Für diesen sehr einfachen Gedanken war weder eine ausgefeilte Morallehre noch eine ausgefeilte Theologie erforderlich. Er ließ sich ohne Weiteres direkt aus der Tradition des jüdischen Volkes ableiten. Josephus sprach von einer »vierten« Schule, die neben den anderen drei »Schulen« (d. h. Sekten), den Essenern, den Pharisäern und den Sadduzäern, existierte. Selbst er räumte jedoch ein, dass diese vierte Schule weder theologisch noch lebenspraktisch einen eigenen spezifischen Ansatz zu bieten hatte. Vielmehr stimmten ihre Anhänger mit der Lehre der Pharisäer überein, mit dem einen Zusatz, dass »sie nur keinen Menschen als Herrn anzuerkennen brauchen«.[19] Dies war jedoch nichts Neues: Dass das jüdische Volk nur einen Herrn hatte, nämlich Jahwe, war in der jüdischen Tradition ein Gemeinplatz. Oder wie Samuel die Israeliten ermahnt hatte: »Werdet ihr nun den Herrn fürchten und ihm dienen und seiner Stimme gehorchen und dem Mund des Herrn nicht ungehorsam sein, so werdet ihr und euer König, der über euch herrscht, dem Herrn, eurem Gott, folgen. Werdet ihr aber der Stimme des Herrn nicht gehorchen, sondern seinem Mund ungehorsam sein, so wird die Hand des Herrn gegen euch sein wie gegen eure Väter.«[20]

Dank dieser Überzeugung leisteten manche Männer furchtlosen Widerstand gegen die Herrschaft von Nichtjuden, aber auch von Juden, die die Gebote des Bundes ihrer Ansicht nach nicht strikt genug befolgten. Der erste Anführer dieser Gruppe war der gewalttätige Aufständische Judas der Galiläer. Der Bericht des Josephus lässt vermuten, dass er und seine Männer nicht nur Plünderer und Zerstörer waren, sondern tatsächlich die feste Absicht hatten, in Judäa und Galiläa einen unabhängigen, auf dem Bund mit Jahwe basierenden Territorialstaat zu gründen, und dass sie bereit waren, dafür zu sterben. Sie glaubten an Jahwes Gerechtigkeit und rechneten fest mit seiner Hilfe: »Gott aber werde nur dann bereit sein, ihnen zu helfen, wenn sie ihre Entschlüsse tatkräftig ins Werk setzten und je unverdrossener sie diese ausführten.« Judas predigte in der prophetischen Tradition der sozialen Gerechtigkeit, dass das Wohl der einfachen Leute von seinem Erfolg abhinge. Außerdem vertrat er das Modell einer direkten Intervention Jahwes: Gott werde eingreifen, um seine Feinde zu schlagen und den Frommen zum Triumph zu verhelfen. Weiter schreibt Josephus, die Menschen hätten Judas' Unternehmen »mit größtem Beifall aufgenommen«. Was daran lag, dass der Aufständische keineswegs »der Neuerungssucht« erlegen war und an »alterhergebrachten Einrichtungen« rüttelte, wie Josephus ihm vorwirft, sondern von einem schon lange bestehenden Streben nach theokratischer Unabhängigkeit profitierte, auf das sich Mattatias und Judas Makkabäus schon 150 Jahre zuvor gestützt hatten und das in der Zwischenzeit offenbar nicht ausgestorben war. Judas gewann »zahlreiche Anhänger« und bekriegte alle, die mit seinem Ansatz nicht einverstanden waren, gleichgültig, ob es sich dabei um die Elite der jüdischen Gesellschaft oder um römische Soldaten handelte.[21]

Eine Reihe von Männern trat später in Judas' Fußstapfen. Sie waren in der Zeit vor dem Jüdischen Krieg und sogar noch nach der jüdischen Niederlage in Judäa aktiv. Josephus berichtet ausführlich über viele von ihnen, verurteilt ihre Motive und Methoden und stempelt sie als »Banditen« ab. In den letzten Jahren vor dem Krieg wurden solche gewalttätigen Männer als »Zeloten« oder »Sikarier« bezeichnet.

Bei der Verteidigung des Bundes ein Zelot (Eiferer) zu sein, war aus der Sicht des Alten Testaments kein Laster, Mäßigung stellte keine Tugend dar. Pinhas, ein Enkel von Moses Bruder Aaron, kann als prototypischer Zelot gelten, da er einen abtrünnigen Israeliten und seine nicht hebräische Geliebte tötete – eine Bluttat, die Jahwe mit großem Wohlgefallen kommentierte: »Pinhas, der Sohn Eleasars, des Sohnes des Priesters Aaron, hat meinen Grimm von den Israeliten gewendet durch seinen Eifer um mich, dass ich nicht in meinem Eifer die Israeliten vertilgte.«[22]

WEGE ZUR VERÄNDERUNG

Elia war ein weiteres Vorbild, was seinen Eifer für Jahwe betraf. Der Begriff »Zeloten« ist somit lediglich das auf eine Gruppe bezogene allgemeine Ideal, in der Erfüllung von Jahwes Bund mit dem jüdischen Volk zu »eifern«.

Davon zu unterscheiden ist eine gewalttätige Gruppierung, die Sikarier. Ihr Name geht auf die *sica* zurück – einen gekrümmten Dolch. Das lateinische Wort ist in klassischen Quellen gut bezeugt, genau wie *sicarii*, was »Mörder« oder im engeren Sinne »Attentäter« bedeutet. Warum benutzte man ein lateinisches Wort, um gewalttätige Juden zu brandmarken? Latein war keine der Verkehrssprachen in Judäa, das waren Griechisch und Aramäisch. Doch in diesen Sprachen gibt es kein Wort, von dem man *sicarii* herleiten könnte.

Als Vorbild diente den Sikariern ein Ereignis aus der Zeit König Davids. Damals erstach Joab Amasa, einen der Feinde Davids, mit einem Dolch. Und auch die Sikarier spezialisierten sich auf den Dolch als Mordwaffe, wenn sie Feinde des Bundes, darunter einmal sogar einen Hohen Priester, umbrachten. Sie waren wie Joab bereit, andere Juden zu töten, die sie als Verräter an der jüdischen Sache betrachteten. Die römischen Behörden müssen mit Bedacht eine Bezeichnung gewählt haben, die ihnen aus ihren eigenen Gesetzen gegen Mörder *(sicarii)* geläufig war – und diese blieb hängen. Wir wissen nicht, wie sich diese ›Messer-Männer‹ selbst nannten, aber ideologisch waren sie jedenfalls anderen Kämpfern wie den Zeloten sehr ähnlich.

Eleasar, ein Enkel Judas' des Galiläers, führte zumindest einige von ihnen an. Josephus berichtet über die Sikarier, dass sie

sich gegen alle verschworen, die sich den Römern fügen wollten, und behandelten sie in jeder Beziehung als Feind, indem sie ihnen die Habe raubten, sie entführten und ihre Häuser in Brand steckten. Sie stellten diese Judäer den Fremden gleich, da sie die so heiß umstrittene Freiheit verraten und eingestandenermaßen die römische Knechtschaft erwählt hätten.[23]

Obwohl sie auch auf dem Land operierten, spezialisierten sie sich auf Morde in städtischer Umgebung, wo sie auf Festen auftauchten und Kollaborateure erstachen.

Junge Fanatiker fühlten sich von dieser und ähnlichen Gruppen angezogen. Sie bildeten eine militante Alternative zu den weniger aggressiven Ansätzen, mit denen die Essener und die Pharisäer die Gerechtigkeit Jahwes im Hier und Jetzt verwirklichen wollten.

Bei der Beantwortung der Frage, wie sich die jüdischen Traditionen in den drei Jahrhunderten von etwa 200 v. bis 100 n. Chr. veränderten, beziehe ich mich meistens auf die Juden aus Judäa, da über sie die meisten Quellen verfügbar sind. Jedoch auch in Städten rund um das Mittelmeer und in Babylonien lebten viele Juden. Über die Sekten in diesen Gebieten liegen allerdings kaum Informationen vor, außer für die Therapeuten in Ägypten. Diese waren den Essenern verblüffend ähnlich – wenn auch nicht mit ihnen identisch –, was vermuten lässt, dass das Judentum der Diaspora allgemein exklusivistischer und frommer war.

Bedeutet dies, dass die Diskussionen in den Synagogen und Gebetshäusern der Diaspora anders verliefen als in Judäa? Die Sadduzäer waren an den Tempel gebunden. Persönlich waren sie in der Diaspora nicht vertreten, ihre Anliegen fanden dort also kaum Gehör. Tatsächlich waren dort Detailfragen des Tempels generell nicht von besonderem Interesse. Die Essener waren geografisch begrenzt, spielten also ebenfalls keine Rolle in der Diaspora, außer dass ihre Ideen, wie erwähnt, vermutlich von Gruppen wie den Therapeuten geteilt wurden. Nur die Lehre der Pharisäer, die sich auf die Auslegung der Tora konzentrierte, die bekanntlich für alle Juden das zentrale Dokument war, konnte ohne Weiteres auch im Ausland aufgegriffen werden. Themen wie die Tradition der Vorfahren, die Frage der Reinheit oder der Zulässigkeit von Ehen mit Nichtjuden fielen bei den Juden, die in der Welt der Polytheisten lebten, auf fruchtbaren Boden. Wie wir sehen werden, sind die Erfahrungen der christlichen Lehrer und Prediger in den Synagogen der Diaspora ein hervorragendes Beispiel für den lebhaften Forschungsgeist, die intellektuelle Neugier und die religiöse Suche der Pharisäer, von deren Lehre sich schon damals einige Polytheisten angezogen fühlten.

Die Beziehung der Israeliten zu Jahwe war von dem Bund zwischen ihm und den zwölf Stämmen Israels geprägt, die von den zwölf Söhnen des Patriarchen Jakob (Israel) abstammten. Jakob wiederum war der Enkel Abrahams, des Ersten, zu dem Gott persönlich Kontakt aufgenommen hatte. Obwohl der Gedanke des Bundes auf Abraham zurückging, stiftete ihn Jahwe in seiner endgültigen Form erst durch Jakobs Nachfahren Mose. Irgendwann jedoch kam der Gedanke auf, Jahwe habe Abraham einen erweiterten Bund versprochen, der alle Völker der Erde mit einschließe. So sagt Jahwe in der Genesis zu Abraham: »Ich will dich zum großen Volk machen und will dich segnen und dir einen großen Namen machen, und du sollst ein Segen sein. Ich will segnen, die dich segnen, und verfluchen, die dich verfluchen; und in dir sollen gesegnet werden alle Geschlechter auf Erden.«[24] Und zu Abrahams Sohn Isaak sagt er: »Bleibe als Fremdling in diesem Lande, und ich will mit dir sein und dich segnen; denn dir und deinen Nachkommen will ich alle diese Länder geben und will meinen Eid wahr machen, den ich deinem Vater Abraham geschworen habe, und will deine Nachkommen mehren wie die Sterne am Himmel und will deinen Nachkommen alle diese Länder geben. Und durch deine Nachkommen sollen alle Völker auf Erden gesegnet werden.«[25]

Auch der Prophet Jesaja aus dem 6. bis 5. Jahrhundert v. Chr. betonte den potenziell umfassenden Charakter des Bundes mit Jahwe:

Ich kenne ihre Werke und ihre Gedanken und komme, um alle Völker und Zungen zu versammeln, dass sie kommen und meine Herrlichkeit sehen. Und ich will ein Zeichen unter ihnen aufrichten und einige von ihnen, die errettet sind, zu den Völkern senden … und sie sollen meine Herrlichkeit unter den Völkern verkündigen. Und sie werden alle eure Brüder aus allen Völkern herbringen … nach Jerusalem zu meinem heiligen Berg, spricht der Herr.[26]

Außerdem sagte er:

Und die Fremden, die sich dem Herrn zugewandt haben, um ihm zu dienen und seinen Namen zu lieben, damit sie seine Knechte seien, alle, die den Sabbat halten, dass sie ihn nicht entheiligen, und die an meinem Bund festhalten, die will ich zu meinem heiligen Berg bringen und will sie erfreuen in meinem Bethaus, und ihre Brandopfer und Schlachtopfer sollen mir wohlgefällig sein auf meinem Altar; denn mein Haus wird ein Bethaus heißen für alle Völker.[27]

Die Geschichte von Naaman dem Syrer spricht ebenfalls für die Universalisierung Jahwes.[28] Auch in Jona (3. bis 2. Jahrhundert v. Chr.) steht das Thema im Mittelpunkt, dass Jahwe Nichtjuden, die bereuen und ihm gehorchen, annimmt und für sie sorgt. Und noch im Buch Henoch (2. Jahrhundert v. Chr.) ist davon die Rede, dass »alle Menschenkinder« sich den Juden anschließen und die wahre Lehre vom göttlichen Segen annehmen würden.[29]

Mit dem Begriff »Gottesfürchtige« wurden später Polytheisten bezeichnet, die sich von Traditionen des jüdischen Volkes angezogen fühlten. Er taucht in den ersten nachchristlichen Jahrhunderten auf, wird im Neuen Testament verwendet und ist sowohl in der Synagoge von Aphrodisias in Kleinasien als auch in einer Synagoge in Pantikapaion auf der Krim epigrafisch nachgewiesen. Auch auf Spenderlisten von Synagogen in Sardeis, Tralleis und Philadelphia in Kleinasien werden Gottesfürchtige erwähnt. Zwar ist es ein wenig verwunderlich, dass Philon im ersten Jahrhundert n. Chr. nicht eine einzige Person aus der jüdischen Gemeinde von Alexandria erwähnt, die ein Gottesfürchtiger gewesen wäre, dafür sind sie jedoch in der Apostelgeschichte vertreten. Ein gutes Beispiel ist der Centurio Cornelius. Er war gerecht und fürchtete Jahwe, aber er war kein Jude; Petrus bekam Schwierigkeiten, weil er bei ihm als Nichtjuden speiste, dessen Essen unrein sein konnte.[30] Auch Josephus verwendet den Begriff, bezieht ihn aber sowohl auf Polytheisten als auch auf Juden. Er berichtet von »Judäerfreunden« in syrischen Städten und insbesondere von gottesfürchtigen Frauen in Damaskus,[31] außerdem von der Anwesenheit einer großen Zahl von Polytheisten beim Pessach-Fest in Jerusalem im Jahr 63 oder 65 n. Chr. Diese waren bestimmt Gottesfürchtige und nicht nur Touristen, die die Stadt lediglich wegen des Festes besuchten.[32]

Basierend auf Richtlinien, die angeblich aus der Zeit Noahs stammten, konnten diese Nichtjuden auf eine gemäßigte Art der jüdischen Tradition folgen. Insbesondere waren sie nicht zur Beschneidung verpflichtet. Die Verweigerung der Anbetung von Götterbildern, die eine Beleidigung Jahwes darstellte, war dagegen sehr wichtig. »Wer die Götzenanbetung ablehnt, anerkennt die ganze Tora«, lautete der entsprechende Spruch. Die Ablehnung des Polytheismus war die zentrale Entscheidung, wenn ein Polytheist sich zur Tradition Jahwes bekannte.

Polytheisten konnten auch vollständig zur jüdischen Tradition konvertieren. Philon berichtet in seiner Schrift *Über die Einzelgesetze* von der Aufnahme von Proselyten, denen er in der Gemeinschaft offenbar denselben Rang wie den anderen Mitgliedern zuspricht. Eine Konversion bedeutete für einen Polytheisten eine beträchtliche Störung seines sozialen Lebens. Philon ermahnte daher die Juden, die Proselyten gut zu behandeln, weil sie ihr Land, ihre Freunde, ihre Verwandten verlassen und ihre alte religiöse Orientierung aufgegeben hätten.[33] Tacitus betont aus Sicht des Polytheisten ebenfalls die Ansicht, dass Konvertiten Entfremdung erfahren, wenn sie sich von ihren Göttern, ihrem Vaterland, ihren Eltern, Kindern und Geschwistern abwandten.[34] In der jüdischen Doppelnovelle *Josef und Asenat* zerstört die polytheistische Asenat ihre Götterbilder, schwört dem Polytheismus ab und beschließt, Jahwe zu dienen.

Proselyten werden fast nie namentlich genannt. Sieht man von der Apostelgeschichte ab, findet sich die einzige Erwähnung im Neuen Testament in Matthäus 23,15. Bei Josephus gibt es nur ein Beispiel: Ein jüdischer Kaufmann bekehrt das Königshaus von Adiabene.[35] Philon erwähnt keinen Proselyten namentlich. Bei der vollständigen Konversion musste man nicht nur allen übernatürlichen Mächten außer Jahwe abschwören, sondern die Männer mussten sich auch beschneiden lassen. Ein Konvertit musste die Gebote des Bundes befolgen, wie sie in der Tora niedergelegt waren, und sich in die jüdische Gemeinschaft integrieren. Das alles wirkt sehr eindeutig, aber unter den vielen Strängen der jüdischen Tradition befinden sich, wenig überraschend, auch einige, die eine Beschneidung nicht unbedingt für notwendig hielten. Seit der Zeit der Propheten vertraten die Sprecher Jahwes die Ansicht, dass der physische Akt der Beschneidung ein äußeres Zeichen der inneren Verpflichtung für den Bund mit Jahwe sei. Jeremia ermahnt sein Volk ausdrücklich, dem Gebot in 5. Mose 10,16 zu folgen: »So beschneidet nun die Vorhaut eurer Herzen und seid hinfort nicht halsstarrig.« Er meint damit, dass auf den physischen Akt der Beschneidung ein Leben in Gottesfurcht zu folgen habe, und verkündet, Jahwe werde jene Israeliten bestrafen, die nur körperlich, nicht jedoch geistig beschnitten seien.[36] Hesekiel betont ebenfalls, dass die Beschneidung nicht nur körperlich, sondern auch geistig erfolgen müsse.[37]

Josephus bringt in der oben schon angedeuteten Passage ein ausgezeichnetes Beispiel für die Kontroverse über die physische Beschneidung von Konvertiten: Der jüdische Kaufmann Ananias unterrichtete den König von Adiabene und seine Familie über die jüdischen Gebräuche. Er betonte, dass die Beschneidung nicht notwendig sei, der Bekehrte »könne Gott auch ohne Beschneidung verehren, wenn er nur die gottesdienstlichen Gebräuche der Juden befolge, die viel wichtiger als die Beschneidung seien.« Dann jedoch kam aus Galiläa ein anderer Jude namens Eleasar, »den man für gesetzeskundig hielt«, und dieser sagte dem König, dass die Beschneidung bei einer vollständigen Konversion doch nötig sei.[38]

Eleasar vertritt eindeutig die Meinung des Propheten Jesaja, nur die Beschnittenen seien das wahre Israel. Und so war auch die Mehrheitsmeinung der Juden: Die körperliche Beschneidung ist Bedingung für eine vollständige Konversion. Man war sich weitgehend darüber einig, dass »unrein« gleichbedeutend mit »unbeschnitten« war. Wir kennen keine spezifische jüdische Gruppe in der Antike, die nicht beschnittene Konvertiten akzeptiert hätte. Aber über die meisten Stränge der jüdischen Tradition ist das heutige Wissen auch sehr beschränkt. Der Bericht des Josephus lässt jedoch immerhin vermuten, dass wenigstens manche die physische Beschneidung nicht für notwendig hielten. Philon bezog sich auf die Beschneidung des Herzens, als er schrieb, dass »der Proselyt nicht seine Unbeschnittenheit, sondern seine Begierden und sinnlichen Vergnügen und andere Leidenschaften seiner Seele beschneidet«. Er erfährt dadurch »die Abkehr von der Verehrung vieler Götter und wird vertraut mit der Verehrung des einen Gottes und Allvaters«. Daraufhin bezeichnet er die »Neuankömmlinge« als jene, »die zu der Wahrheit gerannt sind«.[39] Dass in den rabbinischen Schriften immer noch von »Proselyten des Tores«, also nicht beschnittenen Proselyten die Rede ist, lässt darauf schließen, dass das Problem auch nach der hier behandelten Periode noch einige Zeit bestand.[40]

Manche Polytheisten fühlten sich also tatsächlich von jüdischen Traditionen angezogen, und einige dieser Traditionen kamen den an ihrer Religion Interessierten entgegen, indem sie nicht nur vollständige Konvertiten, sondern auch interessierte, aber nicht absolut überzeugte Polytheisten (Gottesfürchtige) aufnahmen. Aktive Bekehrungen von Polytheisten fanden jedoch so gut wie nicht statt. Zwar zwangen die späteren Hasmonäerkönige die nichtjüdischen Völker in ihrem Herrschaftsbereich zur Konversion, doch das stellt eine Anomalie dar. Außerdem kann man

WEGE ZUR VERÄNDERUNG

Zwangsbekehrung kaum als Missionierung bezeichnen. Im Normalfall waren die jüdischen Traditionen offen für interessierte Polytheisten, ohne jedoch aktiv zu missionieren. Wie viele auf dieses Angebot eingingen, ist unbekannt.

Wie wir im Folgenden sehen werden, konnten sich auch für den neuen Umgang mit dem Übernatürlichen, den der Jude Jesus von Nazareth verkündete, viele Polytheisten begeistern. Die wichtigste Spielart des Judentums im 1. Jahrhundert n. Chr. nahm also interessierte Polytheisten in ihre Gemeinschaft auf. Das Christentum jedoch würde schnell eine eigene Spielart entwickeln, die sehr viel aktiver nach Polytheisten, aber auch nach Juden in Judäa und in der Diaspora suchte, die sich der neuen Bewegung anschließen wollten.

Sowohl Philon als auch Josephus bringen unabhängig von ihrer Tradition allgemeine Ansichten zum Ausdruck, die sich nur als »Philanthropie«, als positive Einstellung gegenüber anderen Menschen, bezeichnen lassen. Wir haben keine genaue Vorstellung davon, wie weit diese Einstellung über reine Theorie hinausging. Unter frommen Juden war die Sorge verbreitet, dass der Kontakt mit Polytheisten unrein machen könne, insbesondere jedoch der Kontakt mit ihren Speisen, weil diese als Opfer für ihre Götter gedient haben konnten. Petrus machte demnach einen Fehler, als er mit dem Centurio Cornelius speiste, denn ein Teil des Essens war vielleicht zuvor bei der Verehrung von Götterbildern verwendet worden. Die verschiedenen Stränge der jüdischen Tradition reagierten mit unterschiedlicher Intensität auf solche Bedrohungen. Einige vertraten sogar die Ansicht, man könne schon durch die bloße Berührung eines Polytheisten unrein werden. Einig war man sich hingegen darüber, dass dies schlimmstenfalls eine geringe Unreinheit bedeutete. Ebenso bestand Einigkeit darüber, dass die Heiden im Tempel nur Zugang zum Hof der Nichtjuden haben durften.

Den sie unterdrückenden Polytheisten begegneten die Juden mit weit weniger Menschenliebe. Seit dem Makkabäer-Aufstand wurden sie zunehmend als Bedrohung der jüdischen Traditionen betrachtet, gleichgültig, ob es sich bei ihnen um Griechen, Römer oder Ägypter handelte. Die Tora und ihre Ermahnungen standen da schon lange im Zentrum der Identität einer fest gefügten Gemeinschaft. Der Bund mit Jahwe und die

Geschichte seines Volkes von Abraham bis in ihre Zeit konnte leicht ein Gefühl der Einzigartigkeit und Besonderheit wecken. Dieses Gefühl verstärkte sich noch einmal im 2. vorchristlichen Jahrhundert mit dem Makkabäer-Aufstand. Vielleicht wirkten die zur Unzeit unternommenen Versuche Antiochos' IV., die Bestimmungen der Tora zu unterlaufen, dabei wie ein Brennpunkt für die Strahlen der Tradition und entfachten dadurch ein Feuer, das kaum mehr zu löschen war. Das zwanghafte Bedürfnis, die eigene Identität zu schützen, war in allen Schichten tief verankert und weit verbreitet, sogar in den Eliten, die bei der politischen Kontrolle der Bevölkerung ansonsten mit den Oberherrn kooperierten. Wirtschaftliche und politische Faktoren konnten die Unzufriedenheit zusätzlich verstärken, doch der Auslöser war stets, dass ein Ereignis als Bedrohung für die Identität der Gemeinschaft interpretiert wurde. In der Folge entstand unweigerlich eine anti-polytheistische Stimmung, die sich leicht mit den Vorstellungen von kultischer Reinheit verbinden ließ, die für das korrekte Verhältnis zu Jahwe immer wichtiger wurden. Die Krankheit des Volkes konnte kuriert werden, wenn man den infizierenden Geist exorzierte – und für einige bedeutete dies, dass man die Polytheisten vertreiben musste.

In den letzten Jahrhunderten v. Chr. und dem ersten nachchristlichen Jahrhundert fanden bei der jüdischen Bevölkerung erhebliche Veränderungen in der Beziehung zum Übernatürlichen statt, aber auch die Polytheisten öffneten sich für neue Möglichkeiten. Wir haben gesehen, wie sich die griechische und später die römische Philosophie von ihren Wurzeln in der strengen logischen Analyse sowohl der materiellen als auch der metaphysischen Welt immer mehr entfernte und sich immer ausschließlicher auf die Lebensführung konzentrierte. Ethik und Moral wurden nun zum wichtigsten Gegenstand der Philosophie. Oder wie A. A. Long es formuliert: »Alle hellenistischen philosophischen Schulen betonten die zuerst von Platon und Aristoteles gestellte Frage: ›Was ist Glück oder Wohlbefinden, und wie kann ein Mensch es erreichen?‹«[41] Diese Untersuchungen hatten selten wesentlichen Einfluss auf das Verhältnis der Polytheisten zu den übernatürlichen Mächten, eine Beziehung, die zwar durchaus ihre moralischen und ethischen Aspekte hatte, aber jedes zentralen Ausdrucks und jeder zentralen Diskussion ermangelte – eine Lücke, welche die Philosophie schließen konnte.

Einige philosophische Schulen, etwa die der Epikureer, lehnten die traditionellen übernatürlichen Kräfte ab. Außer dem Epikureismus akzeptierten jedoch alle wichtigen Schulen übernatürliche Mächte als wirksamen Teil des Kosmos. Selbst die Epikureer befürworteten die Beteiligung an polytheistischen Handlungen als rein praktische Maßnahme, auch wenn sie die tatsächliche Existenz oder Relevanz von übernatürlichen Kräften theoretisch bestritten. Abgesehen davon lieferten die philosophischen Schulen jedoch wenigstens der Intelligenz einen moralischen und ethischen Rahmen, gleichgültig, ob dieser mit einem Götterglauben verbunden wurde oder nicht. Ihre Lehren kommen dem sehr nahe, was wir heute als Religion betrachten.

Es ist symptomatisch, dass Philon und Josephus bestimmte jüdische Gruppen als »philosophische Schulen« bezeichnen. Josephus wendet den Begriff auf Sadduzäer, Pharisäer und Essener an und spricht, wie oben erwähnt, von einer vierten Schule, die sich von den anderen vor allem durch ihre Terrorkampagnen gegen jüdische und römische Autoritäten unterschied.[42] Philon bezeichnet die Aktivitäten in der Synagoge und im Gebetshaus als Hingabe an die Philosophie.[43] Auch auf manche gebildete Polytheisten wirkten die jüdischen Traditionen wie eine Philosophie, weil sie auf dem Pentateuch beruhten. Dieser ließ sich als philosophisches Dokument verstehen, in dem Wert auf ein moralisches Leben gelegt und Jahwe als organisierendes und herrschendes Prinzip betrachtet wird. Schon im zweiten Jahrhundert n. Chr. passten christliche Denker (und konvertierte Polytheisten) wie Justin und Tertullian ihre Theologie den philosophischen Kategorien der Polytheisten an und diskutierten mit ihnen auf gleicher Ebene. Solche Männer wurden immer stärker beeinflusst und zugleich selbst immer einflussreicher, als philosophische Ansätze für das Verständnis des frühen Christentums prägend wurden.

Wie viel Einfluss hatte das philosophische Denken auf das Leben der Menschen? Wenigstens in den Städten hielten die Philosophen an öffentlichen Orten ihre Vorträge. Sie mochten in einem Theater, in einem gemieteten Saal oder auch an einer Straßenecke ihre philosophischen Waren anbieten. In einer griechischen Inschrift aus dem französischen Lyon ist von Julianus Euteknios, einem beliebten polytheistischen Philosophen und Prediger, die Rede. Er stammte aus der wichtigen syrischen Stadt Laodikeia.

Wenn er zu den Galliern sprach, floss Überzeugung von seiner Zunge. Er verkehrte mit den verschiedensten Stämmen; er kannte viele Völker und gewährte ihren Seelen Bildung. Er vertraute sich immer wieder den Wellen der Meere an und brachte den Galliern und den Ländern im Westen alle Gaben, die Gott den fruchtbaren Landen zu tragen befahl – denn Gott liebte die Sterblichen.[44]

Die Kyniker waren, wie schon dargelegt, die berühmtesten Prediger. Ihre freche Kulturkritik brachte zwar vermutlich nur wenige ihrer Zuhörer dazu, ihr Leben zu ändern. Doch die Erfahrung, dass allgemein akzeptierte Regeln und Glaubenssätze infrage gestellt werden konnten, trug sehr wahrscheinlich dazu bei, ihren Geist für neue Ideen zu öffnen.

Der Mittelplatonismus (ein moderner Begriff für die Kombination platonischen, aristotelischen und stoischen Denkens) vermittelte ein Bild des Kosmos, das dem der zeitgenössischen Juden ähnelte. Der Grundgedanke war, dass es zwischen den Menschen und der ultimativen übernatürlichen Realität vermittelnde Gottheiten gab. Diese Vermittler hatten Gefühle, konnten gut oder böse sein und nahmen direkten Einfluss auf das Leben der Menschen. Dieses Konstrukt kam der von Menschen jüdischen Glaubens allgemein akzeptierten Existenz von Engeln und Dämonen sehr nahe. Auch wenn Jahwe zweifellos allmächtig, allwissend und gütig war, schloss dieser »Monotheismus« nie die Existenz anderer übernatürlicher Wesen, also guter und böser Engel (d. h. Dämonen), aus. Selbstverständlich waren sich auch die Polytheisten darüber einig, dass im Kosmos, manchmal zum Wohl und manchmal zum Schaden der Menschen, viele übernatürliche Mächte aktiv waren. Für Juden wie Polytheisten waren diese vermittelnden Mächte eine gute Erklärung für das Unheil, das auf der Welt geschah. Deshalb waren für beide Gruppen die Ordnungsprinzipien des Mittelplatonismus leicht verständlich. Philosophische Ideen bildeten zwar nicht die Grundlage des moralischen Denkens der meisten Leute, doch die Gebildeten kamen mit ihnen wenigstens in rudimentärer Form in Berührung. Die Gespräche in den Synagogen und auch in manchen polytheistischen Vereinen boten darüber hinaus die Möglichkeit, neue Ideen kennenzulernen, die man auf der Straße oder bei Vorträgen gehört hatte.

Auch der Polytheismus der Ungebildeten war wegen seines facetten-
reichen Wesens offen für neue Götter und Überzeugungen. Die meisten
Menschen änderten ihren traditionellen Umgang mit dem Übernatürlichen nie, aber gerade die Basis ihrer Tradition war für Veränderungen
offen. Diese Basis bestand in der Überzeugung, dass sich die Macht des
Übernatürlichen in direktem Handeln manifestierte. Es konnte (durch
Heilen, Verfluchen, Retten oder Vernichten) in das menschliche Leben
oder (durch Erdbeben, Stürme, Dürre) in die materielle Welt eingreifen.
Der Beweis von Macht erregte stets Aufsehen. Dabei definierten die Menschen in der Regel die Macht einer Gottheit ohne langwierige theoretische Begründung, ohne irgendeine ausgefeilte Philosophie über eine einzige Gottheit, ohne eine Theologie über die Schichten übernatürlicher
Mächte zwischen den Menschen und dem ultimativen Göttlichen, sondern schlicht nach dem, was die Macht bewirken konnte. Eine Gottheit,
die bei der Lösung menschlicher oder materieller Probleme Herausragen-
des leistete, verdiente Aufmerksamkeit. Der wichtigste Grund für einen
Polytheisten, eine Änderung seines Glaubensgerüsts vorzunehmen, war,
dass ihm ein Gott seine Macht offenbarte.

Das 1. Jahrhundert n. Chr. war durch eine große Vielfalt von Ideen und
Einstellungen in Bezug auf das Übernatürliche und dessen Anhänger geprägt. Weder Juden noch Polytheisten verfügten über einen unumstritte-
nen Ansatz. Beide Gruppen hatten gute Gründe, an ihren traditionellen
Vorstellungen und Überzeugungen festzuhalten. Dennoch waren die ex-
ternen Einflüsse auf das traditionelle Denken und Handeln der Juden so
stark, dass Ideen, die zuvor nur am Rande wahrgenommen wurden, unter den richtigen Umständen in den Mittelpunkt rücken konnten. Für
gebildete Polytheisten wiederum eröffnete die Vorstellung einer allumfassenden übernatürlichen Macht in Kombination mit der religiös-philo-
sophischen Betonung von Problemen des richtigen Lebens eine Möglichkeit, über einen Wechsel zum Monotheismus nachzudenken. Bei anderen
Polytheisten stand die Hemmung, traditionelle Bräuche von erheblicher
soziokultureller Bedeutung aufzugeben, einem solchen Wechsel im Wege.
Dennoch waren sie immer bereit, sich auf eine »bewiesene« übernatürliche Macht einzulassen. War die Macht einer Gottheit ausreichend groß,
konnten auch sie sich für einen neuen Ansatz öffnen.

7

CHARISMATIKER
UND MESSIASSE

Der »erwiesene« Zugang zu übernatürlichen Mächten gehörte in der gesamten Menschheitsgeschichte zum Handwerkszeug populärer religiöser Führer. Der Ruf, mit dem Übernatürlichen interagieren zu können, sorgte von den ersten Schamanen bis zu den Propheten der jüdischen Tradition und den Wundertätern des Polytheismus für Aufmerksamkeit und gläubige Anhänger. Charisma ist ein vom Übernatürlichen eingepflanzter Wesenskern, der die Verbindung zwischen einem Menschen und dem Übernatürlichen herstellt. Gelingt es einem charismatischen Führer, diese Verbindung zu demonstrieren, kann er zu Handlungen anregen und Veränderungen herbeiführen, die sonst vielleicht inakzeptabel wären. Jesus von Nazareth kam aus der jüdischen Tradition, aber als charismatischer Mensch sprach er mit seinem Leben, seinen Taten und seinen Lehren auch die Polytheisten an.

Flavius Josephus lässt auf seine Schilderung der Sikarier die Beschreibung einer weiteren Gruppe von Übeltätern folgen, die mit reineren Absichten, aber noch destruktiveren Zielen den Frieden in Jerusalem mindestens ebenso sehr störten wie die zuvor erwähnten Attentäter. »Sie waren Verführer und Betrüger, die unter dem Vorwand göttlicher Sendung auf Umwälzung und Aufruhr hinarbeiteten und das Volk zu religiöser Schwärmerei hinzureißen suchten, indem sie es in die Wüste lockten, als ob Gott ihnen dort durch Wunderzeichen ihre Befreiung ankündigen würde.«[1]

Er beschreibt hier ein weiteres Phänomen, das mit dem damals in der Luft liegenden leidenschaftlichen Streben nach Reinheit im Bund mit Jahwe zusammenhing – das Auftreten charismatischer Führer in der Tradition der Propheten, die zu wissen behaupteten, wie man Jahwes Gunst und dadurch entweder in der Gegenwart oder am Tag des Jüngsten Gerichts reichen Lohn erlangen könnte.

Josephus hatte eine solche Person persönlich kennengelernt. Er berichtet, dass er als Sechzehnjähriger, also etwa 53 n. Chr., Erfahrungen mit den Sekten machen wollte, die damals zu den Traditionen der jüdischen Bevölkerung gehörten. Die Pharisäer hatte er bereits studiert, nun lernte er die Lehren der Essener und der Sadduzäer näher kennen. Dann erkannte er jedoch, dass er noch eine vierte Möglichkeit erkunden musste: die Tradition des charismatischen, asketischen Führers. Zu diesem Zweck wurde er, wie er berichtet, »Nacheiferer« eines gewissen Bannus. Dieser Charismatiker lebte in der Steinwüste im Gebiet des Toten Meers, trug »nur aus Baum(rinde) verfertigte Kleidung« und aß »nur diejenige Nahrung ... die von selbst wuchs«. Bannus legte extremen Wert auf Reinheit, sodass sich Josephus »bei Tag und bei Nacht mit kaltem Wasser wusch, um der Reinheit willen«.[2] Er teilt uns nicht mit, welche Botschaft Bannus verkündete, und auch nicht, wie viele Jünger Bannus in die Wüste gefolgt waren. Dennoch muss er ein eindrucksvoller Mensch gewesen sein.

In den sektiererischen Streitereien der damaligen Zeit wurden Männer wie Bannus von den Pharisäern kritisiert, weil sie zu viel Wert auf äußere und zu wenig auf innere Reinheit legten. »[Die] Morgentaucher sagen: ›Ich streite gegen euch, Pharisäer, dass ihr ohne Tauchbad den Namen [Yahwes] im Morgengebet zitiert!‹ Die Pharisäer sagen: ›Wir streiten gegen euch, Morgentaucher, dass ihr den Namen rezitiert aus dem Leibe, an dem Unreinheit haftet‹.«[3] Menschen, die radikale Reinigung forderten, wurden wegen ihres täglichen rituellen Bades als »Hemerobaptisten« bezeichnet. Reste dieser Gruppe überdauerten in Judäa bis ins 3. Jahrhundert n. Chr. Frühe Christen zählten auch Johannes den Täufer zu dieser Gruppe, doch das ist falsch, da Johannes seine Jünger nicht zu täglichen Bädern anhielt.

Die Charismatiker in der Wüste standen für ein wichtiges Element der Volksreligion im Judäa des 1. Jahrhunderts n. Chr. Sie riefen das Volk zur Buße auf und versprachen Jahwes Segen und Hilfe entweder für die Gegenwart oder für die Letzten Tage oder für beides. Josephus lässt eine ganze Parade solcher Figuren aufmarschieren, wobei er lediglich eine mit Respekt behandelt, die anderen werden von ihm vorsichtig kritisiert.

Der berühmteste dieser Propheten war Johannes, genannt »der Täufer«. Er war laut Josephus ein »edler Mann«. Vielleicht sah er ihn in einem positiven Licht, weil er ihn an seinen eigenen Mentor Bannus erinnerte. Johannes lebte in der Wüste jenseits des Jordan, wie es viele Charismatiker taten. Er glaubte offensichtlich, ein Nachfolge des Propheten Elia zu sein, und trug ähnliche Kleidung wie dieser.[4] Laut Josephus gewann er seine Anhänger durch die wunderbare »Anziehungskraft« seiner Reden; was die darin enthaltene Botschaft betrifft, geht Josephus jedoch nicht ins Detail. Offenbar aber forderte Johannes alle auf, ein rechtschaffenes Leben zu führen, also gegen jedermann Gerechtigkeit zu üben und fromm zu sein.[5] Führte man ein frommes Leben, so konnte die Taufe folgen, nicht um für vergangene Sünden Vergebung zu erlangen, sondern um den Beginn eines neuen Lebens mit dem richtigen Verhalten zu bekräftigen. Die Botschaft des Johannes wird im Neuen Testament ausführlicher geschildert. Selbst Pharisäer und Sadduzäer kamen zu ihm, doch er wies sie ab, weil sie Heuchler seien.[6] Er predigte Rechtschaffenheit in Vorbereitung auf das Jüngste Gericht, das Jahwe halten würde. In der üblichen apokalyptischen Tradition sah er sich als einen Boten Jahwes, der in den Letzten Tagen persönlich eingreifen würde. Für Johannes gehörte zur Rechtschaffenheit auch soziale Gerechtigkeit und Ehrlichkeit; er forderte die Menschen auf, ihre Habseligkeiten mit den Armen zu teilen, ermahnte Soldaten, kein Unrecht zu tun, und Steuereintreiber, nicht mehr zu verlangen, als vorgeschrieben.[7] Seine Kunde ähnelte der des Boten, der von dem Propheten Malachias angekündigt wird:

Ich will meinen Engel senden, der vor mir her den Weg bereiten soll … Wer wird aber den Tag seines Kommens ertragen können, und wer wird bestehen, wenn er erscheint? … Und ich will zu euch kommen zum Gericht und will ein schneller Zeuge sein gegen die Zauberer, Ehebrecher, Meineidigen und gegen die, die Gewalt und Unrecht tun den Tagelöhnern, Witwen und Waisen und die den Fremden drücken und mich nicht fürchten, spricht der Herr Zebaoth.[8]

Johannes wurde vom Volk als ein sehr mächtiger Prophet angesehen.[9] Er hatte sein Leben lang Jünger. Andreas, einer der Jünger Jesu, war zuvor ein Jünger des Johannes gewesen,[10] und vermutlich war auch Jesus selbst einer gewesen. Johannes wurde um das Jahr 30 n. Chr. von Herodes Antipas, dem Herrscher von Galiläa, getötet. Dass er große Menschenmengen anzog, hatte Antipas beunruhigt, Menschenmengen waren immer beunruhigend für die Staatsmacht. Durch Johannes erhob sich, wenn auch indirekt, das Gespenst des Aufstands; deshalb ließ ihn Antipas präventiv beseitigen. Im Gegensatz zu den falschen Propheten, von denen noch die Rede sein wird, verkündeten die Jünger des Johannes, von denen später viele einem anderen Charismatiker namens Jesus folgten, noch lange nach seinem Tod seine Botschaft.[11] In Ephesos stieß Paulus auf einen Rivalen namens Apollos, der »nur von der Taufe des Johannes« wusste.[12] Insgesamt traf Paulus dort nicht weniger als zwölf weitere Anhänger der »Taufe des Johannes«. Sie alle trugen die Kunde des Johannes weiter, dass Jahwe bald in das Weltgeschehen eingreifen werde, und das Volk deshalb bereuen, rein werden und sich vorbereiten solle. Seine Jünger verkündeten nicht, dass er der Vorläufer eines menschlichen »Gottessohns« sei, sondern sahen in ihm einen Propheten, der das Eingreifen von Jahwe selbst ankündigte. Eine kleine Gemeinschaft im Irak betont bis heute seine religiöse Bedeutung.

Johannes war längst nicht der einzige Charismatiker, der um die Mitte des 1. Jahrhundert n. Chr. aktiv war. Im Jahr 36 überredete ein Mann aus Samaria, der gewöhnlich als »der Samaritaner« bezeichnet wird, eine Menschenmenge, mit ihm auf den Berg Garizim, den heiligen Berg der Samaritaner, zu steigen, um dort Gegenstände auszugraben, die angeblich Mose dort hinterlassen hatte. Offenbar existierte eine Überlieferung, laut der ein samaritanischer Retter erscheinen, diese heiligen Gegenstände finden und die Unabhängigkeit Samarias wiederherstellen würde. Jedenfalls fühlte sich der römische Statthalter Pilatus bedroht und schickte Soldaten, welche die zur Besteigung des Berges versammelten Menschen töteten oder zerstreuten.[13]

Auch ein gewisser Theudas gab sich als Prophet aus.[14] Er überredete 45/46 n. Chr. eine Menschenmenge (laut der Apostelgeschichte etwa 400 Personen, wenn dort derselbe Theudas wie bei Josephus gemeint ist),[15] ihm mit ihren Habseligkeiten in die Wüste zu folgen, und versprach, die Wasser des Jordan zu teilen, damit sie den Fluss überqueren konnten. Offenbar wollte er es damit Josua, Elia und Elisa gleichtun, die alle dieses Wunder vollbracht hatten.[16] Fadus, der römische Statthalter, schickte Reiter aus, welche die Anhänger des Theudas niedermachten und seinen Kopf an die Staatsmacht in Jerusalem übergaben.

Irgendwann in den Jahren 52–60 n. Chr überredete ein Prophet aus Ägypten, naheliegenderweise »der Ägypter« genannt, angeblich 30 000 Menschen (die akzeptablere Schätzung von 4000 Personen findet sich in der Apostelgeschichte), ihm in die Wüste und von dort wieder zurück zum Ölberg bei Jerusalem zu folgen.[17] Bei seinem Vorhaben orientierte er sich offenbar an dem Propheten Sacharja:

Und der Herr wird ausziehen und kämpfen gegen diese Völker, wie er zu kämpfen pflegt am Tage der Schlacht. Und an jenem Tag werden seine Füße auf dem Ölberg stehen, der vor Jerusalem liegt nach Osten hin. Und der Ölberg wird sich in seiner Mitte spalten vom Osten bis zum Westen zu einem sehr weiten Tal, sodass die eine Hälfte des Berges nach Norden und die andere nach Süden weichen wird … Da wird dann kommen der Herr, mein Gott, und alle Heiligen mit ihm.[18]

Der Ägypter verkündete, dass er vom Ölberg aus durch seinen Befehl die Mauern Jerusalems zum Einsturz bringen werde. Danach sollte die Menge in die Stadt einfallen, die Garnison überwältigen und, vermutlich, Jerusalem als Heimstatt Jahwes wieder in Besitz nehmen sowie ihn selbst zum Herrscher ernennen. Der römische Statthalter Felix nahm die Bedrohung ernst, schlug den Ägypter in die Flucht und machte den größten Teil seiner Anhänger nieder.[19]

Ebenfalls unter Felix traten falsche Propheten auf, die ihre Zuhörer »in die Wüste lockten«. Sie versprachen Zeichen und Wunder als sicheren Beweis dafür, dass sie für Jahwe sprachen. Manchmal griff Felix sie einfach an und tötete sie mitsamt ihren Anhängern. Bisweilen wurden sie auch zu ihm gebracht, und er bestrafte sie. Der Statthalter hatte sie offenbar im Verdacht, einen ausgewachsenen Aufstand vorzubereiten.[20]

Auch während des Jüdischen Kriegs traten viele Charismatiker hervor, die sich freilich nicht mehr für Erfahrungen in der Wüste interessierten. Viele prophezeiten, dass Jahwe den Belagerten in Jerusalem helfen werde. Ein anderer Charismatiker, Jesus ben Ananias, sagte ab 62 n. Chr. in der Tradition Jeremias den Untergang der Stadt voraus. Er hielt auch dann

CHARISMATIKER UND MESSIASSE

noch an seiner Prophezeiung fest, als ihn sowohl Albinus, der römische Statthalter, als auch die Priesterschaft an ihrer Verkündigung zu hindern versuchten. Einige Jahre später wurde er schließlich getötet, als die Stadt tatsächlich belagert wurde.[21]

In der modernen Literatur über das 1. Jahrhundert wird das Wort »Messias« oft als Synonym für »Charismatiker« gebraucht. Die Begriffe haben jedoch eine unterschiedliche Bedeutung. Charismatiker gab es viele, aber wie eine sorgfältige Untersuchung ergibt, wurde zwar von einigen Kreisen ein Messias erwartet, doch generell war die Erwartung nicht sonderlich weit verbreitet. In der Begrifflichkeit der jüdischen Tradition ist ein Charismatiker nur ein Prophet, kein Messias. Jeder Messias war ein Charismatiker, aber nur wenige Charismatiker hätten den Anspruch erhoben, ein Messias zu sein.

Messias bedeutet »Gesalbter«. Er (niemals eine Frau) war immer ein Beauftragter Jahwes. Die enge Beziehung zwischen Gott und Volk bedeutete, dass das Volk auf die Hilfe und den Schutz seines Gottes baute. Wenn die Götter in das Geschehen der Welt jedoch nicht persönlich eingriffen, brauchten sie einen Beauftragten, der in ihrem Namen sprach und handelte. In der israelitischen Tradition war die Salbung das Zeichen für diese Beauftragten Jahwes.

In der Geschichte des jüdischen Volkes wurden drei Arten von Menschen gesalbt: Priester, Propheten und Könige.[22] Selbst ein Nichtjude konnte ein gesalbter Beauftragter Jahwes werden. Jesaja pries den Perserkönig Kyros als (metaphorisch) Gesalbten und versprach ihm irdischen Lohn, weil er die Judäer aus der babylonischen Gefangenschaft in ihre Heimat hatte zurückkehren lassen und dort die auf König und Priesterschaft gestützte Theokratie wieder erlaubt hatte.[23] Die Gewohnheit, Könige und Priester regelmäßig zu salben, scheint mit dem Exil verschwunden zu sein. Später erhoben Männer unter ausdrücklicher oder stillschweigender Berufung auf Jahwe Anspruch auf den Thron – wie etwa Judas Makkabäus und sein Bruder Jonatan, die Könige während der Makkabäer-Herrschaft –, doch sie wurden nie als Messiasse bezeichnet und offenbar auch nicht gesalbt. Judas, Sohn des Ezekias,[24] Simon von Peräa[25] und der Schafhirte Athrongaios[26] beanspruchten in der unsicheren Zeit nach dem Tod Herodes' des Großen im Jahr 4 v. Chr. alle den Königstitel, aber keiner behauptete, gesalbt zu sein. Auch die Pries-

12. Stele Kyros' des Großen in Pasargadai. Kyros erlaubte den Judäern, die dies wünschten, aus Babylonien nach Judäa und Jerusalem zurückzukehren. Deshalb wurde er als ein Gesalbter Jahwes gepriesen.

ter einschließlich des Hohen Priesters in Jerusalem wurden damals offenbar nicht mehr gesalbt.

Bei den Propheten gab es die gleiche historische Entwicklung. Sie konnten wie Elisa von Elia tatsächlich[27] oder wie Jesaja metaphorisch gesalbt werden: »Der Geist Gottes des Herrn ist auf mir, weil der Herr mich gesalbt hat. Er hat mich gesandt, den Elenden gute Botschaft zu bringen, die zerbrochenen Herzen zu verbinden, zu verkündigen den Gefangenen die Freiheit, den Gebundenen, dass sie frei und ledig sein sollen.«[28] Ihre Aufgabe als Beauftragte bestand darin, das Volk wieder zu einer guten Beziehung zu Jahwe zu führen. Später jedoch waren Männer wie Johannes der Täufer, die wir als Propheten bezeichnen würden, offenbar nicht mehr gesalbt. In unseren Quellen, einschließlich der Qumran-Rollen, wird kein Mensch als gesalbter Prophet bezeichnet, nicht einmal der Lehrer der Gerechtigkeit. Auch Jesus von Nazareth wurde nie gesalbt.

Die gesalbten Beauftragten Jahwes, in der Zeit vor dem babylonischen Exil noch relativ häufig, verschwinden also, ein wenig überraschend, in der Zeit danach. Die infrage kommenden Personen bleiben die gleichen: Priester, Könige und Propheten, aber von keinem wird mehr gesagt, er sei ein gesalbter Beauftragter Jahwes. Dann jedoch, gegen Ende des 3. und zu Beginn des 2. Jahrhunderts v. Chr., verbreitet sich die Erwartung eines künftigen Gesalbten. Sowohl Henoch als auch Daniel sagten voraus, dass Jahwe das Volk zur Rechtschaffenheit ermutigen und über seine Feinde richten wird. Ein Messias als Beauftragter ist dabei allerdings noch nicht vorgesehen. In den Qumran-Rollen jedoch wird die Existenz eines solchen Beauftragten hervorgehoben. In dem als *Messianische Apokalypse* bezeichneten Fragment (4Q521) ist die Rede von einem Messias, der den von den Propheten verkündeten traditionellen jüdischen Gesellschaftsvertrag wiederherstellen wird. Er wird nach den Letzten Tagen Zeuge der Auferstehung der Toten und wird Himmel und Erde regieren. Noch ein wenig später, im ersten Jahrhundert v. Chr., wird in den Psalmen Salomos ein ausdrücklich politischer Messias nach dem Vorbild König Davids erwähnt. Dieser von David abstammende Messias wird das jüdische Königreich wiedererrichten. Auch ein Messias, der das Jüngste Gericht Jahwes verkündet, tritt in diesen Psalmen auf.[29] Dieser wiederum ist kein politischer, sondern ein prophetischer oder priesterlicher Messias.

Ohne die Qumran-Rollen und das Neue Testament hätten wir also praktisch keine Vorstellung von einem künftigen Messias aus dem Hause König Davids, der erscheint, um Jahwes Wünsche für das jüdische Volk auszuführen. Die Aussage, dass »der Gesalbte« als ein idealisierter Prophet oder Priester oder König erscheinen wird, um das Volk zur Rechtschaffenheit aufzurufen, in den Letzten Tagen Zeuge zu werden, wie Jahwe die Frommen belohnt und die Gottlosen bestraft, und sodann eine Zeit der direkten Herrschaft Jahwes einzuleiten, ist fast nur in diesen Quellen enthalten.

Die Qumran-Rollen stehen für die nachdrücklichste Entwicklung dieses Gedankens. Die Menschen von Qumran und Gleichgesinnte waren es, die einen prophetischen, priesterlichen Messias ins Spiel brachten, der, vermutlich durch Opfer, für die Sünden der Menschen büßte.[30] Als Jahwes Beauftragter sollte er den Menschen außerdem Frömmigkeit und Rechtschaffenheit beibringen. Oder wie es in einer der Schriftrollen heißt: »Er wird sühnen für die Kinder seiner Generation, und er wird zu allen Kindern seines Volkes gesandt werden. Sein Wort ist wie ein Wort des Himmels, und was er verkündet, entspricht dem Willen Gottes. Seine ewige Sonne wird scheinen, und sein Feuer wird in allen Ecken der Erde brennen. Dann wird die Finsternis von der Erde verschwinden und die Dunkelheit vom trockenen Land.«[31] Zudem wird Jahwe am Ende der Zeit behilflich sein. Gleichzeitig jedoch wird auch in den Qumran-Rollen ein von David abstammender königlicher Messias erwartet. Er wird die weltlichen Feinde der Rechtschaffenheit (Söhne der Finsternis) sowohl unter den Juden als auch unter den anderen Nationen besiegen. Dieser König ist dem prophetischen oder priesterlichen Messias unterstellt.

Beide Messias-Typen, der Prophet oder Priester und der König, entwickelten sich in den Worten und Taten der Juden weiter. Die erkleckliche Zahl von Möchtegern-Königen ist ein Beweis für die Lebendigkeit des Ideals einer von Jahwe gesegneten königlichen Führungsgestalt, auch wenn in den Quellen keiner der Thronanwärter gesalbt wird oder explizit von sich selbst behauptet, der Messias zu sein. Diese »Könige« hatten vielmehr die Wiederherstellung des jüdischen Königtums in ihrer Gegenwart zum Ziel. Die sogenannte *Aramäische Apokalypse* vom Toten Meer schildert vermutlich einen davidianischen messianischen Führer:

Er wird der Sohn Gottes genannt werden; sie werden ihn Sohn des Allerhöchsten nennen … Er wird die Erde mit Gerechtigkeit richten … und jede Nation wird sich vor ihm beugen … mit [Jahwes] Hilfe wird er Krieg führen, und … [Jahwe] wird alle Völker in seine Gewalt geben.[32]

In derselben Schriftrolle wird der darauffolgende Friede betont:

Er wird Sohn des Großen Gottes genannt werden; mit Seinem Namen soll er bezeichnet werden … Sein Reich wird ein Ewiges Reich sein, und er wird gerecht sein in allen seinen Wegen. Er wird die Erde mit Gerechtigkeit richten, und alle werden Frieden schließen. Das Schwert wird von der Erde verschwinden, und jede Nation wird sich vor ihm beugen. Mit der Hilfe des großen Gottes wird er Krieg führen, und Er wird alle in seine Gewalt geben, sie alle wird Er vor ihm niederwerfen. Seine Herrschaft wird eine ewige Herrschaft sein und alle Grenzen [der Erde sind Seine].[33]

Die stattliche Anzahl charismatischer Männer, die behaupteten, dem Volk Gerechtigkeit zu verschaffen und es beim Jüngsten Gericht in eine gute Position zu bringen, beweist, wie lebendig das Ideal der charismatischen Propheten war. Auch wenn es sich vielleicht mit aktuellen politischen Bestrebungen vermischte, ein jüdisches Königreich zu gründen, war es doch primär auf die gegenwärtige Vorbereitung auf die künftige Welt ausgerichtet. Für die Verfasser der Qumran-Rollen war der wichtigste Messias derjenige, der die Menschen durch soziale Gerechtigkeit und Gottgefälligkeit an einen auserwählten Platz im Königreich Jahwes führte. In der sogenannten *Messianischen Apokalypse* ist von einem Messias die Rede, dem Himmel und Erde gehorchen:

Himmel und Erde werden Seinem Messias gehorchen … Über den Armen wird sein Geist schweben und er wird die Gläubigen mit seiner Macht erneuern. Und er wird die Frommen rühmen auf dem Thron des ewigen Königreichs. Er, der die Gefangenen befreit, den Blinden ihr Augenlicht wiedergibt, die Gebeugten aufrichtet … Denn er wird die Verwundeten heilen und die Toten zum Leben erwecken und den Armen gute Nachrichten bringen.[34]

Was in den Qumran-Rollen nicht vorkommt, ist ein leidender oder sterbender Messias. Der Lehrer der Gerechtigkeit (der nie den Anspruch erhob, ein Messias zu sein, und auch von anderen nie als solcher bezeichnet wurde) wurde von seinen Feinden vertrieben und starb in der Verbannung. Nur in seinen Lehren lebte er weiter.

Jesus von Nazareth

Der Versuch, Jesus von Nazareth zu beschreiben, gleicht dem Versuch, Proteus zu fassen. Die Gestalt wandelt sich ständig und widersteht jeder endgültigen Festlegung. Obwohl alle Probleme in der Alten Geschichte von dem Mangel an Quellen und durch deren oft widersprüchliche Natur hervorgerufen werden, versuchen wir, auf der Basis des vorhandenen Materials dennoch ein kohärentes Bild zu zeichnen. Das Problem der Quellenauswertung im Fall Jesus von Nazareth ist vermutlich das vertrackteste in der gesamten Alten Geschichte. Wenn wir das von den Anhängern seiner Botschaft geschriebene Material nicht hätten, wüssten wir so gut wie nichts über ihn. Tatsächlich wüssten wir ohne dieses Material mehr über Johannes den Täufer als über Jesus. Es gibt keine zeitgenössischen schriftlichen Zeugnisse über das Leben Jesu. Josephus, der vermutlich in den neunziger Jahren des 1. Jahrhunderts schrieb, erwähnt ihn zwar in einer berühmten Passage,[35] doch nach Ansicht vieler Historiker haben erst spätere christliche Redakteure diese Passage eingefügt oder zumindest den ursprünglichen Text des Josephus stark redigiert. Erst bei Plinius dem Jüngeren findet sich die erste sichere Erwähnung. Sein Brief an Kaiser Trajan aus der Zeit um 112 n. Chr. bezieht sich eindeutig auf Jesus und dessen als Christen bezeichneten Anhänger. Frühere Erwähnungen des Geschichtsschreibers Tacitus und des Biografen Sueton beziehen sich auf die Christen im Kontext der Herrschaft der Kaiser Claudius (49 n. Chr.) und Nero (64 n. Chr.). Dieses Material wurde tatsächlich jedoch in den zwanziger Jahren des 2. Jahrhunderts, also nach der ersten Erwähnung durch Plinius, zusammengestellt. Keine dieser Quellen hilft uns, Jesu Botschaft zu verstehen, oder bietet eine Erklärung dafür, warum ihm seine Anhänger nach seinem Tod die Treue hielten oder wie sich das Interesse an seinen Lehren und an seinem Leben ausbreitete.

Überdies sind die Quellen, über die wir verfügen, parteilich, was jedoch keineswegs bedeutet, dass sie miteinander übereinstimmen würden. Ganz im Gegenteil. Das Material ist vorurteilsbeladen, trügerisch, unvollständig und oft widersprüchlich. Auch enthalten die Zeugnisse keine Biografie irgendeiner Person, die Jesus persönlich gekannt hätte und an seinem Wirken beteiligt gewesen wäre. Jesu Zeitgenossen Matthäus, Markus und Johannes haben die Evangelien nicht verfasst, die ihnen zugeschrieben werden. Andere Männer benutzten ihre Namen, um ihren Biografien Legitimität zu verschaffen, obwohl sie sich immerhin auf Augenzeugenberichte stützten. Lukas bekam den lebenden Jesus nie zu Gesicht. Wir sind also auf Quellen angewiesen, die von Personen verfasst wurden, die bestenfalls eine indirekte Kenntnis von dem Mann und seinen Taten hatten. Die traditionelle Annahme lautet, dass »Q« (= Quelle) – eine mutmaßliche Grundlage des Matthäus- und des Lukas-Evangeliums – auf eine Sammlung von Aussprüchen und Geschichten aus den ersten Tagen der Christenheit zurückgeht. Es gibt jedoch keinen Weg herauszufinden, ob das Material von Augenzeugen des Lebens Jesu stammt, und, wenn dem so ist, ob die darin enthaltenen Berichte und Zitate wirklich mit den historischen Ereignissen übereinstimmen. Einige behaupten, das Thomas-Evangelium sei eine Sammlung von Aussagen Jesu, die den kanonischen Evangelien vorausging, andere vertreten die Ansicht, es sei ein gnostischer Text aus dem 2. Jahrhundert. Etwa 40 Prozent der Aussagen dieses Evangeliums kommen in den kanonischen Evangelien nicht vor. Es gibt keine Möglichkeit, mit Sicherheit zu sagen, ob sie auf einen Augenzeugen von Jesu Leben zurückgehen.

Wir haben eine bessere Grundlage, um die Bewegung zu verstehen, die ihn überlebte. Einige ihrer Mitglieder haben tatsächlich schriftliche Zeugnisse hinterlassen. Am wichtigsten sind die echten Paulusbriefe: 1. Thessalonicher (um 50), Galater (um 53), 1. Korinther (um 53/54), Philipper (um 55), Philemon (um 55), 2. Korinther (um 55/56) und Römer (um 57). Die vielen anderen paulinischen Briefe sind Pseudepigraphe, also von anderen Autoren geschriebene Texte, denen sein Name Autorität und Prestige verleihen sollte. Lukas, der erste Historiker des Urchristentums, war möglicherweise ein Begleiter des Paulus und wäre damit ebenfalls ein Augenzeuge der Ereignisse, über die er in der Apostelgeschichte schreibt. Selbst dieses Buch stammt jedoch aus der Zeit nach der Zerstörung des

Tempels im Jahr 70 n. Chr., genau wie alle Lebensbeschreibungen (Evangelien), die wir besitzen. Dieser Mischmasch von Material, das von verschiedenen Autoren hinterlassen wurde, ist bestenfalls uneinheitlich und schlimmstenfalls widersprüchlich. Jeder Autor hat seine eigene Interpretation, wer Jesus war, wie seine Botschaft lautete und wie die christliche Bewegung entstand, sich entwickelte und wuchs. Ein weiser Kenner der griechischen Geschichte sagte einmal, jede Antwort auf eine schwierige Frage, die alle verfügbaren Quellen miteinander versöhne, sei unweigerlich falsch. Dennoch ist der Wunsch, all die verschiedenen Informationsstränge über Jesus und seine Bewegung zu harmonisieren, angesichts des großen Werts, den eine solche Harmonisierung in einer stark vom Christentum beeinflussten Kultur hätte, fast unwiderstehlich. Die Vielfalt von Möglichkeiten, die unsere Quellen und der Erfindungsgeist von Gelehrten, Geistlichen und Laien im Laufe der Jahrtausende zur Sprache gebracht haben, macht es erforderlich, dass wir unseren eigenen Ansatz in Bezug auf Jesus und die nach seinem Tod entstandene Bewegung klar formulieren.

Diese Darstellung versucht zu erfassen, welches Bild Jesu Zeitgenossen von ihm hatten, und in der Folge auch diejenigen, die seine Botschaft verkündeten. Um dies zu leisten, muss man die Einzelheiten seines Lebens, seinen Tod und seine Wiederauferstehung akzeptieren, weil dies viele seiner Zeitgenossen taten, und zwar unabhängig davon, ob sie dem entsprechen, was moderne Historiker als Tatsachen betrachten. Den Menschen von damals waren die Unstimmigkeiten gleichgültig, die spätere Experten aufspürten, und sie hielten Ereignisse für real, die viele heute für mythisch, märchenhaft oder unmöglich halten mögen. Im folgenden Kapitel werde ich darlegen, was meiner Ansicht nach für die gewöhnlichen Menschen attraktiv war. Zunächst einmal ist es jedoch wichtig, sich eine Vorstellung von dem Jesus zu machen, der den Menschen seiner Zeit begegnet sein mag. Das verfügbare Material ist konsistent genug, um eine solche Vorstellung in groben Umrissen zu gewinnen, wenngleich jede Vertiefung in Einzelheiten in ein Labyrinth ohne Ausgang führen würde.

Dass ich Jesus den Charismatikern des 1. Jahrhunderts zuordne, bedeutet, dass ich davon ausgehe, dass auch die Zeitgenossen ihn als einen Charismatiker betrachteten. Andere Beispiele der damaligen Zeit – ein Schafhirte hier, ein Bauer da – lassen darauf schließen, dass Menschen sich berufen fühlen konnten, irgendeinen Aspekt des Bundes mit Jahwe, so wie sie ihn verstanden, aktiv zu verteidigen. Die gesamte Überlieferung in der Bibel spricht dafür, dass Jesus durch die Predigten Johannes des Täufers erkannt hatte, wie wichtig es war, ein aktives rechtschaffenes Leben nach den Geboten der Tora zu führen. Wie viele andere, die einem Charismatiker in die Wüste folgten, war auch Jesus mit Johannes in der Wüste gewesen. Nach seiner Taufe blieb er zunächst dort, um zu meditieren und sich auf seine persönliche Botschaft auszurichten. Er kehrte etwa zum selben Zeitpunkt als eigenständiger charismatischer Führer zurück, als Johannes von Herodes Antipas verhaftet und hingerichtet wurde.

Jesus griff die Botschaft des Johannes auf und trat in seinen Predigten für soziale Rechtschaffenheit, Buße und ein Leben gemäß der Tora ein. Dabei entwickelte er offenbar seine eigene Interpretation, was genau ein solches Leben bedeutete, denn er vermied einige der für prophetische Äußerungen typischen Themen. So predigte er nicht ausdrücklich gegen den Abfall vom Glauben oder gegen die Anbetung von Götterbildern, legte keinen besonderen Wert auf Reinigungsrituale und übte auch keine Kritik an verschiedenen Spielarten der sexuellen Unmoral, einschließlich der Ehen mit Nichtjuden. Außerdem taufte er nicht, wie Johannes es getan hatte, und forderte nicht wie Bannus zu einem täglichen Bad der Reinigung auf. Seine Vorstellung von Rechtschaffenheit bestand darin, gemäß der Tora zu leben; und er stellte das mosaische Gesetz in den Mittelpunkt, was die Treue zu dem Bund betraf, den es verkörperte. Er folgte der pharisäischen Tradition, die Heiligen Schriften zu interpretieren, ja sogar zu analysieren, zog jedoch tolerantere Schlüsse als die Pharisäer und konzentrierte sich auf das *Sch'ma Israel* (»Höre, Israel, der Herr ist unser Gott, der Herr ist einer.«). Darüber hinaus erklärte er einen eher persönlichen, weniger kultischen Akt zur wichtigsten Regel der Rechtschaffenheit: »Du sollst den Herrn, deinen Gott, lieben von ganzem Herzen, von ganzer Seele, von ganzem Gemüt und mit all deiner Kraft ... Du sollst deinen Nächsten lieben wie dich selbst. Es ist kein anderes Gebot größer als diese.«[36] Diese Gebote stammten direkt aus der Tora.

All dies war im Rahmen der religiösen Erfahrung der jüdischen Bevölkerung des 1. Jahrhunderts völlig normal. Die revolutionärste Aussage Jesu lautete, dass seine Botschaft nicht »prophetisch« sei. Dies bedeutete, dass er sich nicht als bloßes Sprachrohr Jahwes verstand, also nicht in der traditionellen Rolle des Propheten, die auch Johannes der Täufer gespielt hatte. Stattdessen erhob er den Anspruch, eins mit Jahwe zu sein. Er erhob den Anspruch, dass seine Aussagen ihre eigene Gültigkeit besaßen und er nicht nur als eine Art Bauchredner Jahwes fungierte. Dies war vermutlich verwirrend für seine Zuhörer, die logischerweise einen weiteren Johannes den Täufer, Jeremia oder Elia, oder anders gesagt, einen traditionellen Propheten, in ihm sahen. Die Unterscheidung zwischen der bloßen Funktion eines Sprechers und eigener Autorität war zentral für seine Rolle als künftiger Messias. Seine Biografen jedoch behandelten diese Eigenschaft als geheimes Wissen, ähnlich wie die Gemeinschaft von Qumran oder die Essener wichtiges Material geheim hielten.[37] Dem einfachen Volk wiederum war es nicht besonders wichtig, zu welcher Kategorie ein inspirierter Führer gehörte. Es respektierte die Autorität prophetischer Charismatiker, insbesondere wenn diese die Fähigkeit besaßen, nach Gutdünken über die Macht Jahwes zu verfügen. Wunder waren ein unverzichtbares Element im Repertoire eines Propheten, sie waren der Beweis, dass er an Jahwes Macht teilhatte, und legitimierten ihn als dessen Sprecher. Jesus konnte Wunder wirken und war deshalb sehr überzeugend.

Im Gegensatz zu den Propheten in der Wüste trug Jesus seine Botschaft in die Dörfer Galiläas, einen Nährboden eschatologischer Leidenschaften. Er führte ein asketisches Leben und wanderte wie Elia von einem Ort zum anderen. Er besaß nur ein Minimum an Kleidung und lebte von der Großzügigkeit anderer. Obwohl er auch auf Massenversammlungen predigte (mit bis zu 5000 Menschen, glaubt man einem Bericht), fanden viele Begegnungen in oder vor den Häusern der Menschen statt. Er verkehrte mit Personen, die in pharisäischen und anderen Kreisen als unrein betrachtet wurden. Sein Engagement für soziale Rechtschaffenheit führte ähnlich wie bei Johannes und früheren Propheten dazu, dass er die strengen Reinheitsgebote dieser Kreise missachtete und stattdessen betonte, dass es mehr auf die Reinheit der Absicht als auf die Beachtung äußerlicher Reinheitsgebote ankomme, dass Reinheit und Rechtschaffenheit durch die Taten eines Menschen verletzt würden und nicht durch die Missachtung ritueller Vorschriften. So sagte er etwa: »Was aus dem Menschen herauskommt, das macht den Menschen unrein. Denn von innen, aus dem Herzen der Menschen, kommen heraus die bösen Gedanken, Unzucht, Diebstahl, Mord, Ehebruch, Habgier, Bosheit, Arglist, Ausschweifung, Missgunst, Lästerung, Hochmut, Unvernunft. All dies Böse kommt von innen heraus und macht den Menschen unrein.«[38] Diese Haltung hatte er mit anderen gemeinsam, die ebenfalls eine breite Definition von Rechtschaffenheit und Reinheit vertraten.

Seine Eschatologie war für die damalige Zeit normal. Er ging davon aus, dass Jahwe in der Endzeit eingreifen und über Rechtschaffene und Gottlose richten würde. Nach gebührender Belohnung und Bestrafung würde er das Königreich des Himmels, also das Königreich Jahwes – eine echte Theokratie – errichten. Es ist heute üblich, Jesus mit den politischen Zielen und sogar mit der Gewalt in Verbindung zu bringen, die einige andere Charismatiker seiner Zeit befürworteten. Ihn als Zeloten (also als Mitglied einer Gruppe, die 30 Jahre nach seiner Kreuzigung erstmals bezeugt ist) zu bezeichnen, ist besonders beliebt. Ich kann jedoch keine überzeugenden Beweise hierfür finden. Anders als bei einigen anderen Charismatikern seiner Zeit existieren bei Jesus kaum Hinweise in der Überlieferung, dass er sich, wie etwa der Ägypter, an Aktionen beteiligt hätte, welche die Herrschaft Jahwes auf Erden schneller herbeiführen sollten. Im Gegensatz zu den Sikariern vertrat er keine Ideologie, die Rechtschaffenheit mit Gewaltanwendung kombinierte. Tatsächlich rief er nie zur Gewaltanwendung auf, um soziale Missstände zu bekämpfen. Die Vertreibung der Geldwechsler aus dem Tempel, die man mit einigem Recht als die einzige überlieferte aggressive Tat Jesu betrachten kann, war ein extrem symbolisches, aber kaum welterschütterndes Ereignis. Jesus war vielmehr ein typischer Vertreter der ruhigeren Charismatiker, die es Jahwe überließen, für die Rechtschaffenen eine Zeit des Triumphs herbeizuführen, also eine göttliche Ordnung aufzurichten und Rache und Vergeltung an seinen Feinden zu üben. Nur wer Jesus von vornherein als politischen Agitator betrachtet, kann ihn mittels des vorliegenden Quellenmaterials als Revolutionär interpretieren.

Die große Popularität der eschatologischen Botschaft Jesu in Kombination mit der von ihm behaupteten direkten Beziehung zu Jahwe und mit seiner Fähigkeit, dieser Botschaft durch Wunder Glaubwürdigkeit zu verschaffen, sind Erklärungen dafür, warum er mit den Führern der Elite Probleme bekam. Dass die jüdischen und römischen Vertreter der Staatsmacht nicht die eigentlichen Botschaften der Charismatiker fürchteten, ist in den Berichten des Josephus ein ständiges Thema. Natürlich wetterten täglich reale und eingebildete Propheten in den Straßen und auf den Plätzen, und selbstverständlich stritten sich Sadduzäer und Pharisäer untereinander und mit den Charismatikern in Debatten, die oft in gewaltsame Auseinandersetzungen auszuarten drohten, ohne dass eine echte Gefahr für Unruhen bestand. Was die Staatsmacht wirklich fürchtete, waren die unruhigen, tatsächlich potenziell aufständischen Menschenmassen, die sich um die Charismatiker versammelten.

Die von Paulus und vielleicht auch von Josephus und Tacitus erwähnte Kreuzigung Jesu kann getrost als historische Tatsache betrachtet werden. Für fast alle Zeitgenossen war die Hinrichtung Jesu durch die Römer nur ein weiteres Beispiel dafür, dass ein Charismatiker mit einer großen Anhängerschaft damit scheiterte, die Herrschaft Jahwes herbeizuführen – ein Ereignis, das die Charismatiker fast immer behaupteten, herbeiführen zu können, und am Ende doch nicht zustande brachten. Der Überlieferung nach ließen die römischen Oberherrn Jesus hinrichten, weil sie ihn als Messias fürchteten. Das höhnische Schild »König der Juden«, das angeblich über seinem Kopf am Kreuz angebracht war, wäre ein Beweis für diese Furcht gewesen. Alles ist möglich, doch die Vermutung liegt nahe, dass Pilatus in Jesus nichts Besonderes sah. Für ihn war Jesus, wie andere Charismatiker auch, eine Bedrohung der öffentlichen Ordnung. Er ging gegen ihn vor, weil er Personen ausschalten wollte, die Menschenmengen mobilisieren konnten, und das insbesondere an einem großen Fest, bei dem sich Zehntausende in den Straßen Jerusalems drängten. Später sollte er die Bedrohung durch den »Samaritaner« auf dieselbe Art beseitigen. Auch andere Römer und ihre jüdischen Stellvertreter handelten so: Herodes Antipas in Galiläa ließ aus diesem Grund Johannes den Täufer hinrichten. Unabhängig von der Botschaft, die einen Menschenauflauf verursachte, musste der Auflauf selbst bekämpft werden. Die Aufrechterhaltung der öffentlichen Ordnung war für die Hinrichtung Jesu ein ausreichender Grund.

Die Beweise, dass Jesus sich selbst als Messias bezeichnete, sind keineswegs zwingend. In der biblischen Überlieferung nennt er sich nur selten so und verknüpft dies zweimal mit der Ermahnung an seine Jünger, die Sache geheim zu halten. Bis zu dem Verhör vor der Kreuzigung vermied er es, sich in der Öffentlichkeit als Messias zu bezeichnen. Für die Urchristen war der Umstand, dass er der Messias war, denn auch kein zentraler Teil seiner Botschaft. Außer in den Evangelien und in der Apostelgeschichte, die etwa 40 Jahre nach der Kreuzigung verfasst wurden, wird Jesus im Neuen Testament nur viermal als Messias bezeichnet (in der von Luther übersetzten Bibel steht an diesen Stellen »Christus«, was bekanntlich auch »der Gesalbte« bedeutet).[39] Paulus verwendet den Begriff lediglich in seinem Brief an die christliche Gemeinde in Rom. Dass Jesus der Messias war, spielte in seiner Botschaft offensichtlich keine überragende Rolle, und die Betonung dieser Tatsache durch die Verfasser der Evangelien geht vielleicht gar nicht auf ihn selbst zurück.

Die Qumran-Rollen und einige andere jüdische Schriften belegen, dass sich damals nicht wenige Leute nach einem gesalbten Propheten und/ oder König sehnten. Zudem sprechen auch einige Abschnitte aus Jesaja für eine solche Sehnsucht. Josephus jedoch wendet den Begriff nie auf Männer wie etwa Theudas an, die sich vermutlich selbst für den Messias hielten. In anderen Quellen wiederum findet der Begriff überhaupt keine Verwendung. Tatsächlich war die Erwartung seines Erscheinens wahrscheinlich auf Sekten wie die in Qumran beschränkt – denn es ist auffällig, dass dies außer im Neuen Testament[40] fast nur in den Schriftrollen der Gemeinden am Toten Meer dokumentiert ist. Nur wenige Menschen identifizierten Jesus je als den Messias, die meisten schlossen aus ihrer Erfahrung lediglich, dass er ein besonders begabter Prophet war. Dass er sich selbst als Messias bezeichnete, ist nicht wirklich bewiesen. Bei seinen Jüngern verfestigte sich erst nach dem ultimativen Wunder seiner Auferstehung die Auffassung, dass die Messianität das wichtigste Kennzeichen seines Lebens sei. Die Evangelien, die Apostelgeschichte und die Paulusbriefe konzentrieren sich allesamt auf ihn als Christus, also auf den Gesalbten, den Messias. Seine Jünger wurden Christen genannt, da »Christus« die griechische Übersetzung des aramäischen »Messias« ist. Dass Jesus der Messias war, gewann jedoch erst bei jenen Urchristen seine überragende Wichtigkeit. Da dieser Tatbestand im 1. Jahrhundert ins Zentrum rückte, ist es keine Überraschung, dass die Evangelien Jesus nicht nur nachträglich als Messias bezeichnen, sondern auch den Anschein erwecken, als hätten damals alle auf den Messias gewartet und diese Erwartung sei durch das Erscheinen Jesu erfüllt worden.

In der jüdischen Überlieferung spielen charismatische Führer eine anerkannte, traditionelle Rolle, indem sie die Menschen zur Einhaltung ihres Bundes mit Jahwe auffordern. Gleichgültig, ob sie als Propheten oder
als Messiasse bezeichnet werden, ihre grundlegende Rolle ist die gleiche.
Auch den Polytheisten war die Vorstellung von einer inspirierten, Wunder wirkenden Person geläufig. Dass jedoch ein Charismatiker das ulti-
mative Wunder vollbringen konnte, also von den Toten aufzuerstehen
und damit den Tod selbst zu besiegen, war für beide Traditionen schwer
zu glauben. Dennoch waren einige Juden und Polytheisten bereit zuzu-
hören und, wenn die Beweise stichhaltig genug waren, auch zu glauben.

8
DAS CHRISTENTUM
IN DER JÜDISCHEN UND
POLYTHEISTISCHEN WELT

Wir haben keinen Grund, an den Kernelementen von Lukas' Be-schreibung der ersten Tage nach der Kreuzigung zu zweifeln. Wie die Anhänger Johannes' des Täufers nach dessen Tod verstreuten sich auch die Jünger nicht in alle Himmelsrichtungen. Die Zwölf – ohne den Verräter Judas Iskariot – blieben zusammen: Petrus, Johannes, Jakobus, Andreas, Philippus, Thomas, Bartholomäus, Matthäus, Jakobus, der Sohn des Alphäus, Simon und Judas (nicht Iskariot, sondern jemand, der irgendwie mit einem der beiden Jakobusse verwandt war).[1] Neben eini-gen der Frauen, die Jesus gefolgt waren, darunter seine Mutter Maria, waren auch seine Brüder (Jakobus, Josef und noch ein Judas) zur Stelle – insgesamt also etwa 15 Personen. Petrus trat an die Spitze der Jünger. Au-ßer ihm erwähnt Lukas für die frühen Tage von den Zwölf nur noch Jo-hannes und Philippus. Und auch Jesu (wohl ältestem) Blutsverwandten, seinem Bruder Jakobus, fielen Führungsaufgaben zu. Tatsächlich nahm die Familie Jesu lange eine wichtige, wenn auch weitgehend undokumen-tierte Rolle in der Leitung der Bewegung ein. Die letzten Blutsverwand-ten Jesu, zwei Großneffen, Enkel seines Bruders Judas, waren im frühen 2. Jahrhundert noch am Leben und allgemein bekannt.[2]

Die Jünger und die Familie scheinen in Judäa oder Galiläa geblieben zu sein und dort einen Führungskreis gebildet zu haben. Lukas zufolge kam niemand von ihnen weit über die Heimat der Bewegung hinaus. Maria und die anderen Frauen, außer Maria, der Mutter des Johannes, kommen einfach nicht mehr vor.[3] Ein Ältestenrat wird ebenso erwähnt wie zwei Anführer der Bewegung, die weder Jünger noch Blutsverwandte waren: Judas Barsabbas und Silas.[4] Das frühe Christentum organisierte sich also rund um die ursprünglichen Anhänger Jesu und seine männliche Familie.

Eine Besonderheit ist dagegen das Auftauchen des Paulus an der Spitze. Er wurde durch den altbekannten Mechanismus einer sehr klaren und gleichzeitig übernatürlichen Botschaft, die Jahwe oder, in diesem Fall, Jesus als sein Sohn sandte, zum Propheten des neuen Glaubens berufen.[5] Als typischer Prophet sollte er die Botschaft des Übernatürlichen vermitteln, in Paulus' Fall den Juden wie den Polytheisten (Heiden). Die Führung in Jerusalem zweifelte zunächst an seiner Legitimation, dann aber akzeptierte man ihn wegen seines übernatürlichen Erlebnisses als einen wahren Apostel (wörtlich jemand, der ausgesandt ist). Damit war das Muster vorgegeben, nach dem ein sehr flexibles Wachstum in der Führung möglich wurde, denn die Aufnahme des Paulus bedeutete, dass jeder, dem man glaubte, dass er eine Offenbarung erfahren hatte, in den Führungskreis eintreten konnte, nicht nur Blutsverwandte der Jünger oder Jesu und nicht nur jene, für die sich die schon arrivierten Führer aussprachen.

Die frühen Christen trafen sich in Privathäusern. Zusammenkünfte Gleichgesinnter waren ein wichtiger Bestandteil des Lebens für Juden wie für Polytheisten. Die Menschen versammelten sich in Gruppen, die durch ethnische Herkunft, Beruf oder Kult definiert waren, manchmal sogar in Form von Fangruppierungen bei Unterhaltungsveranstaltungen wie Wagenrennen. Sie kamen als Freunde zusammen, um gemeinsam Zeit zu verbringen, sich gegenseitig bei den Begräbniskosten unter die Arme zu greifen, sich als Arbeiter untereinander zu helfen oder als Anhänger eines Kultes oder sogar zu einem bestimmten Zweck, etwa als freiwillige Feuerwehrleute, zusammenzustehen. Solche Gruppen konnten fast so etwas wie ein erweiterter Haushalt oder eine Großfamilie werden. Sie nahmen eine wichtige gesellschaftliche Mittlerfunktion zwischen der Familie und der Gemeinschaft als Ganzer ein. Wie wir gesehen haben, konnten sie auch politisch sein – zumindest ging man davon aus, dass sie dieses Potenzial besaßen. Das konnte sich ganz harmlos äußern – etwa indem sie als Unterstützer für Kandidaten auftraten, die sich in Pompeji um ein Amt bewarben –, den Eliten aber auch gefährlich werden, wenn sie die Aktivität des Pöbels organisierten. In den Augen der Machthaber waren sie meist eine Bedrohung, wie die Reaktion des Flaccus, eines römischen Statthalters in Ägypten zur Zeit Philons, deutlich macht:

Er verbot zusammengewürfelten Haufen von Männern von überallher, sich zu versammeln, und verhinderte alle Gesellschaften und Zusammenkünfte, die unter dem Vorwand, den Göttern zu opfern, ständig feierten und so aus öffentlichen Aufgaben eine betrunkene Farce machten, und er ging mit großer Energie und Strenge gegen alle vor, die sich seinen Befehlen widersetzten.[6]

Es gab eine gewaltige Zahl von Gruppen in der Stadt, deren Vereinigung auf keinem einzigen guten Prinzip gründete, sondern nur auf Wein, Rausch und Gelagen, und der Folge solcher Schwelgereien, der Unverschämtheit; und die Einheimischen nennen ihre Zusammenkünfte Synoden und Lager ... Wann immer man sich zu irgendeinem Unfug entschloss, kamen sie auf ein Zeichen hin alle in einer Masse zusammen und taten und sagten, was immer man ihnen einflüsterte.[7]

Im römischen Recht und den Edikten der Kaiser finden sich viele Versuche, solche Vereine zu unterdrücken. In den Digesten heißt es: »Unter dem Vorwand der Religion oder der Einlösung eines Gelübdes dürfen selbst von Veteranen keine unerlaubten Versammlungen geplant werden.«[8] Dieses Verbot richtete sich sogar an die Basis der kaiserlichen Kontrolle, das Militär: »Durch die Erlasse der Kaiser sind die Provinzstatthalter angewiesen, die Organisation von korporativen Vereinigungen zu verbieten und nicht einmal Soldaten zu erlauben, sie in den Lagern zu bilden.«[9]

Die Juden gerieten offenbar nicht mit diesen Regeln in Konflikt, wenn sie sich am Sabbat oder zu anderen Gelegenheiten in ihren Synagogen oder Gebetshäusern versammelten. Laut Philon schickte Kaiser Augustus einen Brief

an die Statthalter der Provinzen in Kleinasien, nachdem er erfahren hatte, dass die heiligen Erstlingsfrüchte respektlos behandelt wurden. Er befahl, sie sollten nur den Juden erlauben, sich in Synagogen zu treffen. Diese Zusammenkünfte, so sagte er, gründeten nicht auf Trinkgelagen und Zechereien, die den Nährboden für Verschwörungen böten und so dem Frieden schweren Schaden zufügten, sondern seien Schulen der Mäßigung und der Gerechtigkeit.[10]

13. Wahlgraffito aus Pompeji: »Der Verein der Apfelhändler fordert die Wahl von M. Holconius Priscus in das Amt des obersten Beamten«.

Josephus berichtet von einem römischen Erlass, der ähnliche Versammlungen im kleinasiatischen Parion erlaubte.[11]

Der lateinische Begriff für einen solchen Verein, *collegium*, findet bei der Benennung jüdischer Zusammenkünfte zwar eigentlich nie Verwendung, doch ihre rhetorische Verteidigung macht klar, dass Polytheisten sie als Kultvereine verstanden. Ohne eine zentrale Autorität, die einen Standard durchsetzen konnte, waren die Juden frei, sich wo sie wollten mit wem sie wollten zu treffen, um ihre religiösen Versammlungen abzuhalten. Einheimische übernahmen die Führung, während hochrangige Gäste wie etwa durchreisende Pharisäer oder Priester eine Lesung und Auslegung der Heiligen Schrift leiteten. Frühe Zusammenkünfte der Christen ahmten diese Treffen in der Synagoge oder im Gebetshaus nach. Vertreter des frühen Christentums besuchten regelmäßig etablierte Synagogen, um an den lebhaften Diskussionen über die Heilige Schrift teilzunehmen, immer in der Hoffnung, ihre jüdischen Glaubensbrüder davon zu überzeugen, dass Jesus der Messias, der Sohn Gottes sei.[12] Gleichwohl kamen sie freilich auch zu eigenen Treffen zusammen.

Die Gläubigen verstanden sich als Mitglieder eines großen Haushalts, des Haushalts ihres Gottes.[13] Eine Mahlzeit dieses Haushalts bildete den Mittelpunkt ihrer Zusammenkünfte. Noch im späten 2. Jahrhundert verstand Tertullian das Treffen als ein gemeinsames Mahl unter der Leitung eines Vorstehers, wie es für ein *collegium* üblich war.[14] Um die Mitte des 2. Jahrhunderts beschreibt ein christlicher Brief, wie diese Gruppen, die in verschiedenen kleinen und großen Städten überall im Reich zusammenkamen, in ihr lokales Umfeld eingebunden blieben, während sie gleichzeitig aufgrund ihres Glaubens abseits standen:

> Denn die Christen unterscheiden sich weder durch das Land noch durch die Sprache noch durch die Sitten von den übrigen Menschen. Sie wohnen nicht irgendwo in ihren eigenen Städten und sie reden nicht irgendeine abweichende Sprache und sie führen kein auffallendes Leben ... Sie bewohnen, je nach dem, wie der Zufall es will, griechische oder barbarische Städte, und folgen den landesüblichen Sitten in Kleidung und Speisen und im sonstigen Leben ... Sie bewohnen ihre eigenen Heimatländer, aber als Gäste; sie nehmen an allem teil als Bürger, und alles ertragen sie als Fremde.[15]

Tertullian sekundierte: »Wir sind Leute, die mit euch zusammenleben, Leute mit derselben Lebensweise, Kleidung, Einrichtung und denselben Bedürfnissen des Lebens.«[16] Die frühchristlichen Versammlungen (»Kirchen«) waren ein Teil dieses Lebens neben und mit den Polytheisten.

Innerhalb einer solchen, der Bewegung zugehörigen Gruppe entwickelte sich eine bestimmte Hierarchie der Autoritäten und Aktivitäten, die den Individuen einen Platz und einen Status gab. Die Mitgliedschaft war leicht zu erlangen und nicht fest umrissen. Es gab keine elaborierte Initiation, keine lange Wartezeit. Das Bekenntnis des Kernglaubens an Jesus als den Sohn Gottes führte direkt in den Schoß der Gemeinde. Zugleich aber leugneten die Mitglieder nicht die starken kulturellen Wurzeln der jüdischen Tradition. Das bedeutete, dass diejenigen, die ohne einen völligen Bruch mit ihren alltäglichen jüdischen Gepflogenheiten einsteigen wollten, dies tun konnten – auch wenn sie vielleicht dafür kritisiert wurden. Sie konnten dem jüdischen Gesetz folgen, die Riten im Tempel mitvollziehen, ihre Kinder beschneiden lassen, die Speisevorschriften beachten und so weiter.

Die frühen Christen trugen ihre Botschaft – die Taufe des Heiligen Geistes, wie sie es nannten – auch in die Länder jenseits des jüdischen Stammlandes Judäa. Den jüdischen Wurzeln des Christentums entsprechend waren seine Anhänger dort Juden oder Polytheisten mit einer Neigung, die Traditionen des jüdischen Volkes anzunehmen. Dort gab es auch Raum für Missionierung, Konvertiten und Sympathisanten, die bereits erwähnten Gottesfürchtigen. Es gibt zwar Belege dafür, dass die Christen die gesamte Öffentlichkeit ansprachen, wie etwa Paulus in Athen und andere Aktivitäten zeigen,[17] doch der eigentliche Ort der christlichen Predigt war am Anfang die jüdische Gemeinschaft – und deren Synagogen überall im östlichen Mittelmeerraum. Das Ziel bestand darin, die jüdischen Glaubensbrüder davon zu überzeugen, dass durch die Person seines Sohnes, Jesus, des Gesalbten, eine neue Deutung des Bundes mit Jahwe anstand.

Andere Juden nannten Jesu Anhänger »Gefolgsleute des Mannes aus Nazareth«, d.h. Nazarener.[18] Polytheistische Gegner nannten sie »Gefolgsleute des Gesalbten«, lateinisch *Christiani* oder griechisch *Christianoi*. In der Apostelgeschichte heißt es, dieser Name sei zuerst in Antiochia aufgekommen.[19] Es gab viele Juden, Konvertiten und Gottesfürchtige in Antiochia, und die Bürgerschaft hasste sie – wie wir zumindest für das Jahr 67 n. Chr. sagen können.[20] Antiochia war eine griechischsprachige Stadt in Syrien, und die Konstruktion »-ianos« mit der Bedeutung »Anhänger einer Gruppe«, »Gefolgsmann« wie in Kaisarianos, ein Anhänger Caesars, oder Herodianos, ein Mitglied der herodischen Partei in Judäa, ist reines Latein, ins Griechische übertragen. Es gibt keine ähnliche griechische Konstruktion. Wie wir es bei den *sicarii* schon gesehen haben, muss jemand, der Latein sprach, auch diese Konstruktion geprägt haben. Spätestens seit dem frühen 2. Jahrhundert diente sie zur prägnanten Bezeichnung eines Anhängers. Wahrscheinlich beklagten sich Bürger von Antiochia bei der römischen Obrigkeit über den Tumult, den Agabus, ein Prophet der christlichen Glaubensbewegung, hervorrief, als er in der Regierungszeit des Kaisers Claudius das Nahen einer katastrophalen Hungersnot, vermutlich als Strafe Gottes, predigte.[21] Bei dieser Beschwerde über den Juden Agabus könnten seine Feinde eine lateinische Konstruktion verwendet haben, um römischen Beamten klarzumachen, dass er ein Anhänger eines Menschen war, der sich als König bezeichnet hatte und damit ein potenzieller Aufrührer gewesen war, eines Gesalbten oder Messias – Christus. Die Benennung blieb dann als Verunglimpfung an ihnen haften, der Name war also keine Eigenbezeichnung, sondern wurde von anderen gegeben. Die frühen Christen nannten einander meist Brüder, sie bezeichneten sich als die Getreuen, Heiligen, Gläubigen und Auserwählten. Kurz nach 120 n. Chr. versuchte der Autor des 1. Petrusbriefes, die Verunglimpfung ins Positive zu wenden: »Leidet er aber als ein Christ,

so schäme er sich nicht. Er ehre aber Gott in einem solchen Fall.«[22]
Mitte des 2. Jahrhunderts nannten sich die »Christen« meist schon
selbst so.

Die frühe christliche Bewegung war tief in die Traditionen des jüdischen
Volkes eingebettet. Sie präsentierte sich als die richtige Deutung dieser
Traditionen. In ihr erfüllten sich, wie ihre Anführer es ausdrückten, die
Versprechen der Tora und der israelitischen Propheten. Immer wieder
vertritt Paulus diese Ansicht in der Synagoge und greift als Beleg dafür
auf Texte aus der Heiligen Schrift zurück. Dass er und andere frühe Autoren diese Texte so intensiv verwendeten, zeigt deutlich, dass Juden und
Gottesfürchtige die Zielgruppe bildeten, denn niemand sonst hätte Belegen aus derart esoterischen Schriften auch nur die geringste Bedeutung
zugemessen.

Die Schriftauslegung war ein Kernbestandteil des jüdischen religiösen
Lebens. Andere Gruppen vor den Christen hatten mit Hilfe der Schrift zu
beweisen versucht, dass ihr Leben und Handeln in Jahwes Augen richtig war. Die Gemeinde von Qumran hatte den Weg zur Rechtschaffenheit
entworfen, einschließlich eines eschatologischen Moments in den Letzten
Tagen, der ihr Denken und Handeln im Urteil Jahwes bestätigen sollte.
Ihrem von der Heiligen Schrift gestützten Paradigma zufolge würde der
Lehrer der Gerechtigkeit wie Elia am Ende aller Zeiten zurückkehren und
am Jüngsten Gericht teilnehmen.

Eine Analyse der Zitate in den Qumran-Rollen zeigt, dass die Heilige
Schrift für die Leute von Qumran aus den fünf Büchern Mose (dem Pentateuch), den Propheten und den Psalmen bestand. Diese begrenzte Auswahl aus dem Tanach bildete den Kern der jüdischen Heiligen Schriften.
Und auch die von den frühen Christen zitierten Werke stimmten mit diesem Schriftkorpus überein: »[Jesus] sprach aber zu ihnen: Das sind meine
Worte, die ich zu euch gesagt habe, als ich noch bei euch war: Es muss alles erfüllt werden, was von mir geschrieben steht im Gesetz des Mose und
in den Propheten und Psalmen.«[23] Mehr als 300 der fast 400 Schriftzitate
im Neuen Testament stammen aus genau diesen Texten. In den Evangelien spielen 120 von 127 Zitaten oder Bezügen aus dem Alte Testament
auf diese Bücher an. Die Anhänger der pharisäischen Glaubensrichtung,
die Sadduzäer oder andere Splittergruppen konzentrierten sich ebenfalls

auf diese Texte. Wenn es um Zitatduelle aus der jüdischen Bibel ging, so griffen die frühen Christen und ihre traditionelleren jüdischen Glaubensbrüder also zu den gleichen Waffen.

Das gesamte jüdische Volk teilte den Glauben an die Anbetung einer einzigen Gottheit, in ihrem Fall Jahwe. Sie waren aber auch überzeugt, dass es viele andere übernatürliche Kräfte und Wesen neben dem Einen gab, der im Mittelpunkt ihrer Verehrung stand. Es gab die Engel, die Boten Jahwes. Es gab die Dämonen, die Krankheiten hervorriefen. Es gab den Erzdämon, Satan, mächtigster Konkurrent Jahwes und wahrscheinlich verantwortlich für einen Großteil des Bösen in der Welt. Das stärkste Argument gegen Jesus lautete sogar, dass eigentlich Satan (»Beelzebub«, wie er oft genannt wurde) Jesu Wunder wie auch die seiner Jünger bewirke. Die Innovation des frühen Christentums bestand in der Verkündigung, dass es jetzt zwei aktive Aspekte Jahwes gebe, die bisher nicht verfügbar waren: die Person seines Sohnes und die verheißene Macht des Heiligen Geistes. Diese Innovation verwässerte den jüdischen Monotheismus auf eine für viele unerträgliche Art und Weise, während sich andere gerade davon angesprochen fühlten. Jedenfalls stand diese Verkündigung im Kontext der bereits existierenden jüdischen Traditionen und Glaubensüberzeugungen.

Das Gesetz Mose, wie es in der Tora aufgeschrieben war, bildete das Fundament des Bundes der Juden mit Jahwe. Jesus folgte diesem Gesetz zu Lebzeiten voll und ganz und sprach sich nie für seine Abschaffung aus. Seine Urteile fällte er allerdings offenbar nicht nur auf der Basis der Schriften, sondern auch aufgrund der mündlichen Überlieferungen (wie es die Pharisäer taten) und eher dem Geist als dem Buchstaben des Gesetzes entsprechend. Seine mit Autorität vertretenen Aussagen, die nicht nur Meinungen zur Diskussion stellten, gefielen den ausgewiesenen Fachleuten für die Auslegung des Gesetzes, den Pharisäern und Schriftgelehrten sowie in einem geringeren Maße den Priestern, gar nicht.

Jesus kündigte einen neuen Bund an. Der Bund mit Jahwe hatte schon eine lange Geschichte. Den ersten, zwischen Adam und Jahwe, hatten die Menschen gebrochen; er wurde nach der Sintflut mit Noah erneuert.[24] Jahwe bestätigte ihn gegenüber den Patriarchen Abraham, Isaak und Jakob und erneuerte ihn dann noch einmal mit Mose als seinem Stellvertreter.[25] In diesem Fall ist der Unterschied zwischen »erneuert« und »neu«

verwischt. Mose veranstaltete eine ausgeklügelte öffentliche Zeremonie, um den Bund mit Jahwe herauszustellen: »Da nahm Mose das Blut und besprengte das Volk damit und sprach: Seht, das ist das Blut des Bundes, den der Herr mit euch geschlossen hat aufgrund aller dieser Worte.«[26] Jesus wiederholte dieses Blutvergießen als ein Zeichen für den Bund mit Gott metaphorisch. Beim Letzten Abendmahl hob er nach dem Essen einen Kelch und sagte: »Dieser Kelch ist der neue Bund in meinem Blut, das für euch vergossen wird!«[27] Das Handeln des Mose wirkte eher wie ein Neuanfang des Bundes, nicht so sehr wie eine Erneuerung des alten, doch die fortlaufende Rhetorik der alttestamentlichen Quellen spricht von einem durchgehenden Bund, vor allem von Abraham an.

Die Vorstellung eines neuen Bundes tauchte ganz eindeutig erst im Chaos der babylonischen Gefangenschaft, der Zerstörung des ersten Tempels und dem nachfolgenden Exil, auf. Jeremia erklärte, Jahwes Volk habe seinen Teil des Bundes so radikal gebrochen, dass Jahwe es hart bestrafen werde. Doch statt sein auf Abwege geratenes Volk aufzugeben, wolle Jahwe, so verkündete der Prophet damals, eine neue Übereinkunft für die Zukunft schließen: »Siehe, es kommt die Zeit, spricht der Herr, da will ich mit dem Haus Israel und mit dem Haus Juda einen neuen Bund schließen, ... das soll der Bund sein, den ich mit dem Haus Israel schließen will: ... Ich will mein Gesetz in ihr Herz geben und in ihren Sinn schreiben, und sie sollen mein Volk sein, und ich will ihr Gott sein.«[28]

Jesaja knüpfte nach dem Exil wieder an dieses Versprechen an: »Denn ich bin der Herr, der das Recht liebt und Raub und Unrecht hasst; ich will ihnen den Lohn in Treue geben und einen ewigen Bund mit ihnen schließen.«[29] Der von Jahwe gegebene neue Bund, wie ihn diese Propheten beschrieben, betonte eine Internalisierung des Gesetzes und einen Neuanfang inklusive der Vergebung vergangener Schuld. Die Qumran-Gemeinde nahm dieses Thema auf. Ihr Lehrer der Gerechtigkeit verkündete einen neuen Bund, der nicht für ganz Israel galt wie der des Mose, sondern nur für die Reste des »wahren Israel«, die beim Jüngsten Gericht aufgrund ihrer Rechtschaffenheit errettet würden.[30]

Die Beschneidung der männlichen Mitglieder war ein zentraler identitätsstiftender Akt innerhalb des Bundesvolkes. Der Ausdruck »nicht beschnitten« wurde im ganzen Alten Testament immer wieder bedeutungsgleich mit »nicht jüdisch« verwendet. Der Ritus ging auf Abraham zurück, dem zufolge Jahwe erklärt hatte: »Das aber ist mein Bund, den ihr halten sollt zwischen mir und euch und deinen Nachkommen: Alles, was männlich ist unter euch, soll beschnitten werden.«[31] Jesus war beschnitten, wie es das Gesetz vorgab, doch in den Evangelien wird der Akt der Beschneidung nur noch ein Mal erwähnt, und zwar in einem Beispiel für Aktivitäten am Sabbat.[32]

Obwohl die Beschneidung eine lange alttestamentliche Geschichte hatte, trat sie erst in der nachexilischen Zeit, besonders seit den Makkabäern, in den Vordergrund; für einen gläubigen Juden wurde sie ebenso wie die Achtung des Sabbat und die Speiseregeln unabdingbar. Doch in ihren Bemühungen, das Volk zu reformieren, hatten sich die Propheten eifrig daran gemacht, den einfachen, eindeutigen Akt der körperlichen Beschneidung zu transformieren. Die Heilige Schrift verkündete die Notwendigkeit, ja sogar die Überlegenheit einer »Beschneidung des Herzens« als Erweiterung der körperlichen Prozedur.[33] Jeremia gab die Richtung für die nachexilische Zeit vor, als er erklärte: »Beschneidet euch für den Herrn und tut weg die Vorhaut eures Herzens, ihr Männer von Juda und ihr Leute von Jerusalem, auf dass nicht um eurer Bosheit willen mein Grimm ausfahre wie Feuer und brenne, sodass niemand löschen kann.«[34] Und er beteuerte noch einmal: »Siehe, es kommt die Zeit, spricht der Herr, dass ich heimsuchen werde alle, die Beschnittenen mit den Unbeschnittenen: … Denn alle Völker sind unbeschnitten, und ganz Israel hat ein unbeschnittenes Herz.«[35]

Da war es nur ein kleiner Schritt dahin, einzig und allein die »Beschneidung des Herzens« als wahre Beschneidung anzuerkennen; die körperliche war nicht mehr nötig. Allerdings ging keine bekannte jüdische Sekte außer den Christen so weit, und selbst in den kanonischen Evangelien fand das Problem, wie gesagt, keine Erwähnung. Der Apostel Paulus aber machte diesen Schritt. Er schrieb: »Wenn nun der Unbeschnittene hält, was nach dem Gesetz recht ist, meinst du nicht, dass dann der Unbeschnittene vor Gott als Beschnittener gilt?«[36] Und: »Denn in Christus Jesus gilt weder Beschneidung noch Unbeschnittensein etwas, sondern der Glaube, der durch die Liebe tätig ist.«[37] Das Thomas-Evangelium schrieb den Schritt sogar Jesus selbst zu: »Seine Jünger sprachen zu ihm: ›Nützt die Beschneidung oder nicht?‹ Er sprach zu ihnen: ›Wenn sie nützte, würde ihr Vater sie beschnitten aus ihrer Mutter zeugen. Aber die wahre Beschneidung im Geiste hat vollen Nutzen.‹«[38] Das Christentum bewahrte so den wichtigen Stellenwert der Beschneidung bei der Bestimmung einer korrekten Beziehung zu Jahwe, doch die frühen Christen spiritualisierten den Prozess, sie erweiterten ein schon vorhandenes jüdisches Sprachbild. Diese Auslegung machte zudem eine schmerzhafte Operation verzichtbar, den großen Stolperstein für interessierte Polytheisten, die zum Judentum konvertieren wollten.

Auch die Heiligung des Sabbat geriet nach dem Exil als ein Prüfstein jüdischer Tradition ins Blickfeld. Einige Anhänger des frühen Christentums feierten den Sabbat, andere nicht. Manchmal feierten sie sowohl den traditionellen jüdischen Feiertag, den Samstag, als auch den Tag des Herrn, also den Sonntag als den Tag der Auferstehung. Justin der Märtyrer beschrieb um 150 n. Chr. eine solche Zusammenkunft am Sonntag:

An dem Tag, den man Sonntag nennt, versammeln sich alle, die in Städten oder auf dem Land wohnen, an einem Ort; dabei werden die Denkwürdigkeiten der Apostel oder die Schriften der Propheten vorgelesen, solange es die Zeit zulässt. Hat der Vorleser aufgehört, so gibt der Vorsteher in einer Ansprache eine Ermahnung und Aufforderung zur Nachahmung all dieses Guten. Darauf erheben wir uns alle zusammen und senden Gebete empor. Und wie schon erwähnt: Wenn wir mit dem Gebet zu Ende sind, werden Brot, Wein und Wasser herbeigeholt, der Vorsteher spricht Gebete und Danksagungen mit aller Kraft, und das Volk stimmt ein, indem es das Amen sagt. Darauf findet die Ausspendung statt, jeder erhält seinen Teil von dem Gesegneten; den Abwesenden aber wird er durch die Diakone gebracht. Wer aber die Mittel und guten Willen hat, gibt nach seinem Ermessen, was er will, und das, was da zusammenkommt, wird beim Vorsteher hinterlegt; dieser kommt damit Waisen und Witwen zu Hilfe, solchen, die wegen Krankheit oder aus sonst einem Grund bedürftig sind, den Gefangenen und den Fremden, die in der Gemeinde anwesend sind, kurz, er kümmert sich um alle, die in der Stadt sind. Am Sonntag aber halten wir alle gemeinsam die Zusammenkunft, weil er der erste Tag ist, an dem Gott durch Umwandlung der Finsternis und des Urstoffes die Welt schuf, und weil Jesus Christus, unser Erlöser, an diesem Tag von den Toten auferstanden ist.[39]

Ein Jude des 1. Jahrhunderts erkannte sicher vieles an diesem Ritual wieder, da es Elemente eines jüdischen Mahls und eines Treffens in der Synagoge in sich vereinte.

Die Ernährungsvorschriften in der Tora waren in den Augen der frühen Christen zweifelhaft, sie wurden zu einem wichtigen Streitpunkt mit den Juden. Anfangs hielten sich einige Anhänger noch an diese Regeln.[40] Viele nahmen auch an wichtigen jüdischen Festen – Pessach, Schawuot und dem Versöhnungstag – teil.[41] Und schließlich spielte auch der Tempel weiterhin eine Rolle im Leben der Anhänger, die in Jerusalem lebten.[42]

Auch beim theologischen Denken gab es viele Ähnlichkeiten bei frühen Christen und Juden. So betonten zum Beispiel beide die Macht Jahwes, Verfehlungen zu verzeihen, wenn der Missetäter nur aufrichtig bereute. Die Beichte nahm eine zentrale Stellung ein: »Da sprach David zu Nathan: Ich habe gesündigt gegen den Herrn. Nathan sprach zu David: So hat auch der Herr deine Sünde weggenommen; du wirst nicht sterben.«[43] Die Vorstellung leibhaftiger Auferstehung beim Jüngsten Gericht war ebenfalls in beiden Milieus weit verbreitet. Wie wir gesehen haben, glaubten alle größeren Gruppen mit Ausnahme der Sadduzäer daran. Dazu ließen sich viele Textbelege zitieren.[44] Hesekiels verdorrte Gebeine konnte man wörtlich nehmen und nicht nur als eine metaphorische Anspielung auf die Rückkehr Israels verstehen.[45] Der Prophet Daniel drückte im 2. Jahrhundert v. Chr. aus, was im Volk zu einer allgemeinen Glaubensüberzeugung wurde:

Zu jener Zeit wird Michael auftreten, der große Engelfürst, der für dein Volk einsteht. Denn es wird eine Zeit so großer Trübsal sein, wie sie nie gewesen ist, seitdem es Völker gibt, bis zu jener Zeit. Aber zu jener Zeit wird dein Volk errettet werden, alle, die im Buch geschrieben stehen. Und viele, die im Staub der Erde schlafen, werden aufwachen, die einen zum ewigen Leben, die andern zu ewiger Schmach und Schande. Und die Verständigen werden leuchten wie des Himmels Glanz, und die viele zur Gerechtigkeit weisen, wie die Sterne immer und ewiglich.[46]

Auch die apokalyptische Überlieferung, der zufolge Jahwe am Ende der Zeit – mit oder ohne die Hilfe eines Mittelsmanns – eingreifen werde, war weit verbreitet.

Dass ein treuer Diener Jahwes in den Himmel aufgenommen werden konnte, war an Henoch und Elia bewiesen worden.[47] Die Überlieferung zu Elia zeigte, dass ein solcher Mensch womöglich auch auf die Erde zurückkehren konnte. Die Menschen waren bereit, die Rückkehr toter Propheten, vor allem die von Jeremia, Elia oder Mose, zu akzeptieren.[48]

Die Wunder und die Magie, die im Wirken Jesu und der Anhänger des frühen Christentums aufscheinen, finden viele Parallelen in der Erfahrung des jüdischen Volkes über die Jahrhunderte hinweg – einschließlich der Wiedererweckung Gestorbener. Die frühen christlichen Märtyrer wie Stephanus und Jakobus, der Bruder Jesu, traten in die Fußstapfen jüdischer Märtyrer.[49] Auch in Bezug auf die soziale Gerechtigkeit folgte das frühe Christentum klaren jüdischen Vorläufern, besonders in der Fürsorge für die Benachteiligten, für Arme, Witwen und Waisen. Ich habe diese Botschaft in den Propheten schon nachgezeichnet. In seiner *Anklage der Juden* zeigte Philon, dass diese Tradition in der Diaspora durchaus noch lebendig war,[50] und das galt ebenso für die Gemeinde von Qumran.[51] Die Evangelien, die *Didache* (ein Lehrbuch für frühchristliche Lehrer aus dem Anfang des 2. Jahrhunderts n. Chr.) und das paulinische Korpus wiederholten die Botschaft. Noch im Jakobusbrief (frühes 2. Jahrhundert) stand die soziale Gerechtigkeit im Mittelpunkt:

Wohlan nun, ihr Reichen: Weint und heult über das Elend, das über euch kommen wird! Euer Reichtum ist verfault, eure Kleider sind von Motten zerfressen. Euer Gold und Silber ist verrostet und ihr Rost wird gegen euch Zeugnis geben und wird euer Fleisch fressen wie Feuer. Ihr habt euch Schätze gesammelt in den letzten Tagen! Siehe, der Lohn der Arbeiter, die euer Land abgeerntet haben, den ihr ihnen vorenthalten habt, der schreit, und das Rufen der Schnitter ist gekommen vor die Ohren des Herrn Zebaoth. Ihr habt geschlemmt auf Erden und geprasst und eure Herzen gemästet am Schlachttag. Ihr habt den Gerechten verurteilt und getötet, und er hat euch nicht widerstanden.[52]

Die gesellschaftlichen Einstellungen der frühen Christen ähnelten den traditionellen jüdischen. So stimmten sie den gängigen Ansichten über die Beziehung zwischen Ehefrau und Ehemann zu.[53] Auch in den Beziehungen zu den Polytheisten übernahmen sie einige jüdische Haltungen, ob-wohl der Nachdruck, mit dem sie unter den Polytheisten Konvertiten für die christliche Bewegung suchten, eine zuvor nicht gekannte Bedeutung erreichte.[54]

Die Methoden, mit denen sie die Verkündigung Jesu verbreiteten, waren dem jüdischen Volk meist vertraut. Prediger wie Johannes der Täufer hatten viele Vorläufer, die sich in die Tradition der Propheten gestellt hatten. Und auch das Lehren in Gleichnissen hatte eine lange Tradition.[55] Die Geografie vieler wichtiger Ereignisse in Jesu Leben war den Juden ebenfalls bekannt, Orte wie der Jordan und die judäische Wüste, der Öl-berg und der Tempelberg, ganz zu schweigen von Jerusalem selbst und vielen kleinen Städten in Judäa und Galiläa.[56]

Und schließlich war in der jüdischen Geschichte die Verfolgung einer Gruppe durch eine andere keine Seltenheit. Die Gefolgsleute des Lehrers der Gerechtigkeit wurden zumindest zeitweise aus Judäa vertrieben. Der Bericht im 3. Makkabäerbuch (Ende 1. Jahrhundert v. Chr. bis Anfang 1. Jahrhundert n. Chr.) spricht von der Rache frommer Juden an Abtrünnigen. Das Werk ist zwar Fiktion, aber es greift die gelegentlichen Phasen intensiver Gewalt innerhalb des Judentums auf:

[Die Juden] baten den König, dass diejenigen, die aus dem Volk der Juden aus freien Stücken gegen den heiligen Gott [gesündigt] und das Gesetz Gottes übertreten hatten, durch sie die gebührende Strafe er-langten … [Der König] gab ihnen eine Erlaubnis zu allen Maßnahmen, dass sie diejenigen, die das Gesetz Gottes übertreten hatten, an jedem Ort unter seiner Königsherrschaft ohne Umschweife ausrotten mögen: ohne jede königliche Vollmacht oder Untersuchung … Und so straften sie unterwegs die unter die Befleckten gefallenen Volksgenossen und brachten sie mit exemplarischen Strafen um. Mehr als 300 Männer brachten sie an jenem Tag um …[57]

König Alexander Jannäus tötete Pharisäer. Samaritaner galten als abgefallene Juden und wurden beschimpft und schikaniert. Außerdem setzten die Obrigkeiten, römische wie griechische und judäische, Gewalt ein, um das, was sie als politische Bedrohung durch jüdische Einzelpersonen und Menschenmengen wahrnahmen, niederzuschlagen. Die Verfolgung von

Anhängern des frühen Christentums war in dieser gewalttätigen, aufgewühlten Umgebung nichts Ungewöhnliches.

Abgesehen von diesen allgemeinen Ähnlichkeiten zwischen der frühchristlichen Bewegung als einer jüdischen Gruppe und den allgemeinen Traditionen des Judentums der damaligen Zeit gibt es auch noch konkretere Ähnlichkeiten zwischen dieser und anderen Gruppen. Vor allem die Qumran-Texte und die Gemeinschaft der Essener, in die sie eingebettet sind, weisen viele ähnliche und überaus vertraute Züge auf. Das gemeinsame Mahl als Herzstück des Kults und die Segnung von Brot und Wein durch einen Priester; die Betonung eines neuen Bundes; die Erwartung des Jüngsten Gerichts mit Sieg und Vergeltung für die Rechtschaffenen; die Verwendung ähnlicher Texte aus einer ähnlichen Schriftauswahl und eine ähnliche Botschaft von sozialer Gerechtigkeit verweisen darauf, dass das frühe Christentum aus dem Ideenkomplex der Essener erwuchs.

Und Jesus hatte auch vieles mit einem berühmten Lehrer der Pharisäer, Hillel, gemeinsam, etwa den Drang, alle, nicht nur die schon Religiösen, mit dem Versprechen zu erreichen, dass sie Rechtschaffenheit durch das Studium der Tora erlangen können. Die auf Hillel zurückgehende Überlieferung erklärte, »dass man einen jeden unterweisen solle, denn es kamen Fälle vor, wo die Nachkommen sündhafter Israeliten, die das Studium der Tora pflegten, rechtschaffene, tugendhafte und fromme Israeliten wurden«.[58] Zudem war es durchaus gängig, eine Gruppe zu bilden und einem Lehrer zu folgen. Herausragende Pharisäer wie Hillel gewannen Anhänger, ebenso Johannes der Täufer und andere charismatische Anführer. Selbst Simon der Magier, in der christlichen Überlieferung als böser Zauberer diffamiert, scharte eine Gruppe von Gefolgsleuten um sich, welche die Erinnerung an ihn auch nach seinem Tod noch einige Zeit hochhielten. Das Überleben der Gruppe, die sich den Ideen und Idealen rund um Jesus von Nazareth verpflichtet hatte, folgte einem ähnlichen Muster.

Die Kernbotschaft des frühen Christentums fand einige Anhänger unter den Juden, während sie andere abstieß. Unterschiedliche Deutungen, wie der Bund mit Leben gefüllt werden sollte, konnten sehr starke Gefühle auslösen, die manchmal in Gewalt umschlugen. Eine solche Opposition konnte eine abweichende Ansicht unterdrücken oder den Glauben ihrer Anhänger an die eigene Rechtgläubigkeit stärken. Im Angesicht von Opposition und Zweifel, die sich manchmal zu Anklagen wegen Blasphemie und sogar zu Verfolgungen auswuchsen, scharten sich die frühen Christen zusammen. Sie behaupteten unerschütterlich, dass Jesus der Messias, der Sohn Gottes sei – nicht einfach nur ein weiterer Prophet. Diese Überzeugung wurde zum Kristallisationspunkt ihrer Gruppenidentität und ihres Missionsdrangs: Sie kannten den Weg zu einer Rechtschaffenheit, die in Herrlichkeit enden würde, wenn ihr Gott sie beim Jüngsten Gericht bewahrte und ihre Feinde vernichtete – etwas, an das praktisch alle Juden glaubten. Was viele von ihnen abstieß, war nicht Jesu Botschaft, sondern sein Anspruch auf Gleichheit mit Jahwe.

Auch die polytheistischen und die christlichen Beziehungen zum Übernatürlichen waren in vieler Hinsicht ähnlich. Es gab zwar deutliche und wichtige Unterschiede, die ich im nächsten Kapitel behandeln werde, aber man muss ihre gemeinsame Basis angemessen würdigen.

Ihren allgemeinen Moralvorstellungen nach passten die frühen Christen in ihr polytheistisches Umfeld. Sie unterschieden sich in einigen ziemlich wichtigen Punkten, wie etwa der strengen Ablehnung der Abtreibung und des Aussetzens von ungewollten Neugeborenen. Doch ihre grundlegende Moral in Hinsicht auf Familie, Ehrlichkeit und Loyalität harmonierte mit den Normen in der polytheistischen Welt (unabhängig davon, wie oft diese Normen in der Praxis verletzt wurden). Sie teilten Ansichten in Bezug auf die übernatürlichen Kräfte, wie etwa die Bedeutung von Kult, Speisegesetzen und heiligen Tagen. Sie hatten die gleiche Sprache und Kultur. Und die Christen hatten auch keine körperlichen Merkmale, die sie von ihren Nachbarn unterschieden hätten. Sie trugen keine besondere Kleidung. Sie aßen im Allgemeinen, was auch die anderen aßen, abgesehen von Opferspeisen. Sie sonderten sich nicht in einem eigenen geografischen Raum ab. Sie hatten keine architektonisch hervorgehobenen Treffpunkte. In vielen Fällen müssen sie praktisch unsichtbar gewesen sein. Das soll nicht heißen, dass sie nicht aufgewiegelt werden und als Gruppe handeln konnten, doch in den Alltag der polytheistischen Welt konnten sich die Anhänger Jesu ohne Schwierigkeiten einfügen und taten dies gewöhnlich auch.[59]

Der Monotheismus des frühen Christentums fand einen gewissen Widerhall im Kult des Zeus Hypsistos – eine Bewegung mit großem Zulauf, von der ich schon gesprochen habe. Es gibt keine Hinweise für Tieropfer in diesem Zeus-Kult. Die Verdammung jeder Anbetung von Götterbildern in der christlichen Bewegung passte dazu, dass dieser Gott nicht durch Statuen repräsentiert wurde. Zudem hatten es viele Polytheisten mit Gottheiten zu tun, die beanspruchten, die Zusammensetzung aller anderen Gottheiten zu sein, und so gab es in dieser Hinsicht gewissermaßen ein monotheistisches Konzept. Ein berühmtes Beispiel dafür ist die Göttin Isis.

Wenn es um wichtige Annäherungen an das Übernatürliche wie Astrologie, Exorzismus und die Rolle des Fatum (als Vorsehung verstanden) ging, hatte das frühe Christentum ebenfalls einiges mit dem Polytheismus gemeinsam. Unter Polytheisten gab es einen gewissen Glauben an ein Leben nach dem Tod, das über eine Schattenexistenz hinausging. Der frühe Philosoph Pythagoras glaubte an Reinkarnation; wir haben keine Ahnung, wie viele Anhänger er im 1. Jahrhundert n. Chr. hatte. Zumindest könnte die Vorstellung, dass Jesus der wiedergeborene Elia sei, bei einigen Anklang gefunden haben,[60] ebenso die Vorstellung von Strafe und Belohnung in einer zukünftigen Welt. Auch einige Mysterienreligionen versprachen Belohnungen im Jenseits und boten eine persönliche, emotionale Beziehung zu einer Gottheit.[61]

Polytheisten mussten in der Lage sein, Beziehungen zu den verschiedenen übernatürlichen Kräften herzustellen, die ihnen ihrer Überzeugung nach Probleme machen oder Gunst erweisen konnten. Einige frühe Christen verfügten über eine beeindruckende Fähigkeit, diese Kräfte zu beeinflussen. Später sollten die Märtyrer der Bewegung als Heilige die nützlichen Fähigkeiten in sich sammeln, welche die untergeordneten übernatürlichen Mächte der Polytheisten zeigten.

Unabhängig davon, wie tief das philosophische Denken die Bevölkerung durchdrang – die grundsätzliche Stoßrichtung solcher Spekulationen ging im 1. Jahrhundert dahin, ein gutes Leben im Einklang mit dem Universum zu entwickeln. Das harmonierte mit dem Ziel der frühen Christen, ein frommes, rechtschaffenes Leben zu führen, das im Himmel belohnt wurde.

Öffentliche Reden waren bei den frühen Christen wie bei den Polytheisten ein anerkannter Weg, um Ideen und Positionen unter die Leute zu bringen. Ebenso waren Briefe eine beliebte Form der Kommunikation. Die Geschichte berühmter Menschen wurde seit Jahrhunderten in Biografien verbreitet. Die Evangelien standen in dieser Tradition. Die verschiedenen Methoden zur Verbreitung der christlichen Botschaften waren den Polytheisten also vertraut. Und schließlich passten die frühen Christen, was die Gesellschaftsordnung anging, sehr gut zu den polytheistischen Einstellungen. Sie waren gehalten, die Obrigkeiten zu ehren, die sie regierten. Sie hatten Sklaven, wie die Polytheisten auch. Ihre Zusammenkünfte ähnelten den Vereinstreffen ihrer Nachbarn sehr.

In vieler Hinsicht waren die Anhänger der frühchristlichen Bewegung also nichts Besonderes. Sie teilten viele Ansichten und Einstellungen mit ihren Glaubensgenossen in der größeren jüdischen Tradition einerseits und mit den Polytheisten andererseits. Sie teilten grundlegende moralische Werte mit den traditionellen Juden wie mit den Polytheisten. Sie glaubten an Dämonen und an Astrologie. Magie und Wunder spielten eine große Rolle in ihrem Leben. Ihre Zauberer ähnelten Simon dem Magier und unzähligen anderen, die sich mit den magischen Künsten beschäftigten. Ihre besten Wortführer erinnerten an polytheistische heilige Männer wie Apollonios und Poimander oder jüdische Charismatiker. Ihr Monotheismus war so durchdrungen von Engeln und Dämonen, dass auch Polytheisten ihm einen Sinn abgewinnen konnten.

Ihre jüdischen Wurzeln ließen sie auch vielen, die in der jüdischen Tradition standen, akzeptabel erscheinen. Man kann sich das frühe Christentum somit leicht als eine Option unter vielen vorstellen, denen die Juden im 1. Jahrhundert anhingen. Doch es sollte anders kommen. Die Anhänger Jesu stießen ihre jüdischen Brüder vor den Kopf, die eine konservativere Ausübung ihrer gemeinsamen Tradition bevorzugten. Ihre gemeinsamen Ideen und Praktiken konnten das Unbehagen über die Abweichungen, für die die frühen Christen eintraten, vor allem die Vorstellung von Jesus als Gottessohn, nicht ausgleichen.

Polytheisten konnten wohl ähnlich leicht mit der Bewegung auskommen wie im Allgemeinen mit den jüdischen Traditionen. Sie hatten als Außenstehende sicher Schwierigkeiten, Unterschiede auszumachen zwischen einem Juden und einem Anhänger der frühchristlichen Bewegung. Ein Polytheist nahm wohl maximal eine gewisse Verschrobenheit in dem wahr, was die Anhänger sagten und taten, etwa so, wie Plinius der Ältere die Eigenheiten der Essener in Judäa bemerkte.

Doch einige Vertreter der jüdischen wie der polytheistischen Tradition entwickelten einen regelrechten Hass auf die neue Bewegung und ihre Mitglieder. Von Anfang an stieß die Anpassung an die Welt der Juden und Polytheisten auf Hindernisse, später gar auf Mauern. Im nächsten Kapitel werde ich die Unterschiede umreißen, die für diese Probleme verantwortlich waren.

9
FEINDSELIGKEIT GEGENÜBER
DEM CHRISTENTUM

Die Anhänger des Jesus von Nazareth verkündeten eine Botschaft, die im Laufe des 1. Jahrhunderts n. Chr. Juden wie Polytheisten anzog. Mitte des Jahrhunderts hatten sie auch einen Namen: Christen. Im 1. Jahrhundert kämpfte die neue Bewegung um ihr Überleben inmitten der Fülle von Möglichkeiten im Leben der Menschen. Zu Jesu Lebzeiten hatten nur wenige etwas gegen seine Botschaft der Buße, der Versöhnung mit Jahwe und der Vorbereitung auf die Letzten Tage einzuwenden – dies alles lag durchaus im Rahmen des jüdischen religiösen Lebens seiner Zeit. Allerdings säte er die Saat der Feindseligkeit, indem er göttliche Autorität für sich beanspruchte. Dann beschwor seine Popularität das Schreckgespenst innerer Unruhen herauf, und nach seinem Tod lösten sich seine Anhänger von der Hauptrichtung der jüdischen Tradition, indem sie behaupteten, seine Hinrichtung und Auferstehung hätten eine neue Beziehung zwischen den Juden und ihrem Gott gestiftet. Dieser radikale Bruch führte zu neuer Feindseligkeit, auch wenn die Bewegung sich alle Mühe gab, seine Botschaft in akzeptable jüdische Formen zu gießen. Außerhalb von Judäa bemühte man sich aggressiv um die Polytheisten, doch diese Nichtjuden wehrten sich entschieden gegen eine missionarische Bewegung, die ein grundlegendes Element ihrer traditionellen Beziehung zum Übernatürlichen, die Beziehung der Gemeinschaft zu ihren Göttern, infrage stellte.

Für traditionelle Juden war Jesu Anspruch, nicht *für* Jahwe zu sprechen, sondern Jahwes *Sohn* zu sein, der entscheidende Punkt. Seit Beginn der israelitischen Überlieferung gab es Propheten, die enge Beziehungen zu Jahwe hatten, die ihn hörten und seine Meinungen, Wünsche und Handlungen dem Volk Israels verkündeten. Sie sprachen *für* ihn oder gaben seine Worte weiter. Niemand in der Tradition hatte je behauptet, Jahwes Wesen zu teilen. Genau dies tat aber Jesus, indem er eine Handlungsmacht beanspruchte, die sich aus einer Vaterschaft ableitete, nicht aus einer rein spirituellen Verbindung. Er war mit Jahwe verbunden, wie ein Sohn mit seinem Vater verbunden war, nicht so, wie ein Mittler mit seinem Herrn verbunden war: »Alles ist mir übergeben von meinem Vater, und niemand kennt den Sohn als nur der Vater; und niemand kennt den Vater als nur der Sohn …«[1] Ein christlicher Überlieferungsstrang behauptete sogar eine echte genetische Beziehung zwischen Jahwe und Jesus durch dessen Mutter Maria.

Jahwe war als Vater der Israeliten anerkannt. Jesaja hatte gesagt: »Aber nun, Herr, du bist doch unser Vater! Wir sind Ton, du bist unser Töpfer, und wir alle sind deiner Hände Werk.«[2] Doch diese Metapher implizierte keine tatsächliche Verwandtschaft. Die Begrifflichkeit, die Jesus verwendete, konstatierte eine echte, keine metaphorische Vaterschaft. Der Messias war nicht einfach ein König oder Prophet oder Priester, der im Namen Jahwes handelte. Er war der gesalbte Sohn Gottes. Seine Verwandtschaft erlaubte Jesus, so direkt wie Jahwe zu reden. Er sprach »mit Vollmacht«, nicht einfach nur als jemand, der die Gesetze auslegte oder den Dämonen die Stirn bot, sondern als eine übernatürliche Stimme.

Dieser Schritt mochte extrem sein, doch die Beschreibung von Jesu Ankunft in Jerusalem zum Pessach-Fest zeigt, dass die Menschen bereit waren, ihm in Hinblick auf seine »bewiesene« wirkmächtige übernatürliche Verbindung zu Jahwe, ob nun als Sohn oder nicht, einen Vertrauensvorschuss zu geben. Seine Verhaftung, Gerichtsverhandlung und Kreuzigung machten, unabhängig von den Einzelheiten, diese Erwartungen in der Vorstellung der meisten Menschen zunichte – für sie war er wohl einfach nur zu einem weiteren Charismatiker geworden, den die Behörden beseitigt hatten. Die angeblichen Bemerkungen unter dem Kreuz: »Hilf dir selber, wenn du Gottes Sohn bist, und steig herab vom Kreuz!« und »Andern hat er geholfen und kann sich selber nicht helfen« waren die natürliche Reaktion beim Anblick eines beliebten Charismatikers, der einen qualvollen Tod erlitt, statt einen siegreichen Triumph zu feiern.[3]

In den Auseinandersetzungen nach der Kreuzigung ging es vor allem darum, wer Jesus gewesen war (tatsächlich der Messias und Sohn Jahwes oder nicht) und wie sein Tod sich in die jüdische Überlieferung einfügte.

Die Kreuzigung Jesu brachte da Schwierigkeiten mit sich. Diese Form der Hinrichtung war zu seiner Zeit im ganzen östlichen Mittelmeerraum und darüber hinaus eine gängige Strafe. Römische Rechtsquellen führen sie regelmäßig als eine mögliche Strafe für verschiedene Kapitalverbrechen, begangen von einfachen Leuten, auf. Angehörige der Eliten waren ausgenommen, hier wurden Täter entweder geköpft oder in die Verbannung geschickt. Die hellenistischen Griechen kreuzigten Juden und andere.[4] Der Hasmonäerkönig Alexander Jannäus kreuzigte 800 seiner jüdischen Glaubensbrüder und ging sogar so weit, die Frauen und Kinder der sterbenden Männer vor ihren Augen zu töten. Als Statthalter von Syrien ließ Varus 2000 Judäer kreuzigen; Quadratus, ein anderer Statthalter von Syrien, kreuzigte Judäer und Samaritaner.[5] Statthalter von Judäa kreuzigten regelmäßig Männer, die sie für Räuber und Rebellen hielten.[6]

Im ägyptischen Alexandria fanden 38 n. Chr. Massenkreuzigungen statt. Während des Jüdischen Kriegs kreuzigten die Römer renitente Feinde.[7] Pilatus erlaubte die Kreuzigung Jesu. Doch trotz ihrer Häufigkeit galt diese Strafe allgemein als besonders furchtbar. Josephus nannte sie »den erbärmlichsten aller Tode«.[8] Zudem war sie beim Volk, völlig zu Recht, mit der Hinrichtung übler Missetäter verbunden, Räuber, Rebellen, treulose Sklaven usw. Das Deuteronomium sprach von einem Fluch: »Wenn jemand eine Sünde getan hat, die des Todes würdig ist, und wird getötet und du hängst ihn an ein Holz, so soll sein Leichnam nicht über Nacht an dem Holz bleiben, sondern du sollst ihn am selben Tage begraben – denn ein Aufgehängter ist verflucht bei Gott –, auf dass du dein Land nicht unrein machst, das dir der Herr, dein Gott, zum Erbe gibt.«[9] Der »am Holz hängende Leichnam« könnte auch gepfählt worden sein – eine weithin praktizierte Form der qualvollen Hinrichtung oder der öffentlichen Zurschaustellung nach einer Hinrichtung im Nahen Osten. Letztendlich wurde das »Hängen am Holz« aber im Allgemeinen als Kreuzigung gedeutet. Deshalb erschien es von der Schrift her unmöglich zu glauben, dass der jüdische Messias, ein von Jahwe Gesalbter, am Kreuz gestorben sei. Paulus versuchte, das Paradox wegzuerklären – er akzeptierte den Fluch im Deuteronomium, verkündete jedoch, der gekreuzigte Messias habe »uns losgekauft von dem Fluch des Gesetzes, da er zum Fluch wurde für uns – denn es steht geschrieben [5. Mose 21,2]: ›Verflucht ist jeder, der am Holz hängt.‹«[10] Andere mochten glauben, dass

FEINDSELIGKEIT GEGENÜBER DEM CHRISTENTUM

die Kreuzigung eines gläubigen Juden durch die Polytheisten kein Stigma sei. Die Kreuzigung eines unerschütterlich gerechten Rebellen wie Eleasar und seiner Söhne in der Makkabäerzeit galt als rühmlich; ihr haftete kein deuteronomischer Fluch an. Tatsächlich machte die Kreuzigung in diesem Fall das Ansehen des rebellischen Helden nicht zunichte, sondern stärkte es sogar.[11] Wegen solcher Martyrien konnte die Kreuzigung als eine der größten Qualen gelten, welche die Gerechten bis zum Tag des Jüngsten Gerichts erleiden mussten.[12]

Wie die Menschen die Tatsache bewerteten, dass eine bestimmte Person gekreuzigt wurde, konnte in einem gewissen Maße von der jeweiligen Perspektive abhängen. Doch Paulus' Versuch, das Problem wegzuerklären, zeigt, dass der Glaube an einen gekreuzigten Gottessohn Skepsis und sogar Feindseligkeit gegenüber der Bewegung provozierte.

Die Christen wiederum schrieben Jesu Tod eine besondere Bedeutung zu. Sie verwiesen auf Jesaja, der prophezeit hatte, dass ein Mann einen grausamen Tod erleiden werde als ein Blutopfer, das die Gläubigen mit Jahwe versöhnen werde:

> Aber er ist um unsrer Missetat willen verwundet und um unsrer Sünde willen zerschlagen. Die Strafe liegt auf ihm, auf dass wir Frieden hätten, und durch seine Wunden sind wir geheilt ... der Herr warf unser aller Sünde auf ihn ... Aber der Herr wollte ihn also zerschlagen mit Krankheit. Wenn er sein Leben zum Schuldopfer gegeben hat, wird er Nachkommen haben und lange leben, und des Herrn Plan wird durch ihn gelingen ... Darum will ich ihm die Vielen zur Beute geben und er soll die Starken zum Raube haben dafür, dass er sein Leben in den Tod gegeben hat und den Übeltätern gleichgerechnet ist und er die Sünde der Vielen getragen hat und für die Übeltäter gebeten.[13]

Vielleicht hatten sie auch die Ideologie der Qumran-Gemeinschaft im Kopf. Dort brachte das Leiden der Führung der ganzen Gruppe Sühne. Die zwölf Mitglieder des Rats der Gemeinschaft und drei ausgewählte Priester sollten vollkommen sein in »Treue, Gerechtigkeit, Recht, barmherziger Liebe und demütigem Wandel«. In der Gemeinderegel hieß es weiter:

Sie sollen Treue bewahren im Lande mit festem Sinn und Demut, Schuld sühnen, indem sie Recht tun und Drangsal der Läuterung (ertragen) … Sie sollen für das Land sühnen und den Gottlosen ihre Taten vergelten … Und sie sollen wohlgefällig sein, zu sühnen für das Land und das Urteil über die Gottlosigkeit zu fällen, so dass kein Frevel mehr sein wird.[14]

Seine Anhänger deuteten Jesu Tod in dieser prophetischen Manier als ein Buß- und Versöhnungsopfer des Volkes mit Jahwe: »Den hat Gott für den Glauben hingestellt zur Sühne in seinem Blut …«[15]

Die Vorstellung von der blutigen Kreuzigung als Sühneopfer hat einen Vorläufer in der jüdischen Tradition. Sühne wurde durch Blutopfer erlangt. Sühnelämmer wurden jeden Morgen und Abend im Tempel geopfert, und an Jom Kippur, dem Versöhnungstag, brachten die Priester jedes Jahr besondere Opfer im Tempel dar. Das Blut eines toten Märtyrers war womöglich noch wirksamer. Das Leiden und der Tod von Märtyrern konnten die Sünden der Menschen sühnen.[16] Besonders die Martyrien von Eleasar und seinen sieben Söhnen zur Makkabäerzeit boten ein konkretes Beispiel. Die frühen Christen dachten sicher, dass Jesu Blut Sühne für die Sünden der Menschheit seit Adam bot.[17] Jesu Anhänger fügten noch einen weiteren Anspruch hinzu. Sie erklärten, dass Jesu Blut das eines neuen, menschlichen Sühnelamms sei und die Menschen aus den Fesseln des Todes befreie. Das erste Pessach-Fest fand in Ägypten zur Zeit des Exodus statt. Mose bot dem Pharao die Stirn und versuchte, ihn zur Freilassung der israelitischen Sklaven zu bewegen. Als der Pharao sich weigerte, drohte Mose auf Befehl Jahwes damit, die Erstgeborenen im ganzen Land sterben zu lassen. Die Israeliten markierten daraufhin ihre Türpfosten mit Lammblut, sodass der Tod, der die ägyptischen Erstgeborenen heimsuchte, ihre Haushalte verschonte. Jesu Opferblut schenkte also den Gläubigen beim Jüngsten Gericht die Freiheit, wie das Blut der geschlachteten Lämmer jene angezeigt hatte, die in Ägypten nicht dem Tod anheimfallen sollten.[18]

Die frühen Christen erhoben solche Ansprüche. Freilich klang das für viele in der jüdischen Tradition nach Blasphemie, besonders die Behauptung, dass Jesus der Sohn Jahwes sei.

Es war damals das Fest der Tempelweihe in Jerusalem, und es war Winter. Und Jesus ging umher im Tempel in der Halle Salomos. Da umringten ihn die Juden und sprachen zu ihm: Wie lange hältst du uns im Ungewissen? Bist du der Christus, so sage es frei heraus. Jesus antwortete ihnen: ... Ich und der Vater sind eins. Da hoben die Juden abermals Steine auf, um ihn zu steinigen. Jesus antwortete ihnen: Viele gute Werke habe ich euch erzeigt vom Vater; um welches dieser Werke willen wollt ihr mich steinigen? Die Juden antworteten ihm: Um eines guten Werkes willen steinigen wir dich nicht, sondern um der Gotteslästerung willen und weil du ein Mensch bist und machst dich selbst zu Gott.[19]

Gotteslästerung war eine ernste Beschuldigung, die extremste Maßnahmen rechtfertigte. Gotteslästerer waren in der Geschichte des jüdischen Volkes immer wieder auf entsetzliche Weise zu Tode gekommen. Gewalt gegen falsche Propheten wie Jesus schien vollauf gerechtfertigt.

Feinde der neuen Bewegung warfen Jesus vor allem Gotteslästerung vor, weil er behauptete, er sei eins mit Jahwe oder wie Jahwe. Die wichtigsten Unterschiede zwischen dem, was die Anhänger des frühen Christentums predigten, und dem, was die Juden bereitwillig glaubten, bestanden darin, dass Jesus mit göttlicher Vollmacht sprach, d. h. als ein übernatürliches Wesen, nicht nur als Vertreter (Prophet) Jahwes, und dass sein menschliches Opfer die herkömmlichen Sühne- und Erlösungsopfer im Tempel ablöste, indem es sie durch einen einzigen Akt ein für alle Mal ersetzte. Diese Unterschiede führten zu offen feindseligen Handlungen.

Dass Judäer andere Judäer schikanierten, war durchaus üblich. Einen guten Vergleich bieten die Samaritaner, Menschen gemischter Herkunft, die Jahwe noch immer auf dem Berg Garizim verehrten, als andere bereits forderten, dass man ihn nur im Tempel in Jerusalem anbeten solle. Ein Streit über den richtigen Ort der Anbetung Jahwes führte zu tiefem Misstrauen und Hass gegenüber den Juden, die sich in Richtung Jerusalem orientierten, und dieser Hass schlug manchmal in Gewalttätigkeiten um. Ähnlich löste auch der Anspruch Jesu, ein zweiter Jahwe zu sein, feindselige Reaktionen aus. Wie bei den Samaritanern galt Gewalt als gerechtfertigt, wenn man sie gegen Menschen einsetzte, die als Glaubensabtrünnige und Gotteslästerer galten.

Abgesehen davon gibt es keine Belege dafür, dass Jesus oder seine Anhänger – bis hin zu den letzten Ereignissen, dem Einzug in Jerusalem, der Konfrontation mit den Priestern und den Römern, dem Prozesses und der Hinrichtung – ernstlich verfolgt worden wären. Zur Zeit Jesu war die harte Befragung durch Pharisäer keine Verfolgung, sondern das übliche Verhalten einer Gruppe, welche die die Glaubensausübung und die Lehre einer anderen Gruppe infrage stellte. Opposition gegen Jesus scheint zu seinen Lebzeiten von anderen religiösen Gruppierungen gekommen zu sein, die seinen Anspruch nicht anerkannten, nicht von irgendeiner größeren sozialen Gruppe der Bevölkerung. Diese Opposition schlug erst in Gewalt um, als Gotteslästerung und politische Nervosität zusammen eine eindeutige und akute Gefahr für die etablierte religiöse und staatliche Ordnung darzustellen schienen.

Als der Prozess und die Hinrichtung Jesu seinen Einfluss nicht beendeten, bedrohte die Opposition die Überlebenden seiner Bewegung. Diese Männer verkündeten die Erfüllung des mosaischen Gesetzes in Jesu Tod und Auferstehung und seine Buße für alle Sünden. Andere dagegen sahen dies als Blasphemie. Der frühe Christ Stephanus stieß mit seiner Botschaft die Juden in einer Synagoge vor den Kopf. Sie legten eine Beschwerde gegen ihn bei der religiösen Obrigkeit in Jerusalem ein: »Wir haben [Stephanus] Lästerworte reden hören gegen Mose und gegen Gott«, behaupteten sie.[20] Vor Gericht verteidigte sich Stephanus mit der Heiligen Schrift und behauptete, Jesus habe die biblischen Prophezeiungen der Versöhnung mit Jahwe und der Erlösung eingelöst. Er zitierte sogar Mose selbst, der eben jenen Mann vorhergesagt hatte, der nach Stephanus' Worten der Messias war: »Einen Propheten wie mich wird dir der Herr, dein Gott, erwecken aus dir und aus deinen Brüdern; dem sollt ihr gehorchen.«[21] Und schließlich schien Stephanus die Feindseligkeit, die ihm entgegenschlug, zu begrüßen: »Ihr ... widerstrebt allezeit dem Heiligen Geist, wie eure Väter, so auch ihr. Welchen der Propheten haben eure Väter nicht verfolgt? Und sie haben die getötet, die zuvor verkündigten das Kommen des Gerechten, dessen Verräter und Mörder ihr nun geworden seid. Ihr habt das Gesetz empfangen durch Weisung von Engeln und habt es nicht eingehalten.«[22]

Das alles beeindruckte die religiöse Führung überhaupt nicht. Die Strafe für Gotteslästerung war Tod durch Steinigung. Mose hatte Jahwes

FEINDSELIGKEIT GEGENÜBER DEM CHRISTENTUM

diesbezügliche Anweisungen an sein Volk in Worte gefasst: »Wer des Herrn Namen lästert, der soll des Todes sterben; die ganze Gemeinde soll ihn steinigen. Ob Fremder oder Einheimischer, wer den Namen lästert, soll sterben.«²³ Stephanus wurde verurteilt und gesteinigt.

Auch hier spielte sich, wie in den Evangelienerzählungen über das Leben Jesu, ein Großteil der dramatischen Ereignisse nach seinem Tod im Umfeld der Synagoge ab.²⁴ Die bekannte Diskussionsdynamik zwischen den Unterstützern verschiedener Fassungen der Überlieferung kam auch hier zum Tragen. Doch die Opposition in der jüdischen Gemeinde war stark, weil einige die Verkündigung einer neuen Beziehung zu Jahwe als Schlag gegen den Kern des überkommenen religiösen Lebens verstanden. Als Paulus versuchte, den römischen Statthalter Gallio in ihre Streitigkeiten hineinzuziehen, erkannte dieser, dass das Thema ganz allein Sache der Juden war, und hielt sich klugerweise heraus: »Läge hier ein Vergehen oder Verbrechen vor, ihr Juden, so würde ich eure Klage ordnungsgemäß behandeln. Streitet ihr jedoch über Lehre und Namen und euer Gesetz, dann seht selber zu! Darüber will ich nicht Richter sein.«²⁵ Und damit schickte er sie weg.

Paulus brachte diesen internen theologischen Disput vor die jüdische und gottesfürchtige Zuhörerschaft der Synagogen in der Diaspora. Bei den Juden, die ihn hörten, war die Reaktion oft, vielleicht sogar durch die Bank feindselig. Paulus' Erfahrung im pisidischen Antiochia in der heutigen Türkei zeigt dies beispielhaft. Er und sein Reisegefährte Barnabas kamen in die Stadt und nahmen am Sabbattreffen in der Synagoge teil. Die religiösen Führer luden ihn ein, seine Ansichten vorzustellen. Das war bei einer solchen Zusammenkunft normal; die Botschaft des Paulus jedoch war aufsehenerregend. Er begann mit der gängigen Zusammenfassung der Geschichte und der Leiden des jüdischen Volkes von der Zeit, als Jahwe Abraham auserwählte, über die Sklaverei in Ägypten bis zum Auszug, der Besetzung Kanaans bis zur Herrschaft König Davids. Aus Davids Nachkommenschaft, so sagte Paulus, versprach Jahwe einen zukünftigen Messias, der die Erlösung von den Sünden anbieten werde: »Ihr sollt also wissen, meine Brüder: Durch diesen wird euch die Vergebung der Sünden verkündet und in allem, worin euch das Gesetz des Mose nicht gerecht machen konnte, wird jeder, der glaubt, durch ihn gerecht gemacht.«²⁶ Im Zuge seiner Darlegungen streifte Paulus den Kern der christlichen Botschaft. Der Prophet Johannes der Täufer, so sagte er, habe verkündet, dass Jesus über einen Aufruf zu Buße und Taufe hinausgehen werde; Jesus werde durch sein Sühneopfer den Weg zur Erlösung weisen. Schließlich habe Jahwe Jesus von den Toten auferweckt:

> Brüder, ihr Söhne aus Abrahams Geschlecht und ihr Gottesfürchtigen! Uns wurde das Wort dieses Heils gesandt. Denn die Einwohner von Jerusalem und ihre Führer haben Jesus nicht erkannt, aber sie haben die Worte der Propheten, die an jedem Sabbat vorgelesen werden, erfüllt und haben ihn verurteilt. Obwohl sie nichts fanden, wofür er den Tod verdient hätte, forderten sie von Pilatus seine Hinrichtung. Als sie alles vollbracht hatten, was in der Schrift über ihn gesagt ist, nahmen sie ihn vom Kreuzesholz und legten ihn ins Grab. Gott aber hat ihn von den Toten auferweckt.[27]

Zunächst reagierten die Mitglieder der Synagoge positiv und baten Paulus, in der nächsten Woche wiederzukommen, um weiter über seine Ausführungen zu diskutieren. Die Anführer jedoch, die Paulus in seiner Beschreibung von Jesu Tod indirekt kritisiert hatte, schlossen sich gegen ihn zusammen. Sie »veranlassten eine Verfolgung gegen Paulus und Barnabas und vertrieben sie aus ihrem Gebiet«. Paulus und sein Gefährte mussten die Stadt verlassen.[28]

Diese Szene wiederholte sich immer wieder, während Paulus von Synagoge zu Synagoge reiste. Aus Ikonion reisten Paulus und Barnabas Hals über Kopf ab, als ihre Gegner sie misshandeln und steinigen wollten.[29] In Lystra wurde Paulus gesteinigt und für tot zurückgelassen.[30] In Thessaloniki griff ein wütender Mob Paulus und Silas an.[31]

Diese dramatischen Zwischenfälle schmückte der Autor der Apostelgeschichte sicherlich etwas aus, doch auch Paulus selbst bestätigte die Gewalt, mit der er sich konfrontiert sah, wenn er die Botschaft in den Synagogen verkündete: »Ich ertrug mehr Mühsal, war häufiger im Gefängnis, wurde mehr geschlagen, war oft in Todesgefahr. Fünfmal erhielt ich von Juden die vierzig Hiebe weniger einen; dreimal wurde ich ausgepeitscht, einmal gesteinigt ...«[32]

Einige Juden, die durch die zeitgenössischen Denkschulen, die im letzten Kapitel beschrieben wurden, darauf vorbereitet waren, nahmen die

FEINDSELIGKEIT GEGENÜBER DEM CHRISTENTUM

neue Botschaft an, doch der Anspruch, dass Jesus die Erfüllung der Prophezeiungen und sogar des historischen Schicksals des jüdischen Volkes in seiner Beziehung zu Jahwe sei, weckte in den frühen Jahren der christlichen Bewegung auch immer wieder Feindseligkeit unter den anderen Juden.

Die Polytheisten zeigten sich einerseits oft sehr tolerant gegenüber einem breiten Spektrum sozialen und religiösen Verhaltens. Sie nahmen Astrologen, Traumdeuter, Anhänger seltsamer Kulte oder Gesellschaftskritik in Form wandernder kynischer Philosophen, welche die Unlogik und Heuchelei des Alltags offenlegten, gelassen hin. Andererseits verteidigten die Menschen aber auch ihre Tradition, besonders, wenn es um die Religion ging. Cicero beschrieb ihre Befürchtungen so: »Mit der frommen Gesinnung gegen die Götter dürfte wohl auch die Treue und das Gemeinschaftsgefühl der Menschen und die höchste aller Tugenden, die Gerechtigkeit, aufgehoben werden.« Und er bemerkte: »Ist [jedes Gefühl für Heiligkeit und Religion] dahin, sind Unordnung und große Verwirrung des Lebens die Folge.«[33] Die Probleme des Sokrates fallen einem ein, der hunderte von Jahren zuvor mit seinen Einstellungen zu den Göttern, zu Sitten und Gebräuchen und normativem Denken die Jugend Athens verdarb. Obwohl es also Neugier und eine gewisse Aufgeschlossenheit gegenüber dem Neuen gab, herrschte auch eine Ambivalenz hinsichtlich einer expliziten, sichtbaren Feindseligkeit gegenüber der religiösen (und damit gemeinschaftlichen) Tradition.

Vor allem verspürten die Polytheisten ein gewisses Unbehagen bei den in ihren Augen ungewöhnlichen Bräuchen des jüdischen Volkes wie Beschneidung, Achtung des Sabbat und Verbot von Schweinefleisch, ganz zu schweigen von der Monolatrie, die den Gegensatz zu den »Götzen« der Polytheisten betonte. Wahrscheinlich trug auch der Zusammenhalt der Juden, die sich durch ihren Bund von allen anderen abgesondert hatten, auch wenn sie am gesellschaftlichen Leben in der Diaspora teilnahmen, zu dem Gefühl bei, dass sie »nicht wie wir« waren. Allerdings erkannten viele an, dass das jüdische Volk zwar fremd war, aber doch auf respektable Weise zu seiner Fremdheit gekommen war – als Erben einer langen Tradition. Die Altehrwürdigkeit der jüdischen Lebensweise passte zur Ehrung der Tradition in der gesamten polytheistischen Kultur. Die

Bräuche der Juden, so seltsam sie auch waren, lagen innerhalb der Grenzen des Akzeptablen, weil die Polytheisten anerkannten, dass verschiedene Völker unterschiedliche und oft seltsame Bräuche hatten. Dieses Wissen milderte negative Gefühle, die sonst die Beziehung zwischen dem jüdischen Volk in der Diaspora und den Polytheisten ernsthaft beschädigt hätten. Zudem pflegten die Juden die Vorstellung, dass ihre Tradition ganz und gar ihre eigene war. Neugierige Polytheisten konnten etwas über die jüdische Religion und Lebensweise erfahren und auch konvertieren. Sogar wenn sie vor dem Initiationsritus der Beschneidung zurückschreckten, waren sie als Gottesfürchtige willkommen. Aber es gibt nur wenige, weit verstreute und unsichere Belege dafür, dass Juden aktiv unter Polytheisten missioniert hätten.

Polytheisten betrachteten Juden meist als Anhänger eines seltsamen Aberglaubens, aber als im Grunde harmlos. Es war lediglich einer unter vielen seltsamen Aberglauben, mit denen sie in ihrem Alltag in Berührung kamen. Jüdische Bräuche stellten auch nur eine indirekte und schwache Kritik der polytheistischen Kultur und Gesellschaft dar, welche die Polytheisten meist problemlos ignorieren konnten.

Es gab jedoch Ausnahmen dieser im Allgemeinen wohlwollenden Beziehung zwischen Juden und Polytheisten. Die griechisch-römische Elite fand wenig Attraktives an der jüdischen Tradition. Sie erregte vor allem Neugier und Spott – gelegentlich aber auch offene Feindschaft. Von Zeit zu Zeit verallgemeinerten Autoren diese Seltsamkeiten zu einer jüdischen Opposition gegen die polytheistische Kultur. Als Anhänger magischer Künste oder als »Hasser des Menschengeschlechts«, wie Tacitus es ausdrückte, wurden die Juden manchmal als Störenfriede gesehen.[34] Im Jahr 19 wurden 4000 von ihnen aus Rom vertrieben.[35] In den dreißiger Jahren kam es in Alexandria und Ende der vierziger Jahre in Rom zu Aufständen, an denen Juden beteiligt waren. Man warf ihnen vor, sie hätten versucht, im Jahr 64 Rom und im Jahr 67 Antiochia niederzubrennen. Der politische Widerstand der Judäer ließ sie in den Augen ihrer griechischen und später römischen Herrn wie ein rebellisches, halsstarriges Völkchen aussehen.

Im Römischen Reich war es eigentlich üblich, die Eliten eines Volkes aufzunehmen und mit ihnen als Vertretern Roms das Reich zu verwalten. Doch die Konzentration des jüdischen Volkes auf die Religion schien gegen diese Methode zu arbeiten und brachte die Herrscher, welche die lokalen Eliten nicht kontrollieren konnten oder wollten, in Schwierigkeiten. Dies wiederum führte zu Versuchen, ebenjene Traditionen zu unterdrücken, die den Widerstand auszubrüten schienen. Die jüdische Tradition rief ihrerseits Jahwe an, die polytheistischen Unterdrücker zu schlagen. Ein Gebet aus der Zeit des Makkabäer-Aufstands lautete folgendermaßen: »Sammle uns aus der Zerstreuung, befrei alle, die bei den Völkern in Knechtschaft leben, schau auf die Verachteten und Verabscheuten! So sollen die Völker erkennen, dass du unser Gott bist. Strafe die Unterdrücker und die vermessenen Stolzen! Pflanz dein Volk an deinem heiligen Ort ein! Denn so hat es Mose zugesagt.«[36] Die römischen Eliten hatten also durchaus gute Gründe, die jüdischen Traditionen negativ zu sehen.

Das Leben in der Antike spielte sich im Lokalen ab. Solange es nicht zu einem Krieg oder einer anderen großen Katastrophe kam, wussten die Menschen nichts von den politischen Problemen ihrer Eliten im Umgang mit den Juden in der Diaspora und vor allem im Judäa des 1. Jahrhunderts n. Chr. – oder sie kümmerten sich zumindest nicht weiter darum. Daher ist es sehr unsicher, wie weit die sozioökonomische Leiter hinunter sich die Eindrücke der Elite fortsetzten. Die Juden erlebten einige Unannehmlichkeiten in ihrem Alltag unter Polytheisten. Die Polytheisten nahmen die sozioreligiöse Exklusivität des jüdischen Volkes manchmal persönlich – die besonderen Nahrungsmittelmärkte für koscheres Essen und seine Zubereitung, die Betonung des Monotheismus, ihren festen Zusammenhalt, da ihre Traditionen eng, wenn auch nicht ausschließlich, mit ethnischer Zugehörigkeit verbunden waren. Doch wenn die Juden ihre Abneigungen für sich behielten und keine Streitigkeiten mit ihren Nachbarn anzettelten, hatten jene Nachbarn keinen Grund, mehr als milde kulturelle Kritik zu üben.

Es konnten sich natürlich Probleme ergeben, wenn Grundelemente des polytheistischen Lebens infrage gestellt wurden. Dann konnte die sonst eher schwache Abneigung giftig werden. Die kulturelle Nagelprobe, wenn es denn überhaupt eine gab, war der – tatsächliche oder nur vermutete – jüdische Widerstand gegen die Verehrung der altehrwürdigen Götter, die aufs Engste mit der Identität der lokalen Gemeinschaft verbunden waren. »Wenn sie Mitglieder der Gemeinschaft sein wollen, sollen sie die

Götter der Gemeinschaft verehren« – das war eine Standardreaktion der Polytheisten.[37]

Polytheisten waren sich der Gruppen, die außerhalb ihres allgemeinen Verständnisses der Götter standen, durchaus bewusst. Mitte des 2. Jahrhunderts kannten sie die relevanten Kategorien – Atheisten (womit wohl die Juden gemeint waren), Christen und Epikureer. Alexander von Abonuteichos, ein polytheistischer Charismatiker des 2. Jahrhunderts, veranstaltete eigene Mysterienfeiern für seinen Kult und schloss genau diese Leute aus.

Am ersten Tag [von Alexanders Fest] wurde ... der Anfang mit folgendem öffentlichen Ausruf gemacht: »Falls irgendein Gottesleugner, Christ oder Epikureer gekommen sein sollte, dieser heiligen Feier als Spion beizuwohnen, soll er verschwinden! Alle gläubigen Verehrer unseres Gottes aber mögen zu ihrem Heil und Segen an seiner geheimen Weihe teilnehmen!« Und dann gab es ganz zu Anfang eine »Austreibung«, bei der er selbst die Führung übernahm und sagte: »Hinaus mit den Christen!«, und die ganze Menge rief im Chor: »Hinaus mit den Epikureern!«[38]

Die Polytheisten nahmen also die Gewohnheiten der Juden, die unter ihnen lebten, durchaus wahr.

Das antike Leben war nicht nur lokal, sondern auch öffentlich. Die Menschen interagierten ständig auf Märkten, an Straßenecken, bei Festen und Veranstaltungen in kleinen und großen Städten. Und natürlich redeten sie, verglichen, lobten und kritisierten Familien und Freunde, Eliten, alle und jeden. Die Menschen, die jüdischen Traditionen folgten, erkannten, dass ihre Sitten und Gebräuche Aufmerksamkeit und manchmal Feindseligkeit erregten:

Einige Menschen taten sich zu einer Intrige zusammen, um das jüdische Volk zu schädigen, indem sie ein feindseliges Gerücht in Umlauf brachten, unter dem Vorwand, die Juden behinderten andere, nach ihren Satzungen zu leben ... Den Unterschied aber in Bezug auf die Anbetung und Speisen besprachen sie [die Polytheisten] immer wieder und behaupteten: Weder für den König noch für seine Truppen seien diese Menschen Tischgenossen, sie seien vielmehr feindselig und würden sich der Staatsverwaltung heftig widersetzen.[39]

Dieser Beleg stammt aus Judäa. Dort waren die Beziehungen ein wenig anders, doch auch in der Diaspora entstanden manchmal solche Spannungen zwischen Juden und ihren Nachbarn. In Alexandria waren die Beziehungen zu den einheimischen Ägyptern besonders schlecht. Im Jahr 38 n. Chr. fand wegen soziopolitischer Spannungen innerhalb der Bevölkerung von Alexandria ein regelrechter Pogrom gegen die Juden statt:

[Diejenigen, die man als Juden anklagte] wurden festgehalten und weggezerrt, nicht nur auf dem Markt, sondern sogar mitten im Theater, und auf die Bühne geschleppt unter allen möglichen Anklagen, die man unter überaus schmerzlichen und unerträglichen Beleidigungen gegen sie vorbringen mochte ... und wenn sie zu unserem [jüdischen] Volk zu gehören schienen, dann wurden die Zuschauer zu Tyrannen und Gebietern, gaben ihnen grausame Befehle, brachten ihnen Schweinefleisch und mahnten sie, es zu essen. Dementsprechend wurden alle, die dieses Fleisch aus Angst vor Strafe aßen, ohne jede Misshandlung entlassen, während diejenigen, die sich hartnäckig weigerten, den Folterknechten übergeben wurden und unerträgliche Qualen litten.[40]

Antiochia in Syrien, das eine sehr große jüdische Bevölkerung beherbergte, wurde ebenfalls zum Schauplatz judenfeindlicher Übergriffe.[41] Im Jahr 67 warf man ihnen vor, sie versuchten, Antiochia auszulöschen. Ein Jude namens Antiochos, Sohn eines Anführers der jüdischen Gemeinde in der Stadt, sprach zu den im Theater versammelten Bürgern. Er beschuldigte seinen Vater und andere Juden, sie hätten sich verschworen, um die ganze Stadt in einer einzigen Nacht niederzubrennen. Auch Juden, die nicht in der Stadt wohnten, benannte er als Komplizen in dieser Verschwörung. »Die [Antiochener] vermochten ihren Zorn darüber nicht zu zügeln und ließen für die Ausgelieferten im Theater einen Scheiterhaufen errichten, auf dem sie sofort verbrannt wurden.« Antiochos selbst bewies seinen Abfall vom jüdischen Glauben, indem er einem Gott der Polytheisten opferte. Dann »schlug er vor, die übrigen [Juden] ebenfalls dazu zu zwingen; an der Weigerung werde man dann die Verschwörer erkennen.

Die Antiochener machten auch wirklich die Probe, aber nur wenige unterwarfen sich; die Widerspenstigen wurden hingerichtet.«⁴² Diese Episoden zeigen, wie stark die feindliche Einstellung gegenüber den Juden sein konnte. Aber es waren isolierte Zwischenfälle. Im Allgemeinen kamen die Juden gut mit ihren polytheistischen Nachbarn zurecht und ihre Nachbarn mit ihnen.

Die Christen entwickelten sich aus den jüdischen Traditionen heraus, folglich erwarteten sie dieselbe Toleranz, wie sie den anderen Juden entgegengebracht wurde. Doch als die Bewegung wuchs, unterschied sich das Christentum auch von außen immer deutlicher vom Judentum. Die Christen hatten ebenfalls einen engen Zusammenhalt, doch anders als die Juden waren sie ein künstlich entstandener Clan: Ihr Zusammenhalt beruhte auf Ideologie, nicht auf Blutsverwandtschaft. Ihre Gruppen hatten keinen stabilen kulturellen Stammbaum, auf den sie sich berufen konnten. Sie wurzelten zwar ursprünglich in jüdischen Traditionen und behaupteten, die Hoffnung jener Tradition auf einen Messias sei erfüllt worden, doch ihre Abweichung von den meisten traditionellen Auslegungen der grundlegenden jüdischen Gesetze brachte sie in eine ambivalente Position in Bezug auf die Toleranz, die Polytheisten diesen Traditionen mehr oder weniger entgegenbrachten. Als die frühchristliche Version jüdischer Traditionen auch Polytheisten aktiv zu erreichen versuchte, wurde das, was gewöhnlich als die Merkwürdigkeiten anderer Juden verstanden wurde, plötzlich zu einem offenen Angriff auf die Grundlagen des polytheistischen Lebens.

Wenn wir davon ausgehen, dass die Christen viele fundamentale kulturelle polytheistische Vorstellungen zum Übernatürlichen teilten, warum brachten sie dann zumindest einige Polytheisten so sehr gegen sich auf, dass diese sie mit Hilfe der staatlichen Autoritäten zu vernichten versuchten? Nun, dafür gab es religiöse, kulturelle und ökonomische Gründe.

Man könnte annehmen, dass die Menschwerdung, der Anspruch, ein Gott habe ein göttliches Wesen in die Menschenwelt gebracht, bei einigen Polytheisten für Stirnrunzeln gesorgt hätte. Doch gerade in den polytheistischen Überlieferungen gab es viele Interaktionen von Göttern und Menschen, aus denen gottähnliche Menschen hervorgingen. Die berühmtesten waren Herakles, der Held, der sich besonders um die Menschen kümmerte, und Asklepios, der Menschen heilte. Man war also durchaus be-

1. Zehn Stämme Israels wurden auf Befehl der assyrischen Eroberer 722 v. Chr. in die Verbannung geführt. Sie waren in einer genauso hoffnungslosen Lage wie diese Familie, die deportiert wurde, nachdem der assyrische König Sanherib (705–681 v. Chr.) ihre Heimatstadt Lachisch zerstört hatte.

2. Der Sturmgott Baal. Die Hebräer, die nach Kanaan zogen, stießen dort auf Völker, die diesen Gott in seinen verschiedenen Formen verehrten, und mischten sich mit ihnen.

3. Die Propheten Baals auf dem Berg Karmel. Der Wettstreit zwischen Jahwe und Baal ist eines der bekanntesten Wunder im Alten Testament (1. Könige 18,16–43). Es ging darum, wer ein Altarfeuer entzünden konnte. Der Sieger erwies sich damit als wahrer Gott. Als es den Baal-Priestern nicht gelang, das Holz zu entzünden, rief Elia Jahwe an, der daraufhin Feuer regnen ließ.

4. Herodes der Große (König von Judäa 37–4 v. Chr.) erweiterte und renovierte den zweiten Tempel in Jerusalem. Festopfer der normalen jüdischen Bevölkerung fanden in den riesigen Höfen statt, die bei diesem Modell ins Auge fallen.

5. Die Polytheisten beteten ihre Götter mit Hingabe an. Hier erweist eine Gruppe von Frauen dem Gott Dionysos die Ehre.

6. Das Lararium beherbergte eine kleine Statue des Schutzgottes des Haushalts, oft in einer Wandnische. Bei diesem Beispiel aus Pompeji fehlt die Statue; dafür ist die Rückseite der Nische mit einer Opferszene für einen solchen Gott bemalt.

7. Der Vater leitet ein Opfer der Familie vor dem Schutzgott des Haushalts.

8. Zu religiösen Festen gehörten oft auch Prozessionen. Hier sammeln sich die Anhänger der Göttin Kybele, um sie auf einer Plattform zum Ort der Feier in Pompeji zu tragen.

9. Tieropfer spielten im polytheistischen wie im jüdischen Kult eine zentrale Rolle. Auf dieser rotfigurigen attischen Trinkschale soll ein Schwein auf einem Altar geopfert werden.

10. Die einfachen Leute waren so bewandert im Wissen der Elite, dass auch sie die berühmten Sieben Weisen erkannten. Die Latrine der Taverne der Sieben Weisen in Ostia zeigt Bilder der Weisen mit parodistischen »Aussprüchen«, über die Besucher der Latrine lachen sollten. Chilon von Sparta zum Beispiel wird zitiert mit dem Satz: »Der schlaue Chilon lehrte, wie man geräuschlos furzt«. Darunter sind Männer dargestellt, die auf der Latrine sitzen.

11. Auf diesem pompejanischen Fresko sieht man einen Kyniker in seiner zerschlissenen Tunika und mit dem typischen Stab und Beutel. Man beachte den Hund an seiner Seite, ein Sinnbild dafür, dass die Kyniker Passanten wie Hunde ankläfften.

12. Wandgemälde aus dem Haus der Julia Felix, Pompeji, mit Szenen des Marktes auf dem Forum. An solchen belebten Orten predigten Kyniker und Christen.

13. Isis war beim einfachen Volk sehr beliebt. Sie galt als eine Super-Göttin, die alle anderen weiblichen Gottheiten in sich vereinte. Berühmt war sie vor allem für ihre Heilkraft. Ursprünglich stammte sie aus Ägypten, hatte jedoch Anhänger im ganzen Römischen Reich.

14. Eine Zeremonie am Tempel der Isis in Herculaneum.

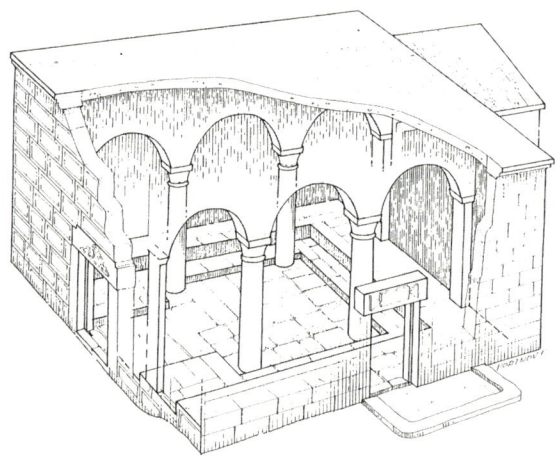

15. Die Synagoge von Kirjat Sefer, Israel, stammt aus dem 1. Jahrhundert v. Chr. (hier eine Rekonstruktionszeichnung).

16. *Sica* in der Hand eines Gladiators auf einem Mosaik aus Kourion, Zypern, 3. Jahrhundert n. Chr. Die gekrümmte Klinge fügte schwere Verletzungen zu, wenn man sie wieder aus dem Körper des Feindes herauszog.

17. Die Tempelrolle gehört zu den längsten Qumran-Rollen. Diese Dokumente revolutionierten unser Wissen über die Zeit des zweiten Tempels. Das Buch Jesaja – hier ein Fragment davon – war einer der wichtigsten Texte.

18. Die einzige Frau, mit der Jesus länger sprach, war die Samariterin am Brunnen.

19. Frauen und Männer nahmen an Veranstaltungen der christlichen Vereinigungen wie dem Agape-Mahl und dem Ritual der Eucharistie teil. Hier genießen Frauen das Mahl.

20. Männer bei einem frühchristlichen Agape-Mahl mit Eucharistie. Die Brotlaibe und Fisch erinnern an ein Wunder Jesu, die Speisung der Fünftausend.

21. Siegreiche Assyrer pfählen besiegte Juden nach der Eroberung von Lachisch (701 v. Chr.).

22. Dieser durch die Fuß-knochen eines etwa 25-jährigen Mannes ge-triebene Nagel ist der einzige physische archäologische Beleg für eine Kreuzigung. Gefunden in einem Grab der herodischen Zeit in Givat ha-Mivtar im Nordosten Jerusalems (*extra muros*).

23. Das Christentum sprach einfache Leute an wie diesen Töpfer, der an seiner Töpferscheibe arbeitet

24. Ein Graffito des späten 2. Jahrhunderts aus Rom macht sich über die Christen lustig. Die Unterschrift lautet: »Alexamenos betet Gott an«. Der »Gott« ist dabei eine gekreuzigte Gestalt mit Eselskopf, eine Karikatur des Jesus am Kreuz.

25./26. Die Gebetshaltung zählt zu den vielen polytheistischen Gewohnheiten, die die Christen beibehielten. *Links* hebt Chairemon seine Hände in Anbetung des ägyptischen Gottes Anubis, dessen Tiere, die Schakale, ihm zu Füßen sitzen. *Rechts* sieht man eine betende Christin aus dem Coemeterium Maius, Rom, 3. Jahrhundert n. Chr.

27. Ein Epitaph des frühen 3. Jahrhunderts aus der Sammlung des Vatikan zeigt das polythestische *D(is) M(anibus)* auf der Grabstele der Christin Licinia Amias. »Der Licinia Amias, der wohlverdienten. Sie lebte …« Auffallend sind der griechische Ausdruck »Fisch der Lebenden« sowie Anker und Fisch, beides christliche Symbole.

28. Jesus erweckt Lazarus mit Hilfe eines Zauberstabs von den Toten. Christlicher Grabstein aus den römischen Katakomben des 3. Jahrhunderts.

29. Kaiser Konstantin der Große (274–337 n. Chr.) schloss sich dem Gott an, der ihm wunderbarerweise zu einem Sieg verholfen hatte. Im Gegenzug unterstützte er eine christenfreundliche Elite, die im Laufe eines Jahrhunderts ein christlich dominiertes Reich schuf.

reit, übernatürliche Erscheinungen in der Menschenwelt zu akzeptieren.[43] Petrus, Jakobus und Johannes gingen davon aus, dass sie tatsächlich Elia und Mose auf einem Berggipfel gesehen und dass diese Propheten mit Jesus gesprochen hatten. Polytheisten akzeptierten, dass Götter unter den Menschen wandeln konnten. Die Bewohner von Lystra, einschließlich ihres Priesters, hatten keine Bedenken bei der Vorstellung, dass Zeus und Hermes sich in Gestalt von Paulus und Barnabas bei ihnen aufhielten.[44] Diese Einstellung machte es Polytheisten leicht, Jesus als gottähnlich anzuerkennen. Doch ein zentraler Punkt der christlichen Verkündigung ließ Polytheisten zurückschrecken: Sie wussten, dass nur Menschen mit geringem Status gekreuzigt wurden. Sie hatten große Schwierigkeiten mit der Vorstellung, dass jemand mit erwiesenermaßen geringem Status tatsächlich Sohn einer Gottheit sein sollte, der Erlöser der Welt, wie die Vertreter des frühen Christentums behaupteten. Sie sahen das als eine »Torheit« an, wie Paulus selbst festhielt.[45]

Doch die religiösen Beziehungen zur polytheistischen Welt waren komplizierter – es ging nicht nur um dieses eine Thema. Es gab ein weiteres Dogma, das innerhalb der polytheistischen Traditionen kaum glaubhaft zu vermitteln war: das Jüngste Gericht.

Der Verweis auf die Letzten Tage, an denen die Ungerechten von einem Gott, Jahwe, verurteilt und bestraft würden, zieht sich durch die Evangelien und die Schriften des Paulus. Die moralischen Einstellungen der Polytheisten waren nicht weit von denen entfernt, welche die frühen Christen vertraten. Das Geschimpfe einiger Christen, die sich über das unmoralische Leben der Polytheisten aufregten und von Mord, Zank, Hochmut, Ungehorsam der Kinder und so weiter und so fort sprachen, war auf jeden Fall unverschämt und ungerecht und bestenfalls scheinheilig. Tatsächlich ermahnte Paulus, dem dies auffiel, seine Anhänger: »Darum bist du unentschuldbar – wer du auch bist, o Mensch –, wenn du richtest. Denn worin du den andern richtest, darin verurteilst du dich selbst, weil du, der Richtende, dasselbe tust.«[46] Irgendwann um 175 n. Chr. verfasste Celsus einen Angriff auf das Christentum. Origenes, der ein halbes Jahrhundert später wirkte, nahm Celsus' Herausforderung an und schrieb eine Widerlegung. Wir verfügen heute nur noch über das Werk des Origenes, der aber glücklicherweise lange Abschnitte des Celsus zitierte, die als die erste erhaltene polytheistische Kritik des Christentums von besonderem Wert gelten. Celsus beschrieb die Art zu predigen, die auch Paulus kritisiert hatte:

> Es gibt viele Leute ohne Ruf und Namen, die sich mit größter Leichtigkeit und bei jeder sich bietenden Gelegenheit teils in Tempeln, teils außerhalb derselben, manche auch in Städten oder Heeren, so aufführen, als ob sie weissagen könnten, um die Aufmerksamkeit auf sich zu lenken und Aufsehen zu erregen. Jeder dieser Propheten pflegt über sich zu sagen: »Ich bin Gott oder Gottes Sohn oder göttlicher Geist. Ich bin aber gekommen, denn schon bald geht die Welt zugrunde, und ihr, o Menschen, geht wegen eurer Ungerechtigkeiten unter. Ich aber will euch retten; und ihr werdet mich mit himmlischer Macht wiederkommen sehen. Selig ist, wer mich jetzt ehrt; auf alle anderen, auch auf Städte und Länder werde ich ewiges Feuer werfen, und die Menschen, welche die ihnen bevorstehenden Strafen nicht kennen, werden vergeblich bereuen und seufzen; jene aber, die mir Glauben geschenkt haben, werde ich ewig bewahren.«[47]

Vermutlich übertrieb Celsus in seinem Bestreben, die Christen zu kritisieren, wenn er sagte, dass Prediger behaupteten, Gott oder Gottes Sohn zu sein. Dennoch können wir uns mit Hilfe seiner Tirade sehr gut das Predigen an den Straßenecken vorstellen, ganz ähnlich, wie die Kyniker Vorübergehende in ihren Reden attackierten. Das Leben auf dem Forum, wie es uns das Fresko aus dem Haus der Julia Felix in Pompeji zeigt, war voller hektischer Aktivität. Heilige Männer, Astrologen, Zauberer, Philosophen – alle rangelten in einem wilden Durcheinander lauter Stimmen um Aufmerksamkeit. Natürlich wissen wir nicht, ob Paulus' Reden auf den Marktplätzen Celsus' Beschreibung ähnelten – wir wissen jedoch, dass die öffentliche Verkündigung im frühen Christentum eine wichtige Rolle spielte.

Die frühen Christen konnten offenbar nicht anders, als auf ihre polytheistischen Nachbarn herabzusehen, während sie sich mühten, sie vor sich selbst zu bewahren. Und so wurde die Homogenität moralischer Ideale von Polytheisten und Christen überlagert von dem Verlangen, sich als eine Gemeinschaft, die mit dem ewigen Leben belohnt werden wird, abzusetzen von einer anderen, die mit ewigen Qualen gestraft werden wird. Das kam gar nicht gut an bei den Polytheisten, die verständlicherweise die Arroganz der Christen verabscheuten, weil sie die moralische Überlegenheit für sich beanspruchten, die Moral anderer verachteten und das kulturelle Fundament ihres Lebens, die Götter, angriffen. Die Drohung mit ewiger Strafe im Jenseits brachte das Fass dann zum Überlaufen.

Eine höllische Bestrafung der Gottlosen nach dem Tod ist im polytheistischen Verständnis des Übernatürlichen sehr schwer zu entdecken. Celsus bestätigt, dass einige Mysterien eine solche Ansicht vertraten, doch es ist modernen Fachleuten schwergefallen, sie zu identifizieren. Der analoge Anspruch, dass die Anhänger einer Religion nach dem Tod fleischlich weiterleben, ist in den Inschriften und anderen Belegen, die Aufschluss über die Vorstellungen der Menschen geben, praktisch nicht zu finden. Während die Literatur der Elite voll ist vom Tartarus, den Elysischen Feldern und Ähnlichem, hatten die meisten Menschen ein sehr viel weniger klares Konzept von dem, was nach dem Tod mit einer Person wohl geschah. Zu diesen verschwommenen Konzepten gehörte jedenfalls kein irgendwie gearteter halb lebendiger Zustand in einem Jenseits oder die Auferweckung vom Tod in einer nahen oder fernen Zukunft. Weihungen an »Götter der Unterwelt« und Opfergaben am Grab beruhten bestenfalls auf nebulösen Glaubensvorstellungen in dieser Richtung.

Die Entweder-Oder-Theologie der Christen stieß die Polytheisten ab. Das ganze Konzept des Polytheismus bestand darin, dass das Übernatürliche auf viele verschiedene Arten und unter vielen verschiedenen Namen zugänglich war. Sicher, die Vorstellung von göttlichen Mächten, die einander aus eigenem Antrieb oder im Namen von menschlichen Günstlingen bekämpften, geht auf Homer zurück. Aber es gab keine verbreitete Vorstellung eines apokalyptischen Kampfes zwischen den Mächten des Guten und den Mächten des Bösen. Eine solche Idee setzt eine religiöse, kulturelle und moralische Dualität voraus. Ein übernatürliches »Gutes« und ein übernatürliches »Böses« tragen ihren Kampf auf einer kosmischen Ebene aus, und dieser Kampf spiegelt sich in der Welt der Menschen wider. Diese müssen sich entscheiden, ob sie für das Gute gegen die kosmischen Mächte des Bösen in den Kampf ziehen. Die Belohnung für die Guten ist ewige Glückseligkeit, für die Bösen ewige Strafe. Polytheisten kannten so eine »Wer nicht für uns ist, ist gegen uns«-Haltung in ihren Beziehungen zum Übernatürlichen nicht.

Den Kampf für das Gute führte der jüdische Gott, Jahwe, an. Atheismus war ein gängiger Vorwurf gegen Christen (und Juden). Das konnte bedeuten, dass man – wie es einige Philosophen lehrten – tatsächlich nicht an die Götter glaubte. Es konnte auch »pflichtvergessen« bedeuten, das heißt, dass man einer übernatürlichen Macht oder generell den übernatürlichen Mächten nicht den nötigen Respekt entgegenbrachte. Und schließlich konnte es auch bedeuten, dass man an seine eigene übernatürliche Macht glaubte und die Wirkkraft oder sogar die Existenz anderer solcher Mächte leugnete. Christen leugneten manchmal die Existenz der Götter der Polytheisten, manchmal behaupteten sie, ihr Gott sei bedeutender und mächtiger. In beiden Fällen leugneten sie damit die Wirkkraft der Götter der anderen. Die Vorstellung der Christen von ihrem Gott war in den Augen der Polytheisten folglich zwangsläufig gleichbedeutend mit Atheismus. Das war ein Punkt, an dem sich Feindseligkeiten entzündeten.

Die Christen kritisierten ihrerseits den Polytheismus aufs Schärfste. Sie konzentrierten ihre Verbalattacken auf die Götterbilder und auf das Verzehren von Nahrungsmitteln, die diesen Götterbildern dargebracht worden waren. Juden teilten diese Einstellungen, doch der entscheidende Unterschied war offenbar, dass die Juden diese harschen Bewertungen des paganen Kults und seiner Anhänger nur unter sich austauschten; ihr Glaube war die Rechtfertigung ihres eigenen Lebens, abgesetzt von den Schwächen und Fehltritten der Polytheisten, aber nicht per se ein Angriff auf sie. Die Kritik der frühen Christen an den Polytheisten war da weitaus offensiver. Vor allem Paulus predigte gegen die Anbetung von Kultbildern: »Meidet den Götzendienst!«, lehrte er. »Was meine ich damit? Dass Götzenopferfleisch wirklich etwas ist? Oder dass ein Götze wirklich etwas ist? Nein, aber was man dort opfert, opfert man den Dämonen und nicht Gott.«[48]

Lukian stellte im späten 2. Jahrhundert eine ganze Liste theologischer Stolpersteine für Polytheisten zusammen:

Die armen Wichte [die Christen] haben sich nämlich zuerst und vor allem eingeredet, dass sie unsterblich sein und in alle Ewigkeit leben werden; daher verachten sie den Tod, und viele von ihnen nehmen ihn sogar freiwillig auf sich. Sodann hat ihnen ihr oberster Gesetzgeber [Jesus] beigebracht, dass sie alle untereinander Brüder sind, sobald sie endgültig die Grenze überschritten haben, indem sie die griechischen Götter verleugnet und sich zur Anbetung jenes gekreuzigten Betrügers selbst bekannt haben und nach dessen Vorschriften leben.[49]

Für die meisten Menschen war der wichtigste Einwand jedoch nicht theologischer Natur. Neben dem emotionalen Schock, dass da jemand ihre Götter in Zweifel zog, schien der ganze polytheistische kulturelle Hintergrund und das damit zusammenhängende Erklärungssystem unter Beschuss zu geraten. In einer Welt, die durch den Mythos oder auf mythische Art verstanden wurde, beschnitt eine Verleugnung der Götter die Fähigkeit, sich mit der Welt in diesen Geschichten zu identifizieren. Was sollte die Mythen als von allen geteilte religiöse Geschichten der Gemeinschaft ersetzen? Wie Walter Burkert dargelegt hat, sind »alle wesentlichen Gemeinschaftsformen von der Religion nicht nur verbrämt, sondern geprägt: Definition der Zugehörigkeit ist überall die Beteiligung an einem Kult.«[50] Die Römer waren derselben Meinung: »Die Männer, die sich auf das göttliche und menschliche Recht am besten verstanden, waren der Meinung, dass nichts so sehr zur Zerstörung der Bindungen einer Gemeinschaft durch religiöse Verehrung führe, als wenn nicht nach dem heimischen, sondern nach fremdländischem Ritus geopfert werde.«[51]

Kultische und damit verbundene Tätigkeiten waren der einfachste Weg, eine kollektive Identität erfahrbar zu machen. Die Weigerung, an einem städtischen Kult teilzunehmen, bedeutete, dass man sich weigerte, Teil der Gemeinschaft zu sein. Und die Weigerung, Teil der Gemeinschaft zu sein, in der man lebte, war ein Angriff auf die Identität aller Mitglieder dieser Gruppe. Die Leugnung der Götter einer Gemeinschaft war ein Angriff auf die Grundfesten der Existenz dieser Gemeinschaft – die Vernichtung der Götter war gleichbedeutend mit der Vernichtung der Menschheit. Menschen, die die Götter vernichten wollten, mussten die Menschheit hassen. Diese Ansicht folgte einer klaren Logik.

Die Reaktion auf die bedrohliche Selbstgerechtigkeit der Christen waren Misstrauen und Vorwürfe. Die Briefe aus dem frühen 2. Jahrhundert, die Petrus und Jakobus zugeschrieben werden, sprechen über etwas, das wie eine Verfolgung durch die Gesellschaft klingt – verächtliche Bemerkungen, Ärger darüber, dass sie nicht an polytheistischen Veranstaltungen teilnahmen, und der Vorwurf unerlaubter sexueller Aktivitäten. Im Laufe des Jahrhunderts kam es zu einer sprunghaften Zunahme solcher feindseligen Aktionen. Tertullian sprach von der Freude der einfachen Leute an der Verfolgung von Christen – manchmal überredeten sie sogar die Behörden, mitzuziehen:

> Wie oft auch fällt der feindselige Pöbel, ohne euch [die Amtsträger] zu beachten, auf eigene Faust mit Steinwürfen und Feuer über uns her! Rasend wie bei den Bacchanalien schonen sie nicht einmal die verstorbenen Christen ... Und es ist ein ungerechtes Wüten, über das nicht bloß die blinde Volksmenge jauchzt und uns dabei beleidigt, sondern auch gewisse Leute aus eurer Mitte, die sich durch Ungerechtigkeit beim Volk einschmeicheln wollen, suchen ihren Ruhm darin.[52]

Polytheisten gingen davon aus, dass die Atheisten, welche die Christen in ihren Augen waren, bei ihren Zusammenkünften schlimme Dinge tun mussten: »ein feiges und lichtscheues Volk, stumm in der Öffentlichkeit, nur in den Winkeln gesprächig«.[53] Ganz sicher verfolgten sie üble Riten, etwa Kannibalismus (die leicht missverständliche Eucharistie mit Leib und Blut Christi), Inzest (alle nannten einander »Bruder« und »Schwester«) und sexuelle Promiskuität (der Friedenskuss). Man verdächtigte sie auch, Zauberer zu sein und die Praktiken jener zu teilen, die in den dunklen Künsten bewandert waren. Diese Menschen hassten nicht nur die Götter, sondern wirklich die ganze Menschheit, denn sie erwarteten mit Sehnsucht ihre Vernichtung in einem letzten, gnadenlosen Gericht.

Das alles warfen die Polytheisten den Christen vor. Die einfachen Leute standen dabei in der ersten Reihe. »Es gibt keine ärgeren Schreier gegen die Christen als das gemeine Volk«, schrieb Tertullian.[54] Athenagoras beschreibt in einem apologetischen Werk, das wir auf das Jahr 177 datieren können, diese Feindseligkeit folgendermaßen:

> Die Geschichten, die über uns in Umlauf sind, beruhen auf nichts Besserem als dem üblichen unterschiedslosen Gerede ... Ich muss Euch, erhabene Kaiser, zu Beginn meiner Verteidigungsrede anflehen, mich unparteiisch anzuhören: Euch nicht vom üblichen irrationalen Ge-

schwätz hinreißen zu lassen und den Fall vorschnell zu beurteilen ... Während Ihr also Euererseits nicht aus Unwissen irren werdet, werden auch wir, indem wir die Vorwürfe widerlegen, die aus dem uneinsichtigen Gemurmel der Menge aufgestiegen sind, nicht mehr angegriffen werden ... die meisten, die uns Atheismus vorwerfen ... sind dumm und haben keine Ahnung vom Wesen Gottes, und sie bemessen zum Beispiel die Frömmigkeit nach der Art der Opfer ... die Menge, die nicht zwischen Materie und Gott unterscheiden kann oder nicht sehen kann, wie groß der Abstand zwischen beidem ist, betet zu Götzen aus Materie ... sie (die einfachen Leute) dichten uns frevelhafte Gelage und verbotenen Verkehr zwischen den Geschlechtern an.[55]

Diese Vorwürfe hielten sich lange und waren manchmal sogar gerechtfertigt. Unter einigen Christen kam es tatsächlich zu freizügigem Verhalten. Auch Paulus schrieb über Missetäter in der christlichen Gemeinde von Korinth, die ebenjenen Inzest begingen, den die Polytheisten ihnen vorwarfen. Zudem kam es immer wieder zu sexuellen Verfehlungen, Götzendienerei, Trunksucht und Raub. »Verstoßt ihr den Bösen aus eurer Mitte!«, mahnte er.[56]

Einige nutzten die Befreiung vom jüdischen Gesetz und das Versprechen der Erlösung durch Gnade dazu, sich in fleischliche wie auch andere Sünden zu stürzen. Im 2. Brief des (Pseudo-)Petrus heißt es: »Freiheit versprechen sie ihnen und sind doch selbst Sklaven des Verderbens«; einige beteiligten sich an »Ausschweifungen«, die den Weg der Wahrheit in Misskredit brachten. »Sie halten es für ein Vergnügen, bei Tag ein üppiges Leben zu führen; Schandflecke und Makel sind sie, die in ihren Betrügereien schwelgen, wenn sie zusammen mit euch prassen. Sie haben nur Augen für die Ehebrecherin und sind unersättlich in der Sünde. Sie ködern ungefestigte Seelen; ihr Herz ist in der Habgier geübt, sie sind Kinder des Fluches.«[57] Der Verfasser des Briefes drohte solchen falschen Christen mit »dunkelster Finsternis«. Kein Wunder also, dass auch den Polytheisten diese gesellschaftsfeindlichen Verhaltensweisen auffielen.

Nicht nur die Gemeinschaftsidentität war eng mit lokalen kultischen Aktivitäten verbunden, sondern auch die Identität der politischen Macht. Die Stellung des Kaisers, und implizit die gesamte römische Macht, hing an der Gunst der römischen Götter. Im 1. und 2. Jahrhundert n. Chr.

14. Goldene Votivstatue (Ephesos, 5. Jhd. v. Chr.). Lokale Kunsthandwerker, die Paulus mit seinen Predigten gegen sich aufgebracht hatte, schufen und verkauften kleine Votivgaben wie diese, aber aus Silber.

wurde kein Kaiser zu Lebzeiten zum Gott gemacht. Verstorbene Herrscher dagegen waren durch Dekret des Senats von Rom regelmäßig vergöttlicht worden.

Der Übergang vom allmächtigen lebenden Kaiser (nicht göttlich, aber mit beinahe göttlicher Macht) zu seinen toten Vorgängern (jetzt meist Götter) war also fließend. Die von den Göttern beschützte Stellung des Kaisers wurde durch den Kaiserkult und durch besondere Gebete und Opfer für sein Wohlergehen anerkannt.

Genau wie die Christen sich weigerten, die Existenz und Bedeutung

FEINDSELIGKEIT GEGENÜBER DEM CHRISTENTUM

der Götter der jeweiligen lokalen Gemeinschaft anzuerkennen, so verweigerten sie diese Anerkennung auch den Göttern der politischen Gemeinschaft des Reiches. Christen mussten sich einem zweistufigen Test unterziehen. Zunächst mussten sie dem Bild des Kaisers und denen der römischen Götter Gebete und Wein darbringen, dann mussten sie Christus verfluchen. Weil sie mit der Weigerung, im kaiserlichen Umfeld zu opfern, so eindeutig die Gemeinschaft des Reiches zurückwiesen, war die Aufforderung an die Christen, Opfer darzubringen, ein sicherer Lackmustest, und es wirkte weitaus negativer, sich hier zu weigern, als wenn Juden beispielsweise nicht bereit waren, Schweinefleisch zu essen.

Die Zurückweisung der Götter führte natürlich dazu, dass diese missachteten übernatürlichen Kräfte Rache nahmen. Deshalb schob man den Christen die Verantwortung für alle möglichen Katastrophen zu. Origenes erklärte, dass die Polytheisten den Christen die Schuld an verschiedenen Schicksalsschlägen gaben, weil sie sich von den Göttern abgewandt hatten – Hungersnöte, Insektenplagen, Erdbeben, Seuchen: »Wir wissen, dass in unseren eigenen Gebieten an manchen Stellen Erdbeben auftraten und es zu einigen Schäden gekommen ist, mit dem Ergebnis, dass frevelhafte und außerhalb des Glaubens stehende Personen die Christen zur Ursache des Erdbebens erklärten; und deswegen haben die Kirchen Verfolgungen erlitten und sind niedergebrannt worden.«[58]

Und schließlich warfen die Polytheisten den Christen vor, sie beeinträchtigten die ökonomische Position derjenigen, die für ihr Geschäft auf die lokalen Kulte angewiesen waren. Die Erfahrungen des Paulus in Ephesos, wie sie in der Apostelgeschichte so bildhaft erzählt werden, veranschaulichen den wirtschaftlichen Schaden, den die Bewegung anrichten konnte. Ein Silberschmied namens Demetrios fertigte Souvenirs für Pilger, die den großen Artemis-Tempel vor der Stadt besuchten. Paulus verkündete seine Botschaft, und Demetrios rief daraufhin seine Handwerkerkollegen zusammen und hetzte sie auf mit der Behauptung, Paulus habe dafür gesorgt, dass sich die Menschen von der Anbetung der Götterbilder abwandten. Er erwähnte den Schaden für ihr Gewerbe, betonte aber vor allem, dass Artemis, die Schutzgöttin ihrer Stadt, und ihr weltberühmter Tempel missachtet würden und sie selbst »ihrer Hoheit beraubt« werde.

Als sie das hörten, wurden die Kollegen des Demetrios wütend und riefen: »Groß ist die Artemis der Epheser!« Die ganze Stadt geriet in Aufruhr; die Menschen stürmten zum Theater und ergriffen Gaius und Aristarchos aus Makedonien, die Gefährten des Paulus. Es sammelte sich ein Mob. Paulus wollte zu den Menschen sprechen, doch seine Gefährten hatten Angst um sein Leben. Die Menschenmenge war zu allem bereit. Vermeintliche Übeltäter zu ergreifen, sie ins Theater zu schleppen und diese Örtlichkeit zu benutzen, um die Gewalttätigkeit des Mobs zu rechtfertigen, war gängige Praxis in den Städten des Römischen Reiches.[59] (Wie wir gesehen haben, folgte der Angriff auf die Juden von Antiochia genau diesem Muster.) Ein Sprecher der jüdischen Gemeinde wollte etwas sagen, wurde aber von der Menge mit dem Ruf »Groß ist die Artemis der Epheser!« niedergebrüllt. Zum Glück für Paulus beruhigte der höchste Amtsträger in Ephesos die Menge, indem er Demetrios und seine Kollegen drängte, den Rechtsweg zu beschreiten, um Paulus in die Schranken zu weisen. Er warnte die Menge, dass ein längerer Aufruhr die römischen Truppen in Aktion treten lassen würde, um die Ordnung wiederherzustellen.[60] Es geht in dieser Szene um eine Gruppe von Handwerkern und Händlern, die durch die christlichen Predigten gegen heidnische Kultgewohnheiten wirtschaftliche Verluste erleiden und die Sache dann in die eigenen Hände nehmen, indem sie das Volk aufstacheln.

Etwas Ähnliches geschah in Thyatira. Ein Sklavenmädchen bot dort für Geld Prophezeiungen an. Ihre Besitzer erlitten finanzielle Verluste, als Paulus das Mädchen »heilte« und es nicht mehr in die Zukunft sehen konnte. Die geschädigten Besitzer verwandelten ihre private Beschwerde in einen kulturellen Vorwurf. Sie beschwerten sich bei den Magistraten und überhöhten die Anklage, indem sie Paulus und Silas vorwarfen, Sitten zu verkünden, »die wir weder annehmen noch einhalten dürfen, weil wir Römer sind«, wie sie es ausdrückten. Diesmal hatte Paulus nicht so viel Glück wie in Ephesos. Die lokalen Amtsträger befahlen, ihn und seinen Gefährten auszupeitschen und ins Gefängnis zu werfen.[61]

In einem weiteren Beispiel aus dem frühen 2. Jahrhundert klagten Metzger in Bithynien (im nordwestlichen Kleinasien), dass die Christen die Leute von den Tempeln fernhielten und ihre Verkäufe von Opferfleisch deshalb drastisch zurückgingen. Plinius, der Statthalter des Kaisers, nahm sich der Sache an, verurteilte einige Christen und ließ sie hinrichten.[62] Auch hier ging die Feindseligkeit gegenüber den christlichen

Aktivitäten von der Bürgerschaft aus, die ihren Lebensunterhalt in Gefahr sah. Diese drei Episoden zeigen, dass die christliche Verkündigung das religiöse, gesellschaftliche und wirtschaftliche Leben mancher Polytheisten beeinträchtigte. Man kann also durchaus nachvollziehen, dass diese Polytheisten die Christen nicht mochten.

Die Christen und die römische Obrigkeit

Unter christlichen Autoren wird »christlich« um die Mitte des 2. Jahrhunderts die gängige Bezeichnung für die Bewegung. Ignatius von Antiochia (frühes 2. Jahrhundert) ist der erste christliche Autor außerhalb des Neuen Testaments, der den Begriff verwendet, und auch der erste, der vom »Christentum« spricht.[63] Tatian (Mitte des 2. Jahrhunderts) ist der letzte christliche Autor, der den Begriff meidet. Justin verwendet ihn ebenso wie Athenagoras (»wir sogenannten Christen«), beide im späten 2. Jahrhundert. Erst Mitte der fünfziger Jahre des 3. Jahrhunderts findet er sich auch in Papyri.

Im frühen 2. Jahrhundert begannen auch Mitglieder der polytheistischen Elite, mit diesem Namen Menschen zu bezeichnen, die der Botschaft Jesu folgten. Keine Quelle erwähnt den Begriff »Christen« vor den ersten beiden Jahrzehnten des Jahrhunderts. Die römischen Autoren Sueton, Tacitus und Plinius sind die ersten lateinischen Schriftsteller, die ihn verwenden; einige griechische Autoren übernehmen ihn in der zweiten Hälfte des 2. Jahrhunderts. Als der Name in den polytheistischen Quellen auftaucht, hat er bereits einen negativen Klang. Die römischen Behörden, die im Allgemeinen langsam auf neue gesellschaftliche und kulturelle Entwicklungen reagierten, hatten sich gezwungen gesehen, die neue Bewegung zur Kenntnis zu nehmen.

Sueton bemerkte in seinem *Leben des Claudius* zum Jahr 49: »Da die Juden, von Chrestus aufgehetzt, fortwährend Unruhe stifteten, vertrieb [Kaiser Claudius] sie aus Rom.«[64] Auch in der Apostelgeschichte findet diese Vertreibung Erwähnung: »Hierauf verließ Paulus Athen und ging nach Korinth. Dort traf er einen aus Pontos stammenden Juden namens Aquila, der vor Kurzem aus Italien gekommen war, und dessen Frau Priscilla. Claudius hatte nämlich angeordnet, dass alle Juden Rom verlassen müssten.«⁶⁵ Einige Forscher bezweifeln, dass dieser Chrestus mit Jesus Christus gleichzusetzen sei; ihrer Meinung nach geht es bei Sueton um einen sonst nicht weiter bekannten Juden namens Chrestus, der innere Unruhen anzettelte. »Chrestus« bedeutet auf Griechisch »der Gute« oder »der Tüchtige«, »Christus« bedeutet »der Gesalbte«. Wir wissen, dass die Anhänger der Jesus-Überlieferung als »Christiani« und als »Chrestiani« bezeichnet wurden. Der Name »Chrestus« taucht sogar in christlichen Quellen mit Bezug auf Christus auf, weil die Bezeichnung »der Gute« Jesus in ihren Augen zutreffend beschrieb. Suetons Chrestus ist also tatsächlich Jesus Christus. Bei den inneren Unruhen handelte es sich um Konflikte zwischen Anhängern Jesu und traditionelleren Juden, die Art Konfrontation, die Paulus und die Apostelgeschichte für verschiedene Städte Kleinasiens mit größeren jüdischen Diaspora-Gemeinden dokumentieren. Sueton liefert uns somit einen ersten kleinen Einblick in die polytheistischen Quellen zu den Christen – und schon sorgen sie für Beschwerden, wie Paulus selbst dies bei einigen seiner Aufenthalte erlebte.

Die nächste polytheistische Quelle sind die *Annalen* des Tacitus, die ebenfalls in den ersten Jahrzehnten des 2. Jahrhunderts geschrieben wurden. Tacitus berichtet über das Feuer in Rom im Jahr 64. Als das Zentrum Roms in Flammen aufging, murrten die Leute, dass eine solche Katastrophe doch einen Urheber haben müsse – und verdächtigten Nero, er habe mit dem Brand Platz für seinen riesigen Palastkomplex schaffen wollen. Nero suchte daraufhin einen Sündenbock, um von diesem Verdacht abzulenken, und landete bei den Anhängern Jesu, »wegen ihrer Untaten verhassten Menschen, die das Volk Christen zu nennen pflegte«. Diese Männer folgten, so berichtete Tacitus, einem Mann, der unter Pontius Pilatus in Judäa hingerichtet worden sei; die Bewegung habe sich seitdem sogar in Rom verbreitet, »wo alles Schreckliche und Schändliche von überallher zusammenkommt und Anklang findet«. Nero machte aus ihrer Bestrafung ein öffentliches Spektakel, um die Schuld für den Brand abzuschieben:

Also ergriff man zuerst die Geständigen, dann auf ihre Anzeige hin eine ungeheure Menge von Leuten, die allerdings weniger der Brandstiftung, aber doch des Hasses auf das Menschengeschlecht [*odio hu-*

mani generis] überführt wurden. Mit den zum Tode Verurteilten trieb man auch noch ein grausames Spiel: In Tierhäuten steckend wurden sie von Hunden zerrissen oder ans Kreuz geschlagen und angezündet, um als Fackeln für die nächtliche Beleuchtung zu dienen, sobald der Tag zu Ende gegangen war.[66]

Tacitus zeigt uns ganz deutlich, wie er die frühen Christen sah. Sie waren wegen ihrer Untaten verhasst und des »Hasses auf das Menschengeschlecht« schuldig, ein Merkmal, das sie Tacitus zufolge mit den Anhängern jüdischer Traditionen teilten: »Die Juden betrachten den Rest der Menschheit mit all dem Hass, den man Feinden entgegenbringt«, schrieb er an anderer Stelle. Im Prozess gegen die Christen kam es erst zu Verhaftungen, dann wurden durch erzwungene Geständnisse andere beschuldigt, es gab weitere Schuldsprüche, dann Hinrichtungen. Laut Tacitus verdienten sie ihre Strafe, obwohl er oder seine Quellen das entsetzliche Geschehen sicher übertrieben, vor allem durch die sehr unwahrscheinliche Geschichte, dass die Verurteilten an den Kreuzen wie Fackeln brannten. Aber er behauptete auch, dass Nero das Feuer gelegt hatte. Dennoch hatten die Christen seiner Ansicht nach ihre grausame Strafe verdient, entweder wegen ihrer »Untaten« oder wegen ihres »Hasses auf das Menschengeschlecht«.

Auch Sueton äußert sich zu dem Feuer, allerdings weniger ausführlich: »Unter [Neros] Regierung ... ging man mit Todesurteilen gegen die Christen vor, einen Menschenschlag, der sich einem neuen und schädlichen Aberglauben hingegeben hatte.«[67] Sueton lässt auch erkennen, dass zu seiner Zeit, im frühen 2. Jahrhundert, klar war, dass die Christen sich von den Juden unterschieden. Denn er nannte den Denkansatz der Christen nicht nur »schädlich«, sondern auch »neu« (*genus hominum superstitionis novae ac maleficae*). Die jüdische Tradition war schon lange als »Aberglaube« etikettiert. Mit diesem Begriff bezeichneten die Römer eine Haltung zu übernatürlichen Kräften, die nicht mit traditionellen römischen Werten und Verhaltensweisen in Einklang stand. Dabei gab es ein sehr breites Formenspektrum des Aberglaubens. Das Judentum und das Christentum waren nur Beispiele.

Wenn wir von den ersten Jahrzehnten des 2. Jahrhunderts auf die sechziger Jahre des 1. Jahrhunderts zurückblicken, können wir sehen, dass für Römer wie Tacitus und Sueton die frühen Christen offenbar eine Abspaltung und damit eine an sich schon verdächtige religiöse Aktivität (*superstitio*) darstellten; eine Gruppe, die sich selbst außerhalb und/oder gegen den Rest der Menschheit stellte (*odium humani generis*); ein neues (*nova*) und Ärger verheißendes (*malefica*) Phänomen. Und schon eines dieser Merkmale genügte, um die römischen Behörden gegen sie aufzubringen. *Superstitiones* wie Astrologie, ägyptische Religion in Form des Isis-Kults, magische Praktiken oder die Verehrung von Tieren waren in der Vergangenheit alle schon einmal ins Visier geraten, Anhänger bestraft und/oder aus Rom vertrieben worden. Das mag seltsam erscheinen, da die Menschen, die Elite ebenso wie die einfachen Leute, in Rom und im ganzen Reich weithin Magie und Astrologie einsetzten und sich nichtrömischen Kulten zuwandten. Selbst die Führer des Römischen Reiches verhielten sich in diesen Dingen schizophren, beschimpften sie manchmal als schädlich für das Gemeinwesen und vertrieben ihre Vertreter aus Rom, während sie die längste Zeit privat selbst diese Praktiken einsetzten. Öffentliche Norm war es jedoch, Zauberer und insbesondere Astrologen als die Vertreter eines antisozialen Aberglaubens zu betrachten.

Kultureller Separatismus, wie ihn die christliche *superstitio* forderte, indem sie implizit wie explizit eine Überlegenheit gegenüber der herrschenden Kultur beanspruchte, wirkte wie eine Kritik an ebendieser Kultur. Ein solcher Angriff musste Wut und Vorwürfe wie »Hass auf das Menschengeschlecht« provozieren. In der religiösen Szene der Zeit wurden die Juden hin und wieder wegen ihres antikulturellen Verhaltens an den Rand gedrängt, ebenso wie die Epikureer von der polytheistischen Elite wegen ihrer Exklusivität und ihres Rückzugs aus dem normalen sozialen Leben regelmäßig scharf kritisiert wurden. Die Christen aber hoben den Antagonismus auf ein ganz neues Niveau.

Zudem war »neu« für die römische Führung ein Schimpfwort. *Res novae*, wörtlich die Aufhebung der Schulden, war der Ausdruck für »gewaltsame Revolution«. In einer Gesellschaft, die stark auf Kontinuität und damit auf der fortgesetzten Herrschaft der Elite beruhte, konnte »neu« nur schlecht sein. Und schließlich hasste die römische Elite Unruhestifter. Gesellschaftliche Gruppen wie illegale Vereinigungen, Außenseiter, selbst rauflustige Zuschauer bei einem Gladiatorenkampf bekamen die Staatsmacht in all ihrer Härte zu spüren, um die Ordnung wiederherzustellen und aufrechtzuerhalten. Es sprach also in den Augen der Römer vieles gegen jede Gruppe von Unruhestiftern, welche die althergebrachten Götter auf eine neue Weise angriff.

Im frühen 2. Jahrhundert n. Chr. diente der römische Senator Plinius der Jüngere als kaiserlicher Statthalter in der Provinz Pontos und Bithynien im Nordwesten der modernen Türkei. Er korrespondierte mit Kaiser Trajan über Zusammenstöße zwischen Bürgern und Christen. Zwei Briefe dieser Korrespondenz liefern wichtige Hinweise zum Verhältnis zwischen frühem Christentum und polytheistischer Kultur. Ich möchte sie an dieser Stelle in Gänze zitieren, weil sie eine wahre Fülle von Informationen bieten.

Plinius an Kaiser Trajan
Es ist mir wichtig, Herr, alles, worüber ich im Zweifel bin, Dir vorzu-tragen. Denn wer kann besser mein Zaudern lenken oder meine Un-kenntnis belehren? An Gerichtsverhandlungen gegen Christen habe ich niemals teilgenommen; daher weiß ich nicht, was und wieweit man zu strafen oder nachzuforschen pflegt. Ich war auch ganz unschlüssig, ob das Lebensalter einen Unterschied macht, oder ob die ganz Jungen ge-nauso behandelt werden wie die Erwachsenen; ob bei Reue Verzei-hung gewährt werden soll oder ob es dem, der einmal Christ gewe-sen ist, nichts nützt, wenn er sich davon gelöst hat; ob schon der bloße Name, auch wenn kein Verbrechen vorliegt, oder nur mit dem Namen verbundene Verbrechen bestraft werden. Einstweilen bin ich mit de-nen, die bei mir als Christen angezeigt wurden, folgendermaßen ver-fahren: Ich habe sie gefragt, ob sie Christen seien. Die Geständigen habe ich unter Androhung der Todesstrafe ein zweites und drittes Mal gefragt. Die dabei blieben, ließ ich abführen. Denn ich war der Über-zeugung, was auch immer es sei, was sie damit eingestanden, dass auf alle Fälle ihr Eigensinn und ihre unbeugsame Halsstarrigkeit bestraft werden müssten. Es gab auch noch andere mit ähnlichem Wahn, die ich, weil sie römische Bürger waren, zur Überstellung nach Rom vor-gemerkt habe.

Während der Verhandlung breitete sich gewöhnlich der Kreis der Angeschuldigten weiter aus und es ergaben sich mehrere verschieden gelagerte Fälle. Es wurde eine Schrift ohne Verfasserangabe vorgelegt, die viele Namen enthielt. Diejenigen, die bestritten, Christen zu sein oder gewesen zu sein, glaubte ich freilassen zu müssen, da sie mit einer von mir vorgesprochenen Formel die Götter anriefen und vor Deinem Bild, das ich zu diesem Zwecke zusammen mit den Bildern der Götter herbeibringen ließ, mit Weihrauch und Wein opferten und außerdem Christus schmähten – Dinge, zu denen wirkliche Christen, wie man sagt, nicht gezwungen werden können. Andere von den Denunzianten Genannte erklärten zunächst, Christen zu sein, leugneten es aber bald wieder: Sie seien zwar Christen gewesen, hätten dann aber davon abgelassen, manche vor drei Jahren, manche vor noch mehr Jahren, einige sogar vor zwanzig Jahren.

Auch diese haben alle Dein Bild und die Statuen der Götter verehrt und Christus verflucht. Sie versicherten darüber hinaus, ihre ganze Schuld oder ihr ganzer Irrtum habe darin bestanden, dass sie sich gewöhnlich an einem bestimmten Tage vor Sonnenaufgang versammelten, Christus wie einem Gott einen Wechselgesang darbrachten und sich durch Eid nicht etwa zu irgendeinem Verbrechen verpflichteten, sondern keinen Diebstahl, Raubüberfall oder Ehebruch zu begehen, ein Versprechen nicht zu brechen, eine angemahnte Schuld nicht abzuleugnen. Danach seien sie gewöhnlich auseinandergegangen und dann wieder zusammengekommen, um Speise zu sich zu nehmen, und zwar ganz gewöhnliche und unschädliche; selbst das hätten sie nach meinem Erlass, mit dem ich Deinen Aufträgen entsprechend Vereine verboten hatte, unterlassen.

Für um so notwendiger hielt ich es, aus zwei Sklavinnen, die »Dienerinnen« genannt werden, unter der Folter herauszubekommen, was wahr sei. Ich fand nichts anderes als einen wüsten, maßlosen Aberglauben. Deshalb habe ich die Untersuchung aufgeschoben und mich beeilt, Deinen Rat einzuholen. Die Angelegenheit schien mir nämlich einer Beratung zu bedürfen, insbesondere wegen der Anzahl der gefährdeten Personen. Denn viele jeden Alters, jeden Ranges, auch beiderlei Geschlechts sind jetzt und in der Zukunft gefährdet. Nicht nur über die Städte, sondern auch über die Dörfer und das flache Land hat sich die Seuche dieses Aberglaubens ausgebreitet. Es scheint aber, dass sie aufgehalten und in die richtige Richtung gelenkt werden kann. Ziemlich sicher steht fest, dass die fast schon verödeten Tempel wieder besucht und die lange eingestellten feierlichen Opfer wieder aufgenommen werden, und dass das Opferfleisch, für das sich kaum noch ein Käufer fand, überall wieder zum Verkauf angeboten wird. Daraus kann man leicht erkennen, welche Menge Menschen gebessert werden kann, wenn man Gelegenheit zur Reue gibt.

Kaiser Trajan an Plinius
Du hast, mein Secundus, bei der Untersuchung der Fälle derer, die bei dir als Christen angezeigt wurden, die Verfahrensweise befolgt, die notwendig war. Denn etwas allgemein Gültiges, das gleichsam einen festen Rahmen bietet, kann nicht festgelegt werden. Nach ihnen fahnden soll man nicht. Wenn sie angezeigt und überführt werden, muss man sie bestrafen, jedoch so, dass, wer leugnet, Christ zu sein, und dies durch eine entsprechende Handlung beweist, nämlich durch die Anrufung unserer Götter, wegen seiner Reue Verzeihung erhält, selbst wenn er für die Vergangenheit verdächtig bleibt. Anonym vorgelegte Klageschriften dürfen bei keiner Straftat Platz haben, denn das wäre ein schlechtes Beispiel und passt nicht in unsere Zeit.[68]

Plinius reagierte auf Beschwerden von Bürgern. Er musste dem Kaiser nicht erklären, wer oder was Christen waren. Inzwischen war die Gruppe dem Kaiser schon bekannt – und vermutlich auch Plinius, denn er sagte, er habe nie zuvor an einem Prozess gegen Christen teilgenommen, was vermuten lässt, dass er von solchen Prozessen wusste. Ausgehend von den Bewertungen von Christen, wie sie den Berichten von Tacitus und Sueton zugrunde liegen, erwartete Plinius sicher eine fest abgeschottete Gruppe, die sich gegen die allgemeine Kultur wandte, »abergläubische« religiöse Überzeugungen hegte und Ärger machte. Tatsächlich bestätigten seine Untersuchungen, dass es sich um eine exklusive Gruppe handelte, die sich als Verein organisiert hatte (allerdings hatte sich dieser Verein auf kaiserlichen Befehl hin aufgelöst); sie hatte Glaubensüberzeugungen, die der Norm zuwiderliefen (»wüsten, maßlosen Aberglauben«); und sie hatte Unruhe gestiftet, indem sie sich illegal versammelte, Menschen dazu brachte, nicht in den Tempeln zu opfern und kein Opferfleisch zu kaufen, und damit das soziale Geflecht bedroht – einerseits, indem sie die normale religiöse Aktivität ganz allgemein untergrub, und andererseits, indem sie vor allem den Metzgern schadete. Plinius erkannte, dass dies sein Eingreifen erforderte, und so identifizierte er die Christen in einem ersten Schritt und ging in einem zweiten massiv gegen sie vor.

Welche Beschuldigungen wurden gegen diese Christen erhoben? Allein der Name »Christ« fasste die Anklage zusammen. Es gibt keine Quelle, welche die Missetat genauer definiert, die mit diesem Namen einhergeht. Vermutungen haben ganze Bücher gefüllt. Die Grundfakten sind: Man hielt eine Tat oder bestimmte Taten einer schnellen, drakonischen, ja sogar kapitalen Strafe für würdig; wer zugab, Christ zu sein, war automatisch dieser Taten schuldig, ohne dass weitere Beweise nötig waren; eine Leugnung der Zugehörigkeit befreite den Angeklagten von vergangener und gegenwärtiger Schuld.

Im Allgemeinen erforderte das römische Recht, dass eine illegale Tat nachgewiesen wurde, bevor eine Strafe zugemessen werden konnte. Es gab jedoch Ausnahmen. Das römische Recht bestrafte Schauspieler einfach dafür, dass sie Schauspieler waren, ohne Nachweis einer Straftat.[69] Besonders instruktiv ist allerdings der Fall der Astrologen, um zu verstehen, wie die Bezeichnung »Christ« verwendet wurde, um einen Straftäter zu definieren. Auch bei Astrologen führte das Eingeständnis, ein solcher zu sein, zu einer Strafe, ein weiterer Beweis war nicht nötig. Wenn *mathematici* (Astrologen) ihrer Kunst abschworen, wurden sie verschont, genau wie es Trajan auch für die Christen anordnete. Im Jahr 17 n. Chr. vertrieb Tiberius Astrologen aus Rom, »doch denjenigen, die ihn darum baten und versprachen, ihre Kunst aufzugeben, gestattete er zu bleiben«.[70] Ein späterer Rechtstext bezieht sich auf genau dieses Ereignis. »Es kam aber die Frage auf, ob das Wissen dieser Männer bestraft wurde, oder war es die Ausübung der Tätigkeit und das öffentliche Bekenntnis, Astrologe zu sein? Und tatsächlich hieß es bei den Altvorderen, dass es ihr öffentliches Eingeständnis war, und nicht ihr Wissen, das bestraft wurde.«[71] Der Umgang mit den Astrologen bietet also einen Präzedenzfall für die Bestrafung von Menschen, die zugeben, einer strafwürdigen Gruppe anzugehören.

Der christlichen Situation näher war die Bestrafung aller Juden nach der Brandstiftung im syrischen Antiochia.[72] Damals war das Essen von Schweinefleisch der Test, und sobald ein Beschuldigter es gegessen hatte, wurde er freigelassen, genau wie Plinius jeden freiließ, der Christus verleugnet hatte. Das Vorgehen des Plinius, sei es seine eigene Erfindung oder an einem (undokumentierten) Präzedenzfall orientiert, wird der Standard zur Identifizierung von Christen. Märtyrer und Märtyrerinnen kosten die Weigerung, Christus zu leugnen und Opfer darzubringen, geradezu aus und sehen ihrer Strafe freudig entgegen. Justin der Märtyrer schrieb kurz nach den Ereignissen in Pontos und Bithynien: »Und das ist das Einzige, was ihr uns vorwerfen könntet, dass wir nicht dieselben Götter wie ihr verehren und dass wir nicht wie ihr den Verstorbenen Spenden und den Geschmack von Fett und vor ihren Bildern Kränze und Opfer darbringen.«[73] Dies stimmt mit den Erfahrungen und Vorgehensweisen des Plinius überein.

So wirkten diese Männer und Frauen, welche die Leute Christen nannten, auf die römische Obrigkeit. Soweit wir wissen ließen römische Behörden allerdings nicht nach Christen fahnden – Kaiser Trajan befahl Plinius, dies nicht zu tun und auch keine anonymen Beschuldigungen, jemand sei Christ, zu akzeptieren. Trajans Nachfolger, Kaiser Hadrian, bestätigte diesen Befehl später. Trajan garantierte, was wir die Grundrechte der Christen angesichts von Versuchen, sie zu schikanieren, nennen könnten. Es ist also die breite polytheistische Bevölkerung, die Feindseligkeiten gegen die frühen Christen anstiftet und durchsetzt, nicht die römische Regierung.

Jesus von Nazareth lebte das Leben eines jüdischen charismatischen Propheten. Er provozierte feindselige Reaktionen, als er nicht mehr nur als Sprecher Jahwes auftrat, sondern eine direkte Verwandtschaft zum Gott des jüdischen Volkes beanspruchte. Nach seinem Tod behaupteten seine Anhänger, dass Jesus nicht nur mit eigener Autorität gesprochen habe. Sie bekannten ausdrücklich, dass er der Sohn Jahwes war, Jahwes gesalbter Messias, der sich als Bußopfer hingegeben hatte und, nachdem er von den Toten auferstanden und in den Himmel aufgefahren war, zurückkehren werde, um die Rechtschaffenen im Siegeszug beim Jüngsten Gericht anzuführen. Kollidierende Ansprüche sowohl in Judäa als auch in der Diaspora führten zu Streitigkeiten und sogar zu gewaltsamen Auseinandersetzungen zwischen den Juden, die diese radikale Forderung einer grundlegenden Veränderung im Denken über ihre Beziehungen zu ihrem Gott akzeptierten, und jenen, die sie ablehnten.

Im 1. Jahrhundert kamen die Polytheisten sowohl in Kontakt mit den normativen Traditionen des jüdischen Volkes als auch mit der eher marginalen Mischung, welche die Anhänger des Jesus von Nazareth praktizierten. Das frühe Christentum wurzelte und wuchs größtenteils in ihrer Welt. Die Bewegung sprach die polytheistische Elite nicht an. Tatsächlich regten sich, obwohl die höchsten polytheistischen politischen Führer, die Kaiser, Toleranz zeigten, andere über die Christen auf, die das grundlegendste Element ihrer Macht infrage zu stellen schienen – die Kontrolle der Gemeinschaft und der religiösen Identität.

Die frühen Christen hatten mit den Polytheisten zwar nicht so viel gemeinsam wie mit ihren jüdischen Brüdern, doch auch mit ihnen teilten sie einige ähnliche religiöse Grundlagen. Stärker ins Gewicht fielen jedoch die Unterschiede, und die führten zu Feindseligkeit. Die Christen forderten die soziale Ordnung der Polytheisten durch die Ablehnung traditioneller Familienbande und gemeinschaftsorientierter Werte heraus. Die Ablehnung der traditionellen polytheistischen übernatürlichen Beziehungen brachte ein grundlegendes Organisationsprinzip ihres Lebens ins Wanken. Die Macht und die Verheißungen ihres Gottes brachten die Christen dazu, die Wirksamkeit und sogar die Existenz der Götter der Polytheisten zu leugnen. Die Polytheisten wehrten sich gegen eine solche Rhetorik, weil ihre Götter fundamental für ihre Identität und für die Identität der Gemeinschaften waren, die den Kern ihrer Existenz bildeten.

Und doch hatten die frühen Christen am Ende des 1. Jahrhunderts nicht nur als Gruppe überlebt, sondern waren sogar so wichtig geworden, dass sie ihre Nachbarn störten und mit den Behörden des Römischen Reiches in Konflikt kamen. Es gab Menschen, die sich zu dieser Bewegung hingezogen fühlten – einfache Leute, die ihre traditionelle religiöse Zugehörigkeit und Verehrung normalerweise nur sehr ungern gegen eine ihre Kultur infrage stellende Neuheit eintauschten. Warum gaben diese Männer und Frauen ihre religiösen Gepflogenheiten für etwas Neues auf?

10
DER REIZ DES CHRISTENTUMS:
ZAUBERER, WUNDERTÄTER
UND MÄRTYRER

Die Menschen nahmen ihre Beziehung zum Übernatürlichen sehr ernst. Es stand einfach zu viel auf dem Spiel. Eine Veränderung konnte womöglich alles zerstören. Die Beziehungen innerhalb der Gemeinschaft konnten in Gefahr geraten. Verbindungen zu Göttern, die halfen, den Erfolg im Leben zu sichern, konnten gekappt werden, mit katastrophalen Folgen für Familie, Gesundheit und Wohlstand. Das Christentum forderte eine grundlegende Veränderung der übernatürlichen Bindung der jeweiligen Person. Die Menschen wiederum brauchten eindeutige Belege dafür, dass eine solche Umorientierung ihnen Nutzen bringen würde.

Übernatürliche Kräfte konnten jemanden dazu bringen, seine übernatürliche Bindung zu wechseln. Ein Gott konnte seine Macht zeigen, indem seine Vertreter auf Erden magische Taten und Wunder in seinem Namen wirkten. Das Christentum bedrohte grundlegende monotheistische Überzeugungen der jüdischen Tradition ebenso wie die polytheistische Kultur mit ihrer Verehrung vielfältiger Mächte. Um Menschen zu bekehren, brauchte es viele und aufsehenerregende Taten.

Bekehrung war im Polytheismus kaum ein Thema. Das Zusammenleben vieler Götter und Mächte im Kosmos machte es unnötig, neue Beziehungen abzulehnen. Beziehungen konnten leicht angepasst werden, man konnte einen Denkansatz oder eine bevorzugte übernatürliche Kraft stärker pflegen, ohne Angst, bereits existierende Beziehungen kappen zu müssen. Man konnte problemlos von der ephesischen Artemis zur ägyptischen Isis überwechseln, denn Isis verstand sich als die Summe aller anderen Götter – einschließlich Artemis. Sie bestand nicht darauf, dass man aufhörte, im Heiligtum der Artemis zu opfern, wenn man begann, sie zu ehren. Die Offenheit des Polytheismus führte dazu, dass kaum jemals eine Bekehrung, eine Hinwendung zu einem Gott und die gleichzeitige Abkehr von einem anderen, stattfand. Selbst die berühmteste Bekehrung des Polytheismus, Lucius' Verehrung der Isis als seiner Erretterin und Göttin, war eigentlich nur eine Entscheidung, diese Göttin anzunehmen. Sie beinhaltete keine offene Zurückweisung irgendwelcher Götter, mit denen er zuvor zu tun gehabt hatte. Eine solche Abkehr war im Polytheismus einfach nicht nötig.

Eine Bekehrung ist eine radikale Neuorganisation der Beziehungen zum Übernatürlichen. Sie umfasst eine Neuorientierung nicht nur in Hinblick darauf, wie wir selbst uns sehen (Eigenidentität), sondern auch in Hinblick auf die Wege, die uns offenstehen, um mit den besonderen psychischen und materiellen Herausforderungen, die sich uns stellen, fertigzuwerden. Das Nachdenken über eine tiefere Bedeutung des Lebens blieb ein den Denkern aus der Elite vorbehaltener Luxus. Im weitesten Sinne ging es um die Frage: »Was hilft mir, zu überleben und voranzukommen?« Es ging um pragmatische Entscheidungen.

Zunächst einmal musste der Konvertit in eine Kontaktsituation kommen, die eine Bekehrung überhaupt möglich machte. Die wahrscheinlichsten Situationen ergaben sich innerhalb der eigenen sozialen Gruppe. Familie, Freunde, Geschäftskontakte, selbst die eigenen Sklaven – sie alle boten einen möglichen Kontakt zu unterschiedlichen Auffassungen, was verschiedene Aspekte des Alltagslebens anging. Auf der Straße führte das lärmende und aufdringliche öffentliche Leben dazu, dass Straßenkünstler, Hausierer, die Arzneien und magische Heilmittel anboten, leidenschaftliche Verfechter verschiedener philosophischer Positionen, Bettler, die mit kultischen Aktivitäten in Verbindung standen, Kultprozessionen und -riten sowie Festbankette vielfältige Möglichkeiten boten, das Übernatürliche am Werk zu sehen, neue Produkte, Interessen und Ideen kennenzulernen. Juden versammelten sich in Synagogen, wo religiöser und weltlicher Austausch stattfand. Polytheisten hatten ihre weltlichen Vereine, die auch religiöse Elemente umfassten. In solchen Vereinen begegneten die Menschen alltäglichen ebenso wie ganz neuen Elementen in ihrem Leben.

Bekehrung nahm viele Formen an. Vielleicht traf ein Ereignis oder eine Idee ein Individuum gerade in einem Zustand psychischer Auflösung durch ein Unglück, das ihm zugestoßen war. Die angebotene übernatür-

DER REIZ DES CHRISTENTUMS

liche Lösung befriedigte das Bedürfnis nach einem wiederhergestellten Gleichgewicht im Leben der Person, nach einer Möglichkeit, den Stress abzubauen. Die Person traf die schnelle Entscheidung, den gebotenen Ausweg zu akzeptieren, und akzeptierte zugleich alles, was mit der Lösung einherging. Die Bekehrung des Paulus auf der Straße nach Damaskus ist ein Beispiel dafür.[1]

Eine weitere Möglichkeit für einen Wandel ergab sich durch eine emotionale Beziehung zu anderen Menschen. Ein Zusammenschluss mit Menschen, die andere Lösungen für die Unwägbarkeiten des Lebens hatten, konnte unter Umständen eine Veränderung mit sich bringen. Dieser Prozess konnte langsam vonstattengehen, mittels Gesprächen und längerem Abwägen. Er konnte sich aber auch sehr schnell vollziehen, wenn das Beispiel von Mitgliedern so wirkmächtig schien, dass es die Bedürfnisse eines Individuums befriedigen konnte. Wenn dies passierte, wurden die Verbindungen zur neuen Gruppe vielleicht allmählich wichtiger als die zur alten, der Weg zur Veränderung öffnete sich.

Solche Informationen konnten zum Überdenken der eigenen Position anregen, doch eine Bekehrung allein durch Nachdenken war ungewöhnlich. Man kann es Intuition, Spontaneität oder Bauchgefühl nennen – die meisten Menschen trafen Entscheidungen aufgrund von früheren Erfahrungen, emotionalen Vorlieben, Klischees, subjektiven Kosten-Nutzen-Rechnungen und anderen Faktoren, nicht aufgrund einer sorgfältigen Abwägung von Möglichkeiten und Wahrscheinlichkeiten. Meist kam es erst zu einer Neuorientierung grundlegender Verhaltensmuster, einschließlich der Beziehungen zum Übernatürlichen, nachdem jemand sich schon in Richtung einer Veränderung bewegt oder wenigstens darüber nachgedacht hatte. Der christliche Denker Origenes verwies im frühen 3. Jahrhundert darauf, dass die meisten Menschen Entscheidungen trafen, ohne über Ideen, Logik usw. nachzudenken. Er schrieb: »Wir müssen zugeben, dass wir denen, die nicht alle ihre Geschäfte aufgeben und sich der Erforschung der Lehre widmen können, den Glauben auch ohne Heranziehung der Vernunft lehren, da wir aus Erfahrung wissen, wie förderlich er für die große Menge ist.«[2]

Origenes deutete auch an, dass gewöhnlich zunächst eine Bekehrung, eine Entscheidung, die übernatürliche Bindung zu wechseln, stattfand, und erst danach die eigentliche Einführung in den Inhalt des Christentums. Er zitierte Paulus als die Autorität für diese Abfolge: »Mein Wort«, schrieb Paulus an Christen in Korinth, »und meine Predigt geschahen nicht mit überredenden Worten der Weisheit, sondern im Erweis des Geistes und der Kraft, auf dass euer Glaube nicht auf Menschenweisheit stehe, sondern auf Gottes Kraft.«[3] Es gibt zwar Beispiele von Polytheisten oder Juden, die sich allein durch Überzeugung zum christlichen Denken bekehrten, doch weitaus zahlreicher sind die Beispiele, in denen ein übernatürliches Ereignis diese fundamentale Neuorientierung anstieß. Selbst in Fällen, in denen die Überzeugung der wichtigste Faktor zu sein schien, wissen wir nicht, wie gut die Hörer durch magische oder wundersame Geschehnisse auf den Glauben vorbereitet waren. Der Verfasser des 2. Petrusbriefes schreibt: »Denn wir sind nicht ausgeklügelten Fabeln gefolgt, als wir euch kundgetan haben die Kraft und das Kommen unseres Herrn Jesus Christus; sondern wir haben seine Herrlichkeit mit eigenen Augen gesehen.«[4] Seiner Ansicht nach waren Augenzeugenberichte über die Wunder, die Jesus gewirkt hatte, der dynamische Faktor in der Verkündigung des Christentums.

Polytheisten mussten ihre Götter verleugnen, um das Christentum anzunehmen. Das war ein schwerwiegender Entschluss. Im letzten Kapitel habe ich die Spannungen zwischen Polytheisten, Juden und frühen Christen umrissen, als die Polytheisten erkannten, wie stark sich jene Traditionen von den ihren unterschieden. Und doch lösten sich einige Polytheisten von ihren Glaubensüberzeugungen und -praktiken und wandten sich dem Christentum zu. Für diejenigen, die sich als Gottesfürchtige wenigstens schon ansatzweise mit jüdischen Traditionen befasst hatten, war die Erfahrung weniger radikal. Für andere kam die Bekehrung wie aus heiterem Himmel.

Auch manche Juden machten den für sie weniger traumatischen, aber noch immer ernsten Schritt weg von den herkömmlichen Lehren hin zu den randständigen Deutungen, die das frühe Christentum bot. Dieser Schritt beinhaltete aber immer noch eine Veränderung der grundlegendsten Vorstellungen von Jahwe und seinen Erwartungen. Das Interesse der Juden am frühen Christentum hatte viele Vorläufer. In der Diaspora befassten sich Menschen wie Philon mit Modellen der griechischen Philosophie und versuchten, ihre Überlieferung vor allem mit Hilfe platonischer Ideen zu verstehen. Juden in der Heimat wie auch in der Diaspora hatten

DER REIZ DES CHRISTENTUMS

bei den wöchentlichen Treffen, ob in Synagogen, Gebets- oder Privathäusern, häufig Gelegenheit, in Kontakt mit neuen Ideen zu treten.

In Judäa und Galiläa hatten die Menschen seit der Rückkehr aus dem Exil im 5. Jahrhundert mit unterschiedlichen Zugängen zum Bund mit Jahwe experimentiert. Vor allem durch den Aufstieg einiger weniger weithin bekannter Gruppen wie der Essener und der Pharisäer stachen zwei Wege zur Rechtschaffenheit und zu Jahwes Gunst hervor: auf der Grundlage von Askese und dem Glauben an eine Abrechnung am Ende aller Tage bei Ersteren oder auf der Grundlage einer äußerst gewissenhaften Befolgung der Tora-Regeln bei Letzteren. Es hatten sich Verhaltensweisen herausgebildet, die den Weg zu einer Vielfalt von Ansätzen ebneten. Überall tauchten Jünger verschiedener Anführer auf, und dies verdeutlichte, dass es entscheidend darauf ankam, sich aktiv einer Gruppe anzuschließen, wenn man ihre Lebensweise annehmen wollte. Die Themen soziale Gerechtigkeit und Gleichheit, die sich die Essener besonders zu eigen gemacht hatten, fielen auf einen fruchtbaren Nährboden in einer Kultur, deren Traditionen die Wichtigkeit aller betonten, aber doch gleichzeitig die Herrschaft einiger selbstsüchtiger Personen als (beklagenswerte) Norm anerkannten. Durch den Ruf Jesajas der Knute der Babylonier entronnen, gingen Leiden und Erlösung bei ihnen seitdem Hand in Hand. Wir haben gesehen, wie die Epitaphien Eleasars, seiner Frau und ihrer sieben Söhne die Vorstellung der Buße durch Leiden ausdrücken.[5] Der Prophet Jeremia hatte lange zuvor schon verkündet, dass das Volk einen neuen Bund mit Jahwe brauche.[6] Inmitten all dieser dynamischen Elemente fühlten sich die Menschen besonders von Restaurations- und/oder eschatologischen Botschaften angesprochen. Josephus berichtet von Anführern im 1. Jahrhundert n. Chr., die Unterstützung im Volk gewannen, weil dieses auf die Verteidigung des rechtschaffenen Israel gegen es bedrängende Fremde und eigene Eliten in der Gegenwart oder beim Jüngsten Gericht hoffte.

Diese und andere Details der theologischen und sozialen Lehren der gerade aktuellen Gruppen klangen wohl auch in der christlichen Verkündigung an. Und doch war der Wechsel, die Bekehrung zum Christentum, eine ernste Angelegenheit für Polytheisten wie für Juden.

Die Menschen konnten viele Dinge allein schaffen. Oft funktionierten altbewährte Methoden, erprobt durch Ursache und Wirkung. Doch sie erkannten auch, dass vieles außerhalb ihrer Kontrolle lag. Das Leben war eine Kombination von Geschehnissen, die sie als Menschen kontrollieren konnten, und Geschehnissen, die mit dem Übernatürlichen zu tun hatten, das mit der Welt um sie herum verflochten war. Sie lebten in einer multidimensionalen, menschlich-übermenschlichen Welt.

Die Magie stellte eine Methode zur Verfügung, übernatürliche Macht auf ein menschliches Problem einwirken zu lassen. Wenn man die Black Box als Analogie bemüht: Die Menschen hatten ein Ziel, das sie erreichen wollten. Sie legten Handlungen, die übernatürliche Mächte dazu bringen sollten, bei der Erlangung des Ziels zu helfen, in die Black Box und erwarteten, dass ein positives Ergebnis dabei herauskam. Die Magie kontrollierte angeblich, was in der Black Box geschah. Jemand war krank. Ein Magier behauptete, dass ein Zauberspruch, angewandt auf bestimmte Kräuter, diesen Kräutern Heilkräfte verleihe. In der Black Box befanden sich jetzt also gesammelte Kräuter und ein deklamierter Zauberspruch. Die Heilung ging aus der Box hervor, der Kranke vollzog sie. Alles sehr mysteriös – aber auch sehr wirksam, wenigstens manchmal.

Apuleius schrieb, ein Zauberer sei jemand, »der durch Zwiesprache mit den unsterblichen Göttern mit Hilfe einer bestimmten verblüffenden Macht der Zaubersprüche alle Dinge kann, die er will«.[7] Der römische Rechtsgelehrte Paulus bezeichnete Riten, die »jemanden verzaubern, verhexen oder binden«, als Magie. Er notierte, dass dies unter anderem auch Menschenopfer, Prophezeiungen durch menschliches Blut oder die Befleckung eines Heiligtums oder Tempels umfassen könne.[8] Die Macht der Zauberer bestand darin, dass andere Menschen glaubten, sie könnten tatsächlich Ergebnisse garantieren, sie könnten kontrollieren, was in der Black Box vor sich ging. Wir wissen, dass die Beziehung zwischen magischer Handlung und erwünschter Wirkung nicht sicher reproduziert werden kann; sie kann also, modern gesprochen, nicht klinisch getestet und nachgewiesen werden. Egal, wie sorgfältig man Rituale wiederholt, egal, wie inbrünstig Zaubersprüche deklamiert und Opfer gebracht werden, das Ergebnis bleibt unvorhersehbar. In der Antike glaubten die Menschen dies jedoch nicht. Sie glaubten an Zauberei. Plinius der Ältere verstand dies: »[Die Zauberei] hat die ganze Welt viele Jahrhunderte lang beherrscht« – »Die Magie ist in eine solche Höhe aufgestiegen, dass sie auch heute noch über einen großen Teil der Menschheit herrscht« – »All unsere weisesten Männer lehnen den Glauben [an Worte und Beschwörungsformeln] ab, während die Öffentlichkeit als Ganzes zu allen Zeiten daran glaubt, ohne darüber nachzudenken« – »Es gibt niemanden, der keine Angst hätte, von bösen Flüchen ›erwischt‹ zu werden.«[9] Plinius ging davon aus, dass fast alle, die Elite eingeschlossen, an Zauberei glaubten. Ausnahmen waren laut ihm ausschließlich die weisesten Männer, offenkundig ein sehr kleiner Anteil der Bevölkerung.

Die Magie nutzte ein breites Spektrum von Methoden. Aus antiker Sicht war das Übernatürliche empfänglich für dieselben manipulativen Vorgehensweisen, die auch in der menschlichen Welt funktionierten. Zaubersprüche und Beschwörungen konnten flehen, bestechen, an einen Präzedenzfall erinnern, einen »Handel« schließen, ja sogar versuchen, eine übernatürliche Macht oder (sehr oft) eine ganze Bandbreite solcher Mächte einzuschüchtern. So konnte ein Zauberer etwa behaupten, dass ein Dämon einer bestimmten Klangfolge nicht widerstehen könne: »Denn … Zauberer raten von Dämonen Besessenen, die ephesischen Worte zu rezitieren und sich selbst vorzusprechen.«[10] Es sollte also ausreichen, mit lauter Stimme *askion, kataskion, lix, tetrax, demnameneus, aisia* – die ephesischen Worte – zu sagen. Gegenstände konnten als Energie dienen, Ressourcen speichern, um zum Übernatürlichen durchzudringen. Deshalb verwendeten Zauberer Amulette, Zauberstäbe und dergleichen oder stellten sie anderen zur Verfügung. Besondere Opfer konnten die Aufmerksamkeit einer Macht erregen; die Magier kannten sie. Ihnen standen fast unendlich viele Werkzeuge zur Verfügung, und das war auch notwendig, denn das Spektrum der nötigen Handlungen war ebenfalls fast unendlich.

Bei den ersten menschlichen Vorstößen ins Übernatürliche ging es wahrscheinlich um Erfolg bei besonders schwierigen Unternehmungen wie der Jagd und der Krankenheilung. Zauberer in der griechisch-römischen Welt betrieben oft das, was wir heute Medizin nennen würden. Ärzte standen der allgemeinen Bevölkerung oft nicht zur Verfügung, und ihre Fähigkeiten übertrafen eine magische Intervention kaum, außer auf den Gebieten körperlicher Wiederherstellung wie etwa beim Richten von Knochen. Heilbehandlungen bestanden aus selbst hergestellten Arzneien und dem Wirken sachkundiger Nachbarn, die womöglich über ein paar magische Hilfsmittel verfügten und vielleicht auch raffiniertere Arzneien kannten oder ein besonderes Händchen für deren Herstellung hatten. Schwerwiegendere Probleme erforderten dagegen einen Zauberer.

Dabei konnte es zu Konflikten mit religiösen Lösungen kommen. In der hebräischen Geschichte zum Beispiel erkrankte König Asa und bat nicht Jahwe, sondern menschliche Ärzte um Hilfe. Er starb.[11] Der Prophet Hiob schmähte in seiner Not die Ärzte und wandte sich an Jahwe: »Doch ich wollte gern zu dem Allmächtigen reden und wollte rechten mit Gott. Aber ihr seid Lügner und seid alle unnütze Ärzte. Wollte Gott, dass ihr geschwiegen hättet, so wäret ihr weise geblieben.«[12] Jesus Sirach dagegen hatte gute Erfahrungen mit Ärzten gemacht und riet dazu, sie zu konsultieren, denn auch sie arbeiteten mit der Hilfe Jahwes: »Erweise dem Arzt gebührende Verehrung, damit du ihn hast, wenn du ihn brauchst; denn auch ihn hat der Herr geschaffen …«[13]

Bei vielen Zauberheilungen ging es auch um mentale Probleme der Kranken, die Fieber, Blindheit, Lähmungen usw. hervorriefen. Ein fester Glaube an magische Kräfte konnte hier Heilung bringen. Petronius liefert in seinen *Satyrica* das witzige Beispiel einer Hexe, die Eumolpus' erektile Dysfunktion heilt, dennoch spiegelt das Bild, das er hier zeichnet, das wider, was wir auch in Zauberpapyri und anderen Quellen zur Magie in der griechisch-römischen Welt finden:

Erst ging ich ein wenig hin und her und setzte mich dann, wie ich es am Tag zuvor getan hatte. Da kam Chrysis und brachte ein altes Mütterchen mit … Die alte Frau zog aus ihrer Tasche eine aus bunten Fäden gewebte Binde hervor und schlang sie mir um den Hals. Dann spuckte sie auf den Boden, rührte den Speichel mit dem Staub zusammen und bestrich mir damit trotz meines Widerstrebens mit ihrem Mittelfinger die Stirn. Nachdem sie die Zauberformel gesprochen hatte, befahl sie mir, dreimal auszuspucken und dreimal Steinchen in meinen Brustbausch zu werfen. Dann sang sie über diese wieder einen Zauberspruch und wickelte sie in ein purpurfarbiges Tuch ein. Und nun legte sie ihre Hände an meine Scham, um deren Kraft zu erproben. Schneller, als sie sprechen konnte, gehorchten meine Nerven ihrem Wunsch, und es füllten sich die Hände der Alten mit einem ge-

DER REIZ DES CHRISTENTUMS

waltigen Ruck. Da machte sie Freudensprünge und rief: »Sieh doch, liebste Chrysis, was für einen Rammler von Hasen ich für andere aufgescheucht habe!«¹⁴

Die wichtigste Fähigkeit eines Zauberers bestand darin, die Geisterwelt der Dämonen und sonstigen Kräfte zu manipulieren. Eine Besonderheit war dabei der Exorzismus. In Lukians parodistischem Werk *Der Lügenfreund* findet sich die bildhafte Beschreibung eines solchen Vorgangs:

Jeder kennt den Syrer aus Palästina, der ein so großer Meister in dieser Kunst ist. Und jeder weiß, wie viele, die beim bloßen Anblick des Mondes umfallen, die Augen verdrehen, den Schaum vor dem Mund stehen haben, kurz wie viele Mondsüchtige dieser Mann wieder auf die Füße stellt und gesund nach Hause schickt, nachdem er die bösen Geister gegen eine hübsche bare Bezahlung aus ihnen ausgetrieben hat. Denn, wenn sie so vor ihm auf der Erde liegen und er den bösen Geist fragt, woher er in diesen Leib gefahren sei, so spricht der Kranke kein Wort, doch der Dämon antwortet auf Griechisch oder in einer barbarischen Sprache, wo er zu Hause ist, und meldet, wer er selbst ist, und auch wie und wann er in den Menschen gefahren ist; und dann jagt er ihn durch Beschwörung und, wenn das noch nicht helfen will, durch Drohungen hinaus. Ich selbst sah einmal einen solchen Geist ausfahren, der ganz schwarz und wie geräuchert aussah.¹⁵

Auch Josephus war einmal Augenzeuge eines scheinbar erfolgreichen Exorzismus. Ein jüdischer Glaubensbruder namens Eleasar war gerufen worden, um einen Soldaten zu heilen, der von einem Dämon besessen war. Der zukünftige Kaiser Vespasian, seine Söhne, Militärtribunen und einige andere Soldaten wollten dabei zusehen.

[Eleasar] hielt unter die Nase des besessenen Mannes einen Ring, der unter seinem Siegel eine jener Wurzeln hatte, die Salomo angegeben hatte. Er ließ den Mann daran riechen und zog den Dämon aus seinen Nasenlöchern heraus. Der Mann fiel sofort hin und Eleasar beschwor den Dämon, nie wieder in ihn einzufahren, sprach Salomos Namen aus und rezitierte die von ihm verfassten Sprüche. Dann stellte Eleasar, der die Umstehenden überzeugen und ihnen beweisen wollte, dass er diese Macht besaß, eine Schale oder ein Fußbecken voller Wasser ein Stück entfernt auf und befahl dem Dämon, sobald er aus dem Mann ausfuhr, dieses Becken umzustoßen und den Zuschauern so zu zeigen, dass er den Mann verlassen hatte.[16]

Dieser Bericht ruft uns noch einmal ins Gedächtnis, dass sich der Glaube an die Magie – in diesem Fall an einen Exorzismus – auf alle Teile der Gesellschaft erstreckte.

Jüdische Exorzisten in Ephesos behaupteten, sie könnten böse Geister vertreiben, unter ihnen sieben Söhne des jüdischen Oberpriesters Skeuas. Als sich Geschichten über die Wunder, die Jesus und Paulus gewirkt hatten, in der jüdischen Gemeinde verbreiteten, beschlossen diese Zauberer, deren Namen in ihren Beschwörungen einzusetzen. Bei der Heilung eines von Dämonen besessenen Mannes sprachen sie: »Ich beschwöre euch bei dem Jesus, den Paulus predigt, kommt heraus.« In der Apostelgeschichte heißt es weiter: »Aber der böse Geist antwortete und sprach zu ihnen: Jesus kenne ich wohl und von Paulus weiß ich wohl, wer seid ihr aber?« Der Besessene fiel über die Exorzisten her und jagte sie nackt und blutend aus seinem Haus.[17]

Die Magie konnte sich auch auf andere Bereiche der stofflichen Welt auswirken. Plinius beschrieb, wie einfache Leute noch immer an magische Kräfte glaubten, obwohl doch die Gebildeten die Phänomene längst verstanden: »Schon vor langer Zeit hat man eine Methode entdeckt, Sonnen- und Mondfinsternisse vorherzusagen, und zwar nicht nur den Tag oder die Nacht, sondern sogar die Stunde. Und doch herrscht noch immer unter einem großen Teil des gemeinen Volkes die feste Überzeugung, dass diese Phänomene der zwingenden Kraft von Zaubersprüchen und -kräutern unterliegen …«[18] Zweifel sind jedoch angebracht, ob wirklich nur das gemeine Volk an so etwas glaubte.

Die Fähigkeit, wunderbare Dinge zu wirken, kennzeichnete den Berufsstand des Zauberers. Der Umgang mit Schlangen ist dafür nur ein Beispiel unter vielen. Plinius berichtete, dass es Leute gab, die Schlangen Angst einjagten. Sie waren gegen ihr Gift und sogar gegen ihre Feindseligkeit immun. Er erzählte die Geschichte eines gewissen Euagon, ei-

DER REIZ DES CHRISTENTUMS

nes Mannes aus Zypern, der in einer Gesandtschaft nach Rom geschickt wurde. Die Konsuln, die von seinem Ruf als Schlangenbeschwörer gehört hatten und neugierig waren, warfen ihn in ein großes Gefäß voller Schlangen. »Zum Erstaunen aller leckten sie seinen ganzen Körper mit ihren Zungen ab.«[19] Der Umgang mit Schlangen taucht auch in Jesu Prophezeiung der magischen Künste auf, die seine Anhänger ausüben werden: Sie werden, so sagte er, Dämonen austreiben, in Zungen reden, die Kranken durch Handauflegen heilen und von ihm die Macht haben, »zu treten auf Schlangen und Skorpione«, denn sie können »Schlangen mit den Händen hochheben, und wenn sie etwas Tödliches trinken, wird es ihnen nicht schaden«.[20]

Solche Zauberer konnten sogar die Grenze des Todes überwinden, selbst die Kommunikation mit den Toten war ihnen möglich. So wollte sich König Saul von Israel unbedingt mit dem Propheten Samuel beraten, doch Samuel war gestorben. Deshalb suchte der König einen Totenbeschwörer und stieß auf die Frau von En-Dor:

Und Saul sprach: Wahrsage mir doch durch einen Totengeist, und hole mir herauf, wen ich dir nenne ... Da sprach die Frau: Wen soll ich dir denn heraufholen? Er sprach: Hol mir Samuel herauf! Als nun die Frau Samuel sah, schrie sie laut ... Und der König sprach zu ihr: Fürchte dich nicht! Was siehst du? Die Frau sprach zu Saul: Ich sehe einen Gott heraufsteigen aus der Erde. Er sprach: Wie sieht er aus? Sie sprach: Es kommt ein alter Mann herauf und ist bekleidet mit einem Priesterrock. Da erkannte Saul, dass es Samuel war, und neigte sich mit seinem Antlitz zur Erde und fiel nieder. Samuel aber sprach zu Saul: Warum hast du meine Ruhe gestört, dass du mich heraufsteigen lässt?[21]

Totenbeschwörung war nur ein Weg, um mit Hilfe von Magie einem Kunden zu helfen, seine Probleme zu lösen. Wahrsagekunst und Hellseherei waren nach dem Heilzauber vielleicht die beliebtesten Magieformen. Man brauchte dazu ein Zeichen der Inspiration. Direkter Kontakt mit übernatürlichen Mächten erlaubte es einem Zauberer, in die Zukunft zu sehen. Celsus beschrieb die Leichtgläubigkeit der Leute gegenüber selbsterklärten Propheten an öffentlichen Orten:

Es gibt viele Leute ohne Ruf und Namen, die sich mit größter Leichtigkeit und bei jeder sich bietenden Gelegenheit teils in Tempeln, teils außerhalb derselben, manche auch in Städten oder Heeren, so aufführen, als ob sie weissagen könnten, um die Aufmerksamkeit auf sich zu lenken und Aufsehen zu erregen ... Dann ... fügen sie der Reihe nach unverständliche, verrückte und ganz unklare Worte hinzu, deren Sinn kein vernünftiger Mensch verstehen kann; denn sie sind dunkel und nichtssagend, geben aber jedem Dummkopf und Betrüger in jeder Hinsicht eine Handhabe, sich das Gesagte anzueignen, so wie er will.[22]

Zur Hellseherei gehörte es, die menschliche Welt aus einer göttlichen Perspektive zu sehen, sodass Verborgenes (zum Beispiel vergrabene Schätze) sichtbar und die Zukunft erfassbar wurden. Zauberpaypri befassen sich mit dem Blick in die Zukunft häufiger als mit jeder anderen Thematik, einschließlich dem Erfolg in Liebesdingen. Die Welt der Hellseher war komplex und dicht bevölkert. In Plautus' Komödie *Miles gloriosus* malt Periplectomenus das satirische Bild einer Ehefrau, die sich mit solchen Leuten umgibt:

Noch früher, als die Hähne krähn, weckt sie mich aus dem Schlaf und sagt: »Gib Geld, mein Mann, womit ich meine Mutter an den Matronalien beschenken kann, gib Geld, damit ich Gewürzkuchen backen kann, gib zum Minervafest Geld für Geschenke an die weisen Frauen, die Wahrsagerin, die Zeichen- und Traumdeuterin. Eine Schande wäre es, der Frau nichts zu schicken, die das Schicksal aus den Augenbrauen deutet.[23]

Vor allem die Astrologen waren den Behörden verdächtig, weil sie politische Ereignisse, ja sogar den Erfolg oder den Tod wichtiger Beteiligter, vorhersagen konnten. Es spielte dabei im Grunde keine Rolle, ob die astrologischen Vorhersagen sich letztlich als wahr erwiesen; allein schon die Tatsache, dass sie in Umlauf kamen, konnte politische Unruhen provozieren. Deshalb wurden Astrologen und andere Zauberer von Zeit zu Zeit aus Rom vertrieben; es genügte schon, ein *mathematicus* oder *magus* zu sein, um verurteilt und der Stadt verwiesen zu werden. Wir wissen allerdings nicht, ob sie auch aus anderen Städten des Reiches verscheucht

DER REIZ DES CHRISTENTUMS

wurden. Abgesehen von solchen Rückschlägen waren Astrologen jedoch sehr gefragt. Die Menschen vertrauten darauf, dass ihr Schicksal in den Sternen stand.

Diese Skizze zeigt die Bandbreite magischer Aktivitäten, die alle Menschen interessierte, weil sie besondere Ziele erreichen, die Zukunft voraussehen oder mit den Wechselfällen des Schicksals zurechtkommen wollten. »[Unsere Gedanken] sind immer auf der Suche nach etwas Großem, etwas, das geeignet ist, einen Gott zu bewegen, oder vielmehr seiner Göttlichkeit den eigenen Willen aufzuzwingen«, wie Plinius sagt.[24] Die Magie nimmt die Notwendigkeit, die Hilfe der Götter zu suchen, nicht vorweg und umgeht sie nicht. Sie ist nur eine weitere Alternative zu den Gebeten in Tempeln, Votivgaben und dergleichen. Von der Gemeinschaft unterstützte Rituale, Feste und Opfer fanden nach wie vor statt, doch parallel dazu baten Einzelne aus besonderen, persönlichen Gründen auch Zauberer oder Astrologen um Hilfe.

Man könnte denken, dass die Magie mit dem allmächtigen und allwissenden Aspekt Jahwes, der die totale Unterwerfung unter sein Gesetz forderte, kollidierte. Im Angesicht göttlicher Allmacht, unwandelbarer Vorsehung und starrsinnigem göttlichem Egoismus sollte Zauberei eigentlich wirkungslos sein. Doch statt den Anspruch zu erheben, dass Jahwe Magie und Zauberer entmachtete, betonte die jüdische Tradition, dass Israeliten sich von solchen Leuten und Praktiken fernhalten sollten, und räumte damit indirekt ihre Wirksamkeit ein. Die Tora verbot magische Praktiken strengstens. Mose sagte zu seinem Volk: »Wenn du in das Land kommst, das dir der Herr, dein Gott, geben wird, so sollst du nicht lernen, die Gräuel dieser Völker zu tun, dass nicht jemand unter dir gefunden werde, der … Wahrsagerei, Hellseherei, geheime Künste oder Zauberei treibt oder Bannungen oder Geisterbeschwörungen oder Zeichendeuterei vornimmt oder die Toten befragt. Denn wer das tut, der ist dem Herrn ein Gräuel …«[25] An keiner Stelle behauptet die Tora, dass Magie unwirksam wäre. Auch die römische Tradition versuchte Zauberer und ihren Aberglauben einzuschränken, doch die wiederholten Versuche der Behörden, Magie zu verunglimpfen und zu verdrängen, belegen nur, dass die Menschen im Kampf mit den Widrigkeiten des Lebens Magie weiterhin als wirksam und nützlich ansahen.

Es war nicht zu leugnen, dass jemand, der zaubern konnte, eine besondere Verbindung zum Übernatürlichen hatte. Mit seinen magischen Fähigkeiten überzeugte er sein Publikum von seiner Autorität. Diese Kraft und Autorität stand in Konkurrenz zu den Ritualen, Gebeten und Opfern der Priester, deshalb hielten Priester natürlich im Allgemeinen nichts von Magie. Sowohl die polytheistische als auch die jüdische Tradition unterschieden zwischen Magie und Religion. Für die Mehrheit aber war diese Unterscheidung bedeutungslos. Die Menschen lehnten die Autorität der Religion und ihrer Vertreter nicht ab, vielmehr nutzten sie die Zauberer als zusätzliche Ressource in ihrem Umgang mit dem Übernatürlichen. In ihren Augen waren Magie und Religion nur durch eine sehr schmale Linie voneinander getrennt, egal, wie sehr Priester und Eliten diese Linie auch betonten.

In der antiken Welt war der Unterschied zwischen Magie und Religion sowieso nur eine Frage der Perspektive. Religion waren die von der Gemeinschaft zur Interaktion mit dem Übernatürlichen autorisierten Menschen und Traditionen. Magische Handlungen arbeiteten abseits dieser etablierten Wege. Manche Methoden der Religion können für einen Außenstehenden sehr nach Magie mit ihren Beschwörungen und besonderen Substanzen aussehen. Das 4. Buch Mose stellt die Prüfung auf Ehebruch als Teil der Religion dar, dabei klingt sie in der Beschreibung wie reine Magie. Der vermeintlich gehörnte Ehemann sollte seine Ehefrau zum Priester bringen. In der folgenden Anweisung beachte man die verwendete Substanz, den aufgeschriebenen Fluch, der buchstäblich mit ihr vermischt wird, und die Beschwörungsformel:

Und der Priester soll sie heranführen und vor den Herrn stellen und heiliges Wasser nehmen in ein irdenes Gefäß und Staub vom Boden der Stiftshütte ins Wasser tun. Und er soll die Frau vor den Herrn stellen und ihr Haupthaar lösen und das Erinnerungsopfer, das ein Eifersuchtsopfer ist, auf ihre Hand legen. Und der Priester soll in seiner Hand das bittere, fluchbringende Wasser haben und soll die Frau beschwören und zu ihr sagen: Hat kein Mann bei dir gelegen und bist du deinem Mann nicht untreu geworden, dass du dich unrein gemacht hast, so soll dir dies bittere, fluchbringende Wasser nicht schaden. Wenn du aber deinem Mann untreu geworden bist, dass du unrein wurdest, und hat jemand bei dir gelegen außer deinem Mann, – so soll der Priester mit einem Verwünschungsschwur die Frau beschwören und zu ihr sagen: Der Herr mache deinen Namen zum Fluch und zur Verwünschung unter deinem Volk, dadurch, dass der Herr deine Hüfte schwinden und deinen Bauch schwellen lässt. So gehe nun das fluchbringende Wasser in deinen Leib, dass dein Bauch schwelle und deine Hüfte schwinde! Und die Frau soll sagen: Amen! Amen! Dann soll der Priester diese Flüche auf einen Zettel schreiben und mit dem bitteren Wasser abwaschen und soll der Frau von dem bitteren, fluchbringenden Wasser zu trinken geben. Und wenn das fluchbringende, bittere Wasser in sie gegangen ist, soll der Priester von ihrer Hand das Eifersuchtsopfer nehmen und als Speisopfer vor dem Herrn schwingen und auf dem Altar opfern, nämlich: Er soll eine Handvoll vom Speisopfer nehmen als Gedenkopfer und es auf dem Altar in Rauch aufgehen lassen und danach der Frau das Wasser zu trinken geben.[26]

Wenn die Frau schuldig war, würde ihr Bauch anschwellen und sie würde eine Fehlgeburt erleiden. Das war der Beweis für den Ehebruch, und sie würde fortan verflucht sein. Wenn nichts passierte, war ihre Unschuld bewiesen. Man beachte, dass Jahwe direkt in den Vorgang eingebunden wurde, der doch alle Kennzeichen der Magie aufweist. Ähnlich verhielt es sich mit der Erfahrung des Syrers Naaman, der Heilung für seine Lepra suchte. Er ging zum Propheten Elisa und bat um ein Heilmittel. Er erwartete, dass Elisa »hertreten und den Namen des Herrn, seines Gottes, anrufen und seine Hand über der Stelle bewegen und mich so von dem Aussatz befreien« würde. Naaman erwartete also eine magische Heilung seiner Lepra. Elisa antwortete mit Anweisungen für genau so eine Behandlung – sieben Bäder im Jordan. Nachdem er zunächst protestiert hatte, fügte Naaman sich, folgte Elisas Anweisungen und wurde geheilt.[27]

Beide magischen Vorgänge waren in die autorisierten Abläufe jüdischer Traditionen eingebettet und damit »religiös«, keine »Hexerei«. Magie galt als eine Abweichung von der gemeinschaftlichen Religion, nicht als ein separates, klar erkennbares Handlungsspektrum. Vor allem wegen der Flexibilität des antiken Polytheismus waren die Kategorien den meisten Menschen unklar, sie mischten sich und lösten sich auf. Doch das spielte keine große Rolle. Magische Handlungen waren verwoben mit Medizin, Religion und Weissagung – Magie verband sie alle.[28] Die Menschen probierten aus, was zu funktionieren schien, ohne genau darüber nachzudenken, in welche Kategorie eine Handlung fiel.

In der jüdischen Tradition herrschte eine tiefe Überzeugung, dass das Böse aus Ungehorsam entstanden sei und dass Jahwe einen frommen, reinen Menschen schützen und ihm helfen werde. Und doch spielte die Magie schon seit frühester Zeit eine Rolle. Josephus nannte König Salomo als Quelle magischer Überlieferungen und Beschwörungsformeln.[29] Außerhalb ihres Volkes genossen die Juden ein hohes Ansehen als Zauberer. Plinius der Ältere sagt in seiner Enzyklopädie: »Es gibt noch einen weiteren Zweig der Magie, der von Mose, Jannes, Lotapes und den Juden herkommt ...«[30]

Der römische Satiriker Juvenal machte sich über diese magischen Fähigkeiten lustig:

Hat jener [ein Osiris-Priester] den Platz geräumt, bettelt eine zitternde Jüdin, die ihren Korb mit dem Heu zurückließ, ihr heimlich das Ohr voll, eine Deuterin der Gesetze Jerusalems, große Priesterin des Baumes und zuverlässige Botschafterin des höchsten Himmels. Auch sie füllt sich die Hand, aber bescheidener: Für wenig Geld verkaufen die Juden jede gewünschte Traumdeutung.[31]

Lukian schrieb in seinem Werk *Das tragische Podagra*: »Die einen lassen sich veralbern mit Beschwörungen, die Schwindler verkaufen, und andere Narren fallen auf die Zaubersprüche von Juden herein ...«[32] Apuleius nannte sie *Iudaei superstitiosi* (»abergläubische Judäer«).[33] Polytheistische Zauberpapyri riefen in ihren Beschwörungen regelmäßig Jahwe und seine anderen Namen an, was auf die magische Tradition hinweist, die mit den jüdischen Traditionen verbunden wurde. Tatsächlich übertrifft die Zahl dieser Namen die anderer Mächte in den Formeln der Papyri um das Dreifache.

Celsus machte die Anknüpfungspunkte von jüdischer Magie und polytheistischer Kultur deutlich, indem er schrieb:

Wenn wir nun in einer besonderen Untersuchung die Natur wirksamer Namen darlegen können ... und wenn wir nachweisen können, dass auch die sogenannte Magie nicht ... in jeder Hinsicht ungereimt

und nichtig, sondern vielmehr, wie ihre genauen Kenner dartun, eine
sichere und wohlgeordnete Kunst ist, auf Gründen und Regeln beru-
hend, die allerdings nur sehr wenigen bekannt sind: dann werden wir
sagen dürfen, dass die Namen Sabaoth, Adonai und alle die anderen,
die bei den Hebräern mit großer Feierlichkeit überliefert werden, nicht
für beliebige und gewordene Dinge, sondern mit Rücksicht auf eine gewisse geheimnisvolle Theologie gebildet worden sind, die sich auf den
Schöpfer des Weltalls bezieht. Deshalb kann man auch diese Namen,
wenn sie in dem mit ihnen fest verknüpften Zusammenhang ausgesprochen werden, ... zu bestimmten Bedürfnissen gebrauchen.[34]

Die Zuflucht zu religiösen Aktivitäten konnte in Zeiten der Not durch ein
Bedürfnis nach sofortigen und eindeutigen Resultaten beiseitegedrängt
werden, besonders, wenn der tatsächliche Wille Jahwes unergründlich
war und man gezwungen wurde, einfach »abzuwarten«. Deshalb spielte
die Magie bei den Juden weiterhin eine wichtige Rolle. Magie wurde mit
grundlegenden monotheistischen Gewohnheiten in Einklang gebracht,
indem man sie dem Bereich der niederen übernatürlichen Kräfte zuord-
nete. Jahwe, so stellte man es sich vor, ließ diese zu, solange ihre Handlungen ihn nicht zu etwas zwangen (oder ihn zu etwas zu zwingen versuchten).

Wie immer man sie auch verstand – Magie blieb ein lebendiger Teil
des Alltags der Juden vor dem, im und nach dem 1. Jahrhundert n. Chr.
Während die Priesterschaft und die Rechtsgelehrten sich darum bemühten, die offizielle Linie durchzusetzen, weil sie ihre Position in der Gesellschaft begründete und bewahrte, wollten sich die einfachen Leute (und
manchmal auch die Priester und Rechtsgelehrten selbst) die »andere Option« offenhalten und sie regelmäßig einsetzen. Das Ergebnis war eine offiziell unklare Beziehung zwischen den beiden Zugängen zu übernatürlicher Hilfe, aber letztlich doch eine inoffizielle Anerkennung der Magie.
Die biblischen Belege und die magischen Formeln, Amulette und Handlungen in späterer Zeit beweisen, dass man genauso intensiv auf die Magie zurückgriff wie im polytheistischen Umfeld. Probieren ging über Studieren, und die Magie hatte sich als wirksam erwiesen.

Berühmte Zauberer

In der polytheistischen Tradition war Pythagoras einer der bekanntesten aus einer langen Liste von Zauberern. Die Lebensgeschichte dieses griechischen Philosophen des 6. Jahrhunderts war geheimnisumwoben und durch spätere Zusätze verdunkelt. Seine Schule beeinflusste vor allem Platon und lebte in der gesamten Antike fort. Seine Anhänger glaubten offenbar, er habe magische Kräfte besessen und Wunder gewirkt. Es gab Menschen, die sich als pythagoreische Weise bezeichneten, umherzogen und seine Lehren verbreiteten.

Für die Juden war Salomo der Zauberer schlechthin, obwohl seiner Magie nachgesagt wurde, die Autorität Jahwes zu haben. Josephus schrieb: »Gott schenkte ihm Wissen in der Kunst, die man gegen Dämonen einsetzt zum Wohle und zur Heilung der Menschen. Er schuf Zaubersprüche, mit denen Krankheiten gelindert werden, und hinterließ Beschwörungsformeln, mit denen diejenigen, die von Dämonen besessen sind, sie austreiben, auf dass sie nie zurückkehren.«[35]

In historischer Zeit erlangte Simon der Magier besondere Berühmtheit. Er lebte im 1. Jahrhundert n. Chr. und stammte aus Samaria. Seine Fähigkeiten übte er neben den christlichen Aposteln Petrus und Philippus und anderen zeitgenössischen Fachleuten dieser Kunst aus. Er wurde von Philippus getauft und versuchte die Macht des Jesusnamens von Petrus zu kaufen, um sein Repertoire zu erweitern.[36] In christlichen Apokryphen wie den Petrus-Akten bekommt er die Fähigkeit zu fliegen zugeschrieben und misst sich mit Petrus selbst in der Zauberei.[37] Er hatte Jünger, die sich Simonianer nannten und nach seinem Tod eine Sekte gründeten. Justin erklärte seine Herkunft und seine Anhängerschaft genauer:

So [wurde] ein gewisser Samaritaner Simon aus dem Dorf Gitton, der unter Kaiser Claudius durch die Macht der in ihm tätigen Dämonen in eurer Kaiserstadt Rom Zauberkünste ausgeübt hat, für einen Gott gehalten ... Und fast alle Samaritaner, auch einzelne unter anderen Völkern, erkennen und verehren ihn als den höchsten Gott und eine gewisse Helena, die in jener Zeit mit ihm umherzog, eine ehemalige Prostituierte, nennen sie seinen ersten Gedanken. Von einem gewissen Menander aber, der auch Samaritaner war aus dem Dorf Kapparetaia, einem Schüler des Simon, wissen wir, dass auch er, unter dem Einfluss der Dämonen stehend, in Antiochia auftrat und durch seine Zauberkunst viele täuschte. Er brachte sogar seine Anhänger zu dem Glauben, dass sie nicht sterben würden.[38]

Die Sekte des Simon gab es bis ins 3. Jahrhundert hinein.

Unter den Polytheisten wurde um die Mitte des 2. Jahrhunderts ein falscher Prophet unglaublich populär: Alexander von Abonuteichos (einer Kleinstadt am Schwarzen Meer) hatte, wie schon erwähnt, die geniale Idee, mit Hilfe einer dressierten Schlange die Menschen von seinen übernatürlichen Fähigkeiten zu überzeugen. Er behauptete, mit seiner Schlange Glykon die Zukunft voraussagen zu können, und heilte die Kranken. In seiner Geschichte *Alexander, der Lügenprophet* beschreibt Lukian eine solche Szenerie:

Da lässt sich denn unser Prophet, nachdem er sich in einen angemessenen Staat geworfen, in einer Art Bude auf einem Polsterstuhl nieder und nimmt jene oben erwähnte große und prächtige Schlange in den Schoß, die so lang war, dass sie, während sie sich um seinen Hals schlang, mit dem Leib sich über seinen Schoß ausbreitete und den Schwanz auf der Erde ringelte. Nur ihren Kopf hielt er unter der Achsel verborgen, was sie sich geduldig gefallen ließ, und hielt stattdessen den leinenen Kopf aus seinem Mantel vor, als ob er zu der Schlange gehörte, die man vor sich sah … Alexander machte allen Ankommenden bekannt, dass der Gott orakeln werde.[39]

Er verkündete Orakel, die angeblich von der Schlange selbst stammten. Den Glykon-Kult gab es tatsächlich – eine Münze aus Ionopolis (dem früheren Abonuteichos) zeigt das Tier, und auch eine Statue der Schlange ist erhalten geblieben. Ihr Ruf verbreitete sich weithin. Selbst der Kaiser Marcus Aurelius soll das Orakel konsultiert haben.

Nach Überzeugung jüdischer wie polytheistischer Quellen waren Frauen in den magischen Künsten besonders aktiv. Das schon zitierte fiktive Beispiel aus den *Satyrica* des Petronius ist eine anschauliche Illustration dafür. Die gesamte Handlung in Apuleius' *Der goldene Esel* wird durch die magischen Fähigkeiten einer Hexe in Gang gesetzt. Rab-

15. Eine Zauberin überreicht einem Kunden einen Trank. Eine ähnliche spitze Mütze gehörte auch zur Kleidung etruskischer Priester und Priesterinnen.

bis glaubten, dass die meisten Frauen Hexerei praktizierten und dass die meiste Hexerei von Frauen praktiziert wurde. Plinius war ebenfalls der Meinung, dass »Zaubersprüche und magische Kräuter eine herausragende Domäne der Frauen« seien.[40] Mythische Frauengestalten wie Kirke waren zwar berühmter als jede zeitgenössische Zauberin, doch dieses Grabgedicht für ein kleines Mädchen zeigt, wie alltäglich der Einfluss von Hexen war:

Ich war fast vier, als ich befallen und in die Erde gelegt wurde. Ich hätte meiner Mutter und meinem Vater eine solche Freude sein können! Die Hand einer Hexe – furchtbar grausam! – raubte mich. Sie ist noch immer auf der Erde und fügt mit ihrer Kunst euren lieben Kleinen Schaden zu. Oh, Eltern, bewacht sie, sonst wird der Kummer tief in eurer Brust sitzen.[41]

Mächtige Zauberer werden manchmal im Wettkampf miteinander dargestellt. Unabhängig davon, ob wir die Geschichte von Elia und den Propheten des Baal als magische oder als religiöse lesen – es war ein Kampf

DER REIZ DES CHRISTENTUMS

darum, wer wirksamer übernatürliche Macht anrufen konnte.[42] Die Auseinandersetzung zwischen Paulus und dem jüdischen Zauberer Elymas vor dem Statthalter von Kreta zeigte, ebenso wie sein Triumph über die mit ihm rivalisierenden Söhne des Skeuas, die überlegene Kraft des Apostels.[43]

In dem oben zitierten Bericht aus der Apostelgeschichte trat Simon der Magier nicht direkt in einen Wettbewerb mit Petrus, doch in den Petrus-Akten findet sich auch ein längerer Wettstreit.[44] In all diesen Fällen gewann der Zauberer durch die Demonstration seiner überlegenen magischen Kraft an Legitimation.

Die Behörden der antiken Welt betrachteten Magie und Zauberer als Bedrohung der sozialen und politischen Ordnung. Die Konkurrenz, welche die Magie für die Riten und Kultpraktiken der Gemeinschaft bedeutete, führte verständlicherweise zu Spannungen, doch die Feindseligkeit der jüdischen und polytheistischen Eliten ging über eine reine Rivalität um die Aufmerksamkeit der Menschen bei ihren Beziehungen mit dem Übernatürlichen hinaus. Josephus verwendet das Wort »Zauberer« synonym zu »Betrüger«, ebenso das gängigste griechische Wort für Unruhestifter, *goetes* (»Hexer«), sofern sie Wunder wirken oder so tun als ob. Auch für die Römer stellten Zauberer und ähnliche Gestalten ein großes Unruhepotenzial dar. Felix (zwischen etwa 52 und 60 n. Chr. Statthalter in Judäa) ließ bei dem Versuch, seine Provinz zu kontrollieren, nicht nur Räuber, sondern auch Zauberer hinrichten. Im Zusammenhang mit Rom haben wir die Beispiele von Vertreibungen aus der Stadt erörtert. Laut Cassius Dio, der im 3. Jahrhundert schrieb, drängte Maecenas den Kaiser Augustus, die Weissager zu behalten, aber die Zauberer (*goetes*) loszuwerden, weil sie zur Revolution anstifteten. Römische Rechtstexte wiederholten diese Angst, dass Zauberer bestenfalls schädlich für die Gemeinschaft und schlimmstenfalls politisch gefährlich seien.[45] Im Fokus dieser Angst standen Astrologen und Wahrsager als Untergruppe der Zauberer.

Allmählich wurde die Magie zu einem zentralen Aspekt dessen, was die Römer *superstitio* nannten. Dieser abweichende Zugang zum Übernatürlichen unterminierte das allgemeine Wohlergehen und konnte so, wie schon erwähnt, als »Hass auf das Menschengeschlecht« interpretiert werden. Tacitus bezeichnete die jüdische Tradition als eine *superstitio*; gleiches galt nach seiner Meinung wie auch nach der des Plinius und des Sueton für das frühe Christentum. Dabei spielten Magie und Zauberer eine entscheidende Rolle. Im *Codex Iustinianus* finden wir folgende Formulierungen aus der Zeit der ersten christlichen Kaiser: »diejenigen, die sich mittels der magischen Künste gegen die Gesundheit oder das Leben der Menschen verschwören«, diese »Zauberer in jedem Teil der Welt sollten als Feinde des Menschengeschlechts gelten«.[46] Die Ähnlichkeit zu den Ausdrücken des Tacitus ist verblüffend, ebenso die dramatische Gefahr, die Zauberer und ihre Anhänger für die Gesellschaft angeblich darstellten.

Viele der vermeintlichen Taten Jesu hätte ein griechisch-römischer Betrachter eindeutig als Magie eingestuft: Er erweckte Lazarus von den Toten, ging über das Wasser, ließ Feigenbäume verdorren, trieb Dämonen aus, heilte Kranke und sagte seinen eigenen Tod und seine Auferstehung voraus. Er verwendete magische Formeln und magische Substanzen wie etwa Spucke. Auf den ersten Bildern des wunderwirkenden Jesus, denen wir in der Kunst begegnen, hält er den Stab eines Zauberers in der Hand. Deshalb kann es nicht überraschen, dass polytheistische Quellen Jesus für einen Zauberer und Wundertäter hielten. Tertullian beschrieb es so: »Wegen seines demütigen Auftretens hielten die Polytheisten ihn nur für einen Menschen; und so galt er bei ihnen, als sie seine Macht sahen, als Zauberer.«[47] Jesus erklärte ja selbst, aus eigener Kraft heraus zu handeln. Sein Name wurde in Zauberpapyri beschworen, was zeigte, dass Zauberer ihn als eine Macht wahrnahmen, mit der man rechnen musste. Und auch in Berichten von Auseinandersetzungen zwischen frühen nichtchristlichen und christlichen Autoren findet sich wiederholt der Vorwurf, Jesus sei ein Zauberer gewesen.[48]

Nach Jesu Tod machten seine Anhänger weiter mit der Zauberei. Petrus erweckte die tote Tabita wieder zum Leben und heilte einen Gelähmten: »Petrus aber sprach: Silber und Gold habe ich nicht; was ich aber habe, das gebe ich dir: Im Namen Jesu Christi von Nazareth steh auf und geh umher!«[49] Paulus demonstrierte regelmäßig magische Heilkräfte. In Korinth wirkte Gott zum Beispiel »nicht geringe Taten durch die Hände des Paulus. So hielten sie auch die Schweißtücher und andere Tücher, die er auf seiner Haut getragen hatte, über die Kranken, und die Krankheiten wichen von ihnen, und die bösen Geister fuhren aus.«[50] Und er setzte den Namen Jesu als magische Formel ein, als eine junge Sklavin, die von einem bösen Geist besessen war, ihm auf die Nerven ging: »Das tat sie viele Tage lang. Paulus war darüber so aufgebracht, dass er sich umwandte und zu dem Geist sprach: Ich gebiete dir im Namen Jesu Christi, dass du von ihr ausfährst. Und er fuhr aus zu derselben Stunde.«[51] »Im Namen des Herrn« und ähnliche Ausdrücke glichen gängigen Beschwörungen unter Verwendung göttlicher Namen. Und natürlich konnte Magie nicht nur heilen, sondern auch schaden. So tötete Gott Ananias und Saphira, nachdem Petrus sie des Betrugs überführt hatte.[52]

Jesus und seine Anhänger nutzten nicht die ganze Bandbreite der Magie, die damals bekannt war. Obwohl unter seinen Gefolgsleuten auch einige Frauen erwähnt werden, wird keine, weder vor noch nach seinem Tod, als Zauberin dargestellt. Einige Standardinstrumente der Magie tauchten bei ihnen nicht auf, etwa Fluchtäfelchen. Wirklich absurde Substanzen wie Eidechsenbeine oder menschliche Körperteile wurden von ihnen nicht für magische Zwecke verwendet. Die Evangelien präsentieren Jesus als einen durchaus wohlmeinenden Zauberer, aber eben doch als einen Zauberer. Denn magische Kraft bedeutete eine Verbindung zum Übernatürlichen. Jesu magische Fähigkeiten stärkten also seine Botschaft und die Verkündigungen seiner Anhänger und verliehen ihnen in den Augen der Menschen die nötige Legitimation.

Die Menschen glaubten nicht nur an Magie, sondern auch an kleine und große Wunder. Auch sie waren Wege des Übernatürlichen, in der Welt zu wirken. Aelius Aristides erklärte, Wunder seien die Manifestation göttlicher Macht. Besser gesagt, die »Manifestation übernatürlicher Macht«, weil es kaum einen Unterschied zwischen Wundern und Magie gibt.[53] Beide erreichten dasselbe Ergebnis, letztlich war wie bei Magie und Religion die persönliche Einstellung ausschlaggebend. Was für den einen ein Wunder war, war für den anderen Magie und umgekehrt. Allein, das Wunder war positiver besetzt. Beides waren, wie die Buddhisten es ausdrücken, Ereignisse, die sich nicht aus einer Folge von Ursachen ergeben, die in der natürlichen Welt erkennbar sind. Es gab lediglich zwei Unterscheidungskriterien zwischen Wundern und Magie: Wunder waren meist spektakulärer als Magie und konzentrierten sich vor allem auf den Bereich des Heilens. Wunder, welche die die physische Welt veränderten, waren weniger häufig, denn Versuche, Regen heraufzubeschwören oder das Meer zu teilen oder Berge zu versetzen, waren selten von Erfolg gekrönt. Es gab sie, etwa als Mose das Rote Meer teilte, Josua die Mauern von Jericho einstürzen ließ oder Elia beim Opferwettstreit mit dem Baal-Priester Feuer und Regen heraufbeschwor. Aber solche Wunder hatten sich gewöhnlich in grauer Vorzeit oder in Legenden ereignet.

In der polytheistischen Überlieferung gibt es viele Wunder. Eunus, der Anführer des großen Sklavenaufstands in Sizilien im späten 2. Jahrhundert v. Chr., errang und sicherte sich seine führende Rolle durch angebliche Wunder, die großen Eindruck auf seine Anhänger machten.[54] In Stymphalos im griechischen Arkadien feierte ein Fest der Jägerin Artemis passenderweise ein Jagdwunder.[55] Eine Inschrift aus der Mitte des 2. Jahrhunderts, die angeblich aus dem Asklepios-Tempel auf der Tiberinsel in Rom stammte, bezeugte ein von diesem Gott gewirktes Wunder:

Der Gott befahl einem gewissen Gaius, einem Blinden, zum heiligen Altar zu kommen und seine Verehrung darzubringen, dann von rechts nach links zu gehen und fünf Finger auf den Altar zu legen, dann die Hand zu heben und sie auf seine Augen zu legen. Daraufhin sah er sehr gut, und die Menschen standen um ihn herum und freuten sich mit ihm, weil die göttliche Kraft noch lebendig war zur Zeit unseres Kaisers Antoninus.[56]

Theagenes von Thasos, ein Mann von gewaltiger Körperkraft und ebenso großem sportlichem Können, errichtete sich selbst im 5. Jahrhundert v. Chr. eine Statue, die dem Volksglauben zufolge Krankheiten heilen konnte.[57] Apollonios von Tyana, ein Philosoph und Wundertäter an der Schwelle vom 1. zum 2. Jahrhundert n. Chr., soll Wunder wie dieses gewirkt haben:

Ein junges Mädchen schien in der Stunde ihrer Hochzeit gestorben zu sein und der Bräutigam folgte der Bahre und jammerte über die ganz unerfüllte Ehe. Aber auch die Stadt Rom trauerte mit ihm, denn das

Mädchen entstammte einer sehr vornehmen Familie. Als nun Apollonios zufällig dem Trauerzug begegnete, sagte er: »Setzt die Bahre ab, denn ich werde euren Tränen über das Mädchen ein Ende machen.« Und er fragte zugleich nach ihrem Namen. Die Menge glaubte, er werde eine Trauerrede halten, wie sie zum Leichenbegängnis gehören, und Wehklagen wecken. Er aber tat nichts dergleichen, sondern berührte das Mädchen nur, sprach einige unverständliche Worte und erweckte es so aus dem scheinbaren Tod. Das Kind gab einen Laut von sich und kehrte in das Haus des Vaters zurück, wie Alkestis, nachdem sie von Herakles wiederbelebt worden war.[58]

In Apollonios' Biografie finden sich weitere solche Wunder.[59]

Josephus war, wie wir gesehen haben, Augenzeuge eines Heilwunders durch einen jüdischen Zauberer. Ähnlich wünschten sich die Menschen ein Wunder vom frischgebackenen Kaiser Vespasian. Sueton beschreibt, wie ein Blinder und ein Lahmer ihn um Heilung baten. Vespasian zögerte zunächst, denn er glaubte nicht, dass er irgendetwas heilen konnte. Doch seine Freunde bestanden darauf. Angeblich spuckte er auf die Augen des blinden Mannes, der daraufhin sehen konnte, und berührte mit seiner Ferse das Bein des lahmen Mannes, der daraufhin gehen konnte.[60] Vespasian war sich seiner Heilkräfte nicht sicher, doch der Blinde und der Lahme hatten da überhaupt keine Zweifel.

In seiner Diatribe gegen die Christen beschreibt Celsus die Begeisterung der Leute für die Werke von Zauberern,

die noch wunderbarere Dinge versprechen, und die Kunststücke von Schülern der Ägypter, die auf den Märkten für wenig Geld ihre erhabene Wissenschaft betreiben, Dämonen aus den Menschen austreiben, Krankheiten wegblasen, die Seelen der Heroen beschwören, kostbare Mahlzeiten und Tische mit Naschereien und Leckerbissen, die gar nicht wirklich vorhanden sind, zeigen und Dinge in Bewegung setzen, als wären es lebende Wesen, obgleich sie dies nicht sind, sondern nur in der Einbildung als solche erscheinen.[61]

Sicher waren einige dieser Vorführungen Betrügereien von Scharlatanen – doch in anderen Fällen kam es tatsächlich zu Heilungen. Wunder hatten eine lange Geschichte in der jüdischen Tradition. Mose, Josua, Jesaja, Elia und Elisa wirkten Wunder durch die Macht Jahwes.[62] Der Nil verwandelte sich in Blut. Mauern stürzten in sich zusammen. Die Sonne bewegte sich rückwärts. Tote standen wieder auf. Elisa sorgte wie später Jesus dafür, dass genug Brot für eine ganze Menschenmenge vorhanden war:

> Es kam aber ein Mann von Baal-Schalischa und brachte dem Mann Gottes Erstlingsbrot, nämlich zwanzig Gerstenbrote, und neues Getreide in seinem Beutel. Er aber sprach: Gib es den Leuten, dass sie essen! Sein Diener sprach: Wie soll ich davon hundert Mann geben? Er sprach: Gib den Leuten, dass sie essen! Denn so spricht der Herr: Man wird essen und es wird noch übrig bleiben. Und er legte es ihnen vor, dass sie aßen; und es blieb noch übrig nach dem Wort des Herrn.[63]

Er vermehrte auch Wein auf wundersame Weise.[64]

Anders als bei der Magie gab es kaum gesellschaftliche Einwände gegen Wunder, denn per definitionem wurden sie positiv gesehen. Auch wenn die Behörden hin und wieder versuchten, Zauberer wie Astrologen und Wahrsager zu unterdrücken, waren Wundertäter davon nie betroffen. Oft galten sie vielmehr als ein Beweis für die Macht eines Gottes. Marcus Aurelius schrieb: »Antworte denen, die fragen: ›Wo hast du denn die Götter gesehen, die du so sehr verehrst, oder woraus hast du den Schluss gezogen, dass sie existieren?‹ ... Aus der Tatsache, dass ich ihre Macht immer wieder spüre, schließe ich, dass sie existieren, und deshalb verehre ich sie.«[65]

Die Fähigkeit, Magie oder Wunder zu wirken, belegte eine echte Verbindung zum Übernatürlichen. Ein Zauberer oder Wundertäter musste eine starke Beziehung zum Kosmos haben. Wenn er ein Publikum zu etwas Bestimmtem überreden wollte, und sei es auch nur eine so banale Sache wie eine Bitte um Geld oder eine so emotionale wie ein Gesinnungswandel, bestätigte die Machtdemonstration die Botschaft, die er vermitteln wollte. Die Herausforderung bestand nicht darin, ein Publikum zu überzeugen, dass Magie oder ein Wunder stattgefunden hatte – die Menschen waren nur allzu bereit, dies zu glauben. Die Aufgabe bestand vielmehr zunächst darin, für das Publikum herauszustellen, welcher Gott das Wunder gewirkt hatte, und weiter darin, den Glauben an das Wunder in eine Unterstützung für diesen Gott umzuwandeln. Dieser Prozess fand in vielen Religionen statt. So spielten beispielsweise in der buddhistischen Tradition Wunder eine wichtige Rolle, um den Feinden des Buddha wie auch möglichen Konvertiten seine übernatürliche Macht zu demonstrieren. Die Menschen hatten guten Grund, ihre Beziehungen zum Übernatürlichen in der Tradition ihrer Vorfahren fortzusetzen – bis sich eine bessere bewiesene Alternative auftat.

Als charismatische, Elia-ähnliche Gestalt nahm Jesus für sich in Anspruch, nicht nur als Prophet zu sprechen, sondern als der Sohn Jahwes. Dies faszinierte einige seiner jüdischen Glaubensbrüder und schreckte andere ab. Damit die Menschen ihm einen so radikalen Anspruch abnahmen, musste Jesus beweisen, dass er übernatürliche Kräfte lenken und kontrollieren konnte. Die Magie und die Wunder, die Jesus wirkte, lieferten einen beeindruckenden Beleg seiner Verbindung zu Jahwe. Eine solche eindeutige Demonstration überlegener Macht konnte die Menschen dazu bringen, ihre Ausrichtung auf das Übernatürliche zu verändern.

Jesus verbrachte viel Zeit damit, Wunder zu tun. Die Historizität der Wunder ist dabei unwichtig. Die Menschen glaubten, dass Jesus diese Wunder vollbrachte. Deshalb hörten sie sich an, was Jesus zu sagen hatte. So beschrieb Jesus etwa der Samaritanerin am Brunnen wunderbarerweise ihr Leben. Ihr Zeugnis brachte Jesus viele Anhänger: »Es glaubten aber an ihn viele der Samaritaner aus dieser Stadt um des Wortes der Frau willen, die bezeugte: Er hat mir alles gesagt, was ich getan habe. Als nun die Samaritaner zu ihm kamen, baten sie ihn, dass er bei ihnen bleibe; und er blieb dort zwei Tage. Und noch viel mehr glaubten um seines Wortes willen.«[66] Die Liste der Wunder in den Evangelien ist lang, wir kommen auf etwa 200 Einträge. Vor allem Markus ist reich an Wundererzählungen, aber auch bei Matthäus und Lukas und sogar beim spirituelleren Johannes finden sich viele.[67] Wunder heilten nicht nur Menschen, sondern waren auch Zeichen des endgültigen Sieges Jahwes und der Belohnung für die Rechtschaffenen – sie waren der Beweis, dass Jesus der Sohn Jahwes war, wie Tertullian hervorhob:

Denn mit einem Wort trieb er Dämonen aus den Menschen aus, machte Blinde wieder sehend, reinigte Aussätzige, gab Gelähmten wieder Kraft, schenkte sogar Toten durch sein Wort das Leben, machte die Elemente selbst zu Dienern, indem er die Stürme bändigte und auf dem Meer wandelte, und zeigte so, dass er der Sohn Gottes war, jener, der von alters her verkündigt und zum Heil aller geboren war, jenes uranfängliche, erstgeborene, von der Macht und der Vernunft begleitete und vom Geiste getragene Wort, eben derselbe, der alles durch sein bloßes Wort macht und gemacht hat.[68]

Paulus hatte seine eigene wunderbare Vision des auferstandenen Jesus. Sie bekehrte ihn und machte ihn zu einem Anhänger und Fürsprecher der neuen Sekte. Außerdem bezeugte er, dass viele den auferstandenen Christus leibhaftig gesehen hatten, einmal sogar 500 gleichzeitig. Auch sie bezeugten dieses Wunder und halfen so, die christliche Botschaft zu stärken.[69] Tatsächlich wäre es wohl schwer, in den Evangelien oder in der sonstigen neutestamentlichen Literatur eine Bekehrung zu finden, die nicht direkt oder indirekt die Folge eines Wunders oder eines magischen Ereignisses wäre.

Quadratus von Athen, der um 125 n. Chr. schrieb, betonte, wie wichtig die Augenzeugen der Wunder Christi für die Ausbreitung der Bewegung waren. Sie lieferten Beweise für die übernatürlichen Kräfte Jesu und damit einen Grund für das Weiterleben der Bewegung nach seinem Tod. Der Kirchenhistoriker Eusebius zitiert ihn im frühen 4. Jahrhundert mit folgenden Worten:

Ständig waren in ihrer Tatsächlichkeit gegenwärtig die Werke unseres Erlösers: nämlich die Geheilten und die von den Toten Auferstandenen. Nicht nur hatte man sie im Augenblick ihrer Heilung und ihrer Auferstehung geschaut, sondern immer waren sie zu sehen, nicht nur solange der Erlöser hier auf Erden weilte, sondern noch geraume Zeit, nachdem er von der Erde gegangen. Sogar in unserer Zeit leben noch einige von ihnen.[70]

Auch der viel frühere Justin hob die Rolle hervor, die Wunder bei Bekehrungen spielten. Er schrieb: »Zudem kann jeder anhand der Werke und der sie begleitenden Wunder erkennen, dass hier das neue Gesetz und der neue Bund und die Erwartung derer aus allen Völkern sind, die das göttliche Heil erwarten.«[71]

Wunder bilden den Kern der apokryphen Akten verschiedener frühchristlicher Führer. So schwamm zum Beispiel in den sogenannten Petrus-Akten ein Fisch, und die Menschen bekehrten sich. In dieser Geschichte nahm Petrus eine Sardine, die zum Verkauf aushing, vom Haken und sagte zu einer Menschenmenge: »Werdet ihr glauben, wenn ich den Fisch lebendig mache?« Als die Menge bestätigte, dass ein solches Wunder sie überzeugen würde, warf er den Fisch in einen Teich und sprach eine Beschwörung: »In deinem Namen, o Jesus Christus, vor all diesen Menschen, lebe und schwimme.« Der Fisch wurde wieder lebendig. Petrus ließ ihn lange herumschwimmen; die Menschen kamen und fütterten ihn, um zu prüfen, ob er echt war. Als sie das Wunder sahen, »folgten viele Petrus und glaubten an den Herrn«.[72]

Celsus, der polytheistische Kritiker des frühen Christentums, und sein Zeitgenosse, der Arzt und Philosoph Galen, bestätigten ebenfalls, dass es die Wunder waren, die Jesus zum Gott machten. Celsus schrieb, dass Jesus »unehelich geboren wurde, in Ägypten als Tagelöhner Arbeit fand, sich dort einige Zauberkräfte aneignete und darauf wieder in seine Heimat zurückkehrte, wobei er sich wegen jener Kräfte öffentlich zum Gott erklärte«.[73] Origenes, Celsus' christlicher Widersacher, fügte hinzu:

Doch ich will mich nicht nur auf diese Wunder berufen, sondern, wie recht und billig, auch auf jene, welche die Apostel Jesu gewirkt haben. Denn ohne Kraftwirkungen und Wunder hätten sie die Hörer neuer Worte und neuer Lehren nicht dazu bestimmen können, die Religion ihrer Väter zu verlassen und trotz der drohenden Todesgefahren die Lehren der Apostel anzunehmen.[74]

Die Antwort auf die Frage »Warum soll ich die Religion meiner Väter verlassen?« war also ganz einfach: Eine größere Macht hatte die Bühne betreten; die Macht war unbestreitbar durch Wunder und Magie erwiesen; die Botschaft war es wert, wenn schon nicht sofort geglaubt, so doch zumindest angehört – und anschließend vielleicht geglaubt – zu werden.

Auch Martyrien galten als Wunder. Ramsay MacMullen schreibt dazu:

»Die Hingabe des eigenen Lebens für den Glauben wirkte auf die Augenzeugen immer am stärksten. Es war schon übermenschlich, ein Wunder.«[75] Dieses Wunder war oft inspirierend. Freiwillig sein Leben aufzugeben, ist selten leicht. Wenn man jemanden sah, der dies mit einem erklärten Ziel tat, mochte es Entsetzen hervorrufen, wenn man das Ziel dumm fand, oder überzeugend sein, wenn man das Ziel bewunderte. Ja es konnte sogar zur Nachahmung anregen, besonders, wenn man sich der Sache schon verpflichtet fühlte.

Der leidende, beispielhafte, inspirierende Märtyrer tauchte in der jüdischen Tradition in der Zeit des zweiten Tempels nach dem Exil auf. Obwohl offenbar keiner der Autoren, die zum Buch Jesaja beitrugen, wirklich ein Martyrium erlitt, war die nachexilische Botschaft des/der Propheten klar: Ein zum Märtyrer gewordener Anführer wird sich als Rettung für Israel erweisen: »Aber der Herr wollte ihn [den gerechten Diener] also zerschlagen mit Krankheit. Wenn er sein Leben zum Schuldopfer gegeben hat, wird er Nachkommen haben und lange leben, und des Herrn Plan wird durch ihn gelingen.«[76] Diese Prophezeiung richtete sich ursprünglich an Serubbabel oder einen anderen Anführer der nachexilischen Zeit. Spätere Leser erkannten darin die Prophezeiung eines zukünftigen Anführers.

Das Vorbild des Leidens im Dienste Jahwes inspirierte andere. Im Laufe des 2. Jahrhunderts v. Chr. entstand daraus eine Tradition; Eleasar und seine Söhne waren solche Dulder. Als Eleasar von seinen Feinden gefoltert wurde und im Sterben lag, rief er aus: »Du weißt es, Gott. Ich hätte mich wohl retten können; doch unter Feuerqualen sterbe ich jetzt um des Gesetzes willen. Sei gnädig deinem Volk! Lass dir die Strafe, die wir darum erdulden, jetzt genügen! Zur Läuterung lass ihnen doch mein Blut gereichen und als Ersatz für ihre Seele nimm jetzt meine Seele hin!« Er, seine Frau und ihre sieben Söhne waren Märtyrer um ihres Glaubens willen. Das Ergebnis klang nach Jesaja: »Der Tyrann wurde bestraft und das Vaterland geläutert. Sie waren gleichsam ein Ersatz für die Sünde des Volkes.«[77] Die göttliche Vorsehung befreite Israel durch das Blut jener frommen Menschen aus der früheren Zwangslage. In den Psalmen heißt es: »Der Tod seiner Heiligen wiegt schwer vor dem Herrn.«[78] Sie waren die ersten Märtyrer, über die in der jüdischen Tradition ausführlich berichtet wurde. Kurz vor dem Tod des jüngsten Sohns sagte seine Mut-

DER REIZ DES CHRISTENTUMS

ter zu ihm: »Darum fürchte dich nicht vor diesem Henker, sondern zeige dich deiner Brüder würdig und nimm den Tod auf dich, damit ich dich zur Zeit des Erbarmens samt deinen Brüdern wiederbekomme.«[79] Damit meinte sie, dass sie bei der Auferstehung und dem Jüngsten Gericht wieder mit ihrem rechtschaffenen Sohn vereint wäre.

Das Versprechen von Auferstehung und Belohnung am Jüngsten Tag gab dem Tod eines Märtyrers zusätzliches Gewicht. Solche Märtyrer waren ein Vorbild für ein Sterben in Rechtschaffenheit, dem viele andere Juden in der Zeit des Jüdischen Kriegs und darüber hinaus folgten.

Die Bildwelt der Buße, die diese ersten Märtyrer begleitete, wiederholte sich nicht bei jedem Martyrium. Gewöhnlich wurde der Tod im Gegensatz zum Verrat an Jahwes Gesetz gerühmt, wenn Unschuldige für ihren Glauben litten. Das scheint der Fall bei jenen zu sein, die bei den Unruhen des Jahres 38 n. Chr. in Alexandria gekreuzigt wurden. Während des Jüdischen Kriegs 30 Jahre später gab es viele standhafte Märtyrer, etwa einen, der mit einem Lächeln auf den Lippen starb. Josephus berichtet, dass ein jüdischer Rebell, der bei einer Belagerung gefangen genommen worden war, »allen möglichen Folterpeinen trotzte und selbst dann, als man ihn mit brennenden Fackeln quälte, um ihn zum Reden zu bringen, dennoch den Feinden nicht das mindeste über die Lage im Innern der Stadt verriet, ja noch am Kreuz den Tod mit einem Lächeln begrüßte«.[80] Wie bei der Mutter der sieben Söhne, die das Martyrium durchlitten, inspirierte auch solche Märtyrer das Vertrauen auf eine Auferstehung beim Jüngsten Gericht. Im Jüdischen Krieg wurden Essener von römischen Soldaten aufs Schrecklichste gefoltert, um sie dazu zu bringen, dass sie Gott lästerten oder verbotene Speisen aßen. Sie weigerten sich bis zu ihrem Tod. Josephus berichtet, dass sie »mit frohem Mut ihr Leben hingaben, in der sicheren Hoffnung, es wieder zu erhalten«.[81]

Im polytheistischen Umfeld war das Martyrium viel seltener. In Griechenland galt der Tod des Sokrates als Beispiel dafür, dass man den Tod in Kauf nahm, um zu seinen Prinzipien zu stehen; es war das bei Weitem berühmteste und prägendste Martyrium in dieser Tradition. In der römischen Geschichte ist die Praxis der *devotio* – der Selbsttötung als Opfer an die Götter im Austausch gegen eine Gunst der Götter – selten bezeugt. Es gab aber wohl dennoch einige Fälle: Der Konsul Decius Mus im Jahr

340 v. Chr. und, historisch schlechter belegt, sein Sohn und sein Enkel[82] sind die bekanntesten Beispiele römischer Märtyrer – selbst Augustinus zitiert sie als Beispiel für polytheistisches Martyrium.[83]

Unter den Polytheisten scheint sich dies jedoch nicht fortgesetzt zu haben. Einen Tod, wie ihn Märtyrer in der jüdischen Tradition erlitten, gab es in der römischen oder griechischen Kultur nicht. Die Praxis der Selbstopferung, welche die indischen Gymnosophisten den Griechen und Römern so spektakulär vorführten, war kein Märtyrertum im Sinne des Sterbens für einen Glauben oder eine Sache.[84] Lukian erzählt die Geschichte des Peregrinus, eines Pseudo-Märtyrers des 2. Jahrhunderts, der sich nach vielen Abenteuern, darunter auch einem kurzen Zwischenspiel als Christ, spektakulär vor aller Augen das Leben nahm. Laut Lukian sagte Peregrinus, er tue dies für seine Mitmenschen, um ihnen beizubringen, den Tod zu verachten und Todesqualen auszuhalten.[85] Sein Selbstopfer ahmt jüdische und christliche Taten nach, ist aber in der griechisch-römischen Kultur nicht verankert. In Spanien feierten die Kantabrer ihren märtyrerhaften Tod offenbar, indem sie Siegesgesänge anstimmten, während die Römer sie ans Kreuz schlugen, aber hierzu fehlen uns die Einzelheiten.[86] Auch Philosophen mochten für ihre Überzeugungen sterben. Sokrates war hier das Vorbild, aber er fand selten Nachahmer – allerdings zelebrierte Seneca seinen Selbstmord geradezu, um gegen Neros Tyrannei zu protestieren. Auf der Suche nach polytheistischen Vergleichen zu christlichen Märtyrern konnte Tertullian nicht mehr als ein halbes Dutzend in der ganzen griechisch-römischen Geschichte nennen – und nicht einer davon ähnelte in Haltung und Aussage den jüdischen und christlichen Martyrien.[87] Kurz gesagt gab es keine weit verbreitete Tradition im Polytheismus, die dem glich, was in der jüdischen Tradition im Laufe der Zeit als ein Beweis der Treue zu einem Gott, verbunden mit der Hoffnung auf Belohnung durch diesen Gott im Jenseits, anerkannt wurde.

In der frühchristlichen Erfahrung und Theologie war das Martyrium hingegen ein Kernpunkt. Die Anhänger Jesu deuteten seine Kreuzigung als ein Martyrium nach dem Vorbild Eleasars, also als ein Opfer mit einer erlösenden Kraft in Erwartung eines Jüngsten Gerichts und einer Rechtfertigung. Der Anspruch, dass Jesus nicht nur ein Widerstandskämpfer oder Prophet war, sondern der Sohn Jahwes, machte sein Märtyreropfer noch bedeutsamer. Die Christen sahen darin eine gewaltige Bußleistung, die jeden läuterte, der ihren Wert anerkannte. Sie schuf die Voraussetzungen für die Teilnahme an Jahwes eschatologischem Reich. Der wundersame Aspekt des Martyriums Jesu – die Bereitschaft, einen überaus grausamen Tod auf sich zu nehmen für das, woran er glaubte – wurde noch verstärkt durch die angeblichen Wunder seiner Auferstehung, seiner leibhaftigen Erscheinung vor seinen Anhängern und seiner folgenden Himmelfahrt an die Seite Jahwes, wo er den Vorsitz über das Jüngste Gericht und die Vergeltung innehaben würde.

Unter den Anhängern Jesu verband sich sein Martyrium also mit der schon bestehenden jüdischen Tradition des Martyriums und verstärkte das Gefühl der Verfolgung wie auch die Bereitschaft, Jesu Tod durch den eigenen Tod nachzuahmen. Der christlichen Überlieferung zufolge hatte Jesus davor gewarnt, dass seine Anhänger verfolgt werden würden, und ihnen geraten, diese Verfolgung freudig anzunehmen.[88] Stephanus, der erste Märtyrer, wurde gesteinigt – die angemessene Strafe für Gotteslästerer –,[89] bis zum nächsten Märtyrertod aber sollten, soweit wir wissen, 20 Jahre vergehen, bis Herodes Antipas Jakobus, den Bruder Jesu, in den fünfziger Jahren töten ließ. In Rom starben Christen im Jahr 64 den Märtyrertod. Und unter Plinius als Statthalter wurden einige in Pontos und Bithynien hingerichtet, weil sie sich weigerten, Christus zu verfluchen.

Seltsamerweise behielten die Christen weder die Namen der römischen noch die der bithynischen frühen Märtyrer in Erinnerung. Dennoch galt um die Mitte des 2. Jahrhunderts das Märtyrertum als ein fundamentaler christlicher Akt; man erinnerte sich an einzelne Märtyrer und ehrte sie. Justin, der später selbst zum Märtyrer werden sollte, schrieb: »Wenn wir nämlich auch mit dem Schwert hingerichtet, wenn wir gekreuzigt, den wilden Tieren vorgeworfen, gefesselt, dem Feuer und all den anderen Martern preisgegeben werden, so fallen wir, wie man weiß, doch nicht von unserem Bekenntnis ab. Im Gegenteil, je größer das Martyrium, um so größer noch wird durch den Namen Jesu die Zahl der Gläubigen und Gottesfürchtigen.«[90]

Tertullian schrieb den bekannten Satz, dass das Blut der Märtyrer die Saat der Kirche sei.[91] Durchgehend wurde betont, dass jeder unbeugsame Märtyrer auf wundersame Weise dazu beitrug, die Gläubigen zu stärken oder die Ungläubigen zu bekehren oder beides zugleich. »Eben diese Unbeugsamkeit«, schrieb Tertullian, »die ihr uns zum Vorwurf macht, ist ein Lehrer. Denn welcher Mensch fühlt sich nicht, wenn er sie betrachtet, getrieben, zu untersuchen, was der Sache tatsächlich zugrunde liegt? Wer schließt sich, wenn er dies untersucht hat, uns nicht an?«[92] Justin wurde auf genau diesem Weg zum Christen.

Dieses Thema durchzieht die neun historischen Märtyrerakten – angefangen mit den Akten des Polykarp aus der Zeit um 155 – vor den großen Verfolgungen in der Mitte des 3. Jahrhunderts. Einige, etwa die Akten der Perpetua, sollten ganz offenbar von den Gläubigen gelesen oder ihnen vorgelesen werden, um zu Bewunderung und Nachahmung anzuregen.[93]

Einige Polytheisten hielten solche Martyrien für geradezu absurd. Andere, die selbst Zeugen waren, hatten den Eindruck, dass hier moralisch verkommene Menschen den Tod fanden, den sie verdienten. Die christliche Literatur verwies zwar immer wieder auf Bekehrte, die zuvor Zeugen von Martyrien gewesen waren, doch es fällt auf, dass kein Polytheist über irgendeinen positiven, inspirierenden Inhalt eines christlichen Märtyrertods spricht. Die christlichen Belege aber zeigen, dass zumindest einige Polytheisten, die Martyrien mitansahen, das Gefühl hatten, dass dort etwas Übernatürliches geschah. Die Macht, die ein solches Selbstopfer auslösen konnte, musste wohl doch mehr als nur menschlich sein. Die schlichte Entschlossenheit, für seinen Glauben zu sterben, statt Christus zu verleugnen, war schon – wie andere Wunder – ein Beweis dafür, dass es da eine übernatürliche Macht gab, für die sich ein Wechsel lohnte.

Nur eine sehr starke Motivation konnte althergebrachte Beziehungen zum Übernatürlichen verändern. Doch traditionelle Mittel des Zugangs zum Übernatürlichen waren nicht garantiert. Oft versagten sie. Es konnten Zweifel aufkommen. Wenn eine zuvor unbekannte und nicht ausgetestete Macht die Bühne betrat, war es verlockend, wenigstens einen Blick zu riskieren. Schließlich konnte es immer noch weitere Möglichkeiten geben, mit dem Übernatürlichen zu arbeiten. Freunde wurden geheilt. Rivalisierende Zauberer verschwanden. Man sagte, ein Mann, jetzt ein Gott, habe nicht nur all diese Dinge getan, sondern die Fähigkeit dazu auch auf seine Anhänger übertragen. Eine Macht, die solche Fähigkeiten vorweisen konnte, war schon eine gewisse Aufmerksamkeit wert. Und ein Anhänger, der diese Macht lenken konnte, war sehr beeindruckend.

DER REIZ DES CHRISTENTUMS

Wie konnte man sich die Wohltaten dieser Macht zunutze machen? Nun, der Anhänger sagt, dass du dies und jenes tun und dies und jenes glauben musst, und die Macht wird dir zur Verfügung stehen – mehr noch, sie wird garantieren, dass deine Feinde in einem Jüngsten Gericht ihre wohlverdiente Strafe erhalten werden, während du mit ewigem Glück belohnt werden wirst. Das war nun wirklich einen Versuch wert.

11

DIE PROPHEZEIUNG
TRITT NICHT EIN

Zwei Ereignisse veränderten die Entwicklungsrichtung des frühen Christentums. Das erste war die Zerstörung des Tempels in Jerusalem durch die Römer im Jahr 70. Die blutige Niederschlagung des Jüdischen Aufstands erschütterte das Leben der Juden, besonders in Judäa, aber auch in der Diaspora. Die Römer plünderten und vernichteten das Zentrum ihrer kultischen Existenz. Die Sadduzäer verschwanden von der Bildfläche, denn es gab nun keinen Tempel mehr, in dem eine Priesterschaft hätte dienen können. Die Essener hatten die Römer schon zuvor ausgerottet, und zwar sowohl jene, die aktiv am Aufstand teilgenommen hatten, wie auch die gesamte Gemeinschaft in Qumran. Die Zeloten und Sikarier verloren ihr letztes Gefecht in Masada. Blieben also nur noch die Pharisäer übrig. Diese sammelten sich zunächst in Jamnia (Jawne) in Judäa und später in Galiläa und nannten sich schlicht Lehrer (Rabbis). In den nächsten 200 Jahren etablierten diese Rabbis Schritt für Schritt eine sehr einflussreiche Tradition auf der Grundlage ihrer Auslegung der Tora.

Auch die Christen entwickelten sich in eine neue Richtung. Die Zerstörung des Tempels kappte eine wichtige Verbindung. Jahwe hatte die Gelegenheit schlechthin, seine Macht zu zeigen, verstreichen lassen; Jerusalem wäre die perfekte Bühne für das Szenario gewesen, das alle erwarteten – die Wiederkehr Jesu und das darauffolgende Ende der Welt. Doch Jesus war nicht zurückgekehrt. Dieses Nicht-Ereignis verschärfte die unterschwellige Unruhe, weil schon 40 Jahre vergangen waren, seitdem seine Wiederkehr in Macht und Herrlichkeit versprochen worden war. Seine Anhänger erwarteten seine Wiederkunft noch zu ihren Lebzeiten.[1] Schon 20 oder mehr Jahre vor dem Untergang des Tempels hatte Paulus besorgtes Geflüster, weil Jesus noch immer nicht erschienen war, beruhigen müssen. Ständig musste er versichern, dass das Ende nahe sei.[2] Und doch ließ es noch immer auf sich warten, selbst dann noch, als immer mehr Menschen starben, die Jesus gekannt hatten oder persönlich von seiner Botschaft inspiriert worden waren.

Darauf musste die christliche Führung reagieren. Das Denken der Gruppe verlagerte sich – weg von der Erwartung des Letzten Tages und von einem Leben, das sicherstellte, dass man demnächst auf der Siegerseite stehen würde, und hin zu einem rechtschaffenen Leben auf lange Sicht, bei dem sich die endgültige Belohnung, der Letzte Tag, immer weiter nach hinten verschob und nicht mehr der wichtigste Fokus des Gemeinschaftslebens war.

Gegen Ende des 1. Jahrhunderts fürchteten einige Christen, dass Jesus nicht mehr zurückkehren werde, wie es den frühen Anhängern versprochen worden war.[3] Andere Autoren hielten an der Hoffnung fest, dass die Wiederkunft Christi kurz bevorstehe.[4] Die Standarderklärung für diese nicht in Erfüllung gegangene Prophezeiung lautete jedoch, dass »bald« nach Gottes Zeit, nicht nach menschlicher Zeit ausgelegt werden müsse, sodass die Verzögerung völlig unwichtig sei. Der Verfasser des 2. Petrusbriefes fasst diese Ansicht zusammen, wenn er schreibt: »Eins aber sei euch nicht verborgen, ihr Lieben, dass ein Tag vor dem Herrn wie tausend Jahre ist und tausend Jahre wie ein Tag. Der Herr verzögert nicht die Verheißung, wie es einige für eine Verzögerung halten; sondern er hat Geduld mit euch und will nicht, dass jemand verloren werde, sondern dass jedermann zur Buße finde.«[5] In der Zwischenzeit würden die rechtschaffenen Toten bis zu jenem ruhmreichen Tag bewahrt werden. Das Scheitern der Prophezeiung einer Wiederkunft Christi machte diese radikale Abkehr von der ursprünglichen Botschaft nötig.

Die Christen fingen die Enttäuschung und die Katastrophe des Jüdischen Kriegs auf, indem sie sich immer weiter von ihren jüdischen Wurzeln entfernten und mehr und mehr polytheistische Lebensweisen annahmen. Vor 70 n. Chr. gehörten der Bewegung vor allem bekehrte Juden und Gottesfürchtige in Judäa und in der Diaspora an. Danach wurde sie im Wesentlichen nichtjüdisch. Von 70 an wandten sich die Christen mit ihrer Verkündigung verstärkt an Polytheisten. Eine Folge davon war, dass das Christentum sich allmählich stärker in die polytheistische Kultur verstrickte. Es gab keine sofortige und radikale Abkehr von polytheistischen Verhaltensweisen mehr. Die Menschen behielten ihre alten Bräuche so weit wie möglich bei, während sie gleichzeitig behaupteten, ein neues, christliches Leben zu führen. Es gab weiterhin Judenchristen: Bis ins 4. Jahrhundert hinein finden wir Belege dafür. Der Fokus der Bewegung jedoch verlagerte sich unwiderruflich auf die nichtjüdische, polytheistische Welt.

Es gab keine Garantie, dass das Christentum den doppelten Schock der Zerstörung Jerusalems und des Scheiterns von Jesu Endzeit-Prophezeiung überleben würde. Diese beiden Ereignisse hätten die Bewegung lähmen können. Das frühe Christentum hätte untergehen können wie so viele andere von Wundertätern inspirierte Bewegungen. Die Gruppen, die sich um Johannes den Täufer, Simon den Magier und Alexanders weissagende Schlange gebildet hatten, sind dafür nur ein paar Beispiele. Den ersten Schock, Jesu Verhaftung, Verurteilung und Hinrichtung, hatte die Bewegung überstanden. Doch jetzt war sie erneut mit Enttäuschungen konfrontiert, die womöglich zu ihrer Auslöschung führen konnten.

Es wurde allerdings nicht offen anerkannt, dass die Notwendigkeit zu handeln bestand. Es fehlte ein sorgfältig durchdachter Plan ebenso wie die Möglichkeit, einen solchen Plan für alle Gläubigen umzusetzen. Es gab keine zentrale Organisationsstruktur. Die christlichen Gemeindemodelle innerhalb der jüdischen Tradition hatten keine solche Struktur. Sie war nicht nötig gewesen, da das Ende der Welt doch vor der Tür stand. Jetzt entwickelten sich organisch neue Ansätze. Zwei Anpassungen waren besonders bedeutsam. Die eine war intellektueller Natur: Die Bewegung spielte ihre jüdischen Ursprünge herunter und erklärte sich selbst immer mehr in der philosophischen Begrifflichkeit der polytheistischen Welt. Die zweite war struktureller Natur: Die Bewegung etablierte eine klare Unterscheidung zwischen Führern und Anhängern. Zudem überarbeitete sie ihre grundlegenden Rituale und begann dauerhafte Strukturen für den Gottesdienst und die Gemeindeorganisation aufzubauen.

Anfangs hatte es kaum Bemühungen gegeben, die christliche Erzählung in eine feste Form zu gießen. Das Ende war nahe. Paulus hielt sich zum Beispiel nicht lange mit dem Leben Jesu auf, sondern konzentrierte sich auf dessen letzten Tage, auf Kreuzigung und Auferstehung. Doch als das Zeitenende immer weiter in die Zukunft rückte, wurde die Geschichte an sich immer wichtiger. Sie wurde in einem kulturell erkennbaren Kontext – den Evangelien – formuliert, was wiederum Diskussionen in der Begrifflichkeit der gemeinsamen Kultur, also der Philosophie, erlaubte, ja sogar ermutigte. Offenbar ließ die Geschichte sogar eine kulturelle Deutung zu: Jesus als »Betrüger« (Sophist) und/oder Zauberer. So wurde der Glaube immer stärker in Kategorien formuliert, die den Polytheisten vertraut waren – Philosophie und Magie.

Tacitus, Plinius und Sueton konnten diese neue Bewegung nicht verstehen. Sie hatten einen abweichlerischen Mysterienkult im Sinn, dessen Problem im Verhalten seiner Teilnehmer lag, nicht in seiner intellektuellen Ausformulierung. In ihrer elitären Umgebung allerdings trat die Erklärung und Rechtfertigung christlicher Ideen immer häufiger im Gewand polytheistischer Philosophie auf. Tertullian kritisierte seine gebildeten polytheistischen Feinde, doch er selbst, Justin der Märtyrer und viele andere machten sich deren Strategien zunutze, indem sie philosophische Kategorien und Ideen ins Spiel brachten, mit denen sie die christliche Ideologie verteidigten. Sie behandelten das Christentum wie eine philosophische Denkschule.[6] Es entwickelte sich sogar eine Mythologie, der zufolge frühe Philosophen-Christen so berühmt gewesen waren, dass sie ihre Bücher römischen Kaisern vorlegen konnten: »Aristides, ein überaus beredter athenischer Philosoph und ein Jünger Christi im Philosophengewand, überreichte dem [Kaiser] Hadrian ein Werk, das eine systematische Erklärung unserer Lehre enthielt.«[7]

Tertullian ging so weit zu behaupten, dass zu seiner Zeit nicht Wunder, sondern allein Überzeugung zu Bekehrungen führe. Seiner Ansicht nach »hören alle, die ehedem, weil sie in Unkenntnis waren, sich dem Hasse überließen, auf zu hassen, sobald ihre Unwissenheit aufhört. Aus solchen werden die Christen, sicher aus dem Wissen heraus.«[8] Natürlich sprach er nur von gebildeten Männern seines Schlages, und das dazu noch ziemlich optimistisch. Origenes bemerkte zu Recht, dass Wunder nach wie vor weitaus überzeugender waren als die Botschaft allein.[9]

Nicht, dass es jemals ganz ohne Auseinandersetzungen über bestimmte Handlungen und Glaubensinhalte gegangen wäre. Praktisch von Anfang an wurden in der christlichen Bewegung Diskussionen über ein breites Spektrum von Themen geführt. Die Paulus-Schriften schildern viele Uneinigkeiten in Bezug auf Lehre und Handeln innerhalb der Gemeinschaft.

So waren zum Beispiel einige der Ansicht, dass den Götterbildern geopfertes Fleisch problemlos gegessen werden könne, während andere dies ablehnten.[10] Die Evangelien selbst beinhalteten unterschiedliche Auslegungen Jesu und seiner Botschaft.[11] Manche meinten, diese Botschaft sei nur für Juden bestimmt, andere vertraten die Ansicht, dass sie sich auch an Polytheisten richte. All dies folgte der jüdischen Tradition von Prüfung und Auseinandersetzung. Doch als die philosophisch ausgerichteten Christen die Vorherrschaft erlangten, setzte sich die polytheistische philosophische *disputatio* mit ihrer spitzfindigen, oft erbitterten Argumentation durch. Ein Papyrus aus Ägypten drückt es so aus: »Philosophen sind über nichts einer Meinung – einer sagt sogar, Silber sei schwarz. Man kann aus einem Haus voller Philosophen mehr Geschrei hören als aus einem Haus voller Verrückter.«[12] Manchmal führten solche Dispute sogar zu gewaltsamen Auseinandersetzungen. Artemidor berichtet uns *en passant* von dem Philosophen Alexander, der ein Leben als Asket führte und nicht an Ehe, Geschäftspartnerschaften, Geld oder irgendetwas in dieser Richtung interessiert war. Er geriet in Streit mit einem Kyniker, der ihm schließlich mit einer Keule den Schädel einschlug.[13] Die Philosophie fügte der bestehenden Diskussionskultur der jüdischen Tradition eine polytheistische Dimension hinzu.

Der intellektuelle Zugang zum Christentum war für neue Anhänger attraktiv, wie das obige Tertullian-Zitat belegt. Christliche Autoritäten argumentierten immer stärker nach dem Vorbild des philosophischen Zugangs zum Verständnis der Welt. Das Christentum war darin einzigartig, dass seine fundamentale Wahrheit zwar durch göttliche Intervention zustande kam, die Techniken logischer Argumentation jedoch, die diese Wahrheit verbreiteten, philosophischer Natur waren. Gegen Ende des 2. Jahrhunderts haben wir schließlich ein stark philosophiertes Christentum vor uns. So ist zum Beispiel der Brief an Diognet sehr platonisch geprägt, wobei die Christen die Seele im Körper der Welt sind. In diesem Werk findet sich keine Erwähnung der Kreuzigung oder der Auferstehung, nicht einmal des Rituals der Eucharistie. Der Brief klingt, als verbreite sich der Glaube durch Unterweisung, wie es bei der Philosophie der Fall war.

Die zeitgenössische Philosophie legte ihren Schwerpunkt auf ein gelingendes Leben, und das passte sehr gut zur moralischen und sogar zur theologischen Ausrichtung des frühen Christentums. Die ersten Apologien (Rechtfertigungen) des Christentums, die um die Mitte des 2. Jahrhunderts herum entstanden, wurden oft als ein Streitgespräch rivalisierender Philosophien, also verschiedener Lebensweisen, verfasst.

Hegesippos, der im frühen 2. Jahrhundert schrieb, erklärte, das Christentum sei, solange Blutsverwandte und Augenzeugen des Lebens Jesu lebten, »rein und unbefleckt wie eine Jungfrau« geblieben. Sobald aber »der heilige Chor der Apostel auf verschiedene Weise sein Ende gefunden hatte und jene Generation, die das Glück hatte, mit eigenen Ohren der göttlichen Weisheit zu lauschen, abgetreten war«, begannen sich falsche Lehren zu verbreiten.[14] Womit er meinte, dass sich polytheistische philosophische Konzepte und Kategorien in das christliche Denken einschlichen.

Vor allem die Tendenz, die Ideen der Bewegung bekannten philosophischen Schulen wie der Stoa und dem Platonismus anzunähern, erwies sich als unwiderstehlich. Die Stoa schien ein besonders fruchtbarer Boden dafür. Seneca vertrat Ansichten, die spätere Christen sogar dazu verführten, eine Korrespondenz zwischen ihm und Paulus zu fälschen. So schrieb Seneca etwa in einem Briefwechsel mit einem Freund:

Weder darf man die Hände zum Himmel erheben noch den Tempelaufseher ganz und gar bitten, dass er uns an das Ohr der Götterstatue heranlässt, als ob wir dadurch mehr erhört werden könnten: Gott ist dir nahe, ist mit dir, ist in dir. So sage ich, Lucilius: Ein heiliger Geist sitzt in uns, als Beobachter und Wächter über unsere bösen und guten Taten; wie er von uns behandelt wird, so behandelt uns dieser selbst. Ohne Gott ist aber niemand ein guter Mann: Oder kann sich irgendjemand über das Schicksal erheben, wenn er nicht von ihm [Gott] unterstützt wird? Er ist es, der erhabene und hochherzige Ratschläge gibt.[15]

Die Götter, so schreibt Seneca an anderer Stelle, »können weder Böses zufügen noch haben; doch züchtigen sie manche, halten sie in Schranken, legen Strafen auf und strafen zuweilen durch ein scheinbares Gut. Du willst dir die Götter geneigter machen? Sei gut; wer sie nachahmt, verehrt sie ausreichend.«[16]

Der Platonismus bot eine oberste Gottheit, die die Erde gemacht hatte und alles auf ihr kontrollierte. Diese Philosophie entwickelte sich nach Platons Tod im 4. Jahrhundert v. Chr. Sie war jahrhundertelang überaus einflussreich und zog ein großes Spektrum von Denkern an, darunter auch einige jüdische Intellektuelle. Vor allem Philon hatte aus dieser Quelle getrunken. Viele seiner Schriften zeigen das Bemühen, jüdische Überlieferungen zu Jahwe, seinem Bund und dem Universum mit platonischen Konzepten in Einklang zu bringen. Der Platonismus lehrte, dass jeder Mensch einen Funken oder *daimon* habe, der sich mit dem göttlichen Wesen verbinden könne. Kein Wunder, dass dieser Weg, die Beziehung zwischen dem Menschlichen und dem Göttlichen im Universum zu erkunden, auch frühchristliche Denker ansprach.

Verschiedene philosophische Schulen hatten lange auf der Existenz einer höchsten Gottheit beharrt. Der Hochgott des Christentums, der sich um die Menschheit und ihre Moral kümmerte, passte von daher gut zu einem philosophischen Lebensstil mit einer Hervorhebung einer solchen höchsten Gottheit – jenseits der menschlichen Vorstellungskraft, einzigartig, aber doch befasst mit der Menschheit und ihrer Moral. Nehmen wir zum Beispiel die stoische Haltung zur Verehrung der Götter nach Epiktet:

Wisse, dass es bei der Frömmigkeit gegenüber den Göttern wesentlich darauf ankommt, richtige Vorstellungen von ihnen zu haben, nämlich die, dass es sie gibt und dass sie das Weltall gut und gerecht regieren; und darauf, ihre Verfügungen anzunehmen und willig zu befolgen, da sie Anordnungen des höchsten Ratschlusses sind. Dann wirst du die Götter niemals tadeln oder ihnen vorwerfen, dass sie dich vernachlässigen.[17]

Diese stoische Perspektive passt sehr gut zur platonischen Sicht, wie Apuleius sie versteht:

Es ist das Ziel der Weisheit, dass der Weise zum Wert eines Gottes voranschreitet, und seine Anstrengung wird dahin gehen, sich dem Verhalten der Götter anzunähern, indem er sie in seinem Leben nachahmt. Das aber könnte ihm gelingen, wenn er sich als vollkommen gerechter, frommer und vorausblickender Mann erweist.[18]

Dem stoischen Denken zufolge wohnt jedem Menschen ein göttlicher Geist inne. Celsus erklärte, dass die Stoiker ihren Gott einen Geist nannten, »der alle Dinge durchdringt und alles in sich umfasst«. Genauso, behauptete Celsus, sahen auch die Christen ihren Gott.[19] Er verwies auf viele Ähnlichkeiten zu berühmten Philosophen, ja er meinte sogar, dass die Christen Jesus deren Worte in den Mund gelegt hätten. Er sagte, dass

der Ausspruch Jesu gegen die Reichen: »Es ist leichter, dass ein Kamel durch ein Nadelöhr gehe, als dass ein Reicher in das Reich Gottes eingehe«, direkt aus Platon stamme, indem Jesus den platonischen Satz: »Unmöglich ist es, dass ein hervorragend guter Mensch zugleich auch hervorragend reich sei«, verfälscht habe.[20]

Auch für den Jesus-Spruch »Ich aber sage euch, dass ihr nicht widerstreben sollt dem Bösen, sondern: Wenn dich jemand auf deine rechte Backe schlägt, dem biete die andere auch dar« führte er eine platonische Quelle an. Sokrates habe erklärt: »Also darf man einem Menschen weder Unrecht erwidern noch Böses zufügen, selbst wenn man noch so viel Böses von ihm zu leiden hat.« Jesus habe, so Celsus, diesen Gedanken einfach übernommen.[21]

Für das späte 2. Jahrhundert ist Tatian, wie Justin 50 Jahre zuvor, ein gutes Beispiel für einen philosophisch gebildeten Menschen, der sich zum Christentum bekehrte. Er begann seine Wahrheitssuche mit den gängigen polytheistischen Denkansätzen zum Übernatürlichen, machte Erfahrungen mit Mysterienreligionen und der traditionellen Verehrung von Gottheiten wie Jupiter und Diana. Da ihn diese Erfahrungen aber nicht zufriedenstellten, wandte er sich der Philosophie zu. Zufällig, so schrieb er, stieß er auf die jüdischen Schriften. Dort fand er, was er suchte: Beweise für prophetische Kraft, edle gesellschaftliche und persönliche Prinzipien und »das Prinzip, dass es einen Herrscher über das Universum gibt«.[22] Beim Vergleich seiner philosophischen Forschungen mit den hebräischen Schriften erkannte er, dass beide zum selben Ziel führten, dass aber die Heiligen Schriften den besseren Weg aufzeigten.

Ich begriff, dass die einen Lehren einer Verurteilung gleichkommen, die anderen aber die Knechtschaft der Welt lösen und von vielen Herren und unzähligen Tyrannen uns wegziehen und uns als Gabe nicht das geben, was wir nicht empfangen hatten, sondern was wir zwar empfangen hatten, aber aufgrund unseres Irrens nicht besitzen konnten.

Tertullian, der ebenfalls um die Wende zum 3. Jahrhundert wirkte, schreibt, er habe Werke polytheistischer Konvertiten in Händen gehabt, in denen diese ihre polytheistische Kultur aus der Zeit vor ihrer Bekehrung mit ihren neuen Glaubensüberzeugungen in Verbindung gebracht hätten.[23] Sie hatten Zitate polytheistischer Philosophen, Dichter und Intellektueller aus der gesamten antiken Literatur gesammelt. Dann legten sie dar, dass das Christentum nichts Neues oder Ungeheuerliches vertrete – nichts, das nicht durch schon vorhandene polytheistische Texte gestützt werden könne. Mit Hilfe dieser intellektuellen Übung konnten sie den christlichen Denkansatz übernehmen, ohne all das aufzugeben, was sie zuvor durch ihr kulturelles Erbe und ihre philosophische Ausbildung erlernt hatten. Celsus bestätigte aus seiner Sicht, dass christliche Intellektuelle »die Missverständnisse der alten Quellen zusammenweben und sie laut herausposaunen und sie vor den Menschen erschallen lassen, wie die Priester der Kybele ihre Zimbeln vor den Ohren jener schlagen, die in ihre Mysterien eingeweiht werden«.[24]

Tatian, Tertullian und Justin waren Ausnahmen. Im Allgemeinen lehnten die polytheistischen Philosophen, abgestoßen durch die Begeisterung in antiintellektuellen Kreisen, die Grundannahmen des Christentums ab. Celsus schrieb: »Kein weiser Mann glaubt an das Evangelium, abgeschreckt durch die Massen, die sich daran klammern.«[25] Zudem waren manche Behauptungen einfach zu abwegig. Als Philosoph legte Celsus mit Hilfe platonischer Konzepte die Absurdität eines Gottes dar, der Mensch wird:

Ich sage aber nichts Neues, sondern was längst als richtig angenommen ist. Gott ist gut, schön und glücklich und das im schönsten und besten Grade. Steigt er nun zu den Menschen herab, muss er sich einer Veränderung unterziehen, und zwar einer Veränderung vom Guten zum Schlechten, vom Schönen zum Hässlichen, vom Glück zum Unglück und vom Besten zum Schlimmsten. Wer würde nun wohl eine solche Veränderung wählen? Und nur das Sterbliche ist von Natur der Wandlung und Umgestaltung unterworfen, das Unsterbliche aber ist seinem Wesen nach immer ein und dasselbe. Gott könnte also eine derartige Veränderung nicht zulassen.[26]

Für solche gebildeten Menschen waren die übernatürlichen Ansprüche und das arrogante Auftreten des Christentums schwer zu akzeptieren. Celsus schrieb: »Wir sollten der Vernunft und einem vernünftigen Führer bei der Annahme von Lehren folgen; denn wer ohne diese Vorsicht den Leuten glaubt, wird sicher betrogen.«[27] Die Philosophie arbeitete prinzipiell mit Logik und Schlussfolgerungen. Das Christentum verkündete göttliche Wahrheiten, ohne dem einen Platz einzuräumen, was die Polytheisten für logisch hielten. Es ist deshalb kein Wunder, dass viele Gebildete ihrer alten Weltanschauung den Vorzug gaben.

Die Neigung, Philosophie und die Theologie des frühen Christentums miteinander zu verschmelzen, entfernten den christlichen Glauben immer weiter von dem, was jeder verstehen konnte. Tertullian machte die Seele zur Zeugin der Dinge, die einen Polytheisten von der Überlegenheit des Christentums überzeugen sollten. Das Publikum, für das er erklärtermaßen schrieb, waren Menschen »von der Gasse, von den Straßenecken, aus der Werkstatt«. Angeblich wandte er sich den Ansichten der einfachen Leute zu – Ansichten, die außerhalb der Reichweite philosophischer Diskurse lagen.[28] Doch ungeachtet seines Anspruchs, sich an die Bürgerschaft und ihre Denkprozesse zu wenden, war seine ganze Abhandlung eigentlich nur eine weitere intellektuelle Konfrontation von polytheistischer Philosophie mit christlichen Ansichten und Verhaltensweisen. Letztendlich bemühte sich die Philosophie, theoretisch ideale Lebensweisen mit den Alltagserfahrungen der Menschen in einer sehr realen, sehr fordernden Welt zu versöhnen. Einige Konzepte überlappten sich, etwa Freundschaft, Mut und Gerechtigkeit, doch die Intellektuellen und die normalen Leute näherten sich ihnen tatsächlich auf sehr unterschiedlichen Wegen. Eine gebildete Führung versuchte, christliches Denken in Formen zu pressen, die sich immer weiter vom Leben der normalen Leute entfernten.

Die Bewegung zog weiterhin relativ ungebildete Menschen wie Handwerker und Menschen aus ärmeren Teilen der Gesellschaft an. Allmählich entstand ein doppelgleisiges Christentum. Da waren einerseits die christlichen Anführer, die zunehmend Wert darauf legten, sich in die gebildete polytheistische Welt zu integrieren; und da waren andererseits die einfachen Anhänger, die wie früher schon versuchten, wirksame Beziehungen zum Übernatürlichen zu pflegen.

Celsus verachtete alle Versuche der Christen, ihre Religion auf eine philosophische Ebene zu heben, und behauptete, sie wollten »nur einfältige, schlichte und stumpfsinnige Menschen und nur Sklaven, Weiber und Kinder« bekehren.[29] Seiner Ansicht nach lehnten sie die Weisheit der Gebildeten ganz gezielt ab. Die christliche Parole, so schrieb er, laute: »Kein Gebildeter komme zu uns, kein Weiser, kein Verständiger (denn solche Eigenschaften gelten bei uns als böse). Doch wenn einer ungelehrt, wenn einer unvernünftig, wenn einer ungebildet, wenn einer töricht ist, der soll getrost kommen.«[30] Galen, ein Zeitgenosse des Celsus, war derselben Ansicht: »Die meisten Menschen sind nicht in der Lage, einem anschaulichen Argument Schritt für Schritt zu folgen; deshalb brauchen sie Gleichnisse und ziehen Nutzen aus ihnen ... genau wie wir jetzt die Menschen, die sich Christen nennen, ihren Glauben aus Gleichnissen und Wundern ziehen sehen.«[31]

Der Ruf erging nur an »die Einfältigen, die Schlichten und die Stumpfsinnigen, mit Frauen und Kindern« und an »Wollarbeiter und Schuster und Walker und die ungeschliffensten Leute«.[32] Die Philosophie bot Hilfe bei einer erfolgreichen Lebensführung; warum, fragte Celsus, sollte man sie ablehnen? »Was ist denn Schlimmes dabei, gebildet zu sein und sich um die besten Lehren zu bemühen und verständig zu sein und auch verständig zu scheinen? Ist dies ein Hindernis für die Gotteserkenntnis? Ist es nicht vielmehr förderlich und von der Art, dass man dadurch eher in den Besitz der Wahrheit gelangen kann?«[33]

Die Christen aber, darauf bestand Celsus, setzten lieber anrüchige, auch sonst übliche Methoden bei der Bekehrung ein. Sie arbeiteten mit Tricks und Täuschungen:

Christen sind Zauberer, die vor den Gebildeteren eilig die Flucht ergreifen, da diese für Betrug nicht zugänglich sind; die Ungebildeteren jedoch versuchen sie zu ködern ... Wo sie aber junge Burschen und einen Haufen Sklaven und eine Schar von Dummköpfen sehen, da drängen sie sich hin und prahlen.[34]

Bei diesen Vorwürfen geht es darum, dass das Christentum das »gemeine Volk« anzog. Prediger versuchten, den Menschen die Verkündigung so nahezubringen, dass sie sie verstehen konnten.

Parallel zur intellektuellen Verschiebung hin zu philosophischen Kategorien vollzog sich auch eine kulturelle Verschiebung. Im 1. Jahrhundert hatten sich die Anhänger in kleinen, spontan gebildeten Gemeinschaften versammelt und die Wiederkunft Christi erwartet. Doch diese Prophezeiung hatte sich nicht bewahrheitet. Wer sich nicht enttäuscht abgewandt hatte, wartete jetzt auf ein späteres Jüngstes Gericht. Das bedeutete ein Leben in dieser Welt, auf unbestimmte Zeit. Allmählich gingen die Christen zu einer langfristigen Organisationsstruktur über, die ihnen besser dabei helfen sollte, das schwierige Fahrwasser der polytheistischen Kultur in ihrem Umfeld zu meistern. Sie führten nicht nur die Methodik und Denkweise der polytheistischen Philosophien ein, sondern auch die hierarchische Führungsstruktur der polytheistischen Kultur.

Im 1. Jahrhundert hatte die Bewegung noch keine feste Organisation. Eine charismatische Gestalt, Jesus von Nazareth, hatte ein zukünftiges Himmelreich verkündet. Beim Jüngsten Gericht würden Yahwe und sein Sohn, Jesus, die Rechtschaffenen belohnen, alle anderen würden sie bestrafen. Die Auferstehung Jesu bewies die Wahrheit der Verkündigung vom bevorstehenden Ende aller Tage. In Jerusalem lebten Jesu Jünger und andere, die direkt Jesu Leben und das Wunder seiner Auferstehung miterlebt hatten, in freudiger Erwartung. Diese »Brüder«, wie sie sich selbst nannten, wählten ihre Anführer ausgehend von der jeweiligen Nähe zu Jesus. Petrus, Johannes und Philippus stiegen unter denjenigen, die eine persönliche Beziehung zu Jesus hatten, zu Führern auf. Jakobus und Judas, zwei Brüder Jesu, traten wegen ihrer Blutsverwandtschaft mit ihm an die Spitze. Die Gruppe akzeptierte weitere Führer, wenn sie einen deutlichen Beweis bekam, dass Jahwe mit ihnen einverstanden war. Als es darum ging, einen Ersatzjünger für den verräterischen Judas Iskariot auszuwählen, verlegten sie sich aufs Losen – und ließen so Jahwe entscheiden. Bei Paulus und anderen genügte der Nachweis einer übernatürlichen Verbindung zwischen Jesus und dem neuen Anhänger.

Das Beispiel des Paulus prägte das weitere Vorgehen, weil es weder neue Jünger, die mit Jesus durchs Land gezogen waren, noch neue Blutsverwandte geben konnte. Eine charismatische Beziehung zu Jesus wurde zum Prüfstein für Leitungspositionen. Das hieß, dass jeder, der eine solche Beziehung für sich in Anspruch nehmen konnte, auch die Autorität, die neue Bewegung zu führen, beanspruchen konnte – und es auch oft tat. So geriet Paulus in Korinth in Konkurrenz zu einem gewissen Apollos, der genau wie Paulus die Autorität beanspruchte, zu erklären, was Jesus für das Leben seiner Anhänger bedeutete.[35]

Die locker organisierte Bewegung des 1. Jahrhunderts wich nach und nach einer strukturierten Führung durch die Elite. Es war nicht die Elite des Reiches – Senatoren, Ritter und lokale Würdenträger –, sondern die gebildete Schicht der Bewegung. Paulus hatte den Weg gewiesen mit seiner Betonung einer Untergruppe, die über besonderes Wissen und damit vermutlich auch Führungspotenzial verfügte. Wir können nicht im Einzelnen nachvollziehen, wie diese Untergruppe ihre Führung langsam konsolidierte. Es muss ein chaotischer Prozess gewesen sein, weil das Christentum, wie es auch bei jüdischen Sekten und polytheistischen philosophischen Schulen üblich war, in Gruppen zerfiel – mit ganz unterschiedlichen Deutungen dazu, wer Jesus gewesen war und wie sich seine Bewegung entwickeln sollte. Als das Ende der Welt nicht kam, setzte sich diese Zersplitterung mit neuer Energie fort, wie Warnungen vor wuchernden Häresien im 2. Petrusbrief, im Jakobusbrief und in der *Didache* überdeutlich bezeugen. Die verschiedenen Gruppen waren natürlich auch unterschiedlich aufgebaut. Dennoch können wir die Entstehung einer dauerhaften Struktur des orthodoxen (»rechtgläubigen«) Christentums verfolgen.

Die organisatorischen Grundlagen bildeten sich an der Wende zum 3. Jahrhundert heraus. Eine Dreiteilung gliederte die Anhänger in Bischöfe (Führer auf höchster Ebene), Priester und Diakone (Führer auf unterer Ebene) und Laien (alle anderen). Im 1. Jahrhundert war es bei den Treffen der Gemeinschaft um drei zentrale Elemente gegangen: Lehre und Inspiration, ein gemeinsames Mahl und die Feier der Eucharistie. Zur weiteren Festigung des Glaubens konnten Schriftlesungen und -auslegungen ebenso gehören wie Taufen und die Aufnahme neuer Mitglieder, Präsentationen und Besprechungen von neuem Material (etwa Briefen aus befreundeten Gemeinden) oder ekstatische Erfahrungen wie Zungenreden und spontane Prophezeiungen durch Glaubensbrüder. Das Mahl stand für den familiären Geist der Gemeinschaft. Und das Ritual der Eucharistie bekräftigte die zentrale Stellung des Jesus von Nazareth als Herr und Erlöser. Zunächst beteiligten sich alle an diesen Aktivitäten, sie teilten Besitz und Ressourcen. Diese lockere Struktur erleichterte die individuelle Vorbereitung auf das Ende der Welt.

Fast umgehend aber begann der starke kulturelle Einfluss des jüdischen wie des polytheistischen Lebens diese Situation zu untergraben und zu verändern. Von Anfang an gründeten die Christen, die sich in der Diaspora versammelten, keine wirklich egalitäre Gemeinschaft, wie sie, ähnlich wie bei den Essenern, unter den ersten erwartungsvollen Anhängern Jesu in Jerusalem existierte. Die Paulusbriefe zeichnen das Bild einer Bewegung, die gegen die starke, ja nicht zu unterdrückende kulturelle Tendenz hin zu sozialer Differenzierung und Hierarchie ankämpft.

Beim gemeinsamen Mahl mussten die Reicheren, die das einfache Essen abstieß, ermahnt werden, keine eigenen Speisen mitzubringen, die sie nicht teilten.[36] Diese privilegierteren Menschen versuchten auch, für sich bessere Plätze bei Gottesdiensten durchzusetzen.[37] Zu Beginn des 2. Jahrhunderts sorgte dieser kulturelle Sog hin zu Prestige und Status für Probleme in den christlichen Gemeinschaften. Ein Autor, der unter dem Pseudonym des Jakobus, des Bruders Jesu, schrieb, mahnte:

Meine Brüder und Schwestern, haltet den Glauben an Jesus Christus, unseren Herrn der Herrlichkeit, frei von allem Ansehen der Person. Denn wenn in eure Versammlung ein Mann kommt mit einem goldenen Ring und in herrlicher Kleidung, es kommt aber auch ein Armer in unsauberer Kleidung, und ihr seht auf den, der herrlich gekleidet ist, und sprecht zu ihm: »Setz du dich hierher auf den guten Platz!«, und sprecht zu dem Armen: »Stell du dich dorthin!«, oder: »Setz dich unten zu meinen Füßen!«, macht ihr dann nicht Unterschiede unter euch und urteilt mit bösen Gedanken?[38]

Der Jakobusbrief predigte auch gegen den »Neid und Streit« einiger Mitglieder.[39] Der dem Judas, einem weiteren Bruder Jesu, zugeschriebene Brief wandte sich gegen jene, die »nach ihren Begierden leben, und ihr Mund redet stolze Worte, und um ihres Nutzens willen schmeicheln sie den Leuten«.[40]

Auch Paulus selbst erlag den hierarchisierenden Tendenzen der beiden Kulturen. Er versuchte, die Spontaneität der Selbstentfaltung bei Zusammenkünften auszubremsen unter dem Vorwand, dass Exzesse wie Zungenreden angeblich potenzielle Konvertiten abstießen. Und er betonte die Unterwerfung unter die Obrigkeit. Die Gemeinde verglich er mit einem menschlichen Körper und erklärte, wie die verschiedenen Teile eine wichtige Rolle beim Funktionieren des Ganzen spielten.[41] Allerdings machte gerade dieses Bild auch klar, dass jemand (oder einige wenige) der »Kopf« sein musste, während andere keine führenden Positionen einnahmen. Und er bestätigte, dass einige ein tieferes Verständnis der Wahrheiten besaßen, für die Jesus stand.[42] So sagte er zum Beispiel, dass Christen mit einem tieferen Verständnis den Götterbildern geopferte Nahrungsmittel essen durften, ohne Schaden zu nehmen, während weniger tiefgründig denkende Anhänger fälschlicherweise glaubten, dass allein schon der Verzehr dieser Nahrungsmittel ihre unsterblichen Seelen in Gefahr brächte.

Darüber hinaus legte Paulus großen Wert auf Spezialwissen, das nur einige Auserwählte besaßen. Seine Argumentation in den Briefen driftet manchmal in praktisch undurchdringliches Dickicht ab, das an philosophische Spitzfindigkeiten erinnert. Immerhin war er wenigstens in den Grundlagen der polytheistischen Kultur ausgebildet. Das erkennt man an seinen Anspielungen auf kulturelle Aktivitäten wie etwa athletische Wettkämpfe sowie an Verweisen auf polytheistische literarische und philosophische Motive, die er im Zuge seiner polytheistischen Schulbildung kennengelernt hatte. Seine Ausbildung als Pharisäer hatte ihm die Überzeugung eingeimpft, dass manche Menschen mehr über Schriftauslegung wussten als andere. Er war, wie Eusebius darlegte, »der Wortgewaltigste und Geistreichste von allen«.[43] Besonderes Wissen bedeutete auch ein besonderes Anrecht auf die Führung. Insgesamt fühlte Paulus sich zwar theoretisch einer gemeinschaftlichen, egalitären Bewegung verpflichtet, doch seine ganze Lebenserfahrung, soweit wir sie kennen, hatte dazu geführt, dass er von den hierarchischen kulturellen Vorstellungen seiner Zeit, polytheistischen wie jüdischen, stark beeinflusst war.

Die Gruppe früher Christen, die auf Jerusalem und das Gebiet Judäa-Galiläa konzentriert blieb, unterlief eine eigene organisatorische Entwicklung. Petrus, Jakobus und einige wenige andere traten als Anführer hervor. Keiner von ihnen war, soweit wir wissen, so umfassend gebildet wie Paulus.[44] Sie verfügten wie Jesus selbst über eine gewisse Kenntnis der jüdischen Schriften, aber es gibt keine Hinweise auf eine Ausbildung innerhalb des jüdischen Umfelds, ganz zu schweigen von einem ausgiebigen Kontakt mit polytheistischen kulturellen Gepflogenheiten. Vielmehr stützten sich diese Männer auf persönliches Charisma und Magie, wie Eusebius erkannte, als er schrieb:

Die Apostel Christi ... waren sprachlich unbewandert, doch verließen sie sich auf die ihnen vom Erlöser gegebene göttliche, wunderbare Kraft. Sie konnten und wollten die Lehren ihres Meisters nicht in schmeichelnden, kunstvollen Worten vortragen, sondern nur durch Beweise des in ihnen wirksamen göttlichen Geistes und unter Verwertung der sich in ihnen offenbarenden wunderbaren Kraft Christi.[45]

Diese Gruppe versammelte sich nach der Kreuzigung und Auferstehung in Erwartung der Wiederkunft Christi in Jerusalem. Weil eher traditionelle Juden sie wegen Gotteslästerung verfolgten, verdoppelten sie ihre jüdische Rechtgläubigkeit, feierten jüdische Feste, nahmen an Gottesdiensten im Tempel teil und versuchten sogar, Petrus von der relativ harmlosen Gewohnheit, mit Nichtjuden zu essen, abzubringen.[46] Wie Paulus und die christlichen Gruppen in der Diaspora bewegte sich auch die Gruppe in Jerusalem ganz allmählich auf ein traditionelles Führungsmodell zu. Dass ihre Wahl auf Jakobus, den Bruder Jesu, fiel, ist ein Beispiel dafür, dass sie sich dem kulturellen Druck beugten. Jakobus zählte nicht zu den Jüngern Jesu – ein Überlieferungsstrang behauptet sogar, dass Jesu Familie seine Botschaft nicht verstanden oder nicht angenommen habe. Und doch tauchte Jakobus zusammen mit seiner Mutter Maria und seinem Bruder Judas nach der Kreuzigung auf – er und andere Familienmitglieder gehörten zu der kleinen Gruppe, über die an Pfingsten der Heilige Geist kam. Eine Weitergabe der Führungsposition in der Familie war ein grundlegender Zug jüdischer Traditionen. Das Königtum sollte über die Linie König Davids vererbt werden. Die Makkabäer-Brüder führten die Gemeinschaft nacheinander in der Mitte des 2. Jahrhunderts v. Chr., und ihre Nachkommen, die Hasmonäer, klammerten sich noch ein ganzes Jahrhundert lang an die Königsmacht. Im 1. Jahrhundert n. Chr. gaben charismatische Führer wie Judas der Galiläer die Fackel der Räuberei und des Widerstands gegen Rom in der Familie weiter. Die Hohe Priesterschaft des Tempels wurde innerhalb eines kleinen Clans gehalten. Es war daher nur natürlich, dass Jesu männliche Verwandte eine Führungsposition einnahmen – neben jenen Anführern, die Jesus selbst zu Lebzeiten ausgewählt hatte.

Doch noch immer war die Struktur relativ locker. Einzelne, die eine Inspiration durch den Heiligen Geist für sich beanspruchten, verkündeten und prophezeiten, wie es ihnen in den Sinn kam. Solche Prophetinnen waren zum Beispiel die vier Töchter des Apostels Philippus.[47] Agabus kam bis nach Antiochia mit seinen Weissagungen und prophezeite unter anderem eine große Hungersnot, wohl als Vorstufe der Letzten Tage.[48] Dadurch beunruhigte die Gemeinschaft weltliche wie religiöse Machthaber. Propheten wie Agabus brachten alles durcheinander. König Herodes Agrippa von Galiläa ließ den Jünger Jakobus, den Bruder des Johannes, um 40 n. Chr. köpfen. Er drohte auch Petrus, bestrafte ihn jedoch nicht.[49]

Die Gemeinschaft in Jerusalem begann also als egalitäres Unternehmen. Sie umfasste die ursprüngliche Gruppe um Jesus – ohne jene, die sich nach der Kreuzigung abgesetzt hatten – ebenso wie Menschen, die Jesus entweder noch zu Lebzeiten oder nach der Auferstehung gesehen hatten oder durch Wunder oder Überzeugungsarbeit zu dem Schluss gekommen waren, dass Jesus der Messias sei. Die Mitglieder der Bewegung bezeichneten sich selbst als »Apostel«, »Jünger«, »Brüder« und »die Gläubigen«. Nach der anfänglichen Beschreibung dieser Gemeinschaft wissen wir praktisch nichts mehr darüber, wie die Organisation sich im Laufe der nächsten etwa 40 Jahre entwickelte. Paulus' Verhandlungen mit Petrus und Jakobus in den vierziger Jahren zeigen, dass ihre Führung noch Bestand hatte. Doch nach der Zerstörung des Tempels im Jahr 70 und dem vergeblichen Warten auf die Wiederkehr Jesu als Beginn der Letzten Tage veränderten sich die Organisationsstrukturen. Die Christen waren über den Jordan in die Stadt Pella geflohen, kurz bevor die Römer

Jerusalem einnahmen und zerstörten.[50] In Pella kamen die noch lebenden Apostel und Jünger (also diejenigen, die eine direkte Verbindung zu Jesus hatten) und Jesu Familienmitglieder zusammen. Wie eine Synagogengemeinde versammelten sie sich und wählten einen neuen Anführer. Einstimmig wählte die Gruppe Simon, den Sohn des Klopas – offenbar einen Cousin Jesu, wenn man der Überlieferung traut, wonach Klopas Josephs Bruder war.[51] Allerdings könnte dieser »Cousin« Simon auch Jesu gleichnamiger Bruder gewesen sein.[52] Eusebius folgerte, dass er ein Augenzeuge des Lebens Jesu gewesen sein müsse, doch eine enge Blutsverwandtschaft zu Jesus wäre eine noch bessere Legitimation gewesen. Nach Petrus' Tod, wohl Anfang der Sechzigerjahre, hatte die Herrschaft der Jünger geendet, die Familie Jesu jedoch wahrte ihren Einfluss in der Jerusalemer Gruppe – der letzte leibliche Nachkomme, ein Enkel von Jesu Bruder Judas, scheint bis ins 2. Jahrhundert hinein gelebt zu haben.[53]

Das Ideal eines jüdischen Messias, der allein zu den Juden geschickt worden war, beherrschte die Ideologie der Jerusalemer Gruppe. Nur widerwillig akzeptierten sie nichtjüdische Anhänger. Vielmehr konzentrierten sie sich auf die jüdische Bevölkerung von Judäa-Galiläa und auf die Samaritaner, nahmen aber auch Nachbargebiete wie Phönizien, Zypern und Syrien in den Blick, wo sie ihre Verkündigung an die dort lebenden Juden richteten.[54] Noch im frühen 2. Jahrhundert war Justus, der nach Simon zum Anführer gewählt wurde, ein zum Christentum bekehrter Jude.[55]

Unter den Diaspora- und Nichtjuden des Reiches setzte sich zunächst die Autorität der noch lebenden Apostel und Jünger durch. Johannes lebte im kleinasiatischen Ephesos. Er hatte Einfluss auf die Auswahl der christlichen Führer in den kleinen Städten dieses Gebiets.[56] Er und andere Augenzeugen lebten bis ins 2. Jahrhundert hinein. Der Christ Quadratus, der um 125 in Athen schrieb, hielt fest, dass die Menschen, die persönlich Jesu Wunder miterlebt hatten, noch gegenwärtig waren, »nämlich die Geheilten und die von den Toten Auferstandenen«.[57] Prestige und Autorität hafteten jenen an, die eine noch so vage Verbindung als Augenzeuge oder zu einem Augenzeugen beanspruchen konnten. So versuchte zum Beispiel Irenaeus, der im späten 2. Jahrhundert an die Spitze trat, seine Stellung zu festigen, indem er eine Verbindung mit Polykarp für sich in Anspruch nahm, einem Märtyrer aus der Mitte des 2. Jahrhunderts, der seinerseits von dem Apostel und Jünger Johannes bekehrt und »von den Zeugen und Dienern des Herrn zum Bischof der Kirche von Smyrna ernannt worden war«.[58]

Diesen Diaspora-Gruppen gehörten Männer und Frauen mit verschiedenen Gaben an. In der Apostelgeschichte werden Propheten und Lehrer genannt.[59] Paulus führte darüber hinaus Apostel, Wundertäter, Heiler, Ausleger der Lehre und Zungenredende auf.[60] Der Verfasser des Epheserbriefes fügte noch Prediger und (vermutlich metaphorische) Hirten hinzu.[61] Ehre und Prestige, kulturelle Werte des Mittelmeerraums, sickerten in die idealtypische Welt der frühen Gemeinschaften ein. Apostel, Propheten usw. rangelten um Bedeutung – daher die strenge Mahnung des Paulus, doch unbedingt mit solchen Belanglosigkeiten aufzuhören.[62] Ungeachtet dessen stellte er eine Rangfolge von Aposteln (wie er selbst einer war), Propheten und schließlich Lehrern auf.

Doch diese Autorität zersplitterte, als die einflussreichen Apostel, also die Augenzeugen, wegstarben. Eusebius idealisierte die Situation, behauptete, alles sei Eintracht, Liebe und Licht gewesen, solange die Apostel lebten; danach jedoch sei es sehr viel schwieriger geworden, an die Wahrheit zu glauben und nach ihr zu leben, weil sich falsche Lehrer mit ihrem falschen Wissen hineindrängten.[63] In gewisser Hinsicht stimmt diese Beschreibung. Im Durcheinander der Behauptungen und Gegenbehauptungen zu Jesus und seiner Botschaft stellten Augenzeugen eine Art Anker dar, wenn es darum ging, zwischen verschiedenen Optionen zu entscheiden oder die Führerschaft in den Gruppen festzulegen. Noch in der dritten Generation nach Jesus versuchte jemand wie Papias, apostolischer Vater und Bischof von Hierapolis, eine wahre Überlieferung mit Hilfe der Augenzeugen zu erkennen:

Ohne zu zögern, will ich für dich alles, was ich je von den Ältesten [den Aposteln] genau erfahren und dem Gedächtnis genau eingeprägt habe, zugleich mit den Auslegungen verbinden, mich für dessen Wahrheit verbürgend. Denn ich hatte nicht wie die meisten an denen Freude, die viele Worte machen, sondern an denen, welche die Wahrheit lehren, auch nicht an denen, welche die fremden Gebote anführen, sondern an denen, welche die vom Herrn dem Glauben gegebenen und aus dem Glauben entspringenden Gebote der Wahrheit bieten. Kam einer, der den Ältesten gefolgt war, dann erkundigte ich mich nach den Lehren der Ältesten und fragte: »Was sagte Andreas, was Petrus, was Philippus, was Thomas oder Jakobus, was Johannes oder Matthäus oder irgendein anderer von den Jüngern des Herrn? Und was sagen Aristion und der Älteste Johannes, die Jünger des Herrn?« Denn ich war der Ansicht, dass aus Büchern geschöpfte Berichte für mich nicht denselben Wert haben können wie die Worte frischer, noch lebender Stimmen.[64]

Für die weniger Gewissenhaften jedoch öffneten sich, nachdem die Augenzeugen und ihre direkten Nachfolger von der Bühne abgetreten waren, die Schleusen der Inspiration und des Betrugs. Wer auch immer eine Vision oder eine andere spirituelle Verbindung zu Jesus und dessen Vater für sich in Anspruch nahm, konnte die haarsträubendsten Botschaften verkünden. Die Bewegung lief Gefahr, auseinanderzubrechen.

Anders, als es uns die spätere rosige Sicht auf die Dinge glauben machen will, hatte Paulus schon zur Zeit der Apostel in seinen Augen falsche Lehren abzuwehren. Die Kirche in Jerusalem bemühte sich um die zentrale Deutungsmacht bei einigen Themen, etwa über die Frage, ob ein nichtjüdischer Konvertit körperlich beschnitten sein müsse, doch unabhängige Glaubensvertreter gingen eigene Wege. Sobald die erste Generation abgetreten war, wurde es noch schwieriger, die Einheit der Lehre zu bewahren. Zu Beginn des 2. Jahrhunderts mahnte ein Autor unter dem Pseudonym »Paulus«:

So lehre und mahne! Wenn jemand anders lehrt [als ich schreibe] und bleibt nicht bei den heilsamen Worten unseres Herrn Jesus Christus und bei der Lehre, die der Frömmigkeit gemäß ist, der ist aufgeblasen und weiß nichts, sondern ist süchtig nach Fragen und Wortgefechten. Daraus entspringen Neid, Hader, Lästerung, böser Argwohn, Schulgezänk solcher Menschen, die zerrüttete Sinne haben und der Wahrheit beraubt sind, die meinen, Frömmigkeit diene dem Gewinn.[65]

Ein nachfolgender Brief kam noch einmal auf das Thema zurück:

Predige das Wort, stehe dazu, sei es zur Zeit oder zur Unzeit; weise zurecht, drohe, ermahne mit aller Geduld und Lehre. Denn es wird eine Zeit kommen, da sie die heilsame Lehre nicht ertragen werden; sondern nach ihrem eigenen Begehren werden sie sich selbst Lehrer aufladen, nach denen ihnen die Ohren jucken, und werden die Ohren von der Wahrheit abwenden und sich den Fabeln zukehren.[66]

Unter dem Pseudonym »Petrus« schrieb ein früher Christ eine bittere Hasstirade gegen falsche Propheten und falsche Lehrer: »Aber sie sind wie unvernünftige Tiere, die von Natur dazu geboren sind, dass sie gefangen und getötet werden; sie lästern, wovon sie nichts verstehen, und wie jene werden sie getötet werden.«[67] Die *Didache* betonte immer wieder die Notwendigkeit, Menschen, die mit dem Anspruch auf apostolische oder prophetische Gaben in die Gemeinschaft kamen, gründlich zu überprüfen – es hatten sich wohl schon Menschen als Propheten ausgegeben, bloß um von christlichen Gemeinschaften aufgenommen, versorgt und beherbergt zu werden.

Eine Gruppe konnte in einem solchen Umfeld nur überleben, wenn sie eine Autorität stützte, welche die Spreu vom Weizen trennen und den Abfall ins Feuer werfen konnte. Natürlich war der Weizen des einen die Spreu des anderen, doch eine Übereinkunft innerhalb einer bestimmten Gruppe ermöglichte es, die Nicht-Orthodoxen auzuschließen und die Orthodoxen zu stärken – was auch immer »orthodox« in diesem Zusammenhang bedeuten mochte. Zumindest Apostel und Propheten entzogen sich der Kontrolle jeder lokalen Gruppe, weil sie beanspruchten, ihre Autorität direkt vom Heiligen Geist zu beziehen. Die Synagoge (aus der jüdischen Tradition) und der Verein (aus der polytheistischen Tradition) boten eine besser kontrollierbare Autoritätsstruktur. In beiden Fällen wählte die Gruppe ihre oder ihren Führer, kontrollierte ihre Mitglieder, einigte sich auf eine Geschäftsordnung und so weiter. So wurde der Vorsitzende eines Vereins oder der Synagogenvorsteher im christlichen Kontext zum Lehrer und allgemeinen Aufseher (Bischof), ein Rat ranghoher Mitglieder wurde zu den Ältesten (Presbytern), während Gehilfen, die Aktivitäten organisierten und sich dem Alltagsgeschäft widmeten, Diener (Diakone) genannt wurden. Die normalen Mitglieder wurden zum Volk (Laien). Da es zunächst keine zentrale Autorität gab, die kontrollierte, wie die einzelnen Gruppen sich organisierten, setzten die verschiedenen Gemeinschaften diese Organisationsstruktur unterschiedlich um. So war etwa in einigen Gruppen der Bischof einfach der oberste Älteste. Insgesamt aber löste diese Struktur das Wirken der Apostel, Propheten und Lehrer der Frühzeit ab.

Ignatius, Anführer der Christengemeinde in Antiochia an der Wende vom 1. zum 2. Jahrhundert, befürwortete das streng hierarchische Bischof-Diakon-Laien-Modell, das in den Christengruppen im ganzen Reich Standard werden sollte. Paulus hatte erklärt, dass Jesus der »Kopf« jeder christlichen Gruppe sei. Ignatius sagte, dass der Bischof, dem Gott die Macht übertragen habe, jetzt diese Stelle einnehme. Diese übertragene göttliche Macht gab ihm (es war immer ein Mann) völlige Kontrolle über die zentralen Riten der christlichen Gemeinschaft: Initiation (Taufe), das gemeinsame (Liebes-)Mahl (Agape) und den zentralen kultischen Akt (Eucharistie). »Lasst nicht zu, dass irgendjemand etwas die Kirche Betreffendes tut ohne Zustimmung des Bischofs.«[68]

Etwa zur selben Zeit formulierte Clemens von Rom in einem Brief an die Christen in Korinth das Prinzip, dass ein Bischof nicht einfach nur von einer Gemeinde gewählt, sondern auch ausdrücklich von anderen Bischöfen autorisiert werden sollte, die ihrerseits von früheren Bischöfen autorisiert worden waren, und das zurück bis zu den ersten Jüngern und Aposteln. Diese Amtslinie, die theoretisch bis zu Jesus selbst zurückreichte, sollte die Legitimität und Macht der Taten und Worte eines Bischofs garantieren. Im 2. und 3. Jahrhundert tobte ein Kampf der Bischöfe gegen die rivalisierende Macht von »Propheten« und anderen Charismatikern, die eine unabhängige Autorität, die christliche Lehre festzulegen und umzusetzen, für sich in Anspruch nahmen.

Das Auftauchen von Bischöfen, Ältesten und Diakonen als Anführern markierte den Beginn einer systematischen Differenzierung innerhalb der Bewegung. Danach entwickelte sie eine Eigendynamik. Das Liebesmahl als eine Veranstaltung, an der die ganze Gemeinschaft teilnahm, verschwand gegen Ende des 2. Jahrhunderts. Gleichzeitig wurde die Eucharistie, zuvor eine in das Liebesmahl eingebettete Gemeinschaftsveranstaltung, jetzt von der Gemeindeführung durchgeführt und kontrolliert. Die anderen schauten zu, während die Anführer das Eucharistie-Ritual vollzogen. Die Formalisierung der Eucharistie wurde nach dem Verfahren

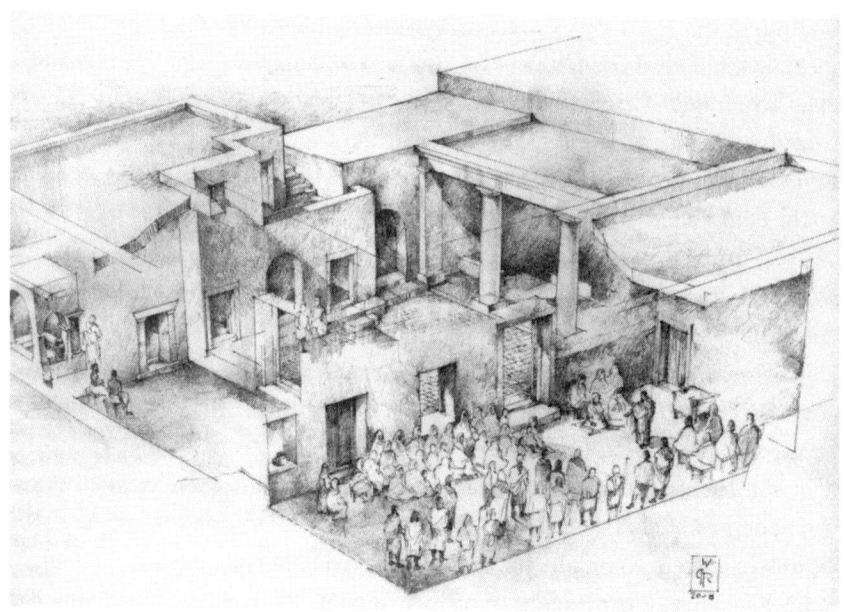

16. So könnte man sich eine christliche Zusammenkunft vorstellen. Das Gebäude wurde in Dura Europos gefunden.

und dem Raum des römischen Gerichts modelliert. Dort standen die Zuschauer vor einem erhöhten Podium für den Amtsträger, der ein formelles Verfahren leitete. Der Priester beanspruchte diese Funktion in den frühesten Kirchen, umgebauten Privathäusern, in denen die Gemeinde vor ihm saß oder stand. Doch seit dem Ende des 3. Jahrhunderts übernahmen die Christen immer öfter den sehr nützlichen Grundriss eines öffentlichen Gebäudes, der Basilika. Hier erlaubte ein langes Mittelschiff den Zuschauern, zusammenzukommen, während ein vorsitzender Amtsträger sich auf einem Podium vor einer Apsis niederließ, die eine gute Akustik für seine Verkündigungen bot. In gewisser Hinsicht übernahm die Kirche die gesamte hierarchische Verwaltungsstruktur der griechisch-römischen Stadt: Der Bischof war der oberste Amtsträger, die Ältesten waren die reichen Mitglieder des Stadtrats, die Laien waren das Volk. In den Kirchen, die seit dem späten 3. Jahrhundert gebaut wurden, predigten die Bischöfe ihren wohlhabenden Zuhörern, die vielleicht die obersten fünf Prozent aller Christen ausmachten – wir wissen das, weil die Bezüge in ihren Predigten eindeutig auf ein solches Publikum abzielten. Die Verein-

DIE PROPHEZEIUNG TRITT NICHT EIN

nahmung der zentralen christlichen Sakramente durch die gebildete Führungsschicht der Gemeinde und die Konzentration dieser Führung auf Menschen wie sie selbst war symptomatisch für eine Bewegung, die sich von den einfachen Leuten wegbewegte.

Doch so leicht gaben diese nicht auf. Tatsächlich unterwarfen sie sich nicht dem neuen Organisations- und Führungsmodell. Die Schneider und Weber und Frauen und Kinder – die von Leuten wie Celsus verachtet wurden – beugten sich nicht unterwürfig der Hierarchisierung des Christentums durch eine Institution mit gestufter Führung, besonderen Gebäuden, sorgfältig definierten Sakramenten, festgeschriebenen Ritualen und aus den Schriften begründeten Privilegien. Ramsay MacMullen hat gezeigt, wie die Archäologie und verstreute Texte diese Zweigleisigkeit des Christentums aufdecken können. Etwa fünf Prozent der Christen waren zufrieden mit einem Christentum, das die vertraute polytheistische Religion in neuem Gewand kopierte – eine Elite an der Spitze, hierarchische Verteilung von Rechten und Privilegien, finanzielle Förderung und Kontrolle durch die Wohlhabenden.[69] Die Elite war damit zufrieden, weil so die gesellschaftlichen und ökonomischen Verhaltensweisen fortbestanden, die sie mit den Polytheisten gemeinsam hatten. Auch die althergebrachte Verhöhnung weniger bedeutender Menschen in ihrem Gesichtskreis behielten sie bei. Obwohl sie in jeder Predigt ermahnt wurden, sich um die Armen und die sozial Benachteiligten zu kümmern, hielten sie eigentlich wenig von einer wirklich egalitären, ganz zu schweigen von einer sozialrevolutionären Interessenvertretung innerhalb einer christlichen Tradition, die dies zugelassen hätte, wenn es ihnen denn wichtig gewesen wäre.

Auf dem zweiten Gleis machte sich der Rest der Bevölkerung auf den Weg und schlug dabei denselben Pfad ein. Das heißt, sie hielten an einem Christentum fest, das ihnen ermöglichte, ihre alte polytheistische Lebensweise so weit wie möglich beizubehalten. Was die Gottesdienststätten der Wohlhabenden angeht, so belegen die sehr kleinen Kirchenbauten, dass sich nie große Zahlen von Besuchern in ihnen versammelten. Wenn die Elite in ihren zu diesem Zweck errichteten Gebäuden, angeführt von einem anerkannten Klerus, Gottesdienst feierte, konnten die wenigen, die in den relativ beschränkten Raum eingelassen wurden, an den Seiten oder hinter dem eigentlichen Ort der Anbetung stehen und demütig einem

17. Tanz bei einem Isis-Fest. Aricia, Italien.

Priester oder Bischof lauschen, der die Respektspersonen ermahnte – falls sie dem auf Griechisch gehaltenen Gottesdienst überhaupt folgen konnten. Wo waren das Essen und die lärmende Geselligkeit, die so oft mit polytheistischen Opferzeremonien einhergingen – wo war das Fest? Das hatte es anfangs auch bei den Christen gegeben. Das Liebesmahl hatte, wie wir durch Paulus' Mahnungen wissen, die Möglichkeit zu exzessivem Essen, Trinken und lärmenden Diskussionen geboten. Als die gesetztere Elite die Kontrolle übernahm, verschwand das Agape-Mahl im späteren 2. Jahrhundert aus dem Repertoire der christlichen Aktivitäten. Kein Essen, kein Trinken, kein enthemmtes Verhalten: Die Kirchen sprachen die meisten Menschen nicht an. Tatsächlich waren die Kirchen nicht für die normalen Leute vorgesehen. Diese versammelten sich anderswo. Dieses »Anderswo« waren die Friedhöfe außerhalb der Stadtmauern.

Selbst ohne elaborierte Vorstellungen von einem Leben nach dem Tod spürten die Menschen eine enge Verbindung zu jenen, die ihnen vorangegangen waren. Sie bewahrten das Band zwischen den Generationen, indem sie sich am Grab eines Vorfahren versammelten. Das Gedenken am

DIE PROPHEZEIUNG TRITT NICHT EIN

18. So könnte man sich eine familiäre Totenfeier, hier in Tipasa, Nordafrika, vorstellen.

Grab folgte der rituellen Beisetzung. Man kehrte regelmäßig zum Ort der Beisetzung zurück. Dort nahmen die Lebenden ein Mahl ein und gossen ein Trankopfer für die Toten aus. Bei den Armen konnte es sich dabei um ein bescheidenes Picknick handeln, bei anderen war es vielleicht ein auf Dauer angelegter Bau, an dem sich die Familie traf. An Tagen, die allgemein der Erinnerung an die Toten gewidmet waren, versammelten sich wahre Menschenmengen auf den Friedhöfen, und jede(r) gedachte seiner oder ihrer Verbindungen zur Vergangenheit. Solche Versammlungen wuchsen sich oft zu richtigen Familienfeiern aus. Der Friedhofsbesuch und die damit verbundene Erinnerung wiederholten sich jedes Jahr. Trankopfer wurden gespendet – man nahm an, dass die Verstorbenen tatsächlich irgendwie anwesend waren. Den Gebeten folgten lärmende Mahlzeiten mit viel Essen, Trinken und Tanzen, oft die ganze Nacht hindurch.

Die Christen behielten diesen Brauch bei. Die Bestattungssitten blieben im Großen und Ganzen die gleichen wie vor der Bekehrung, allerdings änderten sich die Erklärungen dafür. Die Menschen warfen die alten, polytheistischen Beziehungen zum Übernatürlichen über Bord für einen neuen Gott und seinen Sohn, der von den Toten auferstanden war und über eine sehnlich erwartete Endzeit herrschte, in der die Lebenden und die Toten im Himmelreich wiedervereint sein würden. Doch ihr Verhalten bei der Beisetzung und dem Gedenken an ihre Toten war dasselbe wie zuvor. Die Geister der Toten (*Di Manes*) wurden in Form der Initialen »DM« auf tausenden polytheistischen Grabsteinen über die Jahrhunderte hinweg angerufen. Und es gibt auch hunderte christliche Grabsteine mit denselben Initialen – was auf den ersten Blick überraschend wirkt, ergibt Sinn, wenn man sich klar macht, dass die Christen polytheistische Bräuche beim Totengedenken beibehielten. Hier ist ein Beispiel dafür:

Hier liegt eine liebe und fromme Ehefrau, Yguia, ihrem Ehemann ganz und gar ergeben. Wegen deiner Beisetzung trauern wir von ganzem Herzen. Ich, Cominienus Amantius, bereitete diese ewige Heimstatt für uns beide. Mögen deine heiligen Manen, so bitten wir, uns beistehen, sodass wir dir immer mit frohem Herzen Psalmen singen können. Aurelia Yguia lebte 39 Jahre, 4 Monate, 2 Tage. Sie war ihrem Mann eine standhafte Gefährtin 24 Jahre, 4 Monate, 2 Tage. Sie wurde beigesetzt am 30. April, im vierten Konsulat der Kaiser Valentinian und Valens [373 n. Chr.].[70]

Bei einem anderen Beispiel ist das Chi-Rho, die ersten beiden griechischen Buchstaben des Namens Christus und deshalb ein christliches Symbol, unter folgenden Grabspruch eingeritzt: »Den Totengeistern [*Di Manes*]. Valeria Rode ließ dies für Valeria Rode, ihre liebe Mutter, die es mehr als verdient hat, errichten«,[71] und die folgende Grabinschrift aus dem späten 4. Jahrhundert mischte polytheistische Symbole mit einer christlichen Botschaft:

Den Totengeistern [*Di Manes*]. Ich, seine Ehefrau, habe dies mit eigenem Geld errichtet für den ruhenden Geist des Karissimus, eines treuen Förderers aller seiner Freunde, eines Dieners der Bedürfnisse der Armen. Durch die Gnade Christi lebte er ein in jeder Hinsicht gutes Leben. Er lebte 65 Jahre, 3 Monate und 12 Tage. Er ruhe in Frieden.[72]

19. Eine christliche Grabplatte aus Sardinien, 4. Jahrhundert n. Chr. Auffällig ist die polytheistische Formel »DM« (*Dis Manibus*, »den Totengeistern«) ganz oben, flankiert von christlichen Chi-Rho-Symbolen, und auch das Chi-Rho-Symbol unten.

Die Märtyrer für den Glauben genossen dieselben Formen von Gedächtnis und Feier, wie sie wichtigen Mitgliedern der christlichen Großfamilie angemessen waren. Diese besonderen Toten hatten beispielhafte Stärke und Mut bewiesen, ja sie hatten übernatürliche Kraft aus ihrem heldenhaft gläubigen Schicksal, ihrem Opfer im Dienste Christi gezogen. Mit Hilfe dieser Kraft wurden sie zu Mittlern zwischen dem Menschlichen und dem Übermenschlichen. So waren Feiern an den Märtyrergräbern auch die angemessene Gelegenheit, um diese mächtigen Toten um einen Gefallen oder ein Wunder zu bitten. Die Geistlichen versuchten vergebens, diese festlichen Ausbrüche von Frömmigkeit zu kontrollieren. Ein Priester namens Vigilantius, der im 4. Jahrhundert schrieb, beschwerte sich darüber, dass die Christen polytheistische Bräuche nachahmten, indem sie Reliquien der Märtyrer verehrten:

Wozu musst du jener Reliquie, der du, wenn sie in einem kleinen Gefäß in Prozession einhergetragen wird, deine Verehrung zollst, mit so großer Ehrfurcht entgegenkommen, ja sie sogar anbeten? ... Wozu verehrst und küsst du den in ein Leintuch eingehüllten Staub? ... Wir sehen, wie unter dem Vorwand der Gottesverehrung beinahe heidnische Gebräuche in die Kirche eingeführt werden. Während die Sonne noch scheint, werden ganze Massen von Kerzen angezündet. Allenthalben wird, ich weiß nicht was für ein Staub, der in einem kleinen kostbaren Gefäß in ein Leintuch gehüllt geborgen ist, geküsst und angebetet. Auf diese Weise erweisen die Menschen den heiligen Märtyrern hohe Verehrung.[73]

Schutzherrn aus der Elite investierten immer mehr Geld in offizielle Bauten, welche die Grabstätte eines Märtyrers hervorhoben, und versuchten so, auch diesen Aspekt der christlichen Verehrung zu okkupieren und zu kontrollieren. Doch die Menschen ließen sich von Feiern und Andachten an den Gräbern nicht abbringen.

Die Beispiele christlicher Gewohnheiten der Verehrung und der Beziehung zu übernatürlichen Kräften, die polytheistische Gepflogenheiten nachahmten, könnten hier noch vervielfacht werden. Wie viele andere Angehörige der Elite wetterte auch Augustinus gegen Christen, die polytheistische Bräuche weiterführten, Menschen, die erklärten: »Natürlich gehe ich zu den Götterbildern, ich befrage Besessene und Wahrsager – aber dennoch leugne ich die Kirche Gottes nicht; ich bin Katholik.«[74] Der wesentliche Punkt ist offensichtlich. In den Augen der Elite, ob nun polytheistisch oder christlich, waren diese Menschen ungebildet, benahmen sich gern daneben, zogen sich schlecht an und zeigten sich ganz allgemein als Dummköpfe und Flegel. In ihren Augen folgten diese Menschen ausgetretenen Pfaden in ihrem Wunsch, übernatürliche Macht in ihrem stets gefährdeten Leben wirken zu lassen. Die Spannung zwischen dem Gleis der Elite und dem Gleis des Volkes im Christentum bestand bis weit über die Zeit Konstantins und die Entwicklung zur Reichsreligion hinaus, ja sie existiert sogar noch heute.

20. So kann man sich den Gedenkgottesdienst für einen Märtyrer vorstellen.

Das Christentum auf dem Vormarsch

Bis zum 4. Jahrhundert hatte das Christentum ideengeschichtlich Philosophie (»Weisheit«) und Kult bewusst miteinander vermählt. Um Laktanz, einen christlichen Philosophen, zu paraphrasieren: In unserer Verehrung sollten wir weise wie Philosophen sein, das heißt, wir sollten das richtige Objekt und die angemessene Art der Verehrung finden, und in unserer Verehrung sollten wir dieses Wissen umsetzen.[75] Die Gebildeten begriffen dies und verhielten sich entsprechend. Doch die Bewegung sprach auch weiterhin, wie schon von Anfang an, die einfachen Leute an. Ungeachtet der wachsenden Distanz der Führung und des theologischen Denkens lebten die Menschen ihren Alltag noch immer mit Blick auf Denkansätze und Glaubensüberzeugungen, die sich als wirksam erwiesen. Wie die Gebildeten sich auf polytheistische intellektuelle Ansätze und Einstellungen zubewegten und die Kultur der führenden Elite übernahmen, so versuchten auch die einfachen Leute, in den Worten von Ramsay MacMullen, »den Riss im Gewebe des schon zuvor gepflegten Glaubens möglichst klein zu halten«.[76] Das bedeutete, dass viele polytheistische Praktiken mit christianisierten Inhalten überlagert wurden. Das Bedürfnis der Menschen nach dem Übernatürlichen wurde jetzt von einem Christentum befriedigt, das in die schöne neue Welt der Akzeptanz und schließlich der Vorherrschaft im Westen für die nächsten Jahrtausende voranschritt.

Solche Veränderungen brauchten eine gewisse Zeit. Das Christentum übernahm das äußere Gewand der Polytheisten nicht sofort und auch nicht ganz. Die Gewohnheiten der Elite als Führer in den Bereichen Bildung, Herkunft und Reichtum nisteten sich im neuen Glauben ein, aber sie konnten sich ganz sicher nicht schnell oder universal durchsetzen. Die Bekehrungen durch »Zeichen, Wunder, Prophezeiungen«, wie Tertullian sagt, konnten weiterhin kaum mehr als eine kleine Minderheit in den Städten und praktisch niemanden auf dem Lande überzeugen.[77] Der für die Bewegung entscheidende Augenblick war die Vision Konstantins, der ein Kreuz am Himmel sah, seinen Rivalen Maxentius durch die wunderbare Macht dieses Kreuzes besiegte und meinte, damit einen wahrlich mächtigen Gott gefunden zu haben. Von einem so einflussreichen Patron unterstützt, gewann das Christentum schnell die Anhängerschaft eines wichtigen Teils der polytheistischen Reichselite. Von dort aus stieg die Bewegung, die unter einfachen Menschen am Ufer des See Genezareth begonnen hatte, in nicht einmal 100 Jahren zur Reichsreligion auf. Und auf diesem Weg erwuchs aus ihren jüdischen Wurzeln ein kräftiges Grün, das gut in die polytheistische Landschaft passte. Die christliche Kultur, die sich auf die Bedürfnisse der einfachen Leute ebenso einstellte wie auf die der Eliten, »trug in der Spätantike mehr Gene ihrer ›heidnischen‹ Vorfahren als spezifisch christliche Mutationen«.[78]

In der gesamten jüdischen, polytheistischen und frühchristlichen Tradition erhofften sich die Menschen Ergebnisse von ihren Beziehungen zu ihren Göttern. In der jüdischen Tradition kamen eine Sehnsucht nach sozialer Gerechtigkeit und nach unmittelbaren Lösungen für unmittelbare Probleme zusammen und machten einige Gläubige empfänglich für eine neue, mächtige Auslegung, die auf der göttlichen Sohnschaft eines Menschen aus ihrem Umfeld basierte, einer Sohnschaft, die durch übernatürliche Taten bewiesen wurde. Bei den Polytheisten genügte der Auftritt eines charismatischen Führers mit übernatürlichen Kräften, um einige zu einer Botschaft zu bekehren, die Kernelemente ihrer herkömmlichen Zugänge zu den Göttern ablehnte. Und für die frühen Christen klang die Überzeugung, dass ihre Zeit gekommen war, dass ihnen, wenn sie der Verkündigung und den Prophezeiungen ihres göttlichen, gemarterten

Führers folgten, ewiges Leben und Vergeltung an ihren irdischen Feinden sicher seien, unglaublich verlockend – verlockend genug, um jüdische wie polytheistische Grundüberzeugungen über Bord zu werfen und in Erwartung der letzten Erlösung in einem manchmal feindlichen kulturellen Umfeld zu leben.

Die Tatsache, dass Jesu wichtigste Prophezeiung nicht in Erfüllung ging, beschäftigte potenzielle Konvertiten unter Juden und Polytheisten ebenso wie bereits überzeugte Gläubige in den frühchristlichen Gemeinden. Das versprochene Wiedererscheinen Christi war ausgeblieben, doch die Bewegung löste sich nicht einfach auf, sondern gab sich vielmehr im Laufe des 2. Jahrhunderts allmählich eine Form, die polytheistische Elite wie einfache Polytheisten wiedererkennen und manchmal auch annehmen konnten. So überlebte sie, bis das Wunder der Kreuzvision am Himmel sie noch einmal errettete.

SCHLUSSWORT

Die Menschen der Antike pflegten eine enge Verbindung zum Übernatürlichen. Diese Kräfte konnten helfen oder vernichten. Der Erfolg im Leben hing von einer fruchtbaren Beziehung ab. Die kulturelle Tradition legte fest, welches Verhalten, welches Gebet, Ritual, Opfer oder Zaubermittel das Übernatürliche unter Umständen positiv stimmen konnte. Gefahr drohte jenen, die den ausgetretenen Pfad verließen. In der jüdischen Tradition beschwor jede Abweichung Jahwes Zorn herauf. Die Polytheisten hatten ein größeres Spektrum von Möglichkeiten, doch eine Verleugnung der Götter führte zum Zerfall der Familie und des Gemeinschaftslebens.

Im 1. Jahrhundert n. Chr. jedoch brachen einige Juden und Polytheisten mit ihren Traditionen. Jesus von Nazareth bewies seinen Anhängern zu Lebzeiten durch Magie und Wunder, dass er als ein Gott sprach. Er verhieß ihnen Belohnung in diesem Leben und eine glückliche Unsterblichkeit im nächsten. Nach seinem Tod vollbrachten auch seine Jünger und Apostel Berichten zufolge Wunder und magische Handlungen. Sie verkündeten ihre Botschaft sowohl Juden als auch Polytheisten. Magie, Wunder und Botschaft überzeugten immer mehr von ihnen, sich von ihren früheren Glaubensvorstellungen abzuwenden.

Jüdische und polytheistische Traditionalisten wandten sich entschieden gegen die neue Bewegung. Durch die katastrophale Entwicklung in Judäa schüttelte sie ihre jüdischen Wurzeln ab; durch die nicht in Erfüllung gegangene Prophezeiung schien sie dem Untergang geweiht. Eine Neuausrichtung rettete sie. Das Christentum war flexibel genug, um die grundlegendsten Bedürfnisse der polytheistischen Menschen zu befriedigen. Es verschmolz menschliche und übermenschliche Kräfte zu Werkzeugen, mit denen man die Fährnisse des Lebens meistern konnte. Es erwies sich selbst als eine übernatürliche Kraft, mächtig genug, um die Menschen von ihren früheren Vorstellungen zu lösen. Wunder und Magie belegten weiterhin ihren Wert für die Menschen. Die Gebildeten verwandelten die Botschaft des Christentums in einen annehmbaren, philosophischen Lebensstil. Die einfachen Menschen nahmen sie in ihre alltäglichen religiösen Gewohnheiten auf.

Am Ende des 3. Jahrhunderts war das Christentum zu einer Bewegung mit einer Organisationsstruktur, einer Theologie und großer Beliebtheit geworden. Vielleicht bis zu zehn Prozent der Stadtbewohner und drei Prozent der Landbevölkerung glaubten auf die eine oder andere Weise daran. Höchstwahrscheinlich wäre die Bewegung weiterhin eine Option unter vielen in der polytheistischen Welt geblieben, nicht besser und nicht schlechter als andere, mit einem gewissen Reiz für einige, aber kaum für alle. Konstantins Kreuzvision am Himmel änderte diese vorgezeichnete Bahn. Das Christentum wurde zur Reichsreligion. Seine Attraktivität und Verbreitung hingen nun nicht mehr von der Befriedigung der Bedürfnisse der Menschen durch die Demonstration übernatürlicher Macht ab. Es setzte sich jetzt von oben nach unten durch, nicht mehr von unten nach oben. Hand in Hand mit dem Reich begann das Christentum seinen Marsch durch die Geschichte – die triumphale Rückkehr Christi und das Zeitenende rückten dabei immer weiter in die Zukunft. Die übernatürliche Kraft blieb im Mittelpunkt, doch diesmal im Dienst einer weit größeren Bewegung, als sie sich Jesus von Nazareth je hätte vorstellen können, als Magie und Wunder seine Vollmacht, den Rechtschaffenen die Erlösung zu verkünden, im Staub und in der Hitze des weit abgelegenen Judäa untermauerten.

ANHANG

KARTEN

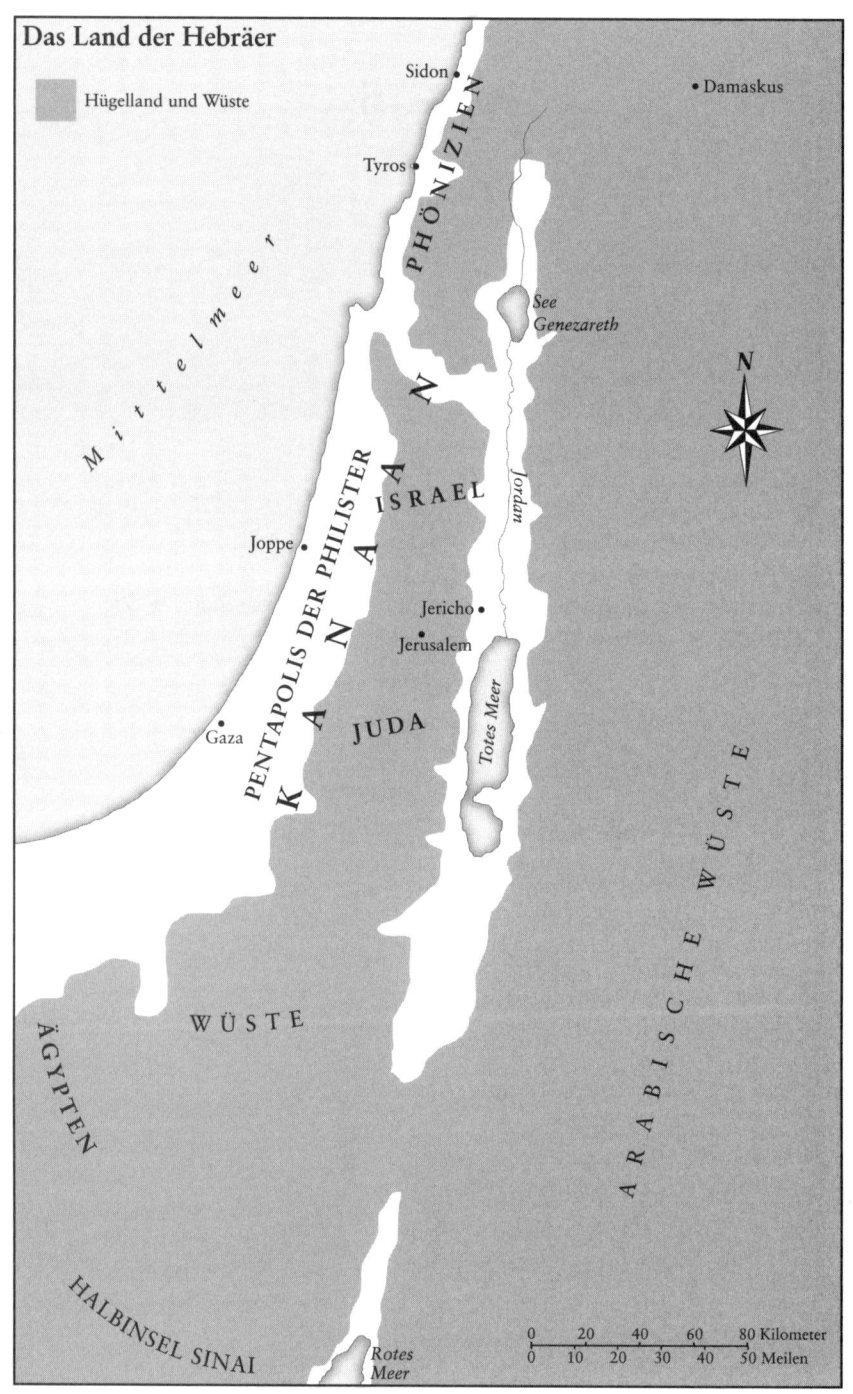

Das Land der Hebräer

Hügelland und Wüste

Mittelmeer

Sidon

Damaskus

Tyros

PHÖNIZIEN

See Genezareth

Joppe

PENTAPOLIS DER PHILISTER

KANAAN

ISRAEL

Jordan

Jericho

Jerusalem

Gaza

JUDA

Totes Meer

N

ARABISCHE WÜSTE

WÜSTE

ÄGYPTEN

HALBINSEL SINAI

Rotes Meer

| 0 | 20 | 40 | 60 | 80 Kilometer |
| 0 | 10 | 20 | 30 | 40 | 50 Meilen |

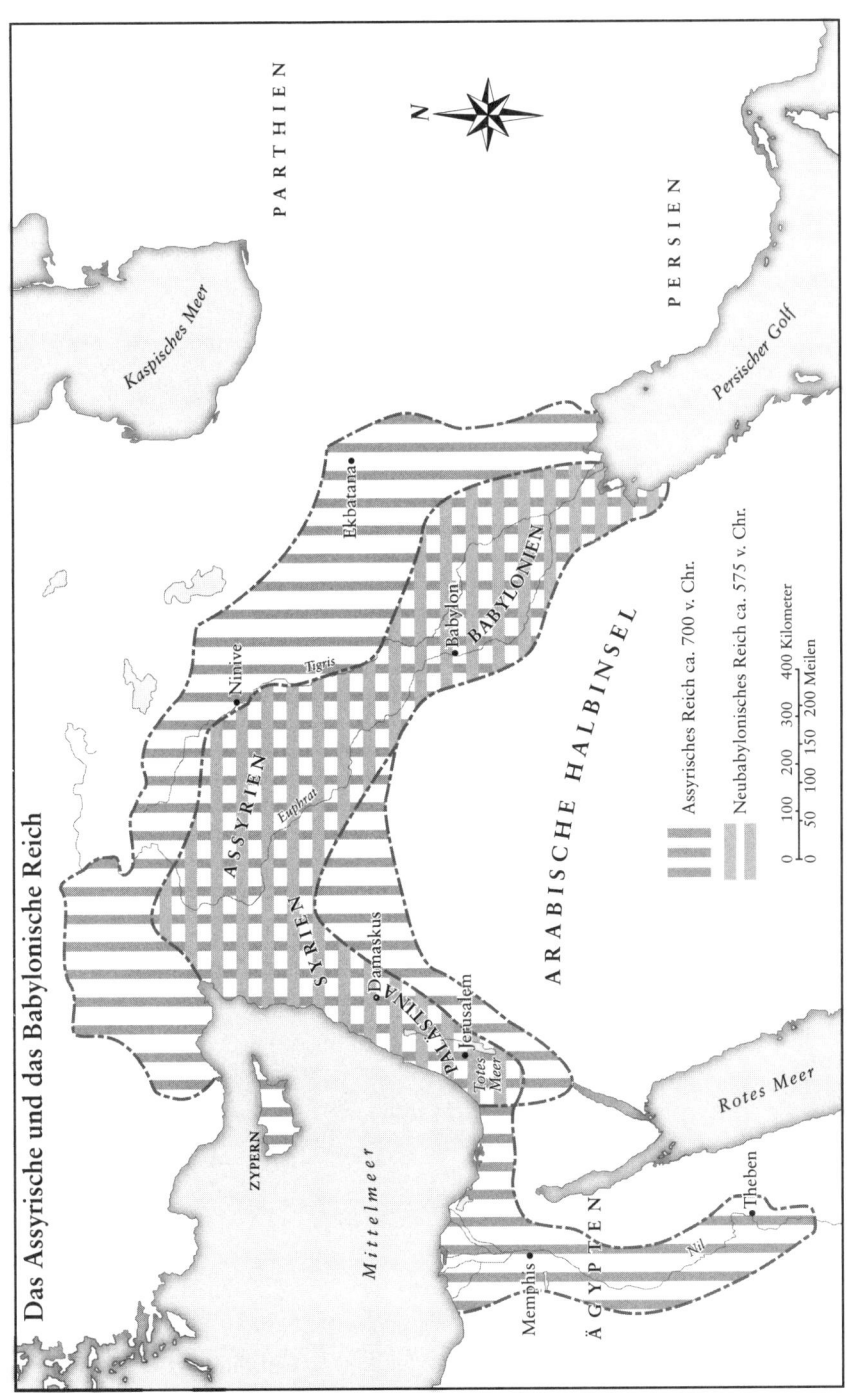

Das Assyrische und das Babylonische Reich

PARTHIEN

PERSIEN

Kaspisches Meer

Persischer Golf

Ekbatana

Babylon

BABYLONIEN

Ninive

Tigris

ASSYRIEN

ARABISCHE HALBINSEL

Euphrat

SYRIEN

Damaskus

PALÄSTINA

Jerusalem

Totes Meer

ZYPERN

Mittelmeer

Rotes Meer

ÄGYPTEN

Theben

Nil

Memphis

Assyrisches Reich ca. 700 v. Chr.

Neubabylonisches Reich ca. 575 v. Chr.

0   100   200   300   400 Kilometer
0   50   100   150   200 Meilen

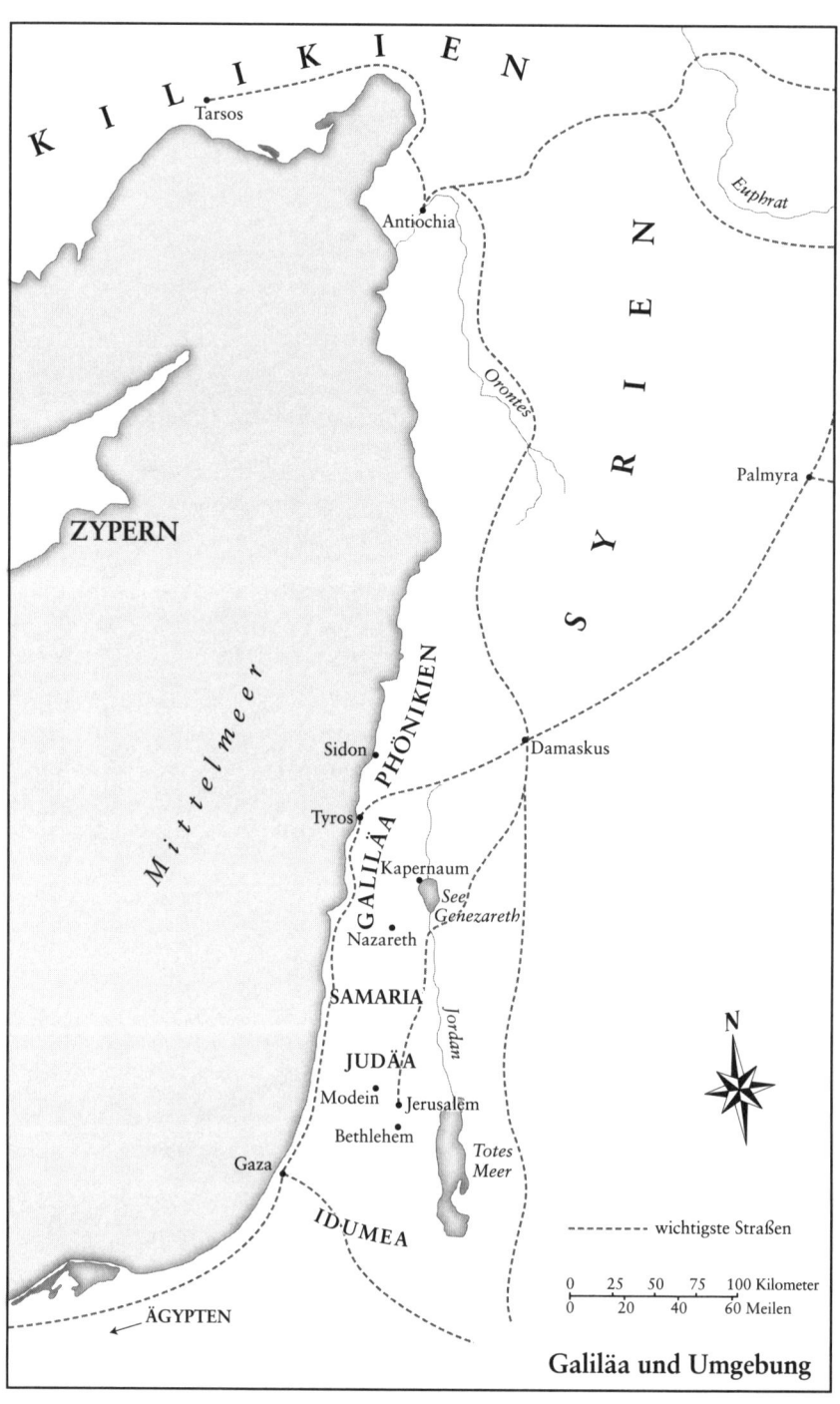

Galiläa und Umgebung

wichtigste Straßen

| 0 | 25 | 50 | 75 | 100 Kilometer |
| 0 | 20 | 40 | 60 Meilen |

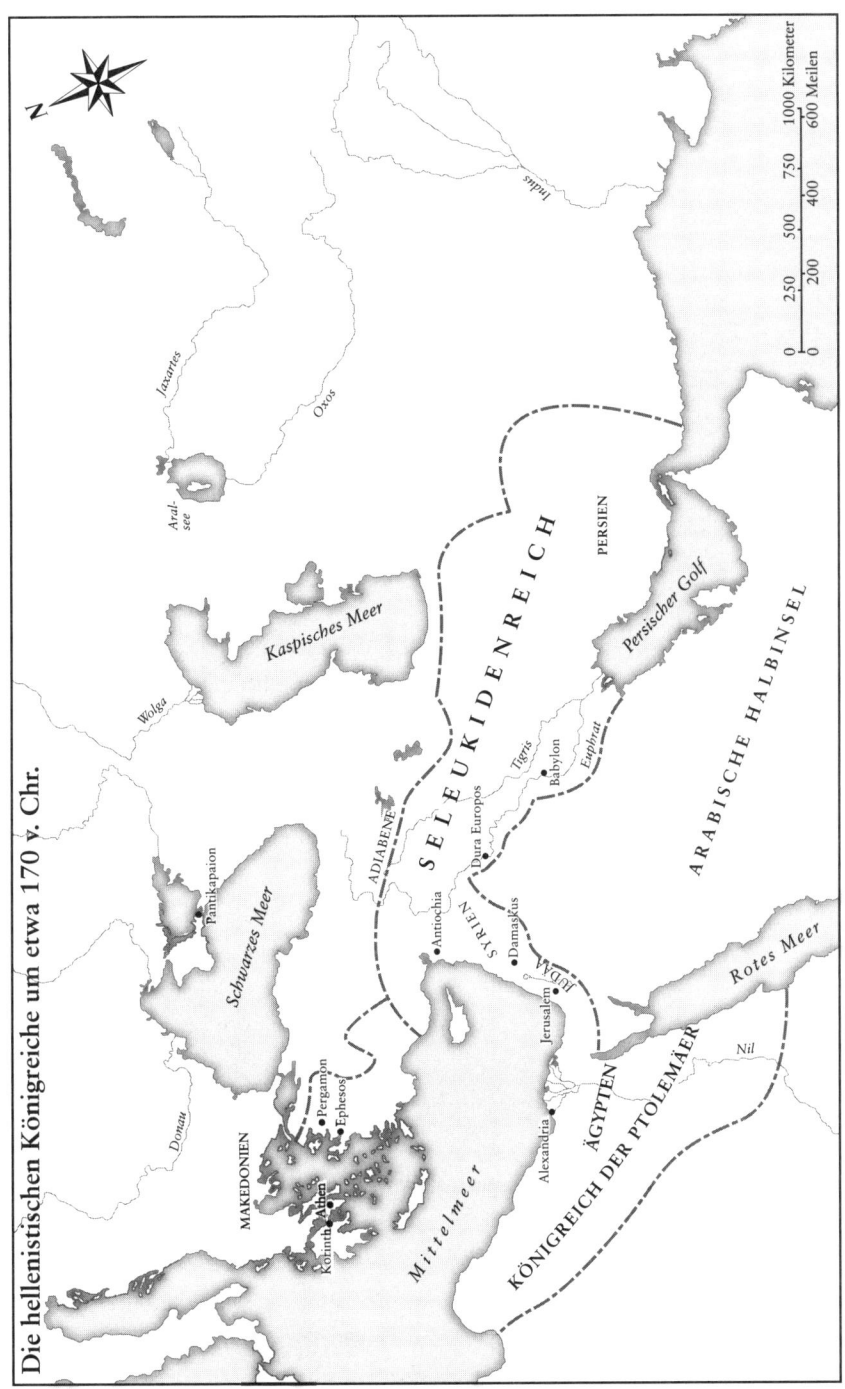

Die hellenistischen Königreiche um etwa 170 v. Chr.

MAKEDONIEN
Donau
Schwarzes Meer
Pantikapaion
Wolga
Kaspisches Meer
Aral-see
Jaxartes
Oxos
Pergamon
Ephesos
Korinth
Athen
Mittelmeer
SYRIEN
Antiochia
Damaskus
JUDÄA
Jerusalem
Alexandria
Nil
ÄGYPTEN
KÖNIGREICH DER PTOLEMÄER
Rotes Meer
SELEUKIDENREICH
ADIABENE
Dura Europos
Tigris
Babylon
Euphrat
PERSIEN
Persischer Golf
ARABISCHE HALBINSEL
Indus

N

0   250   500   750   1000 Kilometer
0   200   400   600 Meilen

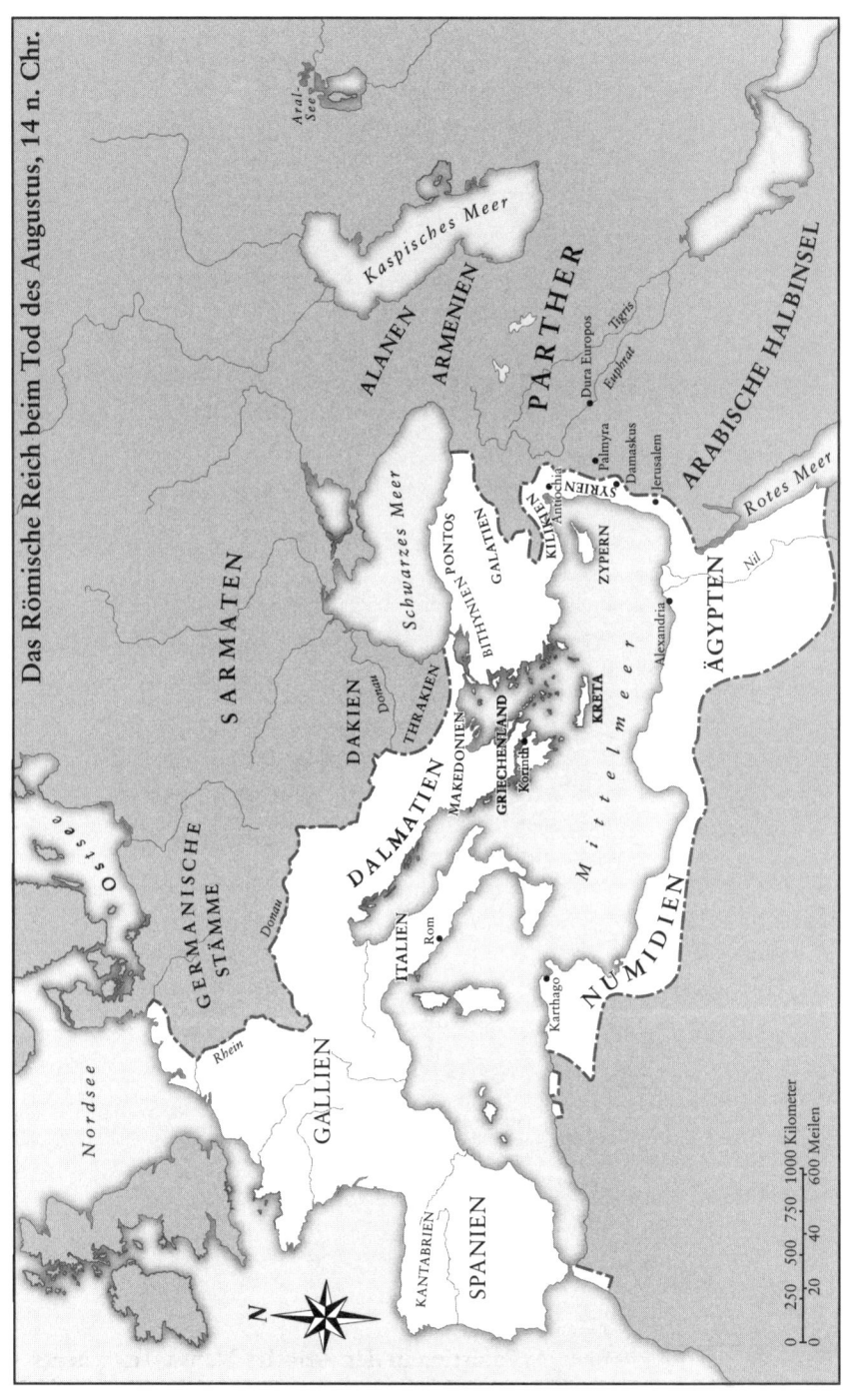

Das Römische Reich beim Tod des Augustus, 14 n. Chr.

Aral-See

Kaspisches Meer

ALANEN

ARMENIEN

PARTHER

Tigris

Dura Europos

Euphrat

ARABISCHE HALBINSEL

SARMATEN

Schwarzes Meer

Palmyra

Damaskus

Jerusalem

SYRIEN

Antiochia

KILIKIEN

Rotes Meer

PONTOS

GALATIEN

BITHYNIEN

ZYPERN

Nil

DAKIEN

Donau

THRAKIEN

ÄGYPTEN

Alexandria

DALMATIEN

MAKEDONIEN

GRIECHENLAND

Korinth

KRETA

M i t t e l m e e r

GERMANISCHE
STÄMME

Donau

ITALIEN

Rom

NUMIDIEN

O s t s e e

Karthago

Nordsee

Rhein

GALLIEN

KANTABRIEN

SPANIEN

N

0   250   500   750   1000 Kilometer
0   20   40   600 Meilen

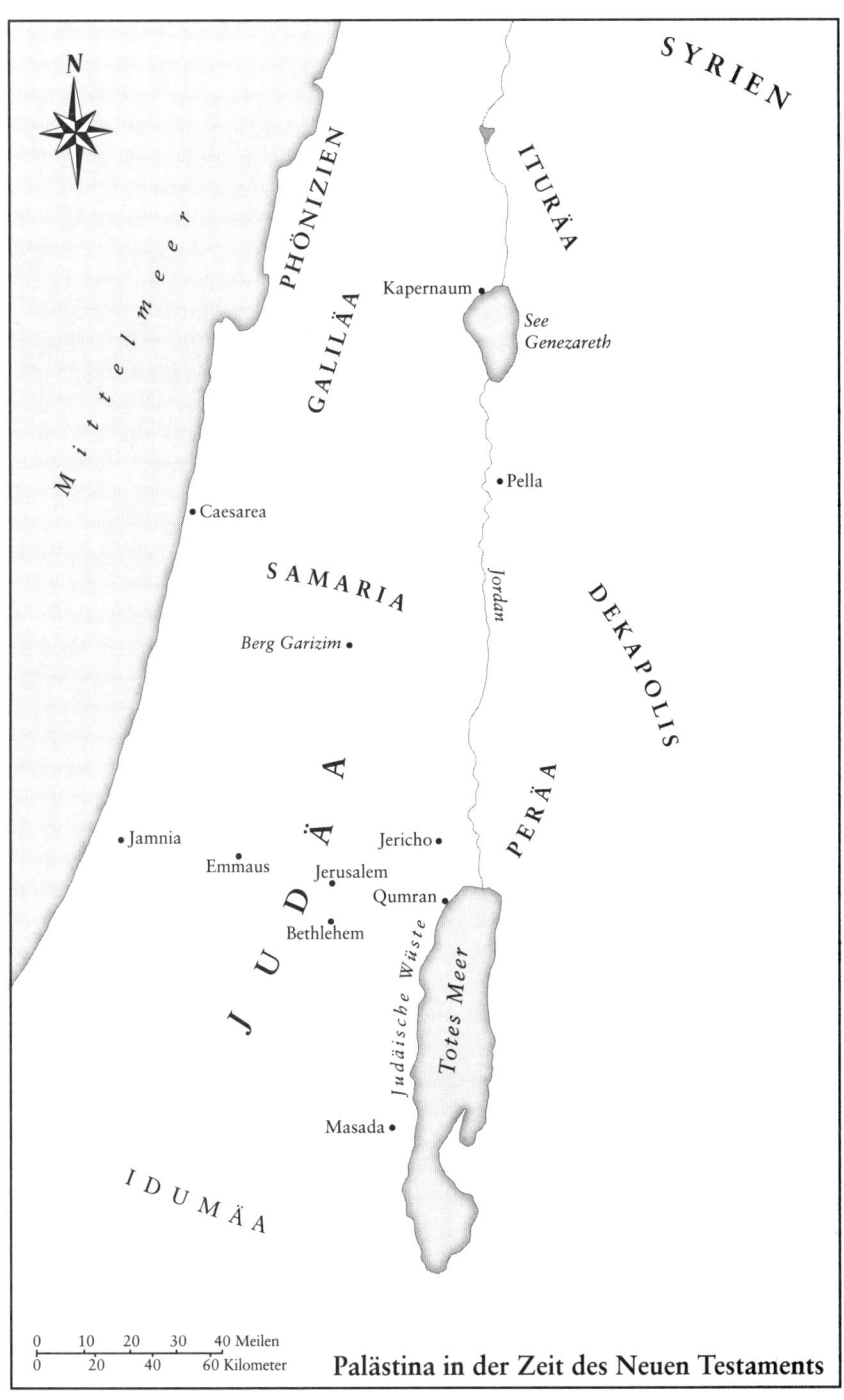

N

SYRIEN

ITURÄA

PHÖNIZIEN

GALILÄA

Kapernaum •

See
Genezareth

M i t t e l m e e r

• Pella

• Caesarea

SAMARIA

Jordan

DEKAPOLIS

Berg Garizim •

J U D Ä A

PERÄA

• Jamnia

Jericho •

Emmaus

Jerusalem

Qumran •

Bethlehem

Judäische Wüste

Totes Meer

Masada •

IDUMÄA

| 0 | 10 | 20 | 30 | 40 Meilen |
| 0 | 20 | 40 | | 60 Kilometer |

Palästina in der Zeit des Neuen Testaments

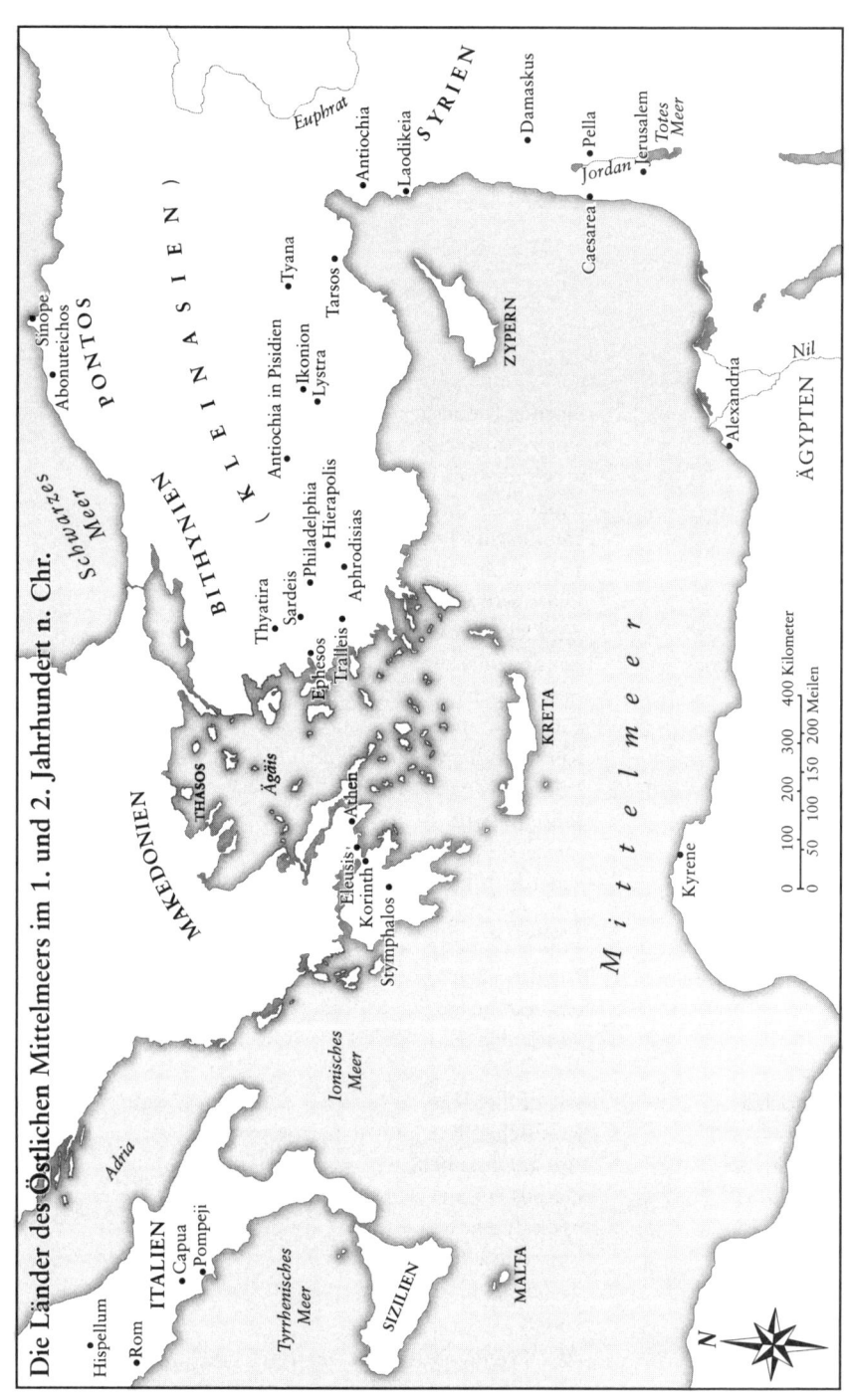

Die Länder des östlichen Mittelmeers im 1. und 2. Jahrhundert n. Chr.

GLOSSAR

Abonuteichos	Norden Kleinasiens. Im 2. Jahrhundert n. Chr. ließ er eine zahme Schlange Orakel im Namen des Asklepios verkünden. Er gründete einen Kult und gewann Anhänger.
Abraham	Hebräischer Patriarch, dessen Lebenszeit um 2000 v. Chr. angesetzt wird. Isaak war sein Sohn, Jakob sein Enkel.
Adiabene	Ein kleines Königreich am Oberlauf des Tigris.
Aelius Aristides	Ein griechischer Redner und Autor (117–181 n. Chr.). Er war nicht nur ein großartiger Redner, sondern auch der berühmteste Hypochonder der Antike. In langen Kuraufenthalten suchte er Hilfe beim Heilgott Asklepios.
Ägypter, der	Der charismatische jüdische Anführer in den fünfziger Jahren n. Chr.
Albinus	Lucceius Albinus, Prokurator von Judäa, 62–64 n. Chr.
Alexander	Tiberius Julius Alexander, Prokurator von Judäa, etwa 46–48 n. Chr.
Alexander von Abonuteichos	Ein charismatischer Zauberer und Betrüger aus dem Norden Kleinasiens. Im 2. Jahrhundert n. Chr. ließ er eine zahme Schlange Orakel im Namen des Asklepios verkünden. Er gründete einen Kult und gewann Anhänger.
Antiochia	Die größte Stadt Syriens, die drittgrößte Stadt im Römischen Reich im 1. Jahrhundert n. Chr.
Apokalypse	*Apokalypsis* bedeutet »Entschleierung«, »Enthüllung«. Daraus entwickelt sich, abgeleitet vom bekanntesten apokalyptischen Werk, dem Buch der Offenbarung, die konkretere Bedeutung der Voraussage einer Katastrophe, besonders einer Katastrophe, die das Ende der Welt einläutet.
Apokryphen	*Apokryphos* bedeutet »verborgen« oder »dunkel«. Im nachantiken Gebrauch wurde »dunkel« zu »von zweifel-

hafter Authentizität«. Die Apokryphen sind religiöse Bücher wie Judit und 1. und 2. Makkabäer, die nach Meinung einiger Gläubiger verglichen mit den kanonischen Büchern der Bibel »von zweifelhafter Authentizität« sind. Heute wird die Bezeichnung für die vielen frühchristlichen Werke verwendet, die den Anspruch erhoben, göttlich inspiriert zu sein, aber nicht in den Kanon aufgenommen wurden – Werke wie die Petrus-Akten und das Thomas-Evangelium.

Apuleius
Ein Rhetoriker und Romanautor des 2. Jahrhunderts n. Chr. Er war Platoniker und ein Anhänger verschiedener Mysterienkulte. In seinem Werk *Der goldene Esel* (*Metamorphosen*) geht es vor allem um das Übel der Zauberei und die erlösenden Kräfte der Göttin Isis. Es enthält die beste Beschreibung einer Bekehrung in der polytheistischen Literatur.

Artemidor von Daldis
Griechischer Autor des 2. Jahrhunderts n. Chr. Er schrieb ein Buch über Traumdeutung.

Athenagoras
Ein Philosoph und konvertierter Christ, der im späten 2. Jahrhundert n. Chr. lebte. Er schrieb eine *Apologie*, in der er das Christentum mit philosophischen Argumenten verteidigte.

Baal
Ein semitisches Wort mit der Bedeutung »Herr«. Es wurde verschiedenen Göttern zugeschrieben, vor allem Hadad, dem wichtigsten Gott der Kanaaniter.

Bannus
Ein charismatischer Lehrer in der Wüste, zu dessen Schülern auch Josephus zählte. Wahrscheinlich war er ein Essener.

Celsus
Ein römischer Philosoph, der im späten 2. Jahrhundert n. Chr. unter dem Titel *Die wahre Lehre* einen ebenso verletzenden wie fundierten Angriff auf das Christentum verfasste. Sein Werk überlebte nur in Bruchstücken, die Origenes in seiner Widerlegung zitierte.

Charisma
Charisma ist ein persönlicher Wesenskern, der sich von einer besonderen Beziehung zum Übernatürlichen ableitet. Dieser Wesenskern macht eine charismatische Person zu jemand Außergewöhnlichem und erlaubt ihm oder ihr den Zugang zu übernatürlichen Kräften.

Chassidim
»Die Frommen«. Ein persönliches Merkmal wird zur Bezeichnung einer Gruppe, genau wie im 1. Jahrhundert n. Chr. diejenigen, die Jahwe eifrig anbeteten, als Zeloten (»Eiferer«) bekannt wurden. Die Chassidim waren der Ansicht, dass Rechtschaffenheit an der strengen Befolgung der Einschränkungen der Tora festzumachen war.

Clemens von Rom	Ein Bischof von Rom im späten 1. und frühen 2. Jahrhundert n. Chr. Er schrieb einen Brief, in dem er die Christen in Korinth zum Gehorsam gegenüber der Kirchenführung aufrief.
Cumanus	Ventidius Cumanus, Prokurator von Judäa, 48–52 n. Chr.
Daniel	Das Buch Daniel ist ein Werk historischer Fiktion aus dem 2. Jahrhundert v. Chr. Der namengebende Verfasser ist ein zur Exilszeit nach einer angeblichen Niederlage eines jüdischen Königs im Jahr 606 v. Chr. in Babylon lebender Jude. Sein Werk enthält sechs eigenständige Geschichten. Seine treue Beachtung des Gesetzes im Exil wird zu seinem Markenzeichen. Er empfängt göttliche Visionen einer endgültigen Apokalypse.
David	Der erste König eines vereinigten Reiches aus Israel (im Norden) und Juda (im Süden). Als Regierungszeit gelten die Jahre zwischen 1010–970 v. Chr. Er machte Jerusalembanunis zu seiner Hauptstadt.
Deuteronomium	Das fünfte Buch der Tora (5. Buch Mose).
Didache	»Lehre der zwölf Apostel«. Dieses nichtkanonische Werk stammt vom Ende des 1. oder Anfang des 2. Jahrhunderts n. Chr. Es ist ein jüdisch-christlicher Führer für die Gemeinde der Gläubigen. Es geht darin um Ethik, Rituale und Organisation.
Dion Chrysostomos	Ein griechischer Philosoph, Redner und Historiker des späten 1. und frühen 2. Jahrhundert n. Chr. Seine eklektischen philosophischen Neigungen sind repräsentativ für die »Lebensgestaltung«, mit der sich die Philosophie im Laufe des 2. Jahrhunderts n. Chr. intensiver beschäftigte.
Diognet	Empfänger eines Briefes eines gewissen Mathetes (»Schüler«). Das Werk ist eine apologetische Verteidigung des Christentums, geschrieben gegen Ende des 2. Jahrhunderts n. Chr.
Eleasar	Ein jüdischer Märtyrer der Makkabäerzeit. Er wollte lieber sterben, als seine Verpflichtung gegenüber Jahwe zu verraten, indem er Schweinefleisch aß.
Elia	Ein hebräischer Prophet im Königreich Israel im 9. Jahrhundert v. Chr. Er vollbrachte Wunder. Statt zu sterben, fuhr er in einem Feuerwagen, der durch einen Wirbelwind emporgehoben wurde, in den Himmel auf. Er wird auf die Erde zurückkehren. Der viel spätere Prophet Maleachi lässt Jahwe versprechen: »Siehe, ich will euch senden den Propheten Elia, ehe der große und schreckliche Tag des Herrn kommt.«

Epikureer	Eine philosophische Schule, die von dem Griechen Epikur (341–270 v. Chr.) ausging. Selbstgenügsamkeit ist der Weg zum Glück, mit sich selbst frei von Angst und Schmerz im Frieden zu sein, ist das Ziel. Götter spielen keine wichtige Rolle im Leben der Menschen, sie belohnen gute Taten ebenso wenig, wie sie böse bestrafen. Der Tod entspricht dem Zerfall von Atomen.
Eschatologie	*Eschatos* bedeutet »letzter«. In der Eschatologie geht es um die Ereignisse der »Letzten Tage«, um das Ende der Welt, wie wir sie kennen, und um den – gewaltsamen oder friedlichen – Beginn einer anderen, übernatürlichen Existenz.
Essener	Eine jüdische Bewegung zwischen dem 2. Jahrhundert v. Chr. und dem 1. Jahrhundert n. Chr. Einzeln und in Gemeinschaften übten die Essener den Rückzug von der normalen sozialen Interaktion und die Konzentration auf rituelle Reinheit als den Weg zur Rechtschaffenheit und zum letzten Gunsterweis Jahwes am Ende aller Tage.
Eusebius	Der früheste (um 260–340 n. Chr.) Geschichtsschreiber der christlichen Kirche, dessen Werk, die *Kirchengeschichte*, vollständig erhalten ist. Er schrieb im 4. Jahrhundert n. Chr. unter Kaiser Konstantin. Sein Werk enthält wichtige Zitate aus früheren, heute verlorenen Quellen zu den frühen Jahren der Bewegung.
Exil	Die jüdische Nation wurde zweimal besiegt und Teile der Bevölkerung vernichtet oder ins Exil getrieben. Nach 722 v. Chr. deportierten die Assyrer die meisten Stämme des Nordens; die Babylonier verschleppten nach 586 v. Chr. die Elite. Der Begriff »nachexilisch« bezieht sich auf die Zeit nach 586.
Exodus	Das zweite Buch der Tora (2. Buch Mose).
Fadus	Cuspius Fadus, Prokurator von Judäa, 44–46 n. Chr.
Felix	Antonius Felix, Prokurator von Judäa, 52–58 n. Chr.
Festus	Porcius Festus, Prokurator von Judäa, 60–62 n. Chr.
Florus	Gessius Florus, Prokurator von Judäa, 64–66 n. Chr.
Galen	Ein griechischer Arzt und Intellektueller des späten 2. Jahrhunderts v. Chr.
Galiläa	Eine Region im nördlichen Palästina.
Gallio	Lucius Junius Gallio Annaeanus war 51–52 n. Chr. Statthalter von Achaia (wozu die Stadt Korinth gehörte). Er beschäftigte sich mit den jüdischen Beschwerden gegen Paulus. Er war der Bruder des berühmten Seneca.
Gottesfürchtige	Polytheisten, die sich von den jüdischen Traditionen

	angezogen fühlten, aber nicht zum Judentum konvertierten.
Hasmonäer	Die Familie, aus der auch die Makkabäer stammten. Asamonaios war angeblich der Urgroßvater des Mattatias, der seinerseits der Vater von Judas Makkabäus und seinen Brüdern war. Die Dynastie der Hasmonäer stellte die Könige in Judäa von etwa 167 v. Chr. bis 37 v. Chr., als die Römer Herodes den Großen als König einsetzten.
Hebräer	Die Nachkommen Abrahams werden gewöhnlich bis zur Zerstörung des Tempels in Jerusalem durch die Babylonier im Jahr 587 v. Chr. als Hebräer bezeichnet. Danach spricht man von »Juden«. Siehe auch Israeliten, Juden.
Hegesippos	Ein Christ des 2. Jahrhunderts, der sich in seinen Schriften gegen Häresien wandte. Sein Werk ist nur in acht Zitaten in Eusebius' Geschichte der frühchristlichen Kirche erhalten.
Henoch	Einer hebräischen Tradition folgend der Urgroßvater Noahs. Er starb nicht, sondern wurde in den Himmel entrückt. Als Engel wurde er Jahwes rechte Hand und hatte Zugang zu kosmischem Wissen. Die Verfasser dreier nichtkanonischer Henochbücher machten sich seinen prestigeträchtigen Namen zu eigen. 1. Henoch stammt aus dem 3. bis 1. Jahrhundert v. Chr.; 2. Henoch aus dem 1. Jahrhundert n. Chr.; 3. Henoch aus dem 5. Jahrhundert n. Chr. Wahrscheinlich ist keines der drei ein einheitliches Werk. 1. Henoch könnte zum Beispiel aus bis zu neun einzelnen Abschnitten bestehen, es dreht sich um Themen wie Astronomie, menschliche Moral und das Ende aller Tage.
Hemerobaptisten	»Tägliche Täufer«. Eine der in der jüdischen Tradition stehenden Sekten des 1. Jahrhunderts n. Chr. Ihr Name leitet sich davon ab, dass sie jeden Tag ein reinigendes Bad vollzogen.
Herodes Antipas	Sohn Herodes' des Großen. Von den Römern zum Herrscher über Galiläa und die benachbarte Peräa ernannt. Regierte 6–39 n. Chr.
Herodes der Große	König von Judäa 37–4 v. Chr. Mit Hilfe der Römer setzte er die Hasmonäer-Dynastie ab und herrschte mit Prunk und Unterdrückung. Seine Umgestaltung des Tempels in Jerusalem machte diesen zu einem der antiken Weltwunder.
Hesekiel	Ein Prophet des 7. bis 6. Jahrhunderts v. Chr. Er sagte wie Jeremia den Sturz Jerusalems voraus. Später gehörte

	er zu den Männern, die nach der Einnahme der Stadt im Jahr 587 v. Chr. nach Babylon deportiert wurden.
Hiob	Das Buch Hiob ist eine erfundene Geschichte, um das grundlegende Thema der Theodizee zu ergründen – die Frage, warum guten Menschen schlimme Dinge zustoßen, wenn Jahwe doch allmächtig, allwissend und gütig ist.
Hippolytos	Ein christlicher Autor des 3. Jahrhunderts n. Chr. Seine *Widerlegung aller Häresien* beschrieb frühchristliche Irrlehren.
Ignatius von Antiochia	Ein christlicher Anführer und früher Märtyrer aus Antiochia in Syrien. Er lebte am Ende des 1. und am Anfang des 2. Jahrhunderts n. Chr. In seinen Briefen schrieb er über die Kirchenorganisation und die Sakramente.
Irenaeus	Ein christlicher Apologet und Theologe des 2. Jahrhunderts.
Isaak	Hebräischer Patriarch, der traditionell auf die Zeit um 1900 v. Chr. datiert wird. Abraham war sein Vater, Jakob sein Sohn.
Isis	Eine wichtige Gottheit der ägyptischen Religion. In der hellenistischen und römischen Zeit wurde sie mit anderen Göttinnen (Demeter, Aphrodite usw.) gleichgesetzt und nahm eine Position als oberste (Mutter-)Göttin ein. Ihr Kult war weit verbreitet und sehr beliebt.
Israeliten	Die Nachkommen von Jakob, dem Enkel des ersten Patriarchen Abraham. Jakob wurde »Israel« genannt, und so wurden seine Nachkommen zu den »Israeliten«. Siehe auch Hebräer, Juden.
Jahwe	Der Name des hebräischen Gottes durfte nie ausgesprochen werden, doch die übliche Transkription der Konsonanten JHWH ist Jahwe. Seine ursprüngliche Heimat war der Berg Sinai, sein ursprüngliches Volk waren die Nomaden der Umgegend.
Jakob (Israel)	Hebräischer Patriarch, der gewöhnlich auf die Zeit um 1700 v. Chr. datiert wird. Abraham war sein Großvater, Isaak sein Vater.
Jeremia	Ein Prophet des späten 7. und frühen 6. Jahrhunderts v. Chr.
Jesaja	Texte einer Gruppe hebräischer Propheten, deren Werke im 5. oder 4. Jahrhundert v. Chr. in einem einzigen Prophetenbuch zusammengefasst wurden. Es ist möglich, dass ein Teil des Materials (die Kapitel 1–39) tatsächlich auf einen Mann namens Jesaja im 8. Jahrhundert v. Chr.

ANHANG

	zurückgeht. Anderes Material stammt aus der Mitte des 7. Jahrhunderts v. Chr., während der letzte Teil im Kontext der babylonischen Zerstörung des Jahres 587 v. Chr. geschrieben wurde.
Jesus ben Ananias	Ein charismatischer jüdischer Prophet, der Mitte der sechziger Jahre n. Chr. die Zerstörung Jerusalems voraussagte.
Jesus Sirach	Dieses Buch ethischer Lehren stammt aus dem 2. Jahrhundert v. Chr. Es wird auch als Ecclesiasticus bezeichnet, nicht zu verwechseln mit dem Buch Ecclesiastes (Kohelet).
Jom Kippur	Siehe Versöhnungstag.
Juden	Im 10. Jahrhundert v. Chr. war Juda das südliche hebräische Königreich und Israel das nördliche. Viel später wurde daraus die römische Provinz Judäa. Die Bewohner waren davon abgeleitet die »Juden«. Siehe auch Hebräer, Israeliten. Die Verwendung des Begriffs geriet nach 587 v. Chr. durcheinander, als auch Nachkommen des Jakob in der Diaspora »Juden« genannt wurden, obwohl sie nicht in Judäa lebten. In diesem Sinn spiegelt das Wort keinen Ortsnamen wider, sondern eine kulturelle Bezeichnung.
Jüdischer Krieg	Im Jahr 66 n. Chr. brachte eine Mischung aus religiösem Eifer und Machtkämpfen innerhalb der Elite einige Juden in Judäa dazu, sich gegen Rom aufzulehnen. Diese Bewegung verselbständigte sich, und die Rebellen hielten trotz vieler Rückschläge bis zur Zerstörung ihrer letzten Festung Masada im Jahr 73 durch. Jerusalem selbst nahmen die Römer nach einer Belagerung im Jahr 70 ein und zerstörten es. Josephus gibt uns einen ausführlichen, wenn auch voreingenommenen Bericht in seiner *Geschichte des Jüdischen Krieges.*
Johannes der Täufer	Ein charismatischer jüdischer Anführer, der um 30 n. Chr. wirkte.
Josephus	Flavius Josephus (37–ca. 100 n. Chr.) war ein jüdischer Anführer und Historiker. Nachdem er im Jüdischen Krieg (66–73 n. Chr.) zu den Römern übergelaufen war, ging er nach Rom, wo er Werke zu jüdischen Traditionen und jüdischer Kultur sowie eine Darstellung des Jüdischen Kriegs und seiner Ursachen verfasste.
Justin der Märtyrer	Ein frühchristlicher Apologet des 2. Jahrhunderts. Seine Schriften verteidigten die christliche Bewegung gegen ihre jüdischen Kritiker und rechtfertigten ihre Moral gegenüber den Polytheisten.

Kynismus	Eine philosophische Bewegung, die von Antisthenes, einem Anhänger des Sokrates, ausging und deren bekanntester Protagonist Diogenes von Sinope (4. Jahrhundert v. Chr.) war. Die wichtigste Lehre war, dass die Menschen im Einklang mit der Natur leben sollten, also ohne die unnatürlichen Beschränkungen des konventionellen gesellschaftlichen Lebens. Kynische Philosophen kritisierten deshalb Konventionen wie Reichtum und sexuelles Vergnügen und traten für ein einfaches Leben mit Bettelei und oft streitlustigen Predigten ein.
Laubhüttenfest	Hebräisch Sukkot. Das jüdische Herbstfest zur Feier der Ernte.
Lehrer der Gerechtigkeit	Ein unbekannter charismatischer jüdischer Anführer des 2. (oder vielleicht des 1.) Jahrhunderts v. Chr. Er spielt eine wichtige Rolle in einigen Qumran-Rollen. Wahrscheinlich der Begründer oder der berühmteste Anführer der Bewegung der Essener.
Levitikus	Das dritte Buch der Tora (3. Buch Mose).
Mittelplatonismus	Eine Form des Platonismus, die im 1. Jahrhundert v. Chr. bis zum 3. Jahrhundert n. Chr. zeitgenössische philosophische Ideen miteinander verschmolz. Vorstellungen der Peripatetiker (Anhänger des aristotelischen Denkens) und der Stoiker wurden mit grundlegenden Ideen des Platonismus kombiniert. Materie und Leib waren böse, die Seele dagegen war unsterblich und konnte sich mit der Seele des Universums (Gott) vereinigen. Willensfreiheit bedeutete, dass die Menschen sich dafür (oder dagegen) entscheiden konnten, ihrer Seele statt den Sünden der stofflichen Welt zu folgen.
Mischna	Eine jüdischen Lehrern (Rabbis) zugeschriebene Textsammlung. Sie will die jüdische mündliche Überlieferung deuten. Sie wurde am Anfang des 2. Jahrhunderts n. Chr. zusammengestellt.
Mithras	Ein Gott, der wahrscheinlich aus Persien stammt. Sein Kult wurde im Römischen Reich als Mysterienreligion adaptiert, die besonders Soldaten und Kaufleute ansprach. Die dahinterstehende Theologie ist kaum verstanden.
Mysterienreligionen	Religiöse Aktivitäten, die ein besonderes Wissen als Teil ihrer Lehre und Ausübung beinhalteten. Diejenigen, die über das Wissen verfügten, nahmen als Eingeweihte (*mystai*) an den Ritualen teil. Die Eleusinischen Mysterien in Attika waren die berühmtesten, aber es gab zahlreiche solcher Kulte in der ganzen griechisch-römischen

	Welt. Die Bewahrung des Geheimwissens gegenüber den Nichteingeweihten war ein wichtiges Element dieser Kulte.
Numeri	Das vierte Buch der Tora (4. Buch Mose).
Origenes	Ein christlicher Philosoph des späten 2. und 3. Jahrhunderts. Er schrieb eine Widerlegung des Polytheisten Celsus, der seinerseits in den 170er-Jahren einen kundigen Angriff auf das Christentum verfasst hatte.
Palästina	In der Antike war dies die Region, die sich in Ost-West-Richtung zwischen dem Mittelmeer und einem Landstrich östlich des Jordan und in Nord-Süd-Richtung von knapp jenseits des See Genezareth bis in den Süden Jerusalems ausdehnte. Der Name ist von den Philistern abgeleitet, die einen Teil dieses Territoriums seit dem 12. Jahrhundert v. Chr. bewohnten. Die Griechen nannten es Palaistina, die Römer benannten das Gebiet im 2. Jahrhundert n. Chr. von Judäa in Syria Palaestina um.
Pessach	Das jüdische Frühlingsfest, das die Befreiung der Hebräer aus der Sklaverei in Ägypten feiert.
Pentateuch	Siehe Tora.
Pharisäer	Anhänger einer jüdischen Denkschule. Sie konzentrierten sich auf die Auslegung der Tora und lebten so genau wie möglich nach ihren Vorschriften. Später entstand die rabbinische Tradition aus dem pharisäischen Denken und Handeln.
Philon von Alexandria	Philon lebte von etwa 25 v. Chr. bis 50 n. Chr. in der jüdischen Diaspora. Er war ein hochgebildeter Intellektueller und ein Führer der jüdischen Gemeinde im ägyptischen Alexandria. Er kombinierte Material aus der hebräischen Tradition mit dem der hellenistischen Welt, in der er lebte.
Platonismus	Eine philosophische Schule, die Platon im 4. Jahrhundert v. Chr. gegründet hatte.
Plinius der Ältere	Ein römischer Universalgelehrter des 1. Jahrhunderts n. Chr. Seine Enzyklopädie bietet ein weites Spektrum von Informationen und Einsichten zur griechisch-römischen Welt seiner Zeit. Er starb nahe Pompeji, als er im Jahr 79 n. Chr. den Ausbruch des Vesuv beobachtete.
Plinius der Jüngere	Ein römischer Senator, Statthalter und Briefeschreiber (61–ca. 113 n. Chr.). In seiner Korrespondenz mit dem Kaiser Trajan findet sich der früheste sichere Hinweis auf die Christen bei einem römischen Autor. Ein Zeitgenosse von Tacitus und Sueton.

Plutarch	Ein griechischer Prosaschriftsteller (um 46–120 n. Chr.). Er betätigte sich als Geschichtsschreiber, Biograf und Philosoph.
Polytheismus	Der Polytheismus umfasst eine fast grenzenlose Vielfalt; es gibt keine einheitliche Theologie jenseits des Glaubens an viele Götter.
Porphyrios	Ein neuplatonischer Philosoph des 3. Jahrhunderts. In einem heute verlorenen Werk mit dem Titel *Gegen die Christen* griff er die Christen und das philosophische Christentum an. Erhalten sind heute nur noch Zitate bei christlichen Autoren, die seine Argumente widerlegen.
Pythagoras	Ein griechischer Philosoph, Mathematiker, Mystiker und Zauberer des 6. Jahrhunderts v. Chr. Er glaubte an die Seelenwanderung.
Quadratus	Gaius Ummidius Durmius Quadratus, Statthalter von Syrien 52 v. Chr., als er in Samaria einmarschierte und dort Unruhen niederschlug.
Quadratus von Athen	Ein christlicher Apologet des späten 1. und frühen 2. Jahrhunderts. Sein Werk hat sich nur in Zitaten bei späteren Autoren erhalten.
Richter	In der frühen hebräischen Geschichte ein durch Konsens bestimmter Anführer, der allen Israeliten Führung und Konfliktlösung bieten sollte.
Sadduzäer	Die erbliche Priesterkaste in Judäa.
Samaritaner, der	Ein charismatischer jüdischer Anführer im Jahr 36 n. Chr.
Samaritaner	Bewohner des Landes zwischen Judäa im Süden und Galiläa im Norden. Die Bevölkerung bestand aus Israeliten und Einwanderern, die nach der Zerstörung des Königreichs Israel im Jahr 722 v. Chr. ins Land kamen. Sie praktizierten eine Form des Judentums, das auf Jahwes Anwesenheit auf dem Berg Garizim in Samaria gründete.
Schawuot	Siehe Wochenfest.
Schriftgelehrte	Eine Gruppe innerhalb der jüdischen Gemeinschaft, deren ursprüngliche Aufgabe, das Abschreiben der Tora und anderer religiöser Dokumente, sie zu Fachleuten in der Auslegung des mosaischen Gesetzes machte.
Seneca	Ein römischer Philosoph und Politiker des 1. Jahrhunderts n. Chr.
Simon der Magier	Ein Samaritaner des 1. Jahrhunderts n. Chr., der Wunder wirken konnte.
Salomo	König Davids Sohn und der zweite König von Israel (der Überlieferung nach 970–931 v. Chr.). Er errichtete den ersten Tempel für Jahwe in Jerusalem.

ANHANG

Stoa	Eine im 3. Jahrhundert v. Chr. gegründete Philosophen-schule. Stoiker glaubten, dass ein tugendhaftes Leben – ein Leben in Einklang mit der Natur – zu Glück führe. Stoiker schätzten Selbstkontrolle und Stärke im Unglück. Unerschütterlichkeit gegenüber den Einflüsterungen von Reichtum und Erfolg sowie gegenüber Schmerz und Leid führten zu einem glücklichen Leben.
Sueton	Ein römischer Biograf (etwa 69 bis irgendwann nach 122 n. Chr.). Von seinen vielen Werken ist nur wenig erhal-ten, doch seine zwölf *Kaiserbiographien* sind eine grund-legende Quelle für die Zeit des frühen Christentums. Ein Zeitgenosse von Tacitus und Plinius dem Jüngeren.
Sukkot	Siehe Laubhüttenfest.
Syrus	Publilius Syrus, ein ehemaliger Sklave, lebte im 1. Jahr-hundert v. Chr.; Verfasser und Kompilator römischer Le-bensweisheiten.
Tacitus	Ein römischer Senator und Historiker (um 56 bis irgend-wann nach 117 n. Chr.). In seinen Werken geht es um das 1. Jahrhundert n. Chr., auch um Teile der Jüdischen Kriege. Seine Schilderung des Feuers in Rom und der Bestrafung der Christen im Jahr 64 ist ein klassisches Dokument des frühen Christentums. Ein Zeitgenosse von Plinius dem Jüngeren und Sueton.
Talmud	Ein Kompendium des Mischna-Materials und der Kom-mentare dazu, Gemara genannt. Er stammt aus der Zeit um 400 n. Chr.
Tanach	Der hebräische Name für die Heiligen Schriften der Juden. Seit dem Ende des 5. Jahrhunderts v. Chr. kam kein weiteres neues Material mehr dazu. Er umfasst drei Teile: die fünf Bücher Mose, die Propheten und die Schriften (alles übrige Material).
Tertullian	Ein christlicher Theologe und Apologet des 2. und 3. Jahrhunderts. Der erste große Kirchenvater, der auf Latein, nicht auf Griechisch schrieb.
Therapeuten	Eine jüdische Gruppe in Ägypten, die in einer Gemein-schaft lebte und sich einem reinen und rechtschaffenen Leben widmete.
Theudas	Ein charismatischer jüdischer Anführer in der Mitte der vierziger Jahre n. Chr.
Tora	Die ersten fünf Bücher des Alten Testaments und grund-legenden Texte der hebräischen Tradition. Auch fünf Bücher Mose oder Pentateuch genannt.
Varus	Publius Quinctilius Varus, Statthalter von Syrien 7/6–4 v. Chr.

Versöhnungstag	Jom Kippur ist ein jüdisches Fest der Sühne und Versöhnung mit Blick auf das kommende Jahr, das zehn Tage zuvor an Rosch ha-Schana begonnen hat.
Weisheit Salomos	Ein Werk des 2. oder 1. Jahrhunderts v. Chr., das jüdische und hellenistische philosophische und religiöse Lehren in sich vereint. Es bietet Rechtfertigung, Richtlinien und Lob für ein gottgefälliges Leben.
Wochenfest	Hebräisch Schawuot. Das jüdische Sommerfest sieben Wochen nach Pessach zur Feier der Weizenernte.
Zadok	Der Hohe Priester König Davids.
Zweiter Tempel	Die Babylonier zerstörten den ersten Tempel Jahwes in Jerusalem im Jahr 587 v. Chr. Ein Ersatztempel wurde mit der Erlaubnis der persischen Machthaber gegen Ende des 6. Jahrhunderts wiederaufgebaut. Diesen zerstörten die Römer im Jahr 70 n. Chr. Zwischen Bau und Zerstörung liegt die Zeit des zweiten Tempels.

QUELLEN

Die ganz normalen Menschen sind in den dunklen Ecken und Winkeln der Alten Geschichte verborgen. Die Eliten hatten praktisch ein Monopol darauf, die Geschichte zu erzählen. Bei ihrem Blick vom höchsten Gipfel der Gesellschaft nahmen sie die Massen zwar manchmal wahr, doch selbst wenn das einfache Volk in den Fokus geriet, war die Brille wegen der Vorurteile der Elite stark getönt. Und so haben uns vielleicht ein bis zwei Prozent der Bevölkerung ein Bild der Kultur, Gesellschaft und Religion hinterlassen, das sich mit ihrer Weltsicht deckt. Es ist möglich, dass ihr Blick auf die Dinge Beobachtungen enthält, welche die Lebensbedingungen und das Denken der breiten Bevölkerung offenlegen. Selbstverständlich nahmen sie oft an denselben Aktivitäten teil, kamen zum Beispiel im Heer, bei Festen, öffentlichen Ereignissen und Veranstaltungen mit einfachen Leuten zusammen – oder sahen sie zumindest. Doch gemeinsame Aktivitäten bedeuten nicht notwendigerweise gleiche Auffassungen, gleiche Probleme oder einen gleichen Blick auf die Welt. Es ist sogar sehr unwahrscheinlich, dass ein Angehöriger der Elite ein klares Konzept vom alltäglichen Leben hatte, wenn er (und es war immer ein er) nicht besondere Anstrengungen unternahm, um zu beobachten und sich Gedanken darüber zu machen, wie es zum Beispiel Plinius der Ältere oder Apuleius oder Petronius getan haben müssen.

Dennoch kreuzte die Elite immer wieder den Weg der normalen Menschen und hatte deshalb einen gewissen Einblick in ihr Leben. Vor allem in der Literatur spielen sie oft eine Rolle, und wenn es um die Schilderung eines Ereignisses in Prosa oder Versen geht, kann man durchaus Belege für das Alltagsleben aus dem Werk der Elite ziehen. Einige Angehörige dieser Elite entstammten recht durchschnittlichen Familien, und jemand aus der Handwerkerschicht wie Lukian kannte die Welt, die er in einigen seiner Texte verspottete. Auch viele hochrangige Christen kamen zumindest in der Frühzeit aus den Reihen der einfachen Leute und hatten deshalb ein gewisses Gespür für ihre Einstellungen, Hoffnungen und Träume. Das Sammeln solcher Textstellen, verbunden mit konkreteren Belegen und unter kluger Heranziehung von vergleichendem Material aus anderen Zeiten und Orten kann ein realistisches, wenn auch unvollständiges Bild der alltäglichen religiösen Aktivität ergeben.

Zum jüdischen Material gehören nicht nur die Schriften, welche die Christen als das Alte Testament und die Apokryphen bezeichnen, sondern auch eine große Vielfalt von literarischen Arbeiten aus der Zeit von etwa 500 v. Chr. bis in die ersten beiden Jahrhunderte nach Christi Geburt. Die Entdeckung der Qumran-Rollen in der Mitte des 20. Jahrhunderts öffnete die Schleusen für neue Informationen und Spekulationen über viele Themen, auch über das religiöse Leben der Bevölkerung. Wie bei allen Quellen geht es vor allem um die Frage, inwieweit jüdische Quellen die tatsächliche Kultpraxis widerspiegeln. Bieten sie ein Abbild des echten Lebens oder idealisieren sie? Wie verzerrt sind sie durch die eigene Perspektive? Zudem ist es schwierig, aussagekräftiges Material für die jeweilige beschriebene Zeit, etwa die Zeit der assyrischen Eroberung Jerusalems im 8. Jahrhundert v. Chr., herauszufiltern. Wie stark ist es angepasst worden, um die Probleme der Zeit aufzugreifen, in der die Quelle zusammengestellt oder redigiert wurde, oft mehrere hundert Jahre nach den Geschehnissen. Das Material im Alten Testament und dem Tanach wurde erst irgendwann im 5. und 4. Jahrhundert v. Chr. in seine jetzige Form gebracht. Es ist eine Herausforderung, die »Fakten« der religiösen und politischen Geschichte des 10., 8. oder 6. Jahrhunderts aus diesem Wirrwarr herauszuziehen, nachdem Überlieferungen und Daten jahrhundertelang zurechtgeknetet wurden. Und schließlich gibt es jüdische Quellen aus späterer Zeit, also vom 2. Jahrhundert n. Chr. an. Nach der Zerstörung des Tempels in Jerusalem im Jahr 70 und den gescheiterten Aufständen in der Diaspora und in Judäa 117/118 und 130–133 sammelten Rabbis in Judäa und Babylon Material und erlangten nach und nach die Kontrolle über die jüdischen Aktivitäten und die historische Erinnerung. Ihre Schriften liefern einige Informationen über die hier behandelte Zeit, besonders über das 1. Jahrhundert, die bestenfalls unklar sind. Nur allzu gern liest man Bedingungen, Einstellungen und Handlungen aus der Mischna und dem Talmud (200–400 und später) heraus, doch allzu oft führt dies auch zu falschen Schlussfolgerungen über Bedingungen und Geschehnisse des 1. Jahrhunderts, einer Zeit, die radikal anders war als die späteren jüdischen Erfahrungen. Hier ist große Sorgfalt vonnöten.

Und schließlich das jüdische Material aus der Diaspora. Der rabbinischen Machtübernahme fielen unter anderem die griechisch geschriebenen Texte der jüdischen Kultur zum Opfer. Die Septuaginta ist eine griechische Übersetzung des im späten 4. Jahrhundert v. Chr. in Ägypten zusammengestellten Tanach, die jahrhundertelang Standard war. Die Schriften Philons, eines bekannten jüdischen Intellektuellen des frühen 1. Jahrhunderts in Alexandria, gewähren großartige Einblicke in eine eher philosophische Richtung des jüdischen Denkens seiner Zeit. Das weitgefächerte Werk des Historikers Flavius Josephus im späteren 1. Jahrhundert liefert uns reichhaltiges Material zu vielen historischen und kulturellen jüdischen Themen. Alle drei Quellen wurden nicht in der jüdischen Überlieferung, sondern in der christlichen bewahrt. Die Septuaginta wurde zu ihrem Alten Testament, und Philon wie auch Josephus boten offenbar Bestätigungen für spätere christliche Geschichts- und Glaubenskonstruktionen.

Unter den Quellen über frühe Christen ist selbstverständlich das Material des Neuen Testaments von entscheidender Bedeutung – gleichzeitig ist es unglaublich umstritten. Das eine Extrem bilden die Fürsprecher der »Hand Gottes«, die glauben, dass die Texte direkt vom christlichen Gott diktiert wurden, Wort für Wort den Gläubigen offenbart und damit ganz und gar wahr und verständlich, ohne jede Notwendigkeit einer historischen oder sonstigen Interpretation. Das andere Extrem bilden Forscher, die fast alle Elemente der Evangelientexte radikal historisch deuten wollen. In letzter Zeit sind anthropologische und soziologische Interpretationen aufgekommen, die das Material mit Hilfe von Theorien und Kulturvergleichen verstehen wollen.

Innerhalb des Neuen Testaments bieten die echten Paulusbriefe das früheste Material – »die echten« deshalb, weil mehr als die Hälfte des paulinischen Korpus von anderen geschrieben wurde, die Paulus nur als Autor angaben, um ihre eigenen Belehrungen der Gläubigen aufzuwerten. Die echten paulinischen Briefe stammen aus der Mitte der vierziger bis hin zu den späten fünfziger Jahren, sie sind damit älter als alle kanonischen Evangelien. In ihnen finden wir ein Bild der zeitgenössischen städtischen griechischen Welt, die den Hintergrund für die Verbreitung des Christentums bildet. In diesem Umfeld stritten jüdische Gemeinden über die Vorzüge der neuen Botschaft, und Polytheisten erfuhren hier zum ersten Mal von ihr.

Die synoptischen Evangelien, so genannt, weil sie ein Bild vom Leben Jesu bieten, das in vielen Elementen übereinstimmt, schildern die Welt der jüdischen Handwerker und Bauern in Galiläa und Judäa. Markus, Matthäus und Lukas wurden wahrscheinlich wenigstens eine Generation nach dem Tod Jesu niedergeschrieben, entweder kurz vor oder eher nach der Zerstörung des Tempels in Jerusalem 70 n. Chr. Sie präsentieren eine Geschichte, die jüdische und nichtjüdische Elemente zu einem Ganzen verschmilzt, das Gläubige beider Gruppen ansprechen kann und gleichzeitig bei der Missionierung Außenstehender von Nutzen ist. Das Johannes-Evangelium, das später abgefasst wurde als die drei oben genannten, bietet eine andere Mischung aus Fakten und Kultur. Das nichtkanonische Thomas-Evangelium schließlich, ein Werk, das vielleicht aus dem 1., wahrscheinlicher aber aus dem 2. Jahrhundert stammt, hat eine ganz andere Perspektive: Es betont die Botschaft Jesu in seinen Aussprüchen stärker als die Botschaft in den Wundern, besonders in der Auferstehung, die Paulus und den anderen Evangelien so wichtig ist. Die vom Evangelisten Lukas geschriebene Apostelgeschichte schließlich erzählt die Geschichte nach Jesu Auferstehung weiter. In vieler Hinsicht ist die Apostelgeschichte ein Geschichtswerk im zeitgenössischen griechisch-römischen Stil. Das bedeutet nun keinesfalls, dass sie sachlich in allen Einzelheiten genau ist – das ist ganz und gar nicht der Fall –, aber sie versucht die Ausbreitung des frühen Christentums nachzuzeichnen.

Die von Christen etwa zeitgleich mit dem Neuen Testament (um 45–110) oder kurz danach geschriebenen Texte tragen wichtige Perspektiven zu dieser Mischung bei. Die *Didache*, ein einigermaßen seltsames Werk über religiöse Disziplin, der 1. Clemensbrief und vielleicht das Thomas-Evangelium fallen neben anderen Werken in diese Kategorie.

Nichts davon wurde von hochgebildeten Angehörigen der Elite geschrieben. Ganz offensichtlich konnten die Verfasser lesen und schreiben. Sie hatten eine grundständige Bildung genossen, die ihnen genügend hellenistisches Griechisch (in dieser Sprache ist alles geschrieben) und jüdische Kultur nahebrachte. Weder der

Stil noch der Inhalt lässt allerdings vermuten, dass die Verfasser einer Elite angehörten, der herrschenden Klasse oder den Gemeindeführern. Sie repräsentieren das, was ich die normalen Leute nenne – nicht unbedingt aus den unteren Schichten kleiner Handwerker oder Landarbeiter, aber ganz sicher auch nicht aus der Elite. Ihre Ansichten und Texte tragen entscheidend dazu bei, dass wir verstehen, wie solche Menschen, ob nun Polytheisten oder Juden, im 1. Jahrhundert dachten und handelten.

Später, im 2. Jahrhundert, bieten neben vielen anderen vor allem die Arbeiten von Justin dem Märtyrer und Tertullian noch mehr Material, wobei man sich vor Augen führen muss, dass das Christentum des 2. Jahrhunderts sich bereits grundlegend von den Gruppen des 1. Jahrhunderts unterschied, denn damals war der Übergang von der gemeinschaftlichen Organisation des 1. Jahrhunderts hin zu einem hierarchischen Ansatz mit einem Schwerpunkt auf der Philosophie schon weit fortgeschritten. Eusebius, der zur Zeit Konstantins schrieb, zitiert weiteres wertvolles Material aus dem 2. Jahrhundert. Die Texte von Nag Hammadi, die in der ägyptischen Wüste versteckt worden waren wie die Qumran-Rollen in judäischen Höhlen, bieten neues Material zum frühen Christentum, vor allem ein vollständiges Thomas-Evangelium. Wie immer in solchen Fällen machen unterschiedliche Wertungen fast aller ihrer Facetten ihre Verwendung für die historische Forschung schwierig.

Andere Quellen zu den Ansichten einfacher römischer und griechischer Anhänger des Christentums gibt es kaum. Einige wenige Informationen finden sich in römischen Rechtsbüchern. Inschriften für Christen tauchen im 3. Jahrhundert auf. Sie nennen Arbeiter, Bankiers, Steinmetze, Weber, Händler, Schneider, Maultiertreiber und ähnliche Berufe – die Art Menschen, mit denen wir nach Lektüre der Schriftquellen auch rechnen würden. Papyri aus den ersten zwei Jahrhunderten tragen wenig zu dem Wissen aus den anderen Quellengattungen bei.

ÜBERSETZUNGEN UND AUSGABEN

Die wichtigsten Quellen sind in guten deutschen Übersetzungen verfügbar, von denen einige unten aufgeführt sind. Sie wurden bei der vorliegenden Übersetzung herangezogen, mit dem englischen Text abgeglichen und teilweise sprachlich modernisiert. Für die zitierten Editionen griechischer Papyri (z. B. *P. Oxy*) siehe die »Checklist of Editions of Greek, Latin, Demotic, and Coptic Papyri, Ostraca, and Tablets« unter http://www.papyri.info/docs/checklist.

Klassische Autoren

Apuleius, *Florida*: Rudolf Helm, Apuleius: *Verteidigungsrede. Blütenlese*, Berlin 1977.

Apuleius, *Metamorphoses*: Rudolf Helm, *Apuleius: Metamorphosen oder Der goldene Esel*, Darmstadt ⁷1978.

Apuleius, *De Platone et eius dogmate*: Paolo Siniscalco und Karl Albert, *Apuleius: Platon und seine Lehre*, Sankt Augustin 1981.

Artemidor, *Oneirokritikon*: Karl Brackertz, *Artemidor von Daldis: Das Traumbuch*, Zürich/München 1979.

Babrios, *Fabulae*: Johannes Irmscher, *Antike Fabeln*, Berlin/Weimar 1978.

Cicero, *De natura deorum*: Wolfgang Gerlach und Karl Bayer, *Cicero: Vom Wesen der Götter*, München/Zürich ³1990.

Cicero, *Tusculanae disputationes*: Olof Gigon, *Cicero: Gespräche in Tusculum*, München/Zürich ⁷1998.

Dion Chrysostomos, *Orationes*: Winfried Elliger, *Dion Chrysostomos: Sämtliche Reden*, Zürich/Stuttgart 1967.

Epikur: *Fragmenta*: Olof Gigon, *Epikur: Von der Überwindung der Furcht: Katechismus, Lehrbriefe, Spruchsammlung, Fragmente*, Stuttgart 1968.

Flavius Josephus, *Antiquitates Judaicae*: Heinrich Clementz, *Jüdische Altertümer*, Wiesbaden 2004.

Flavius Josephus, *De bello Judaico*: Heinrich Clementz, *Geschichte des Judäischen Krieges*, Stuttgart 2015.

Flavius Josephus, *Vita*: Folker Siegert, Heinz Schreckenberg und Manuel Vogel, *Flavius Josephus: Aus meinem Leben*, Tübingen 2001.

Juvenal, *Saturae*: Joachim Adamietz, *Juvenal: Satiren*, München/Zürich 1993.

Herodot: *Historiae*: Walter Marg, *Herodot: Geschichte und Geschichten*, 2 Bde., Zürich/München ²1990.

Homer, *Ilias*: Raoul Schrott, *Homer: Ilias*, München 2008.

Livius, *Ab urbe condita*: Hans Jürgen Hillen und Josef Feix, *Livius: Römische Geschichte*, 11 Bde., Darmstadt 1974–2000.

Lukian, *Tragopodagra, Ikaromenippos, Tod des Peregrinus*: Christoph Martin Wieland und Hanns Floerke, *Lukian von Samosata: Sämtliche Werke*, Wiesbaden 2014.

Marcus Aurelius, *Ad se ipsum*: Rainer Nickel, *Mark Aurel: Wege zu sich selbst*, München/Zürich 1990.

Martial, *Epigrammata*: Paul Barié und Winfried Schindler, *M. Valerius Martialis: Epigramme*, Berlin ³2014.

Papyri Graecae Magicae: Karl Preisendanz, *Papyri Graecae Magicae*, 2 Bde., Stuttgart 1973–1974.

Petronius, *Satyrica*: Niklas Holzberg, *Satyrische Geschichten*, Berlin 2013.

Philon, *Legatio ad Gaium, contra Flaccum, quaestiones et solutiones in Genesim et in Exodum, apologia pro Judaeis, de sacrificiis Abelis et Caini, de specialibus legibus, de somniis, de vita contemplativa*: Leopold Cohn, Isaak Heinemann, Maximilian Adler, Willy Theiler, *Philo von Alexandrien. Die Werke in deutscher Übersetzung*, 7 Bde., Berlin 1915.

Plautus, *Miles gloriosus*: Peter Rau, *Plautus: Miles gloriosus. Der glorreiche Hauptmann*, Stuttgart 1991.

Plinius der Ältere, *Naturalis historia*: Roderich König u.a., *C. Plinius Secundus der Ältere, Naturkunde*, 32 Bde., München/Zürich/Darmstadt 1973–2004.

Plinius der Jüngere, *Epistulae*: Helmut Kasten, *Plinius: Briefe*, Zürich u.a. ⁷1995.

Plutarch, *Moralia*: Otto Apelt, *Plutarch: Moralische Schriften*, 3 Bde., Leipzig 1926–1927.

Publilius Syrus, *Sententiae*: Hermann Beckby, *Die Sprüche des Publilius Syrus*, München 1969.

Seneca, *Epistulae morales ad Lucilium*: Otto Apelt, *Seneca: Philosophische Schriften*, Wiesbaden 2004.

Strabon, *Geographika*: Stefan Radt (Hg.), *Strabons Geographika*, 10 Bde., Göttingen 2002–2011.

Sueton, *De vita Caesarum* (Tiberius, Claudius, Nero, Vespasian): Hans Martinet, *Sueton: Die römischen Kaiser*, Düsseldorf/Zürich 2003.

Xenophon, *Hellenika*: Gisela Strasburger, *Xenophon: Hellenika*, München ²1988.

Xenophon von Ephesos, *Ephesiaka*: Bernhard Kytzler, *Abrokomes und Anthia. Die Liebenden von Ephesos*, Leipzig 1981.

ANHANG

Kanonische Texte, Apokryphen und andere jüdische und frühchristliche Texte

Altes und Neues Testament mit Jesus Sirach, Petrusbriefen und 1. und 2. Makkabä-erbuch: Die Lutherbibel, 2017.

Assumptio Mosis: Egon Brandenburger, *Himmelfahrt Moses* (Jüdische Schriften aus hellenistisch-römischer Zeit, Bd. 5.2), Gütersloh 1976.

Avot de-Rabbi Natan: Kaim Pollak, *Rabbi Nathans System der Ethik und Moral*, Budapest 1905.

Babylonischer Talmud: Lazarus Goldschmidt, *Der babylonische Talmud*, 12 Bände, Berlin 1929–1936.

Didaskalia Apostolorum: Hans Achelis und Johannes Flemming, *Die syrische Didaskalia* (Die ältesten Quellen des orientalischen Kirchenrechts, Bd. 2), Leipzig 1904.

Diognetbrief: Horacio E. Lona, *An Diognet* (Kommentar zu frühchristlichen Apologeten, Bd. 8), Freiburg u. a. 2001.

Henoch: Johannes Flemming und L. Rademacher, *Das Buch Henoch*, Leipzig 1901.

3. Makkabäerbuch: Thomas Knöppler, *Das 3. Makkabäerbuch* (Jüdische Schriften aus hellenistisch-römischer Zeit, Bd. 1.9), Gütersloh 2017.

4. Makkabäerbuch: Hans-Josef Klauck, *4. Makkabäerbuch* (Jüdische Schriften aus hellenistisch-römischer Zeit, Bd. 1.6), Gütersloh 1989.

Mischna, Ketubbot: Michael Krupp u. a.: *Die Mischna. Frauen – Seder Nashim*, Berlin 2010, S. 63–103.

Mischna, Pirque Avot: Michael Krupp u. a.: *Die Mischna. Schädigungen – Seder Neziqin*, Frankfurt am Main 2008, S. 244–278.

Petrus-Akten: Wilhelm Schneemelcher, *Neutestamentliche Apokryphen*, Bd. 2: Apostolisches, Apokalypsen und Verwandtes, Tübingen ⁶1999, S. 243–289.

Qumran-Rollen: Johann Maier, *Die Qumran-Essener: Die Texte vom Toten Meer*, 3 Bde., München 1995–1996.

Tosefta, Toharot: Gerhard Lisowski, Günter Mayer, Karl Heinrich Rengstorf und Emanuel Schereschewky, *Rabbinische Texte. Erste Reihe. Die Tosefta*: Seder VI: Ṭoharot 3. Ṭoharot – Uḳṣin, Stuttgart 1967.

Christliche Autoren

Die Bibliothek der Kirchenväter (BKV) versammelt patristische Literatur in lesbaren Übersetzungen seit etwa der Mitte des 19. Jahrhunderts. Viele auch neuere Teilbände sind im Zuge eines Projekts der Universität Fribourg digitalisiert worden und online verfügbar unter http://www.unifr.ch/bkv/. Diese Werke sind nur mit dem Kürzel BKV bezeichnet.

Athenagoras, *Legatio sive supplicatio pro Christianis*: BKV (dort: *Apologia*).
Augustinus, *De civitate dei*: Wilhelm Thimme, *Augustinus: Vom Gottesstaat*, 2 Bde., Zürich/Mannheim ²1978.
Eusebius, *Historia Ecclesiastica*: Heinrich Kraft, Philipp Haeuser und Hans Armin Gärtner, *Eusebius von Caesarea: Kirchengeschichte*, München ²1981.
Hieronymus, *Contra Vigilantium*: BKV
Irenaeus von Lyon, *Contra Haereses*: BKV oder:
–, *Adversus haereses* = *Gegen die Häresien*, 5 Bde. (Fontes Christiani, Bd. 8.1–5), Freiburg u.a. 1993–2001.
Justin der Märtyrer, *Dialogus cum Tryphone*: BKV
Lactantius, *Divinae Institutiones*: BKV
Minucius Felix, *Octavius*: BKV
Origenes, *Contra Celsum*: BKV
Tatian, *Oratio ad Graecos*: Heinz-Günther Nesselrath u.a., *Gegen falsche Götter und falsche Bildung. Tatian, Rede an die Griechen*, Tübingen 2016.
Tertullian, *Apologeticum*: BKV oder:
–, Tobias Georges, *Tertullian: Apologeticum = Verteidigung des christlichen Glaubens*, Freiburg/Basel/Wien 2015.
Tertullian, *De testimonio animae*: BKV
Tertullian, *De praescriptione haereticorum*: BKV oder:
–, Dietrich Schleyer, *Tertullian: De praescriptione haereticorum/Vom prinzipiellen Einspruch gegen die Häretiker* (Fontes Christiani, Bd. 42), Brepols 2002.

LITERATURHINWEISE

Die Quellen über die Religionsausübung der breiten Bevölkerung bieten ein reiches, wenn auch, wie immer, unvollständiges Bild. Die Forschungsliteratur über all diese Quellen ist so gewaltig, dass man leicht den Überblick verlieren kann. Jedes Jahr werden allein über Personen wie Jesus oder Paulus Dutzende, ja Hunderte von Artikeln oder Büchern geschrieben. Interpretationen von Menschen, Ereignissen und literarischen Werken erscheinen mit, für einen Außenstehenden, unfassbarer Häufigkeit. Die wissenschaftliche Debatte umfasst Hunderte von großen und kleinen Themen. Die Auswahl von Literatur mit allgemeinerem Charakter, die selbst in bescheidenem Umfang Neues bringt, ist nicht einfach. Im Folgenden liste ich das Material auf, das ich am hilfreichsten fand.

Kapitel 1: Die Reise

John Bright, *Geschichte Israels: von den Anfängen bis zur Schwelle des Neuen Bundes*, Düsseldorf 1966, erzählt die Geschichte Israels bis zum Makkabäer-Aufstand Mitte des 2. Jahrhunderts v. Chr. Danach: Shaye J. D. Cohen, *From the Maccabees to the Mishnah*, Louisville 2006, und Seth Schwartz, *Imperialism and Jewish Society, 200 BCE to 640 CE*, Princeton 2001. Zum Thema archäologische Gesellschaftsforschung siehe die Aufsätze in: Thomas E. Levy (Hg.), *The Archaeology of Society in the Holy Land*, New York 1995. Robert Knapp, *Römer im Schatten der Geschichte*, Stuttgart 2016, vermittelt ein Bild, wie die einfachen Leute in der griechisch-römischen Welt lebten. Gildas Hamel, *Poverty and Charity in Roman Palestine, First Three Centuries CE*, Berkeley 1990, behandelt das jüdische Material.

Kapitel 2: Polytheisten, Juden und das Übernatürliche

Die Anthropologie der Religion dokumentiert, wie stark die natürliche und die übernatürliche Welt in den Kulturen der Welt miteinander verflochten sind. Annemarie de Waal Malefijt, *Religion and Culture: An Introduction to Anthropology of Religion*, New York 1968, und Fiona Bowie, *The Anthropology of Religion*, Oxford 2000, bieten gute Grundinformationen und Denkansätze zum Thema. James B. Rives, *Religion in the Roman Empire*, Oxford 2007, ist eine hervorragende Einführung in die religiösen Bräuche der römischen Welt; Teresa Morgan, *Popular Morality in the Early Roman Empire*, Cambridge 2007, behandelt die Frage, wie die Normalbevölkerung damals dachte und handelte. Für die frühere griechische Periode ist immer noch Walter Burkert, *Griechische Religion der archaischen und klassischen Epoche*, Stuttgart 1977, grundlegend. Dale B. Martin, »Hellenistic Superstition«, in: P. Bilde et al. (Hg.), *Conventional Values of the Hellenistic Greeks*, Aarhus 1997, S. 110–127, behandelt insbesondere die Einstellungen der Öffentlichkeit. E. P. Sanders, *Judaism Practice and Belief 63 BCE–66 CE*, London 1992, ist eine interessante Analyse der Entwicklungen in der jüdischen Kultur und Religion. Ramsay MacMullen, *Paganism in the Roman Empire*, New Haven 1981, ist immer noch die beste Darstellung des Polytheismus und seiner Funktion in der römischen Welt; Giulia Sfameni Gaspero, »Daimôn and Tuchê«, in: P. Bilde et al. (Hg.), *Conventional Values of the Hellenistic Greeks*, Aarhus 1997, S. 67–109, ist nützlich, wenn man Fatum und Fortuna im Weltbild der Polytheisten verstehen will.

Kapitel 3: Die jüdische Normalbevölkerung

Zum allgemeinen Hintergrund der politischen Verhältnisse siehe: Seth Schwartz, *Imperialism and Jewish Society, 200 BCE to 640 CE*, Princeton 2001. Eine solide Darstellung der Normalbevölkerung bietet Oded Borowski, *Daily Life in Biblical Times*, Atlanta 2003. Jody Magness, *Stone and Dung, Oil and Spit: Jewish Daily Life in the Time of Jesus*, Grand Rapids 2011, schildert viele prosaische Aspekte des damaligen Lebens. Eine Menge aktuelles Material über eine Vielzahl von Themen des täglichen Lebens findet sich in: Catherine Hezser (Hg.), *The Oxford Handbook of Jewish Daily Life in Roman Palestine*, Oxford 2010. Jodi Magness, *Archaeology of the Holy Land: From the Destruction of Solomon's Temple to the Muslim Conquest*, New Haven 2012, ist eine lesenswerte, verlässliche, gut illustrierte Einführung in die archäologische Forschung über den genannten Zeitraum. Eine detailliertere Darstellung ist: Eric M. Meyers und Mark A. Chancey, *Alexander to Constantine: Archaeology of the Land of the Bible*, Bd. 3, New Haven 2012. Zur jüdischen Bevölkerung Galiläas siehe: S. Freyne, »Jesus and the Galilean Am ha-Aretz: A Reconsideration of an Old Problem«, in: Lee I. Levine und Zeev Weiss, »*Follow the Wise*«: *Studies in Jewish History and Culture in Honor of Lee I. Levine*, Winona Lake (Indiana) 2010, S. 37–54, und Jonathan L. Reed, »Archaeological Contributions to the Study of Jesus and the Gospels«, in: Amy-Jill Levine, Dale C. Allison jr. und John Dominic Crossan (Hg.), *The Historical Jesus in Context*, Princeton 2006, S. 40–54. Martin Goodman, *The Ruling Class of Judaea*, Cambridge 1987, ist bis heute die beste Darstellung der Oberschichten und ihrer traumatischen internen Kämpfe unter der römischen Oberherrschaft. Zur Normalbevölkerung siehe: A. Oppenheimer, *The »Am Ha-Aretz«: A Study in the Social History of the Jewish People in the Hellenistic-Roman Period*, Leiden 1977. Zur jüdischen Normalbevölkerung außerhalb Judäas hat Erich Gruen in seinem meisterhaften Werk *Diaspora Jews Amidst Greeks and Romans*, Cambridge (Massachusetts) 2002, viele Informationen gesammelt und in eine gut lesbare Form gebracht. Zu den Frauen in der behandelten Periode siehe: Tal Ilan, *Integrating Women into Second Temple History*, Peabody 1999; Eileen M. Schuller, »Women in the Dead Sea Scrolls«, in: *Annals of the New York Academy of Sciences* 722 (1994), S. 115–131; und Bernadette J. Brooten, *Women Leaders in the Ancient Synagogues: Inscriptional Evidence and Background Issues*, Chicago 1982; Ross Kraemer, »Jewish Women and Christian Origins«, in: Ross S. Kraemer und Mary Rose D'Angelo (Hg.), *Women and Christian Origins*, Oxford 1999, S. 35–49. Eine forsche Sicht auf die Unruhen in Judäa und Galiläa bietet: Richard A. Horsley und John S. Hanson, *Bandits, Prophets, and Messiahs: Popular Movements at the Time of Jesus*, Minneapolis 1985.

Kapitel 4: Die Gerechtigkeit Jahwes

Victor Matthews, *Hebrew Prophets and Their Social World*, Grand Rapids 2012, behandelt die einzelnen Propheten und ihre soziale Botschaft. Alex P. Jassen schreibt über die Schriftrollen vom Toten Meer als Quelle in: »The Presentation of the Ancient Prophets as Lawgivers at Qumran«, in: *Journal of Biblical Literature* 127 (2008), S. 307–337. John S. Kloppenberg, »Symbolic Eschatology and the Apocalypticism of Q«, in: *Harvard Theological Review* 80 (1987), S. 287–306, behandelt die Anfänge und die Entwicklung der Theologie der Letzten Tage. John J. Collins sammelt und erklärt das Material in: *The Apocalyptic Imagination: An Introduction to the Jewish Apocalyptic Literature*, 2. Aufl., Grand Rapids 1988.

Kapitel 5: Die Polytheisten in ihrer Welt

Zu den Mysterienkulten siehe: Walter Burkert, *Antike Mysterien: Funktionen und Gehalt*, München 1990. Das Denken der Normalbevölkerung behandelt: Teresa Morgan, *Popular Morality in the Early Roman Empire*, Cambridge 2007. Eine meisterhafte Darstellung des Polytheismus ist: Ramsay MacMullen, *Paganism in the Roman Empire*, New Haven 1981. Zu den damaligen philosophischen Bewegungen siehe: A. A. Long, *Die hellenistischen Philosophen: Texte und Kommentare*, Stuttgart 2000; Pierre Hadot, *What is Ancient Philosophy?*, Cambridge (Massachusetts) 2002, ist eine gute Beschreibung der antiken Philosophie als Lebensstil. Zu den Kynikern siehe: R. Bracht Branham und Marie-Odile Goulet-Cazé (Hg.), *The Cynics: The Cynic Movement in Antiquity and Its Legacy*, Berkeley 1996. Hans Dieter Betz, »Jesus and the Cynics: Survey and Analysis of a Hypothesis«, in: *Journal of Religion* 74 (1994), S. 453–447, widerlegt die früher beliebte Hypothese, Jesus sei eine Art Kyniker gewesen. Von Zeus Hypsistos handelt: Stephen Mitchell und Peter van Nuffelen, *One God: Pagan Monotheism in the Roman Em-*

pire, Cambridge 2010. Zur Konversion siehe den Klassiker: a.D. Nock, *Conversion: The Old and the New in Religion from Alexander the Great to Augustine of Hippo*, Oxford 1933, auch heute noch eine herausragende Studie. Siehe auch: Martin Goodman, *Mission and Conversion: Proselytising in the Religious History of the Roman Empire*, Oxford 1994.

Kapitel 6: Wege zur Veränderung

Zum Thema Pharisäer und Sadduzäer, Essener und Therapeuten siehe: Emil Schürer, *Geschichte des jüdischen Volkes im Zeitalter Jesu Christi*, Bd. 2. Zu Zeloten und Sikariern siehe auch: Morton Smith, »Zealots and Sicarii, Their Origins and Relation«, in: *Harvard Theological Review* 64 (1971), S. 1–19. Zu den Schriftrollen vom Toten Meer siehe die hervorragenden Aufsätze in: Timothy H. Lim und John J. Collins, *The Oxford Handbook of the Dead Sea Scrolls*, Oxford 2010, und in: James VanderKam und Peter Flint, *The Meaning of the Dead Sea Scrolls,* San Francisco 2002. Zum Thema Polytheismus noch immer grundlegend ist: Ramsay MacMullen, *Paganism in the Roman Empire*, New Haven 1981.

Kapitel 7: Charismatiker und Messiasse

Zum Messiasglauben der Juden siehe Emil Schürer, *Geschichte des jüdischen Volkes im Zeitalter Jesu Christi*, Bd. 2. John J. Collins, »›He Shall Not Judge by What His Eyes See‹: Messianic Authority in the Dead Sea Scrolls«, in: *Dead Sea Discoveries* 2 (1995), S. 145–164, und Matthew V. Novenson, »The Jewish Messiahs, the Pauline Christ and the Gentile Question«, in: *Journal of Biblical Literature* 128 (2009), S. 357–373. Sie verteidigen die These, dass Messiasse kein wichtiger Teil der jüdischen Erfahrung gewesen seien. Zum Messianismus und den Schriftrollen vom Toten Meer siehe: John J. Collins, *The Scepter and the Star: Messianism in the Light of the Dead Sea Scrolls,* New York 1995. Zur Abwesenheit eines leidenden Messias' in den Schriftrollen vom Toten Meer siehe: James VanderKam und Peter Flint, *The Meaning of the Dead Sea Scrolls,* San Francisco 2002. Eine gute Zusammenfassung der Hypothesen über die Identität Jesu in der Geschichtsschreibung findet sich in: John P. Meier, »The Present State of the ›Third Quest‹ for the Historical Jesus: Loss and Gain«, in: *Biblica* 80 (1999), S. 459–487. Einen guten Überblick über die Vorstellungen der Bevölkerung zum Thema Messias bietet: William Horbury, *Jewish Messianism and the Cult of Christ*, London 1998. Die übertriebene historische Fiktion, Jesus sei ein Revolutionär gewesen, wird stark vertreten in: Reza Aslan, *Zealot: The Life and Times of Jesus of Nazareth*, New York 2013. Dagegen findet sich die sorgfältig dokumentierte Diskussion eines »historischen« Jesus, getrennt von der, wie einige behaupten, reinen politischen Mythologie in: Douglas E. Oakman, *The Political Aims of Jesus,* Minneapolis 2012. Ein grundlegendes Werk über die Charismatiker sowohl in der polytheistischen als auch in der jüdisch-christlichen Welt ist: Graham Anderson, *Sage, Saint, and Sophist: Holy Men and Their Associates in the Early Roman Empire*, London 1994.

Kapitel 8: Das Christentum in der jüdischen und polytheistischen Welt

Philip A. Harlands Arbeit zu Vereinigungen in der Antike fasst die sozialen Welten von Juden, Christen und Polytheisten zusammen: *Associations, Synagogues, and Congregations: Claiming a Place in Ancient Mediterranean Society*, Minneapolis 2003, und *Dynamics of Identity in the World of Early Christians*, New York 2009. Zu Synagogen siehe: Anders Runesson, Donald D. Binder und Birger Olsson, *The Ancient Synagogue from Its Origins to 200 CE: A Source Book*, Leiden 2010. Wayne Meeks, *Urchristentum und Stadtkultur: Die soziale Welt der paulinischen* Gemeinden, Gütersloh 1993, setzt die sozialen Welten der Polytheisten und der frühen Christen in Beziehung zueinander, ebenso sein Aufsatz »Social and Ecclesial Life of the Earliest Christians«, in: M. M. Mitchell und F. M. Young (Hg.), *The Cambridge History of Christianity: Origins to Constantine*, Cambridge 2006, S. 145–173. Zur christlich/jüdischen und polytheistischen Moral siehe: Wayne Meeks, *The Origins of Christian Morality: The First Two Centuries*, New Haven 1993, und Teresa Morgan, *Popular Morality in the Early Roman Empire*, Cambridge 2007. Ramsay MacMullen, »Two Types of Conversion to Early Christianity«, in: *Vigiliae Christianae* 37 (1983), S. 174–192, untersucht, wie Polytheisten das Phänomen des frühen Christentums sahen; M. David Litwa, *Iesus Deus: The Early Christian Depiction of Jesus as a Mediterranean* God, Minneapolis 2014, umreißt die Gemeinsamkeiten (nicht Übernahmen) in den Vorstellungen der polytheistischen Welt über menschliche Götter und Vergöttlichung und wie das frühe Christentum an diesen Vorstellungen teilhatte (sie nicht übernahm), als es formulierte, was Christus als Gottheit war oder wie er aussah.

Kapitel 9: Feindseligkeit gegenüber dem Christentum

Stephen Benko, *Pagan Rome and the Early Christians*, London 1974, betrachtet das Christentum aus der Perspektive der Polytheisten. Ramsay MacMullens *Christianizing the Roman Empire AD 100–400*, New Haven 1984, gibt zusammen mit Ramsay MacMullen und Eugene N. Lane (Hg.), *Paganism and Christianity 100–425 CE: A Sourcebook*, Minneapolis 1992, einen hervorragenden Überblick über die Ausbreitung des Christentums und die Herausforderungen, mit denen es sich konfrontiert sah. Zu polytheistischen Meinungen siehe: Robert L. Wilken, *Die frühen Christen: Wie die Römer sie sahen*, Graz/Wien/Köln 1986, die kurze Abhandlung von Gillian Clark, *Christianity and Roman Society*, Cambridge 2004, und eine ausführliche Behandlung des Themas, mit einem Schwerpunkt auf den antiken Quellen, von John Granger Cook, *Roman Attitudes Towards the Christians: From*

Claudius to Hadrian, Tübingen 2010. Zu den Verfolgungen siehe: W. H. C. Frend, *Martyrdom and Persecution in the Early Church*, Oxford 1965, und seinen Aufsatz »Persecutions: Genesis and Legacy«, in: M. M. Mitchell, F. M. Young (Hg.), *The Cambridge History of Christianity: Origins to Constantine*, Cambridge 2006, S. 503–523. Brent Shaw, »The Myth of the Neronian Persecution«, in: *Journal of Roman Studies* 105 (2015), S. 73–101, versucht, den Quellenwert von Tacitus und Sueton für die Christen im 1. Jahrhundert n. Chr. zu negieren. Zu den Gründen für die Verfolgung von Christen siehe die klassischen Positionen in: A. N. Sherwin-White, »Why Were the Early Christians Persecuted? – An Amendment«, und G. E. M. de Ste Croix, »Why Were the Early Christians Persecuted? – A Rejoinder«, beide in: *Past and Present* 27 (1964), S. 23–27 und 28–33. Heidi Wendt, »Ea Superstitione: Christian Martyrdom and the Religion of Freelance Experts«, in: *Journal of Roman Studies* 105 (2015), S. 183–202, hat den wahren Grund gefunden, oder zumindest denselben, auf den auch ich bei meinen Forschungen gestoßen bin.

Kapitel 10: Der Reiz des Christentums: Zauberer, Wundertäter und Märtyrer

Zur Magie ganz allgemein siehe: Matthew W. Dickie, *Magic and Magicians in the Greco-Roman World*, London 2001, und zu den einschlägigen Texten: Daniel Ogden, *Magic, Witchcraft, and Ghosts in the Greek and Roman Worlds: A Sourcebook*, Oxford 2002. Zur jüdischen Magie ist Gideon Bohak, *Ancient Jewish Magic: A History*, Cambridge 2008, unverzichtbar. Morton Smith schrieb den Klassiker zu Jesus und der Magie: *Jesus der Magier*, München 1981. Es gibt eine ganze Reihe von Aufsätzen zu Wundern in der jüdischen und griechisch-römischen Welt bei Graham H. Twelftree (Hg.), *The Cambridge Companion to Miracles*, Cambridge 2011, S. 15–148. Eine noch immer nützliche theoretische Abhandlung ist Howard Clark Kee, *Miracles in the Early Christian World: A Study in Sociohistorical Method*, New Haven 1983. Zu Märtyrern siehe: Glenn W. Bowersock, *Martyrdom and Rome*, Cambridge 1995, und Daniel Boyarin, *Dying for God: Martyrdom and the Making of Christianity and Judaism*, Stanford 1999.

Kapitel 11: Die Prophezeiung tritt nicht ein

Simon Dein kritisiert in »What Really Happens When Prophecy Fails: The Case of Lubavitch«, in: *Sociology of Religion* 62 (2001), S. 383–401, die Soziologie der gescheiterten Prophezeiung im Gefolge von Leon Festingers, Henry W. Rieckens und Stanley Schacters bahnbrechendem und heute sehr umstrittenem Werk *When Prophecy Fails: A Social and Psychological Study of a Modern Group that Predicted the Destruction of the World*, New York 1956; Dein präsentiert auch einen anderen Weg, mit einer nicht eintreffenden Prophezeiung umzugehen, ausgehend von den

Erfahrungen der Lubawitscher beim Tod von Rebbe Menachem Mendel Schneerson. Jean Daniélou bietet eine gute Analyse dazu, wie Christen des 2. Jahrhunderts mit der polytheistischen Philosophie zurechtkamen, siehe dazu das Kapitel »The Wisdom of the Gentiles« in seinem Buch *Gospel Message and Hellenistic Culture*, Philadelphia 1973, S. 39–73. Gleiches gilt auch für Frances M. Young, »Towards a Christian Paidea«, in: M. M. Mitchell und F. M. Young (Hg.), *The Cambridge History of Christianity: Origins to Constantine*, Cambridge 2006, S. 485–502. Die theologischen Auseinandersetzungen mit dem Christentum im 2. Jahrhundert behandelt Walter H. Wagner, *After the Apostles: Christianity in the Second Century*, Minneapolis 1994. Richard Bauckham, *Jesus and the Eyewitnesses: The Gospels as Eyewitness Testimony*, Grand Rapids 2006, betont zu Recht die Bedeutung der Zeugen der ersten Tage des Christentums. Ramsay MacMullen, *The Second Church: Popular Christianity AD 200–400*, Atlanta 2009, bietet grundlegende Einsichten, die sich in meiner eigenen Analyse widerspiegeln.

DANKSAGUNG

Die Entstehung dieses Buches, über das ich lange nachgedacht und an dem ich lange geschrieben habe, fordert mehr als die übliche Anerkennung der Hilfe anderer. In dem Abschnitt über die weiterführende Literatur habe ich festgehalten, welchen Werken ich besonders viel verdanke. Die für dieses Buch gewählte Form lässt den üblichen gelehrten Respekt, wie man ihn in Fußnoten ausdrückt, nicht zu – hinreichende Fußnoten hätten unzählige Seiten gefüllt. Meine Kollegen in der Alten Geschichte werden die Breite und Tiefe meiner Abhängigkeit von ihren Werken leicht erkennen, und ich hoffe, dass sie verständnisvoll darüber hinwegsehen werden, dass ich keine ausführlicheren Hinweise gegeben habe, wo sie angemessen gewesen wären. Hoffentlich genügt es ihnen, dass sie die Fundamente gelegt haben, die es mir erst möglich machten, dieses Werk zu schreiben.

Unbedingt danken möchte ich aber besonders vier Wissenschaftlern, die das Denken und die Forschungen, die ich in dieses Projekt gesteckt habe, besonders erleichtert haben. Charles F. Pfeiffer, der mich in die antike Welt einführte; Ramsay MacMullen, der mir die Welt der einfachen Leute erschloss; Wayne A. Meeks, der zeigte, wie man die Geschichte des frühen Christentums dem Griff der Elitentradition entwinden konnte; und Erich S. Gruen, dessen Zugang zu den antiken Quellen ebenso makellos wie inspirierend ist. Selbstverständlich ist keiner dieser angesehenen Historiker dafür verantwortlich, wie ich ihre Inspiration in diesem Buch eingesetzt habe.

Während meine Forschungen sich ausweiteten, bewies meine Frau Carolyn eine geradezu unendliche Geduld und unerschütterliche Begeisterung für dieses Projekt, selbst wenn es mich von anderen Dingen fernhielt. John Daveys ebenso kluge wie gründliche Lektüre, seine deutlichen Mahnungen und freundlichen Ermutigungen haben das Buch schließlich zu einem glücklichen Ende geführt.

BILDNACHWEIS

1. Die Konversion Kaiser Konstantins im Jahr 312 n. Chr. Vision bei der Schlacht an der Milvischen Brücke. Illustration in: Evert A. Duyckinck, *History of the World*, New York, ca. 1870. Foto: Alamy.

2. Marmorkopf von Pompeius dem Großen (106–48 v. Chr.), dem Eroberer Jerusalems. Römisch, 1. Jahrhundert v. Chr. Ny Carlsberg Glyptotek, Kopenhagen. Foto: akg-images.

3. Marmorstatue der Schlange Glykon, gefunden in Constanța (dem antiken Tomi), Rumänien, im Jahr 1962 zusammen mit anderen Fragmenten sakraler Skulpturen. Muzeul de Istorie Națională și Arheologie Constanța. Foto: DEA/G. DAGLI ORTI.

4. Münze, ebenfalls mit Glykon, aus Tomi.

5. In diesem Haus soll einst Petrus, einer der Jünger Jesu, gewohnt haben. Bild nach James F. Strange und Hershel Shanks, »Has the House Where Jesus Stayed in Capernaum Been Found?«, in: *Biblical Archaeological Review*, November/December 1982, S. 31.

6. Bronzene Pyxis mit neun Schekeln aus Tyros, die zwischen 13 v. Chr. und 65 n. Chr. geprägt wurden, und drei hebräischen Schekeln. Die Münzen wurden für Tempelsteuern, Gebühren usw. verwendet, Israel Museum (IDAM), Jerusalem. Fhoto: akg-images/Erich Lessing.

7. Tetradrachme mit dem Bildnis von Antiochos IV. Epiphanes (175–163 v. Chr.). Israel Museum (IDAM), Jerusalem. Foto: akg-images/Erich Lessing.

8. Lararium, Fresko im Haus der Vettier, Pompeji, 1. Jahrhundert n. Chr. Foto: Martin Shields/Alamy.

9. Grabstein mit Öffnung für Gaben an den Verstorbenen. Science Museum, Science & Society Picture Library, London.

10. Die Schicksalsgöttinnen, Puteal de Moncloa. Museo Nacional de Arqueología, Madrid. Zeichnung von Ponciano Ponzano in: José Villa-amil y Castro, »Puteal griego encontrado en la Moncloa (Madrid)«, in: *Museo Español de Antigüedades* 5 (1875), S. 235.

11. Stele aus Panormos (im Nordwesten Kleinasiens). Bild nach Paul Perdrizet: »Reliefs mysiens«, in: *Bulletin de correspondance hellénique* 23 (1899), Tf. 4.

12. »Stele Kyros' des Großen«. Achämenidische Zeit. Ort: Palast Kyros' des Großen, Pasargadai, Iran. Foto: De Agostini/W. Buss/Getty.
13. Graffito, *CIL* IV 202, aus Pompeji. Bild nach J. Ward-Perkins und Amanda Claridge, *Pompeii A.D. 79*, New York 1978, S. 41.
14. Massive Goldstatuette einer Göttin aus dem Artemision (Tempel der Artemis) im Archäologischen Museum Ephesos, Selçuk, Türkei. Foto: Glyn Genin/Alamy.
15. Der Wandersmann und die Sibylle, Fresko aus Pompeji, 1. Jahrhundert n. Chr., Archäologisches Museum Neapel. Foto: DEA/G. NIMATALLAH/Getty.
16. Eine christliche Zusammenkunft in einem in Dura Europos entdeckten Gebäude. Zeichnung von Wladek Prosol in: Ramsay MacMullen, *The Second Church*, Atlanta 2009, Abb. 1.4, S. 5.
17. Ein in Ariccia südlich von Rom gefundenes Relief, das die Feier religiöser Riten in Ägypten darstellt, wie man an den Ibissen erkennen kann. Der Kult war wahrscheinlich mit Isis verbunden. Römisches Nationalmuseum, Rom. Foto: Heritage Image Partnership Ltd/Alamy.
18. Familienbegräbnis. Zeichnung von Wladek Prosol in: Ramsay MacMullen, *The Second Church*, Atlanta 2009, Abb. 3.5, S. 61.
19. Christliche Grabplatte aus Sardinien, 4. Jahrhundert n. Chr. Abteilung Geschichte, Kulturelles Erbe und Territorium der Universität Cagliari. Foto: O. Savio.
20. Gedenkgottesdienst für einen Märtyrer. Zeichnung von Wladek Prosol in: Ramsay MacMullen, *The Second Church*, Atlanta 2009, Abb. 2.7, S. 43.

Ungeachtet aller Bemühungen, die Copyright-Inhaber der Abbildungen ausfindig zu machen, wären Autor und Verlag dankbar für einschlägige Hinweise und werden diese in weiteren Auflagen gern berücksichtigen.

VERZEICHNIS DER BILDTAFELN

1. Assyrisches Relief aus dem Palast des Sanherib in Ninive, 650 v. Chr. Auszug der Bewohner der eroberten Stadt Lachisch, Britisches Museum, London. Foto: DEA/G. DAGLI ORTI.
2. Wettergott Baal mit Blitz, Ugarit (Ras Schamra), ca. 1350–1250 v. Chr., Assyrische Schule. Louvre, Paris. Foto: Alamy.
3. Die Propheten Baals im Karmel-Gebirge (Tempera auf Gips). Dura Europos, Synagoge, Nationalmuseum Damaskus, Syrien. Foto: Zev Radovan/ Alamy.
4. Modell vom Tempel des Herodes in Jerusalem. Foto: Hemis/Alamy.
5. Wandgemälde mit Darstellung des Dionysos-Kults in Pompeji. Foto: Eric Lessing/Alamy.
6. Fresko mit Darstellung eines Larariums in Pompeji, 1. Jahrhundert n. Chr. Foto: De Agostini/Archivio J. Lange.
7. Wandgemälde aus einem Haus in Pompeji. Bild nach Thomas Fröhlich, *Lararien- und Fassadenbilder in den Vesuvstädten,* Mainz 1991, Tafel.28.2.
8. Religiöse Prozession. Fresko an der Fassade der *officina coactilaria* (Werkstatt der Filzmacher, Raum IX 7, 1) in Pompeji. Soprintendenza Archeologica di Pompei. Foto: Archivio Fotografico degli Scavi.
9. Darstellung eines Schweineopfers durch den Epidromos-Maler mit der Inschrift: »Epidromos ist schön«. Rotfigurige attische Vasenmalerei (510– 500 v. Chr.). Louvre, Paris. Foto: DEA/G. DAGLI ORTI/Getty.
10. Wandgemälde, Taverne der Sieben Weisen, Ostia. Foto: Michael Larvey, Übersetzung John Clarke.
11. Wandgemälde einer Marktszene aus dem Atrium des Hauses der Julia Felix, Pompeji. Museo Archeologico Nazionale, Neapel. Bild nach A. Maiuri, *Roman Painting,* Mailand 1953, S. 140.
12. Fresko einer Marktszene aus dem Atrium des Hauses der Julia Felix, Pompeji. Museo Archeologico Nazionale, Neapel. Bild nach A. Maiuri, *Roman Painting,* Mailand 1953, S. 143.
13. Die Göttin Isis. Statue aus Bigio-Morato-Marmor. 2. Jahrhundert n. Chr. Italien. Museo Archeologico Nazionale, Neapel. Foto: PRISMA ARCHIVO/ Alamy.

14. Wandgemälde. Tempel der Isis in Herculaneum. Foto: World History Archive/ Alamy.
15. Synagoge von Kirjat Sefer, Rekonstruktionszeichnung. Image JSP3 Khirbet Badd ISA, S. 201, Abb. 32, mit freundlicher Genehmigung des Staff Officer of Archaeology in Judea and Samaria.
16. Mosaik aus dem »Haus der Gladiatoren«. Der Ringrichter »Darios« trennt den Gladiator »Lytras« von seinem Kontrahenten. Kourion, Limassol, Zypern, römisch, 3. Jahrhundert n. Chr. Foto: Heritage Image Partnership Ltd/Alamy.
17. Abschnitt der Tempelrolle, Schriftrollen vom Toten Meer, Qumran (Pergament), Israel Museum, Jerusalem. Foto: Bert de Ruiter/Alamy.
18. Samaritanerin am Brunnen, Fresko, Katakombe an der Via Latina, Rom, 4. Jahrhundert n. Chr. Foto: DEA Picture Library/Getty.
19. Das Brotbrechen, frühchristliches Fresko, Priscilla-Katakombe, Rom.
20. Agape-Mahl, Fresko, 2. bis 3. Jahrhundert n. Chr., Callixtus-Katakombe, Sakramentskapellen. Die Katakombe ist nach dem hl. Callixtus, einem Diakon und späteren Bischof von Rom, benannt. Rom. Foto: DEA/G. DAGLI ORTI/Getty.
21. Assyrische Krieger pfählen jüdische Gefangene nach der Eroberung der jüdischen Festung Lachisch im Jahr 701 v. Chr. Teil eines Reliefs aus dem Palast des Sanherib, Ninive, Mesopotamien (Irak). Assyrisch, 8. Jahrhundert v. Chr. Britisches Museum, London. Foto: Alamy.
22. Nagel, durch die Fußknochen eines etwa 25-jährigen Mannes getrieben. Gefunden in einem Grab der herodischen Zeit in Givat ha-Mivtar im Nordosten Jerusalems (*extra muros*). Israel Museum (IDAM), Jerusalem. Foto: akg-images/Erich Lessing.
23. Wandmalerei aus Pompeji. Töpfer bei der Arbeit an der Töpferscheibe. Antiquarium Pompeji, Inv. ²1631. Bild nach Thomas Fröhlich, *Lararien- und Fassadenbilder in den Vesuvstädten*, Mainz 1991, Tafel 16.
24. Alexamenos-Graffito, Antiquarium auf dem Palatin, Rom (Lithografie aus Privatsammlung). Foto: Alamy.
25. Grabstele des Chairemon aus Ägypten, 3. bis 4. Jahrhundert n. Chr. Brooklyn Museum, Geschenk von Evangeline Wilbour Blashfield, Theodora Wilbour und Victor Wilbour auf Wunsch ihrer Mutter Charlotte Beebe Wilbour zum Gedenken an ihren Vater Charles Edwin Wilbour, Inv.-Nr. 16.90.
26. Betende Frau. Farbe auf Gips. Gefunden im Arkosol eines Grabes auf dem Coemeterium Maius, Rom. Bild nach Jean Lassus, *Frühchristliche und byzantinische Welt: Architektur, Plastik, Mosaiken, Fresken, Elfenbeinkunst, Metallarbeiten*, Gütersloh 1968, Abb. 7, S. 20.
27. Grabstele der Licinia Amias. Marmor, frühes 3. Jahrhundert n. Chr. Aus dem Nekropolenbereich des Vatikan, Rom. Quelle: Wikimedia Commons.
28. Frühchristlicher Grabstein des Datus. Aus einer Katakombe, Rom, 3. Jahrhundert n. Chr. Vatikanische Museen (Museo Pio Cristiano). Foto: Alamy.

29. Kaiser Konstantin der Große (274–337 n. Chr.). Foto: PRISMA ARCHIVO/
Alamy.

Ungeachtet aller Bemühungen, die Copyright-Inhaber der Abbildungen ausfindig
zu machen, wären Autor und Verlag dankbar für einschlägige Hinweise und werden diese in weiteren Auflagen gern berücksichtigen.

ANMERKUNGEN

Die Quellenangaben beziehen sich größtenteils auf antike Quellen: Diese werden allgemeiner im Abschnitt »Quellen« (S. XXX) behandelt. Im Abschnitt »Literaturhinweise« (S. XXX) werden moderne Werke über das Thema vorgestellt.

1
Die Reise

1 Psalm 137,1.

2
Polytheisten, Juden und das Übernatürliche

1 Jesaja 55,8
2 2.Mose 3,1–4.
3 Homer, *Ilias* 21,211–226.
4 1.Mose 28,11–22.
5 Plinius der Ältere, *naturalis historia* 37,58,160.
6 1.Könige 18,36–38.
7 Hom. *Il.* 1,33–52.
8 Herodot, *historiae* 1,87.
9 Richter 4.
10 Xenophon, *Hellenica* 2,4,14.
11 Hom. *Il.* 5,113–121.
12 2.Könige 19,19.
13 Babrios, *fabulae* B49.
14 Prediger 9,11.
15 1.Samuel 2,6–8.
16 *Papyri Graecae Magicae* 121,1–14.
17 *L'Année épigraphique* 2009, Nr. 613 (Spanien).
18 *Corpus Inscriptionum Latinarum* III 987 (Dakien).

19   *CIL* IX 4752 = *Inscriptiones Latinae Selectae* 3485 (Samnium, Italien).
20   Diogenes Laertios, *vitae philosophorum* 6,59.
21   *Atti della Accademia Nazionale dei Lincei* 1901 [1903], fol. 182, Nr. 365, S. 106 (G. F. Gamurrini) (Kampanien, Italien).
22   Walter Burkert, *Antike Mysterien*, München 1991, S. 19 f.
23   Hom. *Il.* 1,217 f.
24   E. Varinlioğlu, »Eine Gruppe von Sühneinschriften aus dem Museum von Usak«, in: *Epigraphica Anatolica* 13 (1989), S. 42 f.
25   Jeremia 11,13.
26   1.Könige 18,21.
27   Rut 1.

3
Die jüdische Bevölkerung

 1   Flavius Josephus, *de sua vita* 235.
 2   Mischna, *Ketubbot (Eheverträge)* 5,5 f.
 3   2.Samuel 20,14–22.
 4   Tobit 2,11–14.
 5   Tobit 10,7.
 6   Nehemia 8,2 f.
 7   Apostelgeschichte 16,13–15.
 8   Flavius Josephus, *de bello Iudaico* 4,9,3.
 9   Ios. *bell. Iud.* 1,5,1–3 und Flavius Josephus, *antiquitates Iudaicae* 13,405–417.
10   Justin der Märtyrer, *dialogus cum Tryphonae Iudaeo* 88.
11   Irenäus von Lyon, *adversus haereses* 1,25,6.
12   Tertullian, *de praescriptione haereticorum* 41,5.
13   Johannes 4,4–27.
14   Jesus Sirach 38,24–34.
15   Ios. *vita* 7 f.
16   Lukas 16; Matthäus 20,1–16.
17   Matthäus 17,24.
18   Lukas 3,12–13.
19   Matthäus 22,21; Markus 12,17; Lukas 20,25.
20   Matthäus 17,24 f.
21   Philon, *apologia pro Judaeis* 7,12 f., in: Eusebius, *praeparatio evangelica* 8,7.
22   Jesus Sirach 38,24 f.
23   Jesus Sirach 39,1–7.
24   Philon, *de sacrificiis Abelis et Caini* 11.
25   5.Mose 16,16.
26   Ios. *bell. Iud.* 2,9,2 f.
27   Ebenda, 2,12,2.
28   Ebenda, 2,12,3 f.

29 Gideon Bohak, *Ancient Jewish Magic: A History,* Cambridge 2008, S. 136.
30 2.Makkabäer 12,38–40.
31 Mischna, *Pirque Avot (Sprüche der Väter)* 2,7.

4
Die Gerechtigkeit Jahwes

 1 5.Mose 18,15–19.
 2 Hosea 8,4, 8,13.
 3 Hosea 6,6.
 4 Hosea 5,1–4.
 5 Hosea 14,2f.
 6 Amos 6,1–7.
 7 Micha 2,1f.
 8 Micha 6,11.
 9 Amos, 8,5f.
10 Amos 5,21–24; vgl. Amos 4; Jesaja 1,13; Jeremia 6,20.
11 Jeremia 12,1.
12 Hesekiel 18, 25–32.
13 Jeremia 17,9f.
14 Hosea 10,9–15.
15 Jeremia 25,7–11.
16 Ios. *bell. Iud.* 6,5,3.
17 Jeremia 32, 28.
18 Jeremia 32,36–39.
19 Jeremia 23,5f.
20 Jesaja 42,13.
21 Jesaja 24,21.
22 Joel 3,14–16; 2,1–32.
23 Obadja 15.
24 Zefanja, 2,3.
25 Henoch 1,1,8f.
26 Lactantius, *divinae institutiones* 7,18,2.
27 P. *Rainer* G 19 813, 39–43; vgl. P. *Oxy* 2332, 63–71. Übersetzung: Ludwig
    Koenen, »Die Apologie des Töpfers an König Amenophis oder das Töpferora-
    kel« in: A. Blasius und B. U. Schipper (Hg.), *Apokalyptik und Ägypten. Eine
    kritische Analyse der relevanten Texte aus dem griechisch-römischen Ägypten,*
    Leuven 2002, S. 147.
28 Hesekiel 37,1–11.
29 Daniel 12,2f.
30 Henoch 1,103, 5–8.
31 Hiob 42,2f.

5
Die Polytheisten in ihrer Welt

1   Lukian von Samosata, *Icaromenippus* 25.
2   Mark Aurel, *ad se ipsum* 1,6 und 1,3.
3   Seneca, *epistulae morales ad Lucilium* 117,6; Cicero, *Tusculanae disputationes* 1,30.
4   Plin. *nat.* 12,2,3.
5   Apostelgeschichte 14,8–18.
6   Seneca in: Augustinus von Hippo, *de civitate dei* 6,11.
7   Beispiele in: Ramsay MacMullen und Eugene N. Lane, *Paganism and Christianity 100–425 CE: A Sourcebook*, Minneapolis 1992, S. 50–63.
8   Publilius Syrus, *sententiae* 2,123,274.
9   *Didaskalia Apostolorum* 13.
10 Plin. *nat.* 28,3,11.
11 MacMullen und Lane, *Paganism and Christianity*, S. 80.
12 *CIL* XIII 7661 = *ILS* 4569. Für die deutsche Übersetzung vgl. Karlheinz Schardach: »Eine Sonnenuhr und ihr Postament«, in: Archäologisches Korrespondenzblatt 42 (2012), S. 547.
13 Plin. *nat.* 28,4,20.
14 MacMullen und Lane, *Paganism and Christianity*, S. 37.
15 Plinius der Jüngere, *epistulae* 8,8.
16 *Inscriptiones Latinae Selectae* 3160, vgl. 3704.
17 *CIL* VI 145 (Rom).
18 *Ubi erat Lupa* 19210 (Apulum, Dakien): http://lupa.at/19210.
19 *Les inscriptions latines de Belgique* 32 (Tavier, Germania Inferior).
20 Plin. *nat.* 28,24,21.
21 Plutarch, *moralia* 1101D-F.
22 Artemidor, *onirocriticon* 2,33.
23 Justin der Märtyrer, *apologia maior* 66.
24 Lukian von Samosata, *de saltatione* 15.
25 Xenophon von Ephesos, *Ephesiaca de amoribus Anthiae et Abrocomae* 2.
26 Strabon, *geographica* 17,1,17.
27 Tertullian, *apologeticum* 35,1f.
28 Apuleius, *metamorphoses* 11,8–11.
29 *P. Worp* 6. Eine engl. Übersetzung findet sich bei H. S. Versnel, »Beyond Cursing: The Appeal to Justice in Judicial Prayers«, in: Christopher A. Faraone und Dirk Obbink (Hg.), *Magika Hiera. Ancient Greek Magic and Religion*, Oxford 1991, S. 71f.
30 R. S. O. Tomlin, »Roman Britain in 1978: Inscriptions«, in: *Britannia* 10 (1979), S. 340–342, nach Versnel, a.a.O., S. 87f.
31 *CIL* IV 5279.
32 *ILS* 8162ff.
33 Iust. Mart. *apol. mai.* 18.

34 Epikur, *fragmenta* 187 Usener (S. 119 Gigon).
35 Cic. *tusc.* 4,7.
36 Lukrez, *de rerum natura* 945.
37 Apostelgeschichte 17,17.
38 Apostelgeschichte 19,8 f.
39 Apostelgeschichte 18,6 f.
40 Aristoteles, *ethica Nicomachea* 1145 b4–7.
41 Martial, *epigrammata* 4,53.
42 Dion Chrysostomos, *orationes* 32,9.
43 Sen. *epist.* 5,1 f., 29,1; Mart, 4,53; Petronius, *satyrica* 14.
44 Aelius Aristides, *orationes,* 48, in: MacMullen und Lane, *Paganism and Christianity* S. 81.
45 *P. Lond.* 2710, zitiert in: Hans Josef Klauck, *The Religious Context of Early Christianity: A Guide to Graeco Roman Religions,* Minneapolis 2003, S. 49.
46 1.Korinther 1,10.
47 Apuleius, *florida* 5.
48 *Sylloge inscriptionum Graecarum³* 985.
49 Jakobus 4,13 f.
50 Plin. *epist.* 8,7.
51 Tert. *apol.* 38,1 f.
52 Plut. *mor.* 417C.
53 Eus. *pr. ev.* 4,1.
54 Porphyrios, *ad Marcellam* 18.

6
Wege zur Veränderung

1 Hesekiel 44,15.
2 4.Mose 25,6–13.
3 Psalm 106,30 f.
4 1.Könige 19,10.
5 Psalm 31,24.
6 Psalm 37,28 f.
7 1.Makkabäer 2,19–28.
8 1.Makkabäer 2,32–38.
9 1.Makkabäer 7,10–16.
10 1.Makkabäer 10,18–20.
11 Psalm 51,18 f.
12 Ios. *ant. Iud.* 17,42.
13 Ios. *ant. Iud.* 18,13–14.
14 Ios. *bell. Iud.* 2,8,14; Hippolytos von Rom, *refutatio omnium haeresium* 9,24.
15 Ios. *ant. Iud.* 17,78.
16 Jesaja 46,3 f.

17 Jesaja 44,6.
18 Jeremia 17,18.
19 Ios. *ant. Iud.* 18,23–26.
20 1.Samuel 12,14f.
21 Ios. *ant. Iud.* 18,5–10.
22 4.Mose 25, 6–13.
23 Ios. *bell. Iud.* 7,8,1.
24 1.Mose 12,1–3.
25 1.Mose 26,3f.
26 Jesaja 66,18–21.
27 Jesaja 56,6f.
28 2.Könige 5.
29 Henoch 1,10,21.
30 Apostelgeschichte 10,1–22.
31 Ios. *bell. Iud.* 2,18,2; 2,20,2; 7,3,3.
32 Ios. *bell. Iud.* 6,9,3–4.
33 Philon, *de specialibus legibus* 1,52f., 4,178.
34 Tac. *hist.* 5.5.
35 Ios. *ant. Iud.* 20,34–53.
36 Jeremia, 9,24f.
37 Hesekiel 44,9.
38 Ios. *ant. Iud.* 20,34–53
39 Philon, *quaestiones et solutiones in Genesim et in Exodum* 2,2.
40 Babylonischer Talmud, *Jebamoth* 47b.
41 A. A. Long, *Hellenistic Philosophy: Stoics, Epicureans, Sceptics*, Berkeley 1986, S. 6.
42 Ios. *bell. Iud.* 2,8,2; Ios. *ant. Iud.* 18.11, vgl. *ant. Iud.* 13,171, wo er die Schulen als »Sekten« bezeichnet.
43 Philon, *de somniis* 2,127; derselbe, *de vita contemplativa* 26.
44 Zitiert in: Ramsay MacMullen, *Paganism in the Roman Empire*, New Haven 1981, S. 97f.

7
Charismatiker und Messiasse

1 Ios. *bell. Iud.* 2,13,4.
2 Ios. *vita* 8–12.
3 Tosefta, *Jadajim* 2,20.
4 Matthäus 3,4 und 2. Könige 1,7f.
5 Ios. *ant. Iud.* 18,116–119.
6 Matthäus 3,7.
7 Lukas 3,12–13.
8 Malachias 3,3.

9 Matthäus 14,5.
10 Johannes 1,35–40.
11 Matthäus 11,2.
12 Apostelgeschichte 18,25.
13 Ios. *ant. Iud.* 18,85–87.
14 Ios. *ant. Iud.* 20,97f.
15 Apostelgeschichte 5,36.
16 2.Könige 2,7f., 13f.
17 Ios. *bell. Iud.* 2,13,5; Apostelgeschichte 21,38.
18 Sacharja 14,3–5.
19 Ios. *bell. Iud.* 2,13,5; Ios. *ant. Iud.* 20,169f.
20 Ios. *bell. Iud.* 2,13,4.
21 Ios. *bell. Iud.* 6,5,3.
22 2.Mose 29,29, 40,15; Jesaja 61,1 und 1.Samuel 10,1, in dieser Reihenfolge.
23 Jesaja 45,1–5.
24 Ios. *bell. Iud.* 2,4,1.
25 Ios. *bell. Iud.* 2,4,2.
26 Ios. *bell. Iud.* 2,4,3 und Ios. *ant. Iud.* 17,278–284.
27 1.Könige 19,16.
28 Jesaja 61,1.
29 Psalmen Salomos 18.
30 Qumran-Rolle CD 14,19.
31 Qumran-Rolle 4Q541.
32 Qumran-Rolle 4Q246, 1,1–8.
33 Qumran-Rolle 4Q246, 1,9–2,10.
34 Qumran-Rolle 4Q521.
35 Ios. *ant. Iud.* 18,63f.
36 Markus 12,29ff.
37 Markus 8,27–30; Matthäus 16,13–16.
38 Markus 7,20.
39 Römerbrief 9,5; 1.Petrus 1,11; Offenbarung 11,15 und 12,10.
40 So etwa Lukas 3,15.

8
Das Christentum in der jüdischen und polytheistischen Welt

1 Apostelgeschichte 1,12–14.
2 Eusebius, *historia ecclesiastica* 3,20.
3 Apostelgeschichte 12,12.
4 Apostelgeschichte 15,22.
5 Apostelgeschichte 9,1–17.
6 Philon, *in Flaccum* 4.
7 Phil. *Flacc.* 136.

8 *Digesten* 47,11,2.

9 *Dig.* 47,22,1.

10 Philon, *legatio ad Gaium* 40,311f.

11 Ios. *ant. Iud.* 14,10,8.

12 Apostelgeschichte 6,9; 9,2; 9,20; 13,5 und viele andere Stellen.

13 Epheser 2,19.

14 Tert. *apol.* 39.

15 Diognetbrief 5,1–10.

16 Tert. *apol.* 42,1.

17 Apostelgeschichte 17,16–18; 8,5; 17,13; 24,12.

18 Apostelgeschichte 24,5; 28,22.

19 Apostelgeschichte 11,26.

20 Ios. *bell. Iud.* 7,3,3.

21 Apostelgeschichte 11,28.

22 1.Petrus 4,16.

23 Lukas 14,44.

24 1.Mose 9,8–17.

25 1.Mose 15,18 (Abraham), 17,19 (Isaak), 2.Mose 2,24 (Jakob); 24,8; 31,18 (Mose).

26 2.Mose 24,8.

27 Lukas 22,20; Matthäus 26,28; Markus 14,24.

28 Jeremia 31,31–33.

29 Jesaja 61,8.

30 Qumran-Rolle CD 6,19b.

31 1.Mose 17,10

32 Johannes 7,22f.

33 3.Mose 26,41; 5.Mose 10,16; 30,6.

34 Jeremia 4,4.

35 Jeremia 9,24f.

36 Römer 2,26; 1.Korinther 7,19.

37 Galater 5,6.

38 Thomas-Evangelium, Spruch 53.

39 Iust. Mart. *apol. mai.* 1,67.

40 Kolosser 2,16–23.

41 Matthäus 26,17 und viele andere Stellen, z.B. Apostelgeschichte 2,1; 20,6; 27,9; 1.Korinther 5,7f.; 16,8.

42 Lukas 24,53; Apostelgeschichte 3,1.

43 2.Samuel 12,13; Jeremia 3,11–13; Hiob 33,27f.

44 Hiob 19,25–27; Hosea 6,1f.

45 Hesekiel 37,11–14.

46 Daniel 12,1–3; auch 2.Makkabäer 12,43–45.

47 1.Mose 5,24; 2.Könige 2,11.

48 Lukas 9,7f.; Markus 8,28; Matthäus 16,1.

49 Apostelgeschichte 7,54–59; Ios. *ant. Iud.* 20,9,1. Z.B. 2.Makkabäer 6,1–31.

50 Phil. *apol.* 7,6.
51 Qumran-Rolle 4QpPs37, Sp. II, 9 f.
52 Jakobus 5,1–6.
53 Phil. *apol.* 7,3.
54 Apostelgeschichte 13,46; 18,6; 19,8–10; 28,28.
55 Z. B. 2.Samuel 12,1–15.
56 2.Könige 5,8–10.
57 3.Makkabäer 7,10–16.
58 *Avot de-Rabbi Nathan* 3,1.
59 Sueton, *divus Claudius* 25; Apostelgeschichte 18,2.
60 Apul *flor.* 15.
61 Diog. Laert. *vitae* 6,39.

9
Feindseligkeit gegenüber dem Christentum

1 Matthäus 11,27.
2 Jesaja 64,7.
3 Matthäus 27,39–42.
4 Z. B. Ios. *ant. Iud.* 12,5,4.
5 Ios. *ant. Iud.* 13,14,2; 17,10,10; 20,6,2.
6 Phil. *Flacc.* 72.
7 Z. B. Ios. *bell. Iud.* 3,7,33; 5,11,1.
8 Ios. *bell. Iud.* 7,6,4.
9 5.Mose 21,22 f.
10 Galater 3,13.
11 Ios. *bell. Iud.* 3,7,33.
12 Himmelfahrt des Mose (*assumptio Mosis*) 8,1.
13 Jesaja 53,5–12.
14 Qumran-Rolle 1QS 8.
15 Römer 3,25.
16 4.Makkabäer 6,26–30; 17,17–22.
17 Römer 3,25; 5,9;, 8,3; Hebräer 2,17; 9,14; 9,28; 10,10; 13,12; Offenbarung 1,5.
18 1.Korinther 5,6–8; Iust. Mart. *dial.* 111.
19 Johannes 10,22–33.
20 Apostelgeschichte 6,11.
21 5.Mose 18,15.
22 Apostelgeschichte 7,51–53.
23 3.Mose 24,16.
24 Z. B. Matthäus 10,17; Lukas 4,28; 12,11; Johannes 9,22 f.; 12,42; 16,2; 24,12; Apostelgeschichte 14,1; 17,2; 19,7 f. und viele andere Stellen.
25 Apostelgeschichte 18,12–17.

26 Apostelgeschichte 13,38 f.
27 Apostelgeschichte 13,26–30.
28 Apostelgeschichte 13,13–52.
29 Apostelgeschichte 14,1–7.
30 Apostelgeschichte 14,8–20.
31 Apostelgeschichte 17,1–9.
32 2.Korinther 11,23–26.
33 Cicero, *de natura deorum* 1,3 f.
34 Tacitus, *historiae* 5,5,1; vgl. Josephus, *contra Apionem* 2,148, und Diodorus Siculus 34,1,2.
35 Tacitus, *annales* 2,85.
36 2.Makkabäer 1,24–29.
37 Ios. *ant. Iud.* 12,3,2.
38 Lukian, *Alexandros* 38.
39 3.Makkabäer 3,2–7.
40 Phil. *Flacc.* 95 f.
41 Ios. *bell. Iud.* 7,3,3.
42 Ebenda.
43 Matthäus 17,1–7.
44 Apostelgeschichte 14,8–18.
45 1.Korinther 1,23.
46 Römer 1,1–3.
47 Origenes, *contra Celsum* 7,9.
48 1.Korinther 10,14, 19 f.
49 Lukian, *de morte Peregrini* 13.
50 Burkert, *Griechische Religion*, S. 383.
51 Livius 39,16,8 f.
52 Tert. *apol.* 37,2; 49,4.
53 Minucius Felix, *Octavius* 8.
54 Tert. *apol.* 35,8.
55 Athenagoras, *legatio sive supplicatio pro Christianis* 13, 14, 15, 31.
56 1.Korinther 5,1 f., 11, 13.
57 2.Petrus 2,19; 2,13 f.
58 Origenes, *commentarius in Matthaeum*, nach MacMullen und Lane, *Paganism und Christianity*, S. 222.
59 Ios. *bell. Iud.* 7,3,3; Phil. *Flacc.* 41.
60 Apostelgeschichte 19,23–41.
61 Apostelgeschichte 16,16–21.
62 Plin. *epist.* 10,96 f.
63 Ignatius von Antiochia, *epistola ad Romanos* 3,3; *epistola ad Magnesianos* 10,1–3. 10,1 ff.
64 Suet. *Claud.* 25,4.
65 Apostelgeschichte 18,1–3.
66 Tac. *ann.* 15,44.

67 Sueton, *Nero* 16,2.
68 Plin. *epist.* 10,96f.
69 Paulus, *sententiae receptae* 5,26,2.
70 Sueton, *divus Tiberius* 36.
71 Ulpian, *de officio proconsulis* 7, in: *collatio Mosaicarum et Romanarum legum* 15,2,1.
72 Ios. *bell. Iud.* 7,3,3.
73 Iust. Mart. *apol. mai.* 24.

10
Der Reiz des Christentums: Zauberer, Wundertäter und Märtyrer

1   Apostelgeschichte 9,1–18.
2   Orig. *c. Cels.* 1,10.
3   Orig. *c. Cels.* 3,10; 1.Korinther 2,4–7 zusammen mit *c. Cels.* 3,19.
4   2.Petrus 1,16.
5   2.Makkabäer 6,18f.; 4.Makkabäer 17,9–12, 21f.
6   Jeremia 31,31–34.
7   Apuleius, *de magia (apologia)* 26,6.
8   Paul., *sent.* 5,23,15f.
9   Plin. *nat.* 30,1; 30,2; 28,10; 28,19.
10 Plutarch, *moralia* 7,5,706D.
11 2.Chronik 16,11–13.
12 Hiob 13,3–5.
13 Jesus Sirach 38,1 und 15.
14 Petron. *satyrica* 131.
15 Lukian, *philopsedes* 16.
16 Ios. *ant. Iud.* 8,2,5.
17 Apostelgeschichte 19,13–16.
18 Plin. *nat.* 25,10.
19 Plin. *nat.* 28,30.
20 Lukas 10,19; Markus 16,17f.
21 1.Samuel 28,7–15.
22 Orig. *c. Cels.* 9.
23 Plautus, *miles gloriosus* 685–701.
24 Plin. *nat.* 28,4,21.
25 5.Mose 18,9–13.
26 4.Mose 5,11–31.
27 2.Könige 5,1–14.
28 Plin. *nat.* 30,1f.
29 Ios. *ant. Iud.* 8,2,5.
30 Plin. *nat.* 30,11.
31 Juvenal, *saturae* 6,542–547.

32 Lukian, *tragoedopodagra* 171–174.

33 Apul. *flor.* 6.

34 Orig. *c. Cels.* 1,24.

35 Ios. *ant. Iud.* 8,2,5.

36 Apostelgeschichte 8,9–13, 14–24.

37 Petrus-Akten 3,4.

38 Iust. Mart. *apol.* mai. 26.

39 Lukian. *Alex.* 15; 19.

40 Plin. *nat.* 25,10.

41 *CIL* VI 19747 = *ILS* 8522.

42 1.Könige 18,18–40.

43 Apostelgeschichte 13,4–12 und 19,11–20.

44 Petrus-Akten 31f.

45 Dio 52,36,1–3; vgl. Ulpian in *coll.* 15,2,1–3 und Paul. *sent.* 5,21,1f.

46 *Codex Justinianus* 9,18,7 (358 n.Chr.); 9,18,4 (321 n.Chr.).

47 Tert. *apol.* 21,17.

48 Iust. Mart. *dial.* 69,7; Orig. *c. Cels.* 4,33.

49 Apostelgeschichte 9,36–41 und 3,6.

50 Apostelgeschichte 19,11f.

51 Apostelgeschichte 16,18.

52 Apostelgeschichte 5,1–10.

53 Aelius Aristides, *Herakles* 40,12.

54 Diodorus Siculus 34,35,11.

55 Pausanias, *Graeciae descriptio* 22,8.

56 *Inscriptiones Graecae* XIV 966 = *Sylloge Inscriptionum Graecarum*[3] 1173.

57 Pausanias 2,12,2–9.

58 Philostrat, *vita Apollonii* 4,45.

59 Philost. *v. Apoll.* 4,20,2f. und 4,44,2.

60 Sueton, *divus Vespasianus* 7,1.

61 Orig. *c. Cels.* 1,68.

62 1.Könige 17,17–24; 2.Könige 4,8–37; 13,20f.

63 2.Könige 4,42–44.

64 2.Könige 4,1–7.

65 M. Aurel. 12,28.

66 Johannes 4,39f.

67 Z.B. Markus 3,35–41; 10,46–52; Matthäus 11,1–15; Lukas 13,10–17; Johannes 6,5–14.

68 Tert. *apol.* 21,17.

69 1.Korinther 15,6.

70 Eus. *hist. eccl.* 4,3.

71 Iust. Mart. *dial.* 11.

72 Petrus-Akten 13.

73 Orig. *c. Cels.* 1,38.

74 Orig. *c. Cels.* 1,46.

75 MacMullen, *Paganism in the Roman Empire*, S. 135.
76 Jesaja 53,10–12.
77 4.Makkabäer 6,27; 17,21 f.; 2.Makkabäer 6,18–31.
78 Psalm 116,15.
79 2.Makkabäer 7,29.
80 Ios. *bell. Iud.* 3,7,33.
81 Ios. *bell. Iud.* 2,8,10.
82 Livius 8,3,5.
83 Augustinus, *civ.* 5,18.
84 Strabon, *geogr.* 15,1,4.
85 Lukian, *Peregr.* 23 und 40.
86 Strabon, *geogr.* 3,18.
87 Tert. *apol.* 50.
88 Johannes 15,18, 20; Matthäus 5,11–12.
89 Apostelgeschichte 7,51–8,1; 3.Mose 24,15 f.
90 Iust. Mart. *dial.* 110.
91 Tert. *apol.* 50,13.
92 Tert. *apol.* 50,14 f.
93 *Passio Sanctarum Perpetuae et Felicitatis* 1,1.

11
Die Prophezeiung tritt nicht ein

1 Lukas 9,27; Matthäus 16,28
2 Römer 13,11 f.; 1.Korinther 7,29; 1.Thessalonicher 4,13–18; 5,2.
3 2.Petrus 3,3–9.
4 Z.B. Hebräer 10,37; Jakobus 5,8; 1.Petrus 4,7.
5 2.Petrus 3,8 f.
6 Tert. *apol.* 3,5.
7 Hieronymus, *de viris illustribus* 20.
8 Tert. *apol.* 1,7.
9 Orig. *c. Cels.* 1,46.
10 1.Korinther 8,1 f.
11 Matthäus 10,5; 15,24; Lukas 2,29–32.
12 *P. Oxy.* 3008.
13 Artemidor, *onirocr.* 4,33.
14 Hegesippos in Eus. *hist. eccl.* 3,32,7 f.
15 Seneca, *epistulae* 41,1 f.
16 Sen. *epist.* 95,50.
17 Epiktet, *enchiridion* 31.
18 Apuleius, *de Platone et eius dogmate* 23.
19 Orig. *c. Cels.* 6,71.
20 Orig. *c. Cels.* 6,16.

21 Orig. *c. Cels.* 7,58.
22 Tatian, *oratio ad Graecos* 29.
23 Tertullian, *de testimonio animae* 1,1 f.
24 Orig. *c. Cels.* 3,16.
25 Orig. *c. Cels.* 3,73.
26 Orig. *c. Cels.* 4,14.
27 Orig. *c. Cels.* 1,9.
28 Tert. *test. anim.* 1,6.
29 Orig. *c. Cels.* 3,49.
30 Orig. *c. Cels.* 3,44.
31 Aus einer arabischen Übersetzung des Galen, zitiert und übersetzt in Richard Walzer, *Galen on Jews and Christians*, London 1949, S. 57.
32 Orig. *c. Cels.* 3,44; 3,55.
33 Orig. *c. Cels.* 3,49.
34 Orig. *c. Cels.* 6,14; 3,50.
35 Apostelgeschichte 18,24–28; 1.Korinther 3.
36 1.Korinther 11,20–22.
37 Jakobus 2,3.
38 Jakobus 2,1–4.
39 Jakobus 3,13–16.
40 Judas 1,16.
41 1.Korinther 12,12–27.
42 1.Korinther 8.
43 Eus. *hist. eccl.* 3,24,4.
44 Apostelgeschichte 4,13.
45 Eus. *hist. eccl.* 3,24,2 f.
46 Apostelgeschichte 15,1–35; Galater 2,11.
47 Apostelgeschichte 21,8 f.
48 Apostelgeschichte 11,27 f.
49 Apostelgeschichte 12,3–11.
50 Eus. *hist. eccl.* 3,5,3.
51 Eus. *hist. eccl.* 3,11; 4,22,4.
52 Matthäus 13,55; Markus 6,3.
53 Eus. *hist. eccl.* 3,32,4–8.
54 Apostelgeschichte 11,1–18; 15,1–35; 8,1–25.
55 Eus. *hist. eccl.* 3,35,1.
56 Eus. *hist. eccl.* 3,23,6.
57 Quadratus von Athen, um 120 n.Chr., überliefert in Eus. *hist. eccl.* 4,3; vgl. Hier. *vir. ill.* 19.
58 Eus. *hist. eccl.* 3,36,1.
59 Apostelgeschichte 13,1.
60 1.Korinther 12,28 f.
61 Epheser 4,11.
62 1.Korinther 12,1–31.

63 Eus. *hist. eccl.* 3,32,8.

64 Papias von Hierapolis, zitiert in Eus. *hist. eccl.* 3,39,3 f.

65 1.Timotheus 6,2–5.

66 2.Timotheus 4,4–2.

67 2.Petrus 2,12.

68 Ignatius von Antiochia, *epistola ad Smyrnaeos* 8.

69 Dies und das Folgende basiert auf Ramsay MacMullen, *The Second Church. Popular Christianity, A.D. 200–400,* Leiden 2009.

70 *CIL* XI 4629 = *Inscriptiones Latinae Christianae Veteres* 3658.

71 *CIL* X 5957 = *Inscriptiones Latinae Christianae Veteres* 3913.

72 *CIL* X 7914 = *Carmina Latina Epigraphica Sardinia* Nr. 17, spätes 4. Jhdt. n. Chr., Tharros (Capo San Marco), Sardinien.

73 Hieronymus, *adversus Vigilantium* 4.

74 Zitiert in Augustinus, *in psalmos enarrationes* 88 = *Patrologia Latina* XXXVII 1140 (14).

75 Lactantius, *divinae institutiones* 4,3,4–6.

76 Ramsay MacMullen, *Christianizing the Roman Empire, A.D. 100–400,* New Haven 1984, S. 21.

77 Tert. *apol.* 21,31.

78 Wayne A. Meeks, »Social and Ecclesial Life of the Earliest Christians«, S. 145–173, in: Margaret M. Mitchell und Frances M. Young (Hg.), *The Cambridge History of Christianity,* Bd. 1: *Origins to Constantine,* Cambridge 2006, S. 171.

REGISTER

Athen 96, 164, 203
Athenagoras 198, 203, 294
Athene 26, 90
Athrongaios 145
Attika 102
Augustinus 244, 276
Augustus 161, 233

Baal 25, 33, 116, 294
Baal-Schalischa 238
Babylon / Babel 12, 64, 295, 306
Babylonien 12
Babylonier 39, 217
Baktrien 24
Bannus 141, 294
Barnabas 82, 185
Bartholomäus 159
Berg Garizim 143, 183, 302
Berg Sinai 9
Bethaus → Synagoge
Bethlehem 35
Bischöfe 260, 268–270
Bithynien 202
Boethusäer 125
Buddha 239

Capua 32
Celsus 193, 223, 294
Charisma 140, 294
Chassidim 63, 114, 117, 119, 126,
  294
Chilon von Sparta 97
Chrestiani 204
Chrestus 203
Christiani 204
Cicero 78, 96, 187
Claudius, Kaiser 150, 164, 203,
  230
Claudius Silvanus 90
Clemens von Rom 269, 295, 307
Clitumnus 86
Cornelius, Centurio 132, 135
Cumanus 52, 295

Daimonen 81
Damaskus 132, 215
Daniel 74, 147, 170, 295
David 10, 43, 64, 147, 170, 185, 295
Debora 26, 43, 57, 64
Decius Mus 243
Delphi 91
Demokrit 93
Deuteronomium 49, 295
Diakone 169, 260, 268
Diana 255
Didache 171, 268, 295, 307
Diogenes Laertios 32, 97
Diogenes von Sinope 32, 98
Diognet 252, 295
Dion Chrysostomos 99, 295
Dionysos 105

Ekbatana 44
Elagabal 107
Eleasar, Gesetzeskundiger 134
Eleasar, jüdischer Märtyrer 181, 242,
  295
Eleasar, Wunderheiler 221
Eleusis 102
Elia 25, 33, 116, 143, 175, 295
Elisa 143, 227
Elymas 233
Empedokles 91, 93
Epheser 88, 202
Ephesos 87, 143, 200, 222, 265
Epiktet 254
Epikureer 78, 92, 137, 190, 296
Eschatologie 63, 155, 296
Essener 44, 76, 115, 119, 296
Eunus 236
Eusebius 108, 240, 296
Euteknios 137
Evangelien 19, 307
Exil 12, 61, 295 f.
Exodus 49, 296

Fadus 144, 296
Familie Jesu 159, 259, 263, 265

Jom Kippur → Versöhnungstag
Jona 132
Jonatan, Sohn des Mattatias 70, 114,
    118
Jordan 142, 227
Josef, Bruder Jesu 159
Josua 64, 143, 236
Juda 10, 12
Judäa 12, 15, 39
Judas Barsabbas 159
Judas, Bruder Jesu 159, 259
Judas der Galiläer 127, 129, 264
Judas Iskariot 159, 259
Judas Makkabäus 53, 70, 114, 118
Judas, Sohn des Ezekias 145
Jüdischer Krieg 64, 115, 144, 243,
    248, 299
Julia Felix 194
Julianus Euteknios → Euteknios
Julius Caesar 86
Jupiter 73, 81, 90, 255
Jupiter Dolichenus 101, 110
Justin der Märtyrer 44, 91, 169, 203,
    211, 230, 240, 245, 299, 308
Justus 265
Juvenal 228

Kaisarianos 164
Kanaan 10, 35, 185
Kanaaniter 26, 36, 39, 64, 294
Kantabrer 244
Kapernaum 45 f.
Kapparetaia 230
Karpokrates 44
Kirke 232
Kleinasien 20, 36, 54, 82
Konstantin 9, 18, 276, 278
Korinth 96, 199, 203
Kreta 233
Krösus 25
Kybele 256
Kyniker 92, 98
Kynismus 99, 300
Kyros der Große 12, 145 f.

Laktanz 277
Laodikeia 137
Lar 83
Laubhüttenfest 51, 61, 125
Lazarus 234
Levi 123
Leviten 123
Levitikus 49, 300
Longinus Marcus 90
Lotapes 228
Lucilius 253
Lucius 109, 214
Lukas 151
Lukian 78, 87, 98, 196, 221
Lukrez 96
Lydia 44
Lyon 137
Lystra 82, 186, 193

Maecenas 233
Magie 53, 76, 171, 206, 218, 230,
    235
Makkabäer 13 f., 53, 62, 71, 114
Malachias 142
Marcellina 44
Marcus Aurelius 78, 231, 238
Maria 159, 179, 263
Markus 151
Mars 81, 85
Mars Augustus 86
Martial 98
Masada 248
Masbotheaner 125
Mattatias 70, 114
Matthäus 133, 151, 159
Maxentius 9, 278
Menander 230
Men Axiottenos 33
Merkur 86, 91
Messias 145
Michael 170
Minerva 224
Miriam 57
Mischna 19, 300, 306